문예신서
370

उपनिषद्
우파니샤드

✣

박지명 주해

東文選

उपनिषद्

우파니샤드

차 례

추천의 서 ─────────────────────────────── 7
서 문 ────────────────────────────────── 11
우파니샤드에 대해서 ───────────────────── 17
우파니샤드의 성자인 리쉬 ───────────────── 23
고대의 스승 삼카라에 대해서 ───────────── 25
베다와 우파니샤드의 전통을 계승한 자아회귀명상 스승들의 계보 ── 27

만두캬 우파니샤드 ─────────────────────── 29
문다카 우파니샤드 ─────────────────────── 47
아이타레야 우파니샤드 ─────────────────── 113
이사 우파니샤드 ────────────────────────── 161
케나 우파니샤드 ────────────────────────── 191
타이띠리야 우파니샤드 ─────────────────── 227
프라스나 우파니샤드 ──────────────────── 329
카타 우파니샤드 ────────────────────────── 409
스베타스바타라 우파니샤드 ───────────── 523

산스크리트 발음 ────────────────────────── 639
산스크리트 용어 해설 ──────────────────── 641
참고 문헌 ───────────────────────────────── 653

추천의 서

우파니샤드는 인도의 사상 중에서 사람들에게 가장 직접적인 가르침을 주는 경전으로 알려져 있다. 그 가르침의 아름답고 자유로운 생각은 사람들의 가슴속에 깊숙이 와 닿아 지금까지도 여전히 변치 않고 전달되고 있는데, 이렇게 많은 우파니샤드의 가르침은 바로 고대로부터 암송해 오던 산스크리트의 게송(偈頌)을 통해 표현된 것이다. 그것은 "푸르남 아다흐 푸르남 이담"의 실천적인 사상으로서, 이 산스크리트 구절의 뜻은 "절대도 완전하고 상대도 완전하다"는 것이며, 그것은 더 나아가 "그렇게 되어 있으며, 되기 위한 것을 가르치는" 가르침이다. 즉 "모든 것은 절대인 브라흐만 그 자체인 것이다"라는 것을 말하는 것이다.

우파니샤드는 "베다" 경전의 무궁무진하고 풍성하며 웅장한 산과 깊은 숲에서 발원하여, 우파니샤드라는 자유로운 물길이 되어 거대한 강을 통해 흘러나와, 모든 사상이나 종교나 철학적인 삶의 도시에 풍요롭고 자유로운 가르침을 제공하여 한계 없는 해탈이라는 "모크샤"의 바다로 이르게 하여 준다. 지혜로운 이이며 수행자들인 리쉬들의 작품인 우파니샤드는 다양한 가르침을 통하여 참 나인 아트만이 절대인 브라흐만에 도달되는 과정을 보여주고, 그것의 가르침을 전달한다. 고대 성현들이나 수행자인 여러 리쉬들이 시간과 공간을 넘어서 그들의 체험적이고 직관적인 가르침을 우파니샤드를 통하여 전달하여 주는 것이다.

우파니샤드는 오랜 기록들의 보고인 수르티 경전을 표현한 것이다.

그것은 씨실과 날실과 같은 아름다운 절대세계와 상대세계의 수평적인 지식과 수직적인 지혜를 표현하고, 모든 인도 사상의 신비적인 구각의 틀을 깨고 인간의 본질적인 의식을 높이며 자유로운 삶을 향해 전진하게끔 하였다. 우파니샤드는 동서양을 막론하고 고대와 현대까지 그 영향을 끼쳤으며, 여러 종교나 철학이나 문학에서는 이미 수천 년 전부터 우파니샤드의 가르침을 표현하기 위해 노력하여 왔다. 우파니샤드의 가르침의 핵심이며 위대한 말인 "마하바캬"는 바로 찬도갸 우파니샤드 제6장 제8편 7절에 나오는 "타트 트밤 아시"이며, 그 뜻은 "그대는 절대이다"이다. 이것은 누구든지 제한 없는 마음의 절대의식으로 갈 수 있다고 말하고 있는 것이다.

나의 사제인 박지명이 산스크리트 문화원을 세워 인도의 여러 고대 경전을 해석하고 주해하는 것을 알고 있는데, 바가바드기타와 요가 수트라에 이어서 인도 사상의 원류인 우파니샤드를 출간한다고 하여 기쁘기 그지없다. 그가 이번에 출간하는 우파니샤드의 산스크리트 원전이 앞으로 한국 문화의 여러 방면에서 새로운 창작물의 좋은 기틀과 원료가 되기를 바랄 뿐이다.

우파니샤드는 결코 단순한 책이 아니다. 그것은 살아 있는 생명과 같다. 카타 우파니샤드 제3장 14절에서 말하기를 "우띠쉬타 자그라타 프라프야 바란 니보다타 크슈라스야 다라 니시타 두라트야야 두르가 파타스타트 카바요 바단티," 즉 "깨어나라! 최고의 스승에게 다가가 참 나를 실현하라. 현명한 자는 말한다. 그 길은 날카로운 면도날과 같아서, 그 위를 걸어가기도 가로질러 가기도 어렵다"고 하였다.

우파니샤드는 인도 사상과 수행의 드러난 얼굴이지만, 그 안에 감추어진 뜻이나 상징은 인도 사상이나 수행 체계를 통하여 살펴보고 접근할 필요가 있다. 그것은 다양한 의식 수준에 따라 다르게 해석되며, 여섯 수행 체계인 사드 다르샤한의 체계에 의해 접근되고 보여지게 되는 것이기 때문이다.

단순하고 아름다운 이야기로 표현되지만 그것은 깊은 뜻이 내포되어 있기에, 브리하드 아란야카 우파니샤드에서 야즈나발캬 성현이 자나카 왕에게 참 나의 진리를 가르치거나, 카타 우파니샤드에서 죽음의 신인 야마가 나치케타에게 죽음을 넘어서는 지혜를 가르쳐 주는 이야기들의 내면에는 방대한 뜻이 담겨져 있다.

100개가 넘는 우파니샤드 중에서도 삼카라와 라마누자의 해석이 담긴 우파니샤드가 가장 오래되었으며 오랜 시간 동안 많은 사람들에게 영향을 주었다. 그들의 가르침이 삼카라로부터 이어온 자아회귀명상, 즉 스바 삼 비드야 드야나의 스승의 전통을 통하여 가르침의 맥락을 이어오고, 그 수행 실천과 이론을 가르치는 박지명이 산스크리트의 심오한 구절을 실천적으로 해석한 것이 대견스럽다.

그의 수십 년의 수행실천과 산스크리트어 공부와 인도철학의 이론을 바탕으로 하여 오랜 인내와 노력의 결과물인 우파니샤드가 책으로 나와 지혜의 달콤한 물에 목마른 한국의 독자들에게 전달되기를 바랄 뿐이다.

고대의 우파니샤드의 가르침이 전달되어 삶의 풍요와 평온이 가득하길 바라며! 옴 산티 산티 산티!

> 스와미 시바난드 푸리(Swami Sivanand Puri)
> 나글리 아드바이타 스바루파 라자요가센터(Nagli Advaita Svarupa Rajayoga Kendra)의 책임자이며, 무자파나가르 산스크리트 베다 학교(Muzaffarnagar Sanskrit Veda Kendra)의 설립자.

서 문

 인도의 사상 중에서 가장 자유롭고 혁신적인 사상으로 알려진 우파니샤드는 고대 인도의 지혜로운 수행자들인 리쉬들에 의해 태어난 경전일 뿐만 아니라, 그 후에도 전세계의 많은 사람들로부터 큰 사랑을 받아온 경전이다. 우파니샤드의 '우파'는 '가까이'이며, '니'는 아래에, '샤드'는 '앉다'이다. 이것은 "지혜로운 이나 스승에게 가까이 다가간다"라는 뜻으로 "지혜를 전수받는다"는 의미이기도 하다.
 우파니샤드는 기원전 8세기로부터 기원전 4세기경에 형성되었으며, 그 이후에도 계속해서 만들어졌다. 모두 합하여 대략 200여 개의 우파니샤드가 있으며, 그 중 110개의 우파니샤드가 일반적으로 알려져 있는 것들이다. 우파니샤드는 절대적인 경전이라고 불리는 '수르티'인 베다 경전에 속해 있지만, 사회적인 규칙을 말하는 '스므리티' 경전인 '다르마 사스트라'를 포함하고 있을 뿐만 아니라, 고대 역사서이며 신화를 표현한 '푸라나' 경전을 아우를 수 있는 위대한 경전이다. 우파니샤드는 영원한 진리라고 하는 '사나타나 다르마'를 가장 아름답게 표현한 경전이며, 지혜의 가르침이자 이야기이다.
 많은 우파니샤드들은 4개의 베다와 삶의 과정과 함께 밀접하게 연결되어 있다. 리그 베다는 기원전 1500년에서 1200년 사이에 또는, 그 이전에 정신적인 체험과 철학적인 이론과 산스크리트 경전에 달통한 수행자인 리쉬들에 의해 형성되었다. 4개의 베다 중에 리그 베다는 우주와 자연을 표현하였으며, 사마베다는 신들에 대한 찬가로 구성되어 있다. 야주르베다는 제례의식을, 아타르바베다는 주문으로 알려진 만트라를 표현하였다. 베다는 크게 네 부분으로 나눌 수 있는데, 그 첫번째는 '삼히타' (또는 만트라)라고 하여, 성스러운 소리, 즉 베다의 원전을 말하며, 두번째는 '브라흐마나스' 라고 하여, 푸자 의식과 제식에 따르는 절차와 의무제도를 말한다. 그리고 브라흐마나스에서는 삶의 네 주기를 설명하고 있는데, 학습기인 브라흐마차리, 결혼하고 사회적인 활동을 하는 가주기의 시기인 그리하스타, 숲 속의 생활인 바나프라스타, 영적이 출가의 길인 산야사 등을 표현하고 있다. 세번째는 '아란야카' 라고 하여 숲 속에서 명상에 깊이 몰입된 삼림의 삶을 말하며, 마지막으로 네번째가 '우파니샤드' 인데 이것은 절대를 향한 자유로운 삶을 말하는 것이다.

우파니샤드 경전은 참으로 아름답고 진지한 이야기들이 철학적인 기초 아래에 전해지는 것이지만, 내용은 아주 깊고 심오하기에 그것을 이해하기가 만만치가 않은데, 이것은 체험적인 바탕 아래 있으며 아주 높은 의식에서 말하고 있기 때문이다.

베다에서 전통적으로 말하는 이상적인 교육제도는 어릴 적부터 산스크리트어의 베다를 기억하고 낭송하는 것이다. 그리하여 진리의 경전이 기억되고, 표현되는 것이다. 그것은 인도 수행자들이 매일 신이나 스승에게 예배하는 푸자에서 칭송하는 말에 "수르티, 스므리티, 푸라나남"이라고 하여, 진리를 기억하고 그것을 다시 표현한다는 것과 같다.

우파니샤드의 사상은 무엇인가? 스베타스바타라 우파니샤드 제1장 1-3절에서 "브라흐만에 대해 생각하는 이들은 논하였다. 브라흐만의 본성과 근원은 무엇인가? 우리는 어디서부터 나온 것인가? 우리는 어떻게 삶을 유지하며 그 끝은 어디인가? 브라흐만을 아는 이여, 우리는 누구의 지배를 받기에 우리는 행복과 그 반대에 것에 대한 법칙을 따르는가? 시간, 원래의 본성, 연결성, 우연성, 요소들, 에너지, 자아 같은 것들이 우주의 근원인가 생각한다면 우주의 본질은 그러한 것들의 결합이 아니다. 그것들은 개인적인 자아를 위해 존재하기 때문이다. 또한 개인적인 자아도 기쁨과 슬픔에 대해 독립적이지 않다. 명상 요가를 실천한 현명한 이들은 신들의 힘을 실현하나니, 그것의 영향으로 감추어진 원인은 스스로 시간과 개인적인 자아 같은 것과 연관된 모든 것들을 지배한다"라고 하였다.

이것은 나인 지바와 참 나인 아트만과 절대인 브라흐만의 관계를 말하는 것이다. 무엇이 참 나를 나로부터 분리시켰는가? 그것은 바로 무지에서 비롯된 미망인 마야에 의해서이다. 마야에 의해서 만들어진 카르마(업, 業)는 삶과 죽음의 반복되는 윤회, 즉 삼스카라의 굴레를 반복하게 된다는 것이다. 그러한 생과 사의 굴레는 자유가 얻어지는 '모크샤'를 통하여 벗어나게 되는 것이다.

우파니샤드는 철학과 종교와 수행방편이 동시에 포함되어 있는, 삶을 전환시키는데 뛰어난 능력을 지닌 경전이다. 이 경전은 자유로운 사상을 지닌 붓다의 불교 이전의 가르침이지만, 불교 이후의 인도 사상을 중흥 시킨 삼카라 이전의 가르침보다 자유로운 사상의 영역을 가져다주었고, 근대와 현대에 이르기까지 많은 문인과 학자들에게 지대한 영향을 주었다.

우파니샤드는 인도의 가장 중요한 경전인 베다뿐만 아니라 바가바드기타 및 다양한 경전들을 모두 포함하여 영향을 미치며 연결되어 있다. 100개가 넘는 우파니샤드 중에서 인도의 위대한 성현이며 수행자인 삼카라는 주요 11개의 우파니샤드를 주석을 달았는데, 삼카라는 그가 주석한 만두캬, 문다카, 아이타레야, 이사, 카타, 케나, 타이띠리야, 프라스나, 브리하드아란야카, 찬도갸 우파니샤드를 10개의 핵심 우파니샤드인 무캬 우파니샤드라고도 하였으나, 스베타스바타라 우파니샤드 하나를 더하여 11개의 주요 우파니샤드를 주석하였다. 이 책에는 브리하드 아란야카 우파니샤드와 찬도갸 우파니샤드를 제외한 9개의 핵심 우파니샤드가 먼저 실리게 되었으며, 그것은 가장 오래된 리그 베다에 속하는 아이테리야 우파니샤드, 사마베다에 속하는 케나, 스베타스베타라, 카타 우파니샤드, 흑 야주르 베다에 속하는 타이띠리야 우파니샤드, 백 야주르 베다에 속하는 이사 우파니샤드, 아타르바 베다에 속하는 만두캬, 문다카, 프라스나 우파니샤드이다. 브리하드 아란야카, 찬도갸 우파니샤드는 분량이 많아 이후 따로 출간될 예정이다.

우파니샤드에 나오는 가르침은 삼사라인 윤회, 허상인 마야, 지바인 나, 참 나인 아트만, 절대인 브라흐만과 푸루샤와의 관계를 설명하였으며, 궁극적인 해탈인 모크샤를 말하였다. 우파니샤드는 모든 경전과 마찬가지로 의식 수준에 따라 다르게 보이는 경전이다.

리그 베다 제1장 제164편 46절에 "에캄 사트 비프라 바후다 바단티" 즉 "다양한 이름으로 불리는 이름을 하나로 아는 이는 지혜로운 이다"라고 하였으며, 스베타스바타라 우파니샤드 제6장 22절에 "우파니샤드의 가장 높은 비밀의 가르침은 태고의 시대에 생각된 것이다. 그것은 자신을 제어하지 않는 자에게 그 비밀은 주어지지 않으며, 또한 아들이나 제자가 아니어도 비밀은 전달되지 않는다. 그러나 아들이나 제자라 하여도 마음이 통제되지 않으면 그것은 전달되지 않는다"라고 하였다.

우파니샤드는 아주 실천적인 경전이지만 많은 이들의 마음에 와 닿는 구절들이 너무나 많다. 특히 브리하드 아란야카 우파니샤드 제1장 제3편 28절의 "아사토 마 사드가마야 타마소 마 조티르 가마야 무르트요르마 암리탐 가마야," 즉 "진실이 아닌 것에서 진실로 이끄소서, 어둠에서 빛으로 이끄소서, 필멸에서 불멸로 이끄소서," 이 절은 진리를 구하기 위해 절실하게 다가가는 구도자에게 전진할 힘을 주는 우파니샤드의 핵심된 가르침이리라.

베다, 우파니샤드와 다양한 산스크리트의 경전들은 산스크리트의 글을 안다고만 하여 해석되기는 힘들다. 그것은 산스크리트 경전의 속뜻과 정확한 어휘를 이해해야만 하는데 이는 많은 수행자들이 자신의 내면의 뜻을 같이 담고 있기 때문일 것이다.

그런 의미에서는 고대로부터 수많은 선각자인 리쉬들로부터 면면히 내려온 산스크리트 문화의 토양과 수행의 과정을 준 스승들의 맥락에 감사할 뿐이다.

산스크리트의 영감과 인도의 다르샤한 체계에 대한 가르침을 주고, 진리에 세밀함에 다가가는 우파니샤드의 가르침을 준 나의 스승 스와미 사르바다난다 마하라즈와 추천의 서를 보내 준 사형 스와미 시바난드 푸리, 그리고 인도와 산스크리트 문화를 알게끔 음양으로 도와주신 부모님의 영전에, 또한 우파니샤드의 리쉬처럼 세상 속에서도 우파니샤드적인 삶의 본 모습을 실천하시는 고향의 손지산 형님에게 이 책을 바치며, 산스크리트 원전을 해석하고 경전을 작업하는 데 가장 큰 역할을 하였으며 결정적으로 도움을 준 산스크리트 문화원 수석 연구원 이서경님에게 감사드린다.

마지막으로 언제나 얄팍한 시류를 거부하고 한국 출판계의 힘든 상황에서도 전체적인 문화 발전의 토대가 되는 묵직한 일차 원전의 고전들의 출판을 끊임없이 고집하는 신성대 사장님의 무궁한 발전을 빈다.

스바삼 비드야 아쉬람에서
박지명

우파니샤드에 대해서

우파니샤드는 인도의 신비한 철학서이며 심오한 경전이며 비밀스런 경전이라고 하여 오의서(奧義書)라 하였으며, 어떤 이들은 베다의 끝부분이라고 하여 '베단타'라고 하였다.

우파니샤드의 가르침은 세계적으로도 획기적이다. 그 이유는 인간의 정신의 자유와 본질적인 면을 다루면서도 그 가르침이 명료하기 때문이다.

우파니샤드의 종류는 100-200가지가 되는데, 기원전 800년 이전에서부터 서기 1000년 이후까지 쓰여졌다.

그중 고대의 우파니샤드 중에서도 가장 핵심이 된 우파니샤드는 어떤 것일까?

가장 오래되었으며 산문적으로 된 아이타레야, 타이띠리야, 케나, 찬도갸, 브리하드아란야카, 카우쉬타키 우파니샤드 6편과, 그 다음으로 오래되었으며 운문적으로 된 카타, 이샤, 문다카, 스베타스바타라, 마하나라야나 우파니샤드 5편, 그리고 그 후에 다시 새로운 산문적으로 쓰여진 프라스나, 만두캬, 마이트라야니야 우파니샤드 3편이다. 그 중에서도 이후에 삼카라가 주석한 11개의 우파니샤드를 가장 중요하게 여긴다.

우파니샤드는 계속해서 수행자들이나 선각자들인 리쉬들에 의해 시간의 흐름에 따라 발전되고 진화되었다. 고대의 우파니샤드는 우주의 절대자인 브라흐만(梵)과 참 나인 아트만(我)과 하나 된다는 만유귀일(萬有歸一) 사상과 범아일여(梵我一如)의 사상이 주된 내용이며, 수행적이나 명상적이며 삼사라인 윤회와 행위나 업보인 카르마에 대한 사상은 그 후에 들어온 것이다. 후기 우파니샤드에서는 시바신의 시바이즘의 원리를 배경으로 하거나, 비쉬누적인 바이쉬나이즘과 성모인 삭티 사상, 또는 탄트릭의 영향을 받은 것들도 나왔다.

우파니샤드는 인도 역사상 가장 자유로운 사상 체계이며, 베다의 권위를 순화시키고 후에 생긴 불교와 자이나교에도 영향을 주었다. 또한 인도의 여섯 철학 및 수행 체계인 니야야, 바이쉐시카, 삼크야, 요가, 미맘사, 베단타의 다르사한 체계도 우파니샤드와 밀접한 연관관계를 가지고 있다.

칼 야스퍼스가 말한 기원전 8세기부터 기원전 2세기까지의 축의 시대(Axial Age)는 동서양을 막론하여 정신적으로나 사상적으로 새로운 변화를 주었던 시대였다. 우파니샤드는 이 시대 이전부터 존재하여 축의시대 이후에까지 말 그대로 사상적인 토대가 되었다.

서양 사상의 맥락인 그리스, 로마의 철학 체계에 영향을 주었으며, 플라톤으로부터 고대 지혜의 집합체였던 알렉산드리아의 사상과 로마의 철학학파, 이슬람의 수피 사상, 기독교의 신비주의 등에도 영향을 미쳤다. 또한 철학자인 스피노자와 쇼펜하우어, 문학자인 괴테, 워드워즈, 블레이크, 에머슨, 소로우, 헤세, 엘리어트 등에게 사상적 배경이 되었으며, 동양의 불교 사상과 함께 노장 사상, 중국의 도교와 유교에도 영향을 주었다. 그리고 현대에 들어서는 뉴 에이지 사조에서 그 방향이 제시되었다.

우파니샤드는 베다와 밀접한 연관관계를 가지고 있다. 가장 먼저 태어난 리그 베다는 학술적으로는 기원전 1500년 전후에 나타난 것으로 알려져 있으며, 신의 찬가에 대해서 기록되어 있다. 사마베다는 리그 베다의 찬가에 음을 붙여 선별한 것이며, 야주르 베다는 리그 베다의 제식을, 아타르바 베다는 특수한 영향을 주는 만트라들을 모아 제례의식의 관례를 다룬 것이다.

본래의 경전이며 권위를 가진 삼히타, 베다와 그 제례 내용을 풀이한 경전 브라흐마나스, 철학적인 아란야카, 그리고 이러한 모든 사상의 결정판이며 신비로운 경전인 우파니샤드는 베다의 정수를 표현하였다. 그렇기 때문에 우파니샤드를 베다의 끝, 결실이라고 하여 베단타라고 하는 것이다.

베다의 가르침은 2개의 장으로 나뉘는데 하나는 '카르마 칸다'라고 하여 '행위의 장'을 이르는 것으로, 제의적인 행위인 삼히타와 브라흐마나스를 말한다. 다른 하나는 '그야나 칸다'라고 하여 '지혜의 장'을 말하는 것인데, 아란야카와 우파니샤드가 지혜를 가르친다.

우파니샤드의 사상은 많은 리쉬들이 다양한 각도에서 절대인 브라흐만과 참 나인 아트만에 대해 가르침을 주는 것이다. 한계 있는 '나'가 한계 없는 참 나인 아트만과 하나 됨을 가르치고, 더 나아가서 참 나가 모든 삼라만상에 두루 퍼져 있는 절대인 브라흐만과 하나 된다는 것이다. 이러한 것을 이해하기 위해서는 브라흐만, 아트만, 푸루샤, 파라브라흐만, 파라아트만 등의 용어에도 익숙해져야 한다.

실제로 인간의 의식의 수준을 잘 설명한 '브라흐마수트라'나 '요가수트라' 등의 가르침이 없이는 사실상 우파니샤드를 이해하기가 매우 어려울 수 있다. 그래서 삼카라차리야의 스승들은 진리를 탐구하는 이들에게 경전들의 해석과 주석을 더하여 다가가려고 하였을 것이다. 만두캬 우파니샤드에서 말했듯이 인간의 깨어 있고, 잠자고, 꿈꾸는 상태를 넘어선 초월적인 의식 상태인 투리야의 상태가 한계된 인간의 의식이 한계를 넘어서는 의식 상태인 푸루샤와 하나 된다는 것은 우파니샤드의 핵심된 가르침이다.

카타 우파니샤드 제6장 12절에서는 "참 나인 아트만은 말로서도 도달할 수 없으며, 눈으로 보는 것으로도, 마음으로도 도달할 수 없다. 그러나 그것이 존재하는 것이라고 말할 수 없다면 어떻게 그것을 실현할 수 있겠는가?"라고 하였고, 문다카 우파니샤드 제2장 제2편 1절에서는 "아트만은 가장 높은 존재이며, 모든 지식을 넘어서 있다"라고 말하였다.

스베타스바타라 우파니샤드 제5장 제1편에는 "그는 지혜와 무지 그 두 가지를 숨겨두고, 지혜와 무지를 모두 관장하나니. 무지는 사라지는 것이지만 지혜는 실로 불멸하도다"라고 하였다.

어떤 경전을 이해한다는 것이 늘 그렇듯, 마찬가지로 우파니샤드를 이해하기 위해서는 의식의 수준을 이해하여야만 한다. 의식 수준은 몇 가지의 단계로 볼 수 있는데, 그 첫번째는 사비칼파 삼매로, 내 자신이 참 나인 아트만을 자각할 때의 삼매이다. 그것은 순수하고 초월적인 의식을 말한다. 두번째는 니르비칼파 삼매인데, 내 자신이 깨어 있거나, 잠을 자거나, 꿈을 꾸거나 언제나 순수 의식인 사비칼파 삼매가 유지될 때의 삼매를 말하는 것이며, 이것을 우주적인 의식이라고 한다. 세번째는 케발라 니르비칼파 삼매이다. 이 상태는 참 나인 아트만이자 내 자신은 언제나 순수의식이 유지되지만 대상의 가장 미세한 것까지 자각되는 것으로서, 진화된 우주의식, 또는 신의식의 상태이며, 모든 종교의 성현들의 위대한 가르침이 전개된다.

네번째는 사하자 삼매로, 참 나인 아트만과 모든 대상인 브라흐만과 하나 되는 아트만이라는 강이 브라흐만이라는 한계 없는 바다를 만났을 때의 삼매이다. 이 상태는 브라흐만 밖에 없을 때 주관과 객관이 가득 차 있으며, 우파니샤드에서 말한 "푸르남 아다흐 푸르남 이담"라고 하여, 언제나 우주의식이 존재하는 법운삼매인, 즉 다르마메가 삼매로서 브라흐만 그 자체의 대통합을 말한다.

우파니샤드에서도 이러한 의식들에 대해 언급하였다.

첫번째는 "프라그야남 브라흐만"으로 "절대인 브라흐만은 순수의식이며 모든 지식이 태어나는 곳이다"이다.

두번째는 "아함 브라흐마스미"로 "나는 절대인 브라흐만이며 나는 전체이다"(브리하드아란야캬 우파니샤드 제1장 제4편 10절)이다.

세번째는 "타트 트밤 아시"이며 "그대는 그것이다"(찬도갸 우파니샤드 제6장 11절)이다.

네번째는 "아얌 아트마 브라흐만"으로 "이 참 나인 아트만은 보편적인 나이며 브라흐만이며 개인적인 참 나는 보편적인 참 나이다"(만두캬 우파니샤드 2절)이다.

다섯번째는 "사르밤 카빌담 브라흐만"으로 "모든 이것은 절대인 브라흐만이다"(찬도갸 우파니샤드 제3장 제14편 1절)이다.

여섯번째는 "네하 나나스티 킨차나"로 "모든 것은 아무것도 없는 그 차체이다"(찬도갸 우파니샤드 제3장 제14편 1절)이다.

우파니샤드는 가장 쉽고 아름다운 이야기로 엮은 가르침이지만 성현들인 리쉬의 깊은 의식으로부터 나온 것이기에, 수평적일 뿐만 아니라 수직적인 의식에 대해 이해하기 위해서는 "우파니샤드"라는 말뜻처럼 가까이 다가가서 가르침의 비밀을 풀지 않으면 안 되는 것이다.

아직도 인도의 많은 수행자들은 우파니샤드는 산스크리트 원전을 아침과 저녁 또는 언제나 낭송하며 그 뜻을 명상한다. 우파니샤드는 그래서 아주 실천적인 경전이지만 다른 어떤 경전보다 인간의 모든 의식 수준에서 언제나 그들의 마음과 가슴을 자극시키고 새로운 가르침을 주는 경전이기도하다. 어떠한 시대를 거치더라도 이 절대적인 경전의 단순하고 심오한 가르침은 사라지지 않을 것이다. '수르티'라는 것은 절대적인 진리이기 때문이다.

우파니샤드의 성자인 리쉬

나치케타
카타 우파니샤드에 나오는 총명한 소년 나치케타는 아버지의 요구로 인해 죽음의 신 야마에게로 가서 죽음을 넘어서는 초월적인 지혜를 얻는다.

야즈나발캬
마하리쉬 야즈나발캬는 인간의 깨달음을 향한 진지한 자나카 왕에게 위대한 가르침을 준다.

아이타레야
브리하드 아란야카 우파니샤드의 아이타레야 마히다사를 말하며, 찬도갸 우파니샤드에 116세까지 살았다고 나온다.

고대의 스승 삼카라에 대해서

인도의 철학 체계나 수행 체계에서 삼카라 또는 삼카라차리야는 매우 중요하다. 32년이라는 길지 않은 생애 동안의 그의 위대한 삶은 실로 많은 업적을 남기고 떠났다. 그는 788년 케랄라의 칼라디에서 태어났다. 그가 태어나기 전 그의 부모는 자식이 없어 시바신의 사원에서 매일 기도를 하였다고 한다. 하루는 부부의 꿈에 시바신이 나타나 소원을 들어주겠다고 했는데, "평범하고 많은 아들을 두기를 원한다면 그들은 모두 오래 살 수 있지만, 단 한 명의 아들을 원한다면 그는 모든 지혜는 다 가질 것이나 오래 살지 못할 것이다"라고 하였다. 부부는 후자를 택하였고 그 후에 삼카라가 태어났다고 한다. 삼카라는 이미 어릴 적부터 영리하고 기억력이 좋아 모든 경전을 독파하였다.

그는 8세부터 출가 수행자인 산야시가 되려고 하였으나 그의 어머니는 아들이 산야시 되는 것을 반대하고 결혼을 시키려 하였다. 어느 날 삼카라는 강가에서 목욕을 하다가 어머니가 보는 데서 뒤에 악어가 따라오는데 "산야시가 되는 것을 허락하지 않으면 악어에 물려 죽겠다"고 하여 어머니의 허락을 받아냈다.

삼카라는 그 후 스승 고빈다차리야를 만나 불이일원론인 아드바이타 베단타를 배웠으며, 스승은 그에게 브라흐마 수트라의 주석을 달게 하였다. 그 후 삼카라는 우파니샤드와 바가바드기타에도 주석을 붙였다. 하루는 고빈다차리야가 얼마 동안 영적인 수행을 해야 하니, 자신을 부르지 말고 사원을 돌보라고 하고서는 깊은 수행에 들어갔다. 그 후 얼마가 지나지 않아 엄청난 비가 내려 강물이 불어나 사원이 잠기기 시작하였다. 그러나 사원의 사람들은 스승이 수행을 방해하지 말라고 하였기 때문에 이 사실을 알릴 수가 없었다. 강물이 더욱 불어나고 사원이 물에 잠기기 시작하자 사람들은 하나 둘씩 사원을 떠나기 시작하였고, 보다 못한 사람들은 삼카라에게 스승께 이 사실을 알려야 한다고 했다. 그러나 삼카라는 강물을 보면서 이렇게 말하였다.

"나르마다 강이여, 우리의 스승이 삼매에서 나올 때까지 나의 물주전자에 머물러 다오." 그러자 놀랍게도 강물은 줄어들기 시작하였다고 한다. 스승은 삼카라에게 축복과 지혜를 주었으며 아차리야의 칭호를 주어 삼카라차리야로 불리게 되었다.

그는 그 후에 인도의 성지인 바라나시로 가서 가르침을 펼쳤으며, 네 명의 제자들을 만나게 되어 인도 전역의 동서남북에 삼카라차리야 사원을 세운다. 동쪽의 푸리에 그의 제자 파드마파다를, 서쪽의 드와라카에 하스타말라카를, 남쪽의 스린게리에 수베스바라를, 북쪽의 죠티르메트에 트로타카를 두고 관장하도록 하였다. 그 외에 그가 많이 머물렀던 남쪽의 칸치나 중앙인디아의 쿨하푸르에도 삼카라차리야 사원을 두었다. 그리고 10개의 다사나미의 수행자 전통을 두어 삼카라차리야의 전통을 잇게 하였다.

그는 불교에 밀려 명맥만을 유지하던 베다와 우파니샤드의 전통을 이었으며, 인도 여섯 수행 체계인 사드 다르사한을 통하여 수행의 전통과 출세간의 가르침, 다양한 사상과 수행 체계를 삼카라차리야 전통으로 새롭게 정립하였다. 그가 주석한 11개의 핵심 우파니샤드와 브라흐마 수트라, 바가바드기타, 그 외에도 그의 여러 저서들은 인도뿐만 아니라 세계적인 사상사에 중요한 획을 그었으며, 그의 가르침은 다양하고 복잡한 인도의 사상과 가르침을 포용하고 단순화시켰다. 820년에 삼카라는 히말라야의 케다라나트에서 마하사마디, 즉 몸을 떠났다.

베다와 우파니샤드의 전통을 계승한
자아회귀명상 스승들의 계보

　베다와 우파니샤드를 이해하기 위해서는 좋은 스승들에게 가르침을 전승받아야 한다고 우파니샤드는 전하고 있다. 그리고 그 가르침에는 마음과 마음으로 전달되는 정확한 교육방식이 엄연히 존재한다. 그러한 교육방식에 입각하여 베다와 우파니샤드에 나오는 수많은 스승들과 리쉬들의 가르침은 시간과 공간을 떠나 현재까지도 면면히 이어져 내려오고 있는 것이다. 자아회귀명상(스바 삼 비드야 드야나)은 그러한 스승들의 맥락을 통한 교육의 전승 체계이다.
　자아회귀명상의 원류는 인간의 역사만큼이나 오랜 역사를 가진다. 인간은 의식이 형성되면서부터 바로 자신의 본질을 생각하는 힘이 생긴다. 그리고 자신의 존재를 생각하고 자각함으로써 본질적인 내면으로 돌아가려는 성향이 바로 자아회귀의 힘이며, 그것을 행하는 것이 바로 명상이다.
　자아회귀명상은 인간의 존재를 자각하고 본질에 대한 의문에 답을 얻고자 하는 의지를 말하는 것이다. 이런 의미로부터 시작된 이 명상의 방식은 지혜로운 스승들의 오랜 역사로부터 전해져 내려와 스승과 제자 간의 직접적인 가르침을 통하여 지금까지 전달되어 왔다.
　자아회귀명상은 고대의 첫번째 스승인 나라야나로부터 브야사와 슈크데바와 삼카라로 이어지는 가르침의 맥락이 근대의 인도에서 스리 비드야와 라자 요가 전통을 일으킨 토타푸리 스승으로 이어진 것이다. 그는 인도의 삼카라차리야 전통을 이었으며, 그의 자아회귀명상은 여섯 철학 시스템과 인도의 가장 위대한 수행자 삼카라로부터 이어 내려온 인도의 근대에 위대한 수행자인 라마 크리쉬나를 가르쳤다. 토타푸리 스승은 스와미 아드바이타난다 마하라즈(1846-1916)에게 긴 회랑의 자아회귀명상의 가르침을 전달하였으며, 북인도에서 그의 많은 가르침이 펼쳐졌다.

스와미 아드바이타난다 마하라즈의 가르침은 다시 스와미 사루빠난드 마하라즈(1884-1936)에게로 이어져 세계적으로 유명한 아드바이타 메트가 세워졌다. 그리고 그의 직계 제자이며 나의 스승인 스와미 사르바다난드 마하라즈(1906-1992)는 자아회귀명상인 스바 삼 비드야 드야나(Sva Sam Vidya Dhyana)의 법통을 이었으며, 그의 가르침은 인도뿐만 아니라 전세계적으로 펼쳐지고 있다.

자아회귀명상은 종교, 종파, 수행법, 출세간, 인종, 계급, 직업, 빈부의 차이와 남녀노소를 구분하지 않고 누구에게나 적용되는 보편적인 명상 방법이며, 자아회귀명상인 스바 삼 비드야 드야나의 계열은 스리 비드야의 가르침과 라자 요가 전통의 수행법이다. 이것은 바가바드기타에서 크리쉬나가 아르주나에게 가르친 수행법일 뿐만 아니라, 베다의 전통이나 우파니샤드의 스승들의 가르침을 통해 전해진 수행법들도 이 전통에 연결된 것이다.

만두캬 우파니샤드

माण्डूक्य उपनिषद्

만두캬는 만두키의 아들이며, '만두캬'라는 산스크리트 어원은 개구리이다.

만두캬 우파니샤드는 우주의 소리이며 진리인 옴(OM) 또는 아, 우, 음(A, U, M)의 세 가지 원리에 대하여 선포하고 있는 절대적인 경전, 즉 수르티 경전이라고 할 수 있다. 옴이란 인간의 잠자고, 깨어 있고, 꿈꾸는 상태, 그리고 그 세 가지의 의식 상태를 넘어서 존재하는 네번째의 의식 상태인 투리야, 또는 초월의식 상태를 가리키는 상징적인 음을 말하는 것인데, 이 우파니샤드는 지고의 참 나에 대한 거친 상태와 섬세한 상태, 그리고 아주 미세한 상태에 대하여 설명하고 있으며, 그것을 넘어선 절대적이고 초월적인 상태를 보여주고 있는 것이다.

만두캬 우파니샤드는 여러 우파니샤드 중에서도 가장 적은 구절로 되어 있지만 그 의미는 어떤 경전보다도 깊고 방대하다. 이 위대한 경전의 뜻을 기리기 위해 샴카라의 스승이자 불이일원론(不二一元論)의 대가인 가우다파다도 그의 해석서를 남겼을 정도이며, 그것이 바로 그 유명한 만두캬 카리카이다. 만두캬 카리카는 4장으로 나눠져 있는데, 제1장 아가마 프라카라나는 베다의 경전을 말하며, 제2장 바이타트야 프라카라나는 비실재를 말하며, 제3장 아드바이타 프라카라나는 비이원성을 말하며, 제4장 아라타산티 프라카라나는 불의 연소(燃燒)를 말하고 있다.

그리고 그 후에 샴카라는 자신의 스승 가우다파다가 쓴 만두캬 카리카에 다시 주석을 달았다.

아타르바 베다에 속해 있는 이 우파니샤드는 전체 12절로 구성되어진 가장 짧은 우파니샤드이지만, 묵티코 우파니샤드와 다른 우파니샤드에서 만두캬 우파니샤드만으로도 충분히 인간을 자유롭게 할 수 있다고 할 정도로 만두캬 우파니샤드는 베단타 철학의 핵심을 말하고 있으며, 전 우주의 상태에 대하여 절대적인 의미를 부여하는 가장 크고 권위적인 경전이라고 할 수 있다.

1

हरि ॐ ॥

ओमित्येतदक्षरमिदँ सर्वं तस्योपव्याख्यानं भूतं भवद्भविष्यदिति सर्वमोङ्कार एव । यच्चान्यत् त्रिकालातीतं तदप्योङ्कार एव ॥१॥

하리 옴 ॥
옴 이트예타다크샤라미담 사르밤 타스요파브야카야남 부탐 바바드바비프야디티
사르바몽카라 에바 | 야찬야트 트리칼라티탐 타다프용카라 에바 ॥ 1 ॥

하리=성스러운 존재를 말함; 옴=절대적인 소리; 이티 에타트=이것; 아크샤람=소리, 단어; 이담=이것; 사르밤=모든, 전체; 타스야=그것의; 우파브야크야남=말하다; 부탐=과거; 바바트=현재; 바비스야트=미래; 이티 사르밤=전체; 옴카라=옴; 에바=참으로; 안야트=다른; 차=그리고; 야트=무엇; 트리칼라티탐=과거, 현재, 미래를 넘어선 시간; 타트=그것; 아피=덜한; 옴카라=옴.

하리 옴
옴 소리는 전체우주의 전체이다. 옴을 발현시켜라.
옴은 과거, 현재, 미래. 그 모든 것을 말하며 시간과 공간과 원인을 말한다.

만두캬 우파니샤드의 첫번째 절은 인간의 의식에 대해 과학적인 방식을 통하여 깊이 있고 명쾌하게 설명하고 있다. 여기에서 나타난 옴

의 세 소리인 아, 우, 음은 깨어 있고, 꿈꾸고 잠자는 상태를 비유한 것이며, 그것을 넘어선 제4의 의식인 초월적인 상태 투리야에 대해 말하고 있는 것이다. 그것은 과거, 현재, 미래와 시간과 공간을 넘어선 상태를 말하는 것이기도 하다.

2 सर्वं ह्येतद् ब्रह्म अयमात्मा ब्रह्म सोऽयमात्मा चतुष्पात् ॥२॥

사르밤 흐예타드 브라흐마 아야마트마 브라흐마
소아야마트마 차투쉬파트 ‖ 2 ‖

사르밤=모든; 히=참으로; 에타트=이것; 브라흐마=브라흐만; 아얌=이것; 아트마=참 나; 브라흐마=브라흐만; 사흐=그것; 아얌=이것; 아트마=아트만; 차투쉬파트=에너지 양상. 네 가지 차원.

**참으로 이 모든 것이 브라흐만이도다. 이러한 참 나가 브라흐만이도다.
참 나인 아트만은 절대의 브라흐만이며, 네 가지 양상을 지니도다.**

모든 것은 참 나이며 그것은 절대인 브라흐만이다. 그것은 네 가지의 양상을 가지고 있는데 깨어 있는 상태와 잠자는 상태, 꿈꾸는 상태와 초월 의식인 투리야 상태를 말한다. 이러한 잠의 상태와 꿈의 상태 그리고 초월의식에 대하여 과학적으로나 생리적으로 밝혀지기 시작한 것은 현대에 들어와서 오래되지 않았다. 그러나 이와 같은 내용은 2000년도 훨씬 더 되는 이전의 경전으로부터 우리에게 설명되어 온 것이다. 우리는 우파니샤드 시대의 수행자들이 얼마나 앞서서 몸과 마음의 상태를 세밀하게 관찰하고 증명하였는가를 알 수가 있다.

3 जागारितस्थानो बहिःप्रज्ञः सप्ताङ्ग एकोनविंशतिमुखः स्थूलभुग्वैश्वानरः प्रथमः पादः ॥३॥

자가리타스타노 바히흐 프라갸흐 사프탕가 에코나빔사티무카흐
스툴라부그바이스바나라흐 프라타마흐 파다흐 ‖ 3 ‖

자가리타 스타나흐=깨어 있는; 바히흐 프라갸흐=외부 의식; 사르탕가=7개의 기관; 에코나빔사티 무카흐=19개의 통로; 스툴라 부크=외부 상태의; 바이스바나라흐=바이스바나라; 트라타마흐=첫번째; 파다흐=상태.

첫번째는 깨어 있는 상태인 바이스바나라이다. 이 의식 상태는 외부적으로 쏠려 있으며, 7개의 기관과 19개의 연결 통로가 있으며 거친 현상 세계를 경험한다.

첫번째 상태인 깨어 있는 상태는 모든 외부세계와 대상을 경험하는 것이다. 몸의 7개의 기관이란 몸과 연결되어 있는 다섯 요소 물, 불, 땅, 공기, 에테르 그리고 호흡과 에고를 말한다. 19개의 연결 통로란 활동적인 다섯 감각 즉 말하고, 쥐고, 걷고, 재생산하고, 배설하는 것,

그리고 다섯 인지 감각인 듣고, 보고, 만지고, 맛보고, 냄새 맡는 것, 그리고 다섯 프라나인 프라나, 아파나, 사마나, 우다나, 브야나, 그리고 4개의 내면 기관인 마음, 에고, 이지, 의식인 치트이다. 현대 심리학과 생리학을 넘어선 이 범주는 고대 인도 수행자들의 직관적인 체험을 바탕으로 이루어진 심리학적 이론이다.

4 स्वप्नःस्थानोऽन्तःप्रज्ञः सप्ताङ्ग एकोनविंशतिमुखः प्रविविक्तभुक् तैजसो द्वितीयः पादः ॥४॥

스바프나흐스타토안타흐프라갸흐 사프탕가 에코나빔사티무카흐
프리비비티크타부크흐 타이자소 드비티야흐 파다흐 ‖ 4 ‖

스바프나 스타노=꿈꾸는 상태; 안타흐 프라갸흐=내부 의식; 사르탕가흐=7개 기관; 에코나빔사티 무카흐=19개의 통로; 프라비비크타부크=마음의 섬세한 인상을 경험하는; 자드비티야흐=두번째의; 타이자소=타이자사; 파다흐=상태.

**두번째는 꿈꾸는 상태인 타이자사이다.
이 의식 상태는 내부로 쏠려 있으며, 7개의 기관과 19개의 연결 통로가 있나니. 마음의 섬세한 인상을 경험한다.**

꿈꾸는 상태에서는 모든 기관이 무의식으로 바뀌며 7개의 기관과 19개의 연결 통로가 무의식의 영향 아래에 놓이게 된다. 꿈의 상태는 깨어 있는 상태와 잠재된 의식 상태의 영향에 의해 전개되는 독특한

상태이다. 이 꿈의 상태가 현대의 의학으로 연구되기까지는 무려 수천 년이라는 시간이 걸렸다. 프로이트 같은 심리학자들은 다양한 꿈을 여러 형태로 분석하기도 하였다. 이 절에서 꿈꾸는 것을 하나의 생리적, 심리적 상태로 표현한 것이 현대적으로 재입증된 것이다.

5 यत्र सुप्तो न कंचन कामं कामयते
न कंचन स्वप्नं पश्यति तत सुषुप्तम् ।
सुषुप्तस्थान एकीभूतः प्रज्ञानधन एवानन्दमयो
ह्यानन्दभुखः चेतोमुखः प्राज्ञस्तृतीयः पदः ॥५॥

야트라 수프토 나 캄차나 카맘 카마야테
나 캄차나 스바프남 파스야티 타타 수슈프탐 |
수슈프타스타나 에키부타흐 프라그야나다나 에바난다마요
흐야난다부카흐 체토무카흐프라그야나스트리티야흐 파다흐
‖ 5 ‖

야트라=어디; 수프타=깊은 잠; 나=아닌; 캄차나=어떤; 카맘=욕망의 대상; 카마야테=욕망하는; 나=아닌; 캄차나=어떤; 스바프남=꿈; 파스야티=보는; 타트=그것; 수슈프탐=깊은 잠; 수슈프타 스타나흐=깊은 잠의 상태; 에키 부타흐=모든 경험; 프라그야나 다나흐=다르지 않은 의식; 에바=홀로; 아난다마야흐=희열에 가득 찬; 히=참으로; 아난다부크=희열을 즐기는 자; 체 토무카=지식의 경험, 깊은 잠의 상태; 프라그야나흐=지식; 트르티야흐=세번째; 파다흐=영역.

세번째는 깊은 잠인 프라그야나이다.
이 의식 상태는 어떤 욕망도 없으며 어떤 꿈도 없으며 깊은 잠의 상태에서는 모든 경험들과 의식은 다르지 않으니.
희열에 가득 찬 경험으로 꽉 차 있게 되도다.

깊은 잠의 상태는 깨어 있거나 꿈을 꾸는 상태와는 다른 의식 상태이다. 이 상태에서 마음은 육체적이거나 정신적으로 자각하지 못한다. 또한 욕망이 일어나지도 않으며, 꿈을 꾸거나 대상을 인지하지도 못한다. 의식은 이 상태에서부터 꿈을 꾸거나 깨어 있는 상태가 되는 것이다. 즉 이것은 꿈이 없는 상태인 동시에 다양한 활동의 깊은 휴식의 상태이며, 활짝 깨어 있는 상태가 되기 위한 준비 과정이기도 하다. 의학자들은 우리에게 이러한 잠이 없다면 정상적인 활동을 할 수 없다고 한다.

6 एष सर्वेश्वर एष सर्वज्ञ एषोऽन्तर्याम्येष योनिः
सर्वस्य प्रभवाप्ययौ हि भूतानाम् ॥६॥

에샤 사르베스바라 에샤 사르바그야 에쇼 안타르얌예샤 요니흐
사르바스야 프라바바프야야우 히 부타남 ‖ 6 ‖

에샤흐=이것; 사르베스바라흐=모든 것을 지배하는; 에샤흐=이것; 사르바그야=모든 것을 아는; 안타르야미=거주자; 에샤흐=이것; 요니흐=원인; 사르바스야=모든 것의; 프라바바프야야우=시작되고 융해되는; 히=참으로; 부타남=모든 존재의.

이러한 세 가지의 의식 상태를 경험한 자는 모든 것을 알고 내면에서 모든 것을 주도하나니.
모든 것은 이것의 내면으로 시작되고 융해된다.

명상을 수행하는 구도자는 의식이 발전되어 감에 따라 잠, 꿈, 깸의 세 가지 의식 상태의 폭이 깊고 넓어져 가며, 궁극적으로 가장 정점의 의식인 네번째의 의식 상태이며 초월의식 투리야에 도달하게 된다. 수행자는 다양한 명상의 상태와 내면의 여행을 통하여 세 가지 의식으로 벗어나고 점점 더 내면으로 깊이 몰입해 들어간다.

7 नान्तःप्रज्ञं न बहिःप्रज्ञं नोभयतःप्रज्ञं न प्रज्ञानघनं न प्रज्ञं नाप्रज्ञम्। अदृष्टमव्यवहार्यमग्राह्यमलक्षणमचिन्त्यम् अव्यपदेश्यमेकात्मप्रत्ययसारं प्रपञ्चोपशमं शान्तं शिवमद्वैतं चतुर्थं मन्यन्ते सआत्मा स विज्ञेयः ॥७॥

난타흐프라그얌 나 바히흐프라그얌 노바야타흐프라그얌 나 프라그야나가남 나 프라그얌 나프라그얌|
아드리쉬타마브야바하르야마그라흐야말라크샤나마친트얌 아브야파데샤메카트마프라트야야사람 프라판초파샴 샨탐 시바마드바이탐 차투르탐 만얀테 사아트마 사 비그야네야흐 ‖7‖

나=아닌; 안타흐프라그얌=내면의 의식; 나=아닌; 바히흐 프라그얌=외부의식; 나 우바야타흐 프라그얌=둘 다 의식하지 않음; 나 프라그야나가남=다르지 않은 의식; 나 프라그얌=의식하지 않는; 아드르스탐=보여지지 않는; 아브야바하르얌=연결되지 않는; 아그라흐얌=이해할 수 없는; 아라크사남=비교되지 않는; 아친트얌=상상할 수 없는; 아브야파데스얌=욕망할 수 없는; 에카트마 프라트야야사람=모든 현상의 본능; 프라판초샤밤=모든 현상의 부정; 산탐=평화; 시밤=희열; 아드바이탐=둘이 아닌; 차투르탐=네번째; 만얀테=사고하는 자; 사흐=그는; 아트마=참 나; 사흐=그는; 비그야네야흐=실현하다.

이것은 네번째 의식 상태이다.
이 상태는 안과 밖 양쪽으로 돌릴 수 없는 의식 상태이며, 지각함과 지각하지 않는 것을 넘어선 어떤 것과도 다르지 않는 상태이다.
이 상태는 표현을 할 수 없으며, 생각할 수도 없으며, 이해할 수도 없으며, 유추하거나 비교되지 않으며, 감각을 통해 경험되는 상태가 아니다.
이 상태는 순수의식이며, 참 나이며, 모든 현상의 연속성이며, 고요하고 모든 희열이며, 둘이 아닌 하나이며, 진정한 참 나의 실현이다.

이 절은 초월된 의식 상태 투리야에 대해서 설명하고 있다. 이 상태는 잠자고 꿈꾸고 깨어 있는 세 가지 의식 상태와는 분명히 다른 것이다. 이 네번째 의식 상태인 투리야는 실상에 확고히 뿌리 내린 상태이며, 마음으로는 파악되거나 분석되지 않는 의식 상태이다. 깊은 명상을 통하여 투리야의 상태가 체득되면 삼매에 들었을 때 뿐만 아니라 아무리 깊은 잠에 빠져 있을 때에도 지고의 의식은 자신의 본성으로부터 외부적인 모든 것들을 인지할 수 있으며, 그것을 넘어서게 된다. 이러한 지혜로운 상태는 의식의 중심에서 마음을 넘어서는 것이다.

투리야는 외부적으로나 내부적으로 설명되지 않는다. 다만 모든 의식 상태에서 이 투리야의 상태는 존재하고 있다. 마치 물 속에 있는 물고기가 모든 곳에서 물을 찾을 수 있는 것과 같은 이치이다.

8 सोऽयमात्माध्यक्षरमोङ्कारोऽधिमात्रं पादा मात्रा मात्राश्च पादा अकार उकारो मकर इति ॥८॥

소아야마트마드야크샤라몽카로아디미트람 파다 마트라
마트라쉬차 파다 아카라 우카로 마카라 이티 ‖ 8 ‖

사흐 아얌=이것; 아트마=참 나; 아드야크샤람=하나의 음절; 옴카라흐=옴; 아디마트람=ॐ 수로 구성된; 파다흐=특성; 마트라흐=요소; 마트라쉬차=그리고 부분의; 파다=특성; 아카라흐=아; 우마카라흐=우; 마카라흐= 음; 이티=그렇게.

**이러한 아트만은 하나의 음절인 옴이니.
옴은 요소들로 구성되었을 때, 옴의 특성은 요소들로 나타난다.
그리하여 그 요소들은 아, 우, 음(A, U, M)이도다.**

순수의식은 아트만이며 참 나이다. 참 나는 영원한 옴의 소리이다. 세 개의 의식 상태를 초월한 네번째 의식은 마음을 넘어서 있으며 설명되어질 수 없다. 옴은 거친 수준과 미세한 수준과 가장 미세한 수준이 있다. 옴은 표현된 세 가지 의식 상태와 표현되지 않는 투리야 상태를 다 포함한다.

9 जागरितस्थानो वैश्वानरोऽकारः प्रथमा मात्रा आप्तेरादिमत्राद् वा आप्नोति ह वै सर्वान् कामानादिश्च भवति य एवं वेद ॥९॥

자가리타스타노 바이스바나로아카라흐 프라타마 마트라 아프테라디마트라드
바 아프노티 하 바이 사르반 카마나디스차 바바티 야 에밤 베다 ‖ 9 ‖

자가리타스타노=깨어 있다는 의식; 바이스나라흐=바이스바나라; 아카라흐=글자; 프라타마=첫째; 마트라=부분; 아프테흐=유지의; 아디마트바트=시작의; 바=모든; 사르반=모든; 카만=욕망의 대상; 아디흐=첫번째; 차=그리고; 바야티=되는; 야흐=누구; 에밤=그래서; 베다=아는.

**깨어 있는 의식 바이스나바라는 옴의 첫번째 글자인 아(A)이니.
그것은 모든 것의 시작이며 모든 것을 유지하도다.
이것을 아는 자는 실로 모든 욕망을 성취하며 그 첫번째가 되리라.**

대상을 인식하기 위해서는 인간의 의식적인 마음을 개발하여야만 한다.

깨어 있는 상태의 기능을 하는 마음의 의식적인 부분은 마음의 작은 한 부분이다.

옴 소리의 아(A)는 옴의 첫번째 소리이며, 목표를 달성하려는 열망이며, 다양한 우주의 힘이며, 통일적인 방향의 자각이다. 이 소리는 현상 세계의 깨어 있는 상태를 말하는 것이다.

10 स्वप्नस्थानस्तैजस उकारो द्वितीया मात्रा उत्कर्षादुभय त्वाद्वा उत्कर्षति ह वै ज्ञानसन्ततिं समानश्च भवति नास्याब्रह्मवित् कुले भवति य एवं वेद ॥१०॥

스바프나스타나스타이자사 우카로 드비티야 마트라 우트카르샤두바야
트바드 바 우트카르샤티 하 바이 그야나산타팀 사마나스차 바바티
나스야브라흐마비트 쿨레 바바티 야 에밤 베다 ‖ 10 ‖

스바프나 스타나흐=꿈의 상태; 타이자사흐=타이자사우; 카라흐=우 음절; 드비티야=둘의; 마트라=요소; 우트카르사트=우수한; 우바야트바트=중간 상태; 바=또한; 야흐=누구; 그야나산타팀=지식 또는 생각의 흐름; 사마나흐=같은; 차=그리고; 바바티=나오는; 아스야=그의; 아브라흐마비트=브라만에 무지한; 쿨레=가문; 바바티=태어남; 에밤=그래서; 베다=아는.

옴의 두번째 글자인 우(U)는 꿈꾸는 의식 상태에서 경험되며

잠자는 상태와 깨어 있는 상태의 중간 상태이니. 이 섬세한 상태를 알면 다른 사람보다 우수하며, 브라흐만을 아는 자의 가계에 태어난다.

우주적인 소리인 옴의 두번째 글자인 우(U)는 꿈꾸는 상태를 말한다. 수행자가 깊은 명상에 들어가 꿈꾸는 상태를 체득하는 것이다. 이 두번째 글자는 첫번째 글자인 아(A)와 마지막 글자인 음(M)의 중간에 있으며 깨어 있는 상태를 완전히 잊어버린 상태이다.

11 सुषुप्तस्थानः प्राज्ञो मकारस्तृतीया मात्रा मितेरपीतेर्वा मिनोति ह वा इदं सर्वमपीतिश्च भवति य एवं देव ॥११॥

수슈프타스타나흐 프라갸네 마카라스트리티야 마트라 미테라피테르바
미노티 하 바 이담 사르바마피티스차 바바티 야 에밤 베다
‖ 11 ‖

수슈프타 스타나흐=깊은 잠의 상태; 프라그야나흐=프라그야나(지식); 마카라흐=음의 단어; 트리티얌=세번째의; 마트라=요소; 미테흐=존재의 가치로부터; 아피테흐=끝의 상태; 바=또한; 미노티=측정하는; 하바이=참으로; 이담=이것; 사르밤=모든; 아피테흐=모든 것을 이해한; 차=그리고; 바바티=되는; 야=누구; 에밤=이것; 베다=아는.

옴의 세번째 글자인 음(M)은 잠자는 상태에서 경험되나니 이

섬세한 상태를 알면 그 자신의 내면의 모든 것을 이해할 수가 있도다.

옴의 세번째 글자인 음(M)은 깊은 수면의 상태이다. 이 상태는 지혜인 프라그야를 말한다. 이 상태는 깊은 휴식의 상태이며 건강을 위해 아주 좋은 상태이다. 이 상태를 위대한 수행자는 자각하며 휴식 안에서 자각을 유지한다. 내면의 정적인 상태에서보다 더 각성되기 위한 강한 휴식의 상태인 것이다.

12 अमात्रश्चतुर्थोऽव्यवहार्यः प्रपञ्चोपशमः शिवोऽद्वैत एवमोङ्कार आत्मैव संविशत्यात्मनात्मानं य एवं वेद य एवं वेद ॥१२॥

아마트라스차투르토아브야바하르야흐 프라판초파사마흐
시보아드바이타 에바몽카라 아트마이바 삼비사트야트마나트마남
야 에밤 베다 야 에밤 베다 ‖ 12 ‖

아마트라흐=부분이 아닌; 차투르타흐=네번째의; 아브야바하르야흐=초월의; 프라판초파사마흐=모든 현상의 둘다; 사바흐=최고의 희열; 아드바이타흐=둘이 아닌; 에밤=그래서; 옴카라=옴; 아트마=참 나; 에바=참으로; 삼비사티=들어가는; 아트마나=그 자신에 의해; 아트마남=참 나의; 야흐=누구의; 에밤=그래서; 베다흐=안다.

네번째의 이 의식 상태는 일상적인 마음과 감각으로는 이해할 수 없는 옴의 소리 없는 영역이다. 끊임없이 변하는 모든 현상적인 영역과 희열적인 영역 둘 다를 포함하나니. 이것은 아드바이타이며 둘이 아닌 하나이라.

이것은 참 나이며 이 상태를 알게 되면 보편적인 의식으로 확장된다.

이 절은 옴의 소리 없는 소리인 옴의 고요함 또는 초월성을 말한다. 우리는 이 초월적인 상태를 투리야라고 말한다. 참 나인 아트만은 옴의 아, 우, 음 세 가지의 상대적인 상태로부터 벗어나 이원적인 것으로부터 자유로운 상태가 되는 것이다. 참 나는 모든 상대적인 나로부터 벗어나 한계 없는 우주의 나로 확장하는 것이다.

문다카 우파니샤드

मुण्डक उपनिषद्

문다카 우파니샤드는 아타르바 베다에 속해 있는 경전이다. 문다카의 어원은 "머리칼을 면도하다" 또는 "승려가 된다"라는 뜻인데, 다른 의미로 "사라지게 한다"라는 뜻이기도 하다. 즉 무지를 사라지게한다는 것이다. 문다카의 또 다른 어원인 "무캬"는 "근원적"이라는 뜻을 지닌다. 문다카 우파니샤드는 오직 절대적인 진리에 대하여 말하고 있다. 삼카라는 문다캬 우파니샤드를 통하여 "브라만 사트얌 자간미타야"라고 말하였다. 그것은 "브라만은 진리이며 세상은 환영(幻影)이다"라는 뜻이다. 산스크리트어로 사트얌, 즉 진리는 영원하며, 항상 변하더라도 같은 것이다. 미타야, 즉 드러난 세상은 영속적이지 않은 것이다. 삼카라는 이 세상은 변하지만 부숴지지 않은 브라만은 영원하다고 전하였다. 문다캬 우파니샤드는 우리에게 "타트 트밤 아시" 즉 "그것은 그대이다"라는 진리를 선포하고 있다. 그것은 "그대는 성스러운 존재"라는 뜻이다. 문다캬 우파니샤드의 가르침은 "그대는 죽지 않으며, 그대의 영혼은 죽지 않으며, 태어나지도 않는다. 그대는 결코 변하지 않는다. 그대는 고통이 아니며 순수한 지복의식이며 참 나이다"이다. 이것은 모든 우파니샤드의 가르침이기도 하지만 문다캬 우파니샤드는 그것에 대한 세부적인 가르침을 전하고 있다.

ॐ भद्रं कर्णेभिः शृणुयाम देवा भद्रं पश्येमाक्षभिर्यजत्राः।
स्थिरैरङ्गैस्तुष्टुवांसस्तनूभिर्व्यशेम देवहितं यदायुः॥
स्वस्ति न इन्द्रो वृद्धश्रवाः स्वस्ति नः पूषा विश्ववेदाः।
स्वस्ति नस्ताक्ष्यों अरिष्टनेमिः स्वस्ति नो बृहस्पतिर्दधातु॥
ॐ शान्तिः शान्तिः शान्तिः॥

옴 바드람 카르네비흐 스리누야마 데바 바드람 파셰마크샤비르야자트라흐|
스티라이랑가이스투쉬투밤사스타누비르브야세마 데바히탐 야다유흐 야다유흐∥
스바스티 나 인드로 브리따스라바흐 스바스티 나흐 푸샤 비스바베다흐|
스바스티 나스타르크쉬르⁹ 아리쉬타네미ᄒ 스바스티 누 브리하스파티르다다투∥
옴 산티흐|산티흐|산티흐∥

바드람=상서로운 것; 카르네비흐=귀로; 스리누야=듣게 된; 데바흐=신들이여; 파셰마=보다; 다야자트라흐=성스러운 결과; 아크샤비흐=눈으로; 바드람=예배, 의식; 앙가이=팔 다리와 기관들; 투쉬투바사흐=찬미하는; 나누비흐=몸; 데바히탐=신의 부분; 아유흐=삶의 순환; 브야세마=가득 얻는다; 브리따스라바흐=경전으로부터 찬미받는 자; 인드라흐=신들의 신; 나흐=우리를 위해; 스바스티=번영하다; 비스바베다흐=모든 것을 아는; 푸샤=세상을 보호하는 자, 푸샨; 나흐 스바

문다카 우파니샤드 51

스티 다다투=우리에게 은총을 베풀다; 아라쉬티네미흐=해악으로부터 보호하는 이; 타르크쉬야흐=천상의 새; 나흐 스바스티 다다누=우리에게 은총을 내리다; 브리하스파티흐=기도하는 이의 주(主); 나흐 스바스티 다다투=우리에게 은총을 베풀다; 산티흐=평화.

옴! 신들이여, 우리의 귀는 상서로운 것만을 듣나이다.
예배의 성스러움으로 우리의 눈은 성스러운 것만을 보나이다.
우리는 당신을 찬미하나니, 우리의 몸과 그 기관들은 온전합니다.
경전으로부터 찬양받는 인드라여, 우리에게 은총을 내리소서.
모든 것을 아는 푸샨이여, 우리에게 은총을 내리소서.
모든 해악으로부터 우리를 구하는 천상의 타르크샤여, 우리에게 은총을 내리소서.
우리의 열망을 보호하는 브리하스파티여, 우리에게 은총을 내리소서.
옴! 평온, 평온, 평온.

제I부

제1장

1 ॐ ब्रह्मा देवासां प्रथमः संबभूव विश्वस्य कर्ता भुवनस्य गोप्ता ।
स ब्रह्मविद्यां सर्वविद्याप्रतिष्ठामथर्वाय ज्येष्ठपुत्राय प्राह ।१।

옴 브라흐마 데바남 프라타마흐 삼바부바 비스바스야 카르타 부바나스야 고프타|
사 브라흐마비드얌 사르바비드야프라티쉬타마타르바야 즈예쉬타푸트라야 프라하|1|

브라흐마=브라흐마; 데바남=신들의; 프라타마흐=첫번째; 삼바부바=~이다; 비스바스야=우주의; 카르타=만드는 사람; 부바나스야=세상의; 고프타=보호자; 사흐=그는; 사르바비드야프라티쉬탐=모든 지식의 근본; 브라흐마비드얌=브라흐마의 지식; 즈예쉬타푸트라야=그의 가장 나이 많은 아들; 아타르바야=아타르반에게; 프라하=말하다.

모든 신들의 첫번째인 브라흐마는 우주의 창조자이며 보호자이다. 그는 가장 큰 아들 아타르반에게 모든 지식의 근원인 브라흐마의 지식을 전하였다.

브라흐마는 우리의 지식으로는 알 수가 없다. 그것은 이름과 형태가 없기 때문이다. 그것은 생각과 말을 넘어서 있다. 그것을 표현할 길이 없다. 그것은 어떤 것에도 속해 있지 않은 미발현이다. 브라흐마를 발현시키도록 도와주는 힘은 마야이다. 마야는 프라자파티 또는 브라흐마의 첫번째 원인인 창조자인 브라흐마 또는 프라자파티로 알려져 있다. 브라흐마는 태어나지도 않았다. 만약 태어났다고 한다면 그의 부모는 누구인가? 그렇게 따진다면 바로 브라흐마가 첫번째 발현된 신이다. 모든 지식의 근원인 베다는 브라흐마로부터 나왔다. 그 지식을 브라흐만의 지혜인 브라흐마 비드야라고 한다. 아타르바는 브라흐마의 첫번째 아들이며 지식을 가르친 첫번째 사람이다. 브라흐마는 모든 지식과 발현된 모든 것의 원천이다.

2 अथर्वणे यां प्रवदेत ब्रह्माऽथर्वां तां पुरोवाचाङ्गिरे ब्रह्मविद्याम्। स भारद्वाजाय सत्यवहाय प्राह भारद्वाजोऽङ्गिरसे परावराम्।२।

아타르바네 얌 프라바데타 브라흐마아르타바 탐 푸로바창기레 브라흐마비드얌|
사 바라드바자야 사트야바하야 프라하 바라드바조앙기라세 파라바람|2|

아타르바네=아타르반에게; 브라흐마=브라흐마; 얌=무엇; 프라데타=말했다; 탐 브라흐마비드얌=브라흐마의 지식; 아타르바=아타르반; 푸라=이전에는; 앙기레=앙기라에게; 우바차=말했다; 사흐=그는; 바라드바자야=바라드바자의 혈통; 사트야바하야=사트야바하에게; 프라하=말했다; 바라드바자흐

=바라드바자의 혈통인 그; 파라바람=스승으로부터 제자에게 전승되는 지식; 앙기라세=앙기라사에게.

브라흐마가 아타르반에게 전한 브라흐마의 지식을 아타르반은 그 옛날에 앙기라에게 전하였다. 그리고 앙기라는 바라드바자의 혈통인 사트야바하에게 전하였다. 사트야바하는 가르침으로 전승되는 그 최고의 지식을 앙기라사에게 전하였다.

창조주 브라흐마는 첫번째 신성한 신이자 이 지혜의 수호자이다. 브라흐만의 지혜의 핵심은 그의 장남인 아타르반에게 주어졌다. 그 지혜는 그의 아들인 앙기라에게 전해졌으며, 그것은 다시 그의 아들인 바라드바자에게 전해졌다. 그것은 또다시 그의 아들 사트야바하에게 전해졌으며, 그런 다음 그 지혜는 앙기라사에게 전달되었다. 여기에서 그 지혜는 아들들과 제자에게로 전달되었다. 최고의 지혜인 파라바람은 높은 곳에서 낮은 곳으로 흘러든다. 가장 높은 곳인 파라와 낮은 곳인 아파라에게로 흘러드는 것이다. 그것을 전하였다는 말은 중요한 것이다.

3 शौनको ह वै महाशालोऽङ्गिरसं विधिवदुपसन्नः पप्रच्छ । कस्मिन्नु भगवो विज्ञाते सर्वमिदं विज्ञातं भवतीति ।३।

사우나코 하 바이 마하사로앙기라삼 비디바두파산나흐 파프라차 |
카스민누 바가보 비그야테 사르바미담 비그야탐 바바티티 |3|

마하살라흐=위대한 가장; 사우나카흐=수나카의 아들; 하 바이=알게 되는; 비디바트=몸을 낮추어 예의를 다하여; 우파사나흐=다가가는; 앙기라삼=앙기라; 파프라차=질문하였다; 누=잘; 바가바흐=주인, 성자; 카스민=무엇; 비그야테=아는; 사르밤=모든; 이담=이것; 비그야탐=아는; 비바티=~이 되다; 이티=그러므로.

위대한 가장인 사우나카는 앙기라사에게 예의를 다하여 몸을 낮추어 다가가 물었다.
"성자여, 세상의 모든 것을 알려면 무엇을 알아야 합니까?"

사우나카가 자신을 내맡겨 앙기라사에게 접근한다는 것은 바로 가르침의 구조가 형성된다는 것이다. 사우나카는 '모든 것을 안다' 라는 것, 그리고 다양한 우주적인 전체의 원인을 알고 싶어하는 것이다.

모든 것을 아는 전지전능한 것에 대한 세부적인 접근은 바로 내면의 직관적인 체험을 바탕으로 아는 것이다. 즉 인지력의 향상에 의한 것이다.

4 तस्मै स होवाच । द्वे विद्ये वेदितव्ये इति ह स्म यद्ब्रह्मविदो वदन्ति परा चैवापराच ।४।

타스마이 사 호바차 드베 비드예 베디타브예 이티 하 스마 야드브라흐마비도 바단티 파라 차이바파라 차|4|

사흐=그는; 타스마이=그에게; 우바차 하=말하였다; 드베=2개; 비드예=지식; 베디타브예=알게 된 것; 이티 하=참으로; 브라흐마비다흐=베다에 의해 아는 자; 바단티 스마=선포된; 야트=그것; 푸라=가장 높은 것; 아파라=가장 낮은 것; 차=그리고; 에바=심지어.

앙기라사는 그에게 대답하였다. 실로 베다를 아는 자에 의해 선포된 지식은 두 가지가 있다. 하나는 낮은 것이고 또 하나는 높은 것이다.

무엇이 모든 것을 아는 것인가? 그 대답은 앙기라사가 말했듯이 두 가지의 지식이며, 그것은 높은 것과 낮은 것이 있다. 높은 지식은 존재하는 것이며, 그렇지 않은 것은 낮은 지식으로 무지한 것이며 상대적이다.

5 तत्रापरा ऋग्वेदो यजुर्वेदः सामवेदोऽथर्ववेदः शिक्षकल्पो व्याकरणं निरुक्तं छन्दो ज्योतिषमिति । अथ परा यया तदक्षरमधिगम्यते ।५।

타트라파라 리그베도 야주르베다흐 사마베도아타르바베다흐
시크샤칼포 브야카라남 니루크탐 찬도 죠티샤미티|
아타 파라 야야 타다크샤라마디감예테|5|

타트라=그것들; 아파라=낮은 것; 리그베다흐=리그 베다; 야주르베다흐=야주르 베다; 사마베다흐=사마 베다; 아타르바베다흐=아타르바 베다; 시크샤=음성학; 칼파흐=예배의식; 브야카라남=문법; 니루크탐=어원학; 찬다흐=운율학; 죠티샴=천문학; 이티=그렇게; 아타=지금; 파라=높은 것; 야야=그것에 의해; 아크샤람=영원한 사라지지 않는; 아디감야테=도달된다.

낮은 것은 리그 베다, 야주르 베다, 사마 베다, 아타르바 베다, 음성학, 예배의식, 문법, 어원학, 운율학, 천문학 같은 것이다. 이제 그 높은 것은 불멸함에 도달함으로써 얻는 것이다.

브라흐만에 대한 지혜는 리그 베다을 넘어서 있다. 어떻게 높은 지식이 자유를 줄 수 있는 수단이 될 것인가? 스므리티는 베다의 외부이며 우파니샤드는 리그 베다로부터 제외되었다. 브라흐만의 지혜는 높은 것이며 불멸함에 도달된 것이며 외부적인 지식으로부터 넘어서 있다. 희생인 아그니호타나 모든 다양한 지식은 높은 불멸함을 통해 확고해지는 것이다.

모든 낮은 베다의 다양한 지식은 높은 브라만의 지혜를 통해 관통되어진다. 하나의 지혜의 깨달음은 다양한 베다와 우파니샤드, 스므리티 경전들, 그것을 통해 꿰뚫어 파악되는 것이다.

6

यत्तदद्रेश्यमग्राह्यमगोत्रमवर्णमचक्षुःश्रोत्रं तदपाणिपादम् ।
नित्यं विभुं सर्वगतं सुसूक्ष्मं तदव्ययं यद्भूतयोनिं परिपश्यन्ति धीराः ।६।

야따다드레샤마그라호야마고트라마바르나마차크슈흐스로트람 타다파니파담|
니트얌 비붐 사르바가탐 수수크쉬맘 타다브야얌 야드부타요님 파리파샨티 디라흐|6|

야트=무엇; 타타=그것; 아드레샴=볼 수 없는; 아그라흐얌=파악할 수 없는; 아고트람=기원이 없는; 아바르남=속성이 없는; 아차크슈흐 스로트람=눈과 귀 없이; 타트=그것; 아파니파담=손과 발 없이; 니트얌=영원한; 비붐=다양한 표현; 사르바가탐=모두 퍼지는; 수수크쉬맘=가장 미세한 것; 타트=그것; 아브야얌=사라지지 않는; 야트=그것; 부타요님=창조의 근원; 파리파샨티=어디든지 보는; 디라흐=현명한 자.

그것은 보이지 않는 것, 파악할 수 없는 것, 근원이 없는 것, 속성이 없는 것이며, 눈도 귀도 없으며, 그것은 손이나 발도 없는 것이다.
그것은 한계 없이 발현되는 모든 것에 퍼져 있으며, 가장 미세한 것이며, 사라지지 않는 것이다. 지혜로운 이는 그러한 창조의 근원을 어디서나 본다.

"야트 타트"인 그것이란 볼 수도 없으며, 다섯 감각으로 인지하거나 파악할 수 없으며, 기원도 없다. 눈도 귀도 없고 손과 발도 없다는 것이다. 그 다양한 표현은 어디에나 존재한다. 스베스타나 우파니샤드 제3장 2절에서는 "그는 눈으로도 보이지 않으며, 귀로도 들을 수 없다"라고 하였다. 그는 모든 감각기관을 벗어나 있으며, 부쉬지지 않는 니트얌, 즉 영원하다고 하였다. 현명한 이는 모든 것에서 참 나를 보는데 "부쉬지지 않는 가장 높은 지혜를 실현하였다"고 한다.

7 यथोर्णनाभिः सृजते गृह्णते च यथा पृथिव्यमोषधयः संभवन्ति। यथा सतः पुरुषात् केशलोमानि तथाऽक्षरात् संभवतीह विश्वम्।७

야토르나나비흐 스리자테 그리하나테 차 야타 프리티브야모샤다야흐 삼바반티।
야타 사타흐 푸루샤트 케사로마니 타타아크샤라트 삼바바티하 비스밤।7।

야타=~처럼; 우프나나비흐=거미; 스리자테=창조하다; 그리흐나테=돌아가다; 차=그리고; 야타=~처럼; 프리타브얌=땅 위에서; 오샤다야흐=허브, 풀; 삼 바반티=자라다; 야타=~처럼; 사타흐=사는; 푸루샤트=인간으로부터; 케사로마니=머리카락과 몸에 난 털들; 타타=그렇게; 아크샤라트=사라지지 않는 것으로부터; 삼 바바티=자라나다, 나오다; 이하=여기에; 비스밤=우주.

거미가 거미줄을 뽑아내고 다시 빨아들이는 것처럼, 땅 위에 풀이 자라나는 것처럼, 인간의 몸에 머리카락과 털이 자라나는 것처럼, 그렇게 이 세상은 불멸의 것으로부터 나온다.

이 절은 창조와 우주의 질서를 보여주며 브라만으로부터 나오는 것을 보여준다. 이것은 한손에 있는 대추 열매로부터 나무가 나오는 것과 같다.

8 तपसा चीयते ब्रह्म ततोऽन्नमभिजायते । अन्नत्प्राणो मनः सत्यं लोकाः कर्मसु चामृतम् ।८।

타파사 치야테 브라흐마 타토안나마비자야테|
안나트프라노 마나흐 사트얌 로카흐 카르마수 참리탐|8|

타파사=고행에 의해; 치야테=확장하다; 브라흐마=브라흐마; 타타흐=그것으로부터; 안남=음식; 아비자야테=탄생한; 안나트=음식으로부터; 프라나흐=에너지; 마나흐=마음; 사트얌=진리; 로카흐-세상; 카르마수-행위; 차-그리고; 암리탐-불멸함.

고행으로 인해 브라흐마가 나타났다. 거기에서부터 음식이 생겨났으며 음식으로부터 에너지, 마음, 진리, 세상, 행위 그리고 불멸함이 생겨났다.

타파스야, 즉 고행으로부터 창조의 과정에 대한 지혜가 일어났다. 창조의 근원인 브라흐마 또는 브라흐만은 불멸이며 그것으로부터 전지전능한 지혜가 나왔으며, 그것으로부터 음식이 나왔다. 황금빛 우주의 근원인 히란야가르바는 에너지인 프라나와 마나스인 마음과 7개의 세계를 창조하였으며, 행위와 삶의 단계인 계급과 행동의 원인과 불멸함인 암리탐을 창시하였다.

9 यः सर्वज्ञः सर्वविद्यस्य ज्ञानमयं तपः।
तस्मादेतद्ब्रह्म नाम रुपान्नं च जायते।९।

야흐 사르바그야흐 사르바비드 야스야 그야나마얌 타파흐|
타스마데타드브라흐마 나마 루파만남 차 자야테||9||

야흐=누구; 사르바그야흐=모든 지식; 사르바비드=모든 지혜; 야스야=누구의; 그야나마얌=지식으로 이루어진; 타파흐=고행; 타스마트=그것으로부터; 에타트=이것; 브라흐마=브라흐마, 히란야가르바; 나마=이름; 루팜=형상; 안남=자양분; 차=그리고; 자야테=생산되다.

모든 지식이며 모든 지혜이며 고행이 지식 그 자체인 그에게로부터 브라흐마와 명칭과 형상과 자양분이 창조되었다.

창조의 신 브라흐마는 우주적인 지혜인 히란야가르바이며, 그것은 이름인 나마와 형상인 루파를 만들었다. 그것으로부터 자양분이 흘러든다.

그야나 요가와 라자 요가 수행자 또는 위빠사나 수행자들이나 참선 수행을 하는 이들의 가장 중요한 수행방법이 바로 이름과 형상인 나마와 루파를 넘어서서 꿰뚫어 보는 지혜를 향해 가려는 것이다.

제2장

1 तदेतत् सत्यम्
मन्त्रेषु कर्माणि कवयो यान्यपश्यंस्तानि त्रेतायां बहुधा सन्ततानि ।
तान्याचरथ नियतं सत्यकामा एष वः पन्थाः सुकृतस्य लोके ।१।

타데타트 사트얌
만트레슈 카르마니 카바요 얀야파샨스타니 트레타얌 바후다 산타타니|
탄야차라타 니야탐 사트야카마 에샤 바흐 판타흐 수크리타스야 로케||1|

타트-그것에; 타트-이것; 사트얀=진리; 만트레슈=만트라로서; 카르마니=성스러운 행위; 카바야흐=현명한 자; 야니=그것; 아파스야나=보았다; 타니=그것들의; 트레타얌=3개의 베다로; 바후다=양한 길; 산타타니=퍼지다; 타니=그들을; 아차라타=행동하다; 니야탐=언제나; 사트야카마흐=진리를 보는 자; 에샤흐=이것; 바흐=당신을 위해; 판타흐=길; 수크리타스야=선행; 로케=세상으로.

이것이 진리이다.
성스러운 의식을 할 때마다 지혜로운 자들은 만트라의 성스러운 음을 보았다.
그러한 음들은 3개의 베다의 다양한 갈래로 전해진다.

진리를 보는 자들은 언제나 그것들을 행하나니.
그들은 우리를 위해 선행으로 세상의 길에 있다.

카르마니는 '아그니호트람'이라는 불의 의식을 말하는 것으로 성자 바시시타와 몇몇의 현명한 이들에 의해 정립된 것이다. 만트라는 리그 베다를 말하며 진리를 보는 것이 목표이다. 이것은 진리를 시각화하는 리쉬들에 의해 표현된다. 3개의 베다는 리그 베다, 사마 베다, 야주르 베다이며 그것은 진리의 시대인 트레타 시대의 행위를 말하는 것이다. 베다는 행위의 성취에 대한 방법의 수단을 말한다.

베다에서 말하기를 행위의 목적은 희생인 야그야이다. 야그야에는 세 가지의 칸다가 있다. 행위를 다루는 카르마 칸다, 제식을 다루는 우파사나 칸다, 참 나의 지혜를 다루는 그야나 칸다이다.

2 यदा लेलायते ह्यर्चिः समिद्धे हव्यवाहने।
तदाज्यभागावन्तरेणाहुतीः प्रतिपादयेत्।२।

야다 렐라야테 흐야르치흐 사미떼 하브야바하네|
타다쟈바가반타레나후티흐 프라티파다예트|2|

야다=언제; 사미떼=불이 잘 붙은; 하브야바하네=예배의 불로; 아르치흐=불꽃; 렐라야테=움직이다; 타다=그런 다음; 아쟈바가우=두 덩어리의 불; 안타레나=~사이; 아후티흐=봉헌물, 버터기름; 프라티파다예트=흐르다.

예배의 불이 잘 타오르고 그 불꽃이 움직이면 두 불 사이에

버터기름을 쏟아 부으라.

이 절은 행위의 길과 예배와 봉헌에 대하여 말하고 있다. 행위인 카르마의 결과를 성취한다는 것이다.

3 यस्याग्निहोत्रमदर्शमपौर्णमास
मचातुर्मास्यमनाग्रयणमतिथिवर्जितं च ।
अहुतमवैश्वदेवमविधिना
हुतमासप्तमांस्तस्य लोकान् हिनस्ति ।३।

야스야그니호트라마다르사마파우르나마사
마차투르마스야마나그라야나마티티바르지탐 차|
아후타마바이스바데바마비디나
후타마사프타맘스타스야 로칸 히나스티 |3|

야스야=누구의; 아그니호트람=불의 예배; 아다르삼=다르사가 없는, 초승달이 뜰 때 행하는 예배를 하지 않는; 아파우르나마삼=파우르나마사가 없는, 보름 날에 봉헌물 바치는 예배를 하지 않는; 아차투르마스얌=차투르마스야가 없는, 가을의 넉 달 동안 지내는 제사의 행위가 없이; 아나그라야남=나그라야나가 없는, 추수할 때 첫번째 곡물을 바치는 예배를 하지 않는; 아티티바르지탐=손님을 접대하지 않고; 차=그리고; 아후탐=봉헌물을 바치지 않고; 아바이스바데밤바이스바데바=~에 대한 의식 없이, 새와 동물들에게 먹이를 주는 것; 아비디나=경전에서 이르는 것을 따르지 않는; 후탐=봉헌물; 아사프 타만=7개로; 타스야=그의; 로칸=세상; 히나스티=파괴하다.

불의 예배를 초승달이 뜰 때, 보름달이 뜰 때, 가을의 넉 달에 행하는 예배로 지내지 않고, 또한 추수하는 시기에 첫번째 곡물을 바치는 예배를 지내지 않으며, 손님을 접대하지 않고, 봉헌물을 바치지 않고, 새와 동물들에게 먹이를 주지 않는 것은 경전에서 이르는 것을 어기는 것이다.
그것은 7개의 세상들을 파괴하는 것이다.

불의 예배 아그니호트람은 희생인 야그야의 다르사 수행을 위해서 하는 것이다.

4 काली कराली च मनोजवा च सुलोहिता या सुधूम्रवर्ण ।
स्फुलिङ्गिनी विद्द्रुची च देवी लेलायमाना इति सप्तजिह्व ।४।

칼리 카랄리 차 마노자바 차 술로히타 야 차 수두므라바르나|
스풀링기니 비스바루치 차 데비 렐라야마나 이티 사프타지흐
바흐|4|

칼리=검정; 카랄리=흉포한; 마노자바=마음이 빠른; 술로히타=진한 빨강; 수두므라바르나=색이 있는 연기; 스풀링기니=번뜩이는 것; 비스바루치 데비=모든 것이 빛나는 여신; 차=그리고; 이티=이러한 것들; 렐라야마나흐=움직이는; 사프타=7개; 지흐바흐=혀.

검정, 흉포함, 마음의 빠른 움직임, 진한 적색, 색이 나는 연기, 번뜩이는 것, 모든 것이 빛나는 여신, 이러한 것들은 7개로 움직이는 불의 혀이다.

5 एतेषु यश्चरते भ्रजमनेषु यथाकालं चाहुतयो ह्यददायन् । तं नयन्त्येताः सूर्यस्य रश्मयो यत्र देवानां पतिरेकोऽधिवासः ।५।

에테슈 야스차라테 브라자마네슈 야타칼람 차후타요 흐야다다얀 |
탐 나얀트예타흐 수르야스야 라스마요 야트라 데바남 파티레코아디바사흐 |5|

야흐=누구; 브라자마네슈=빛나는; 에테슈=이러한 것들로; 야타칼람=적절한 시간에; 아후타야흐=봉헌물, 버터기름; 아다다얀=봉헌물; 차라테=행동하다; 탐=그에게; 에타흐=이러한 것들; 수르야스야=태양의; 라스마야흐=광선; 야트라=어디에; 데바남=신들의; 파티흐=주인; 아디바사흐=살다.

정확한 때에 이러한 빛나는 불꽃 속에 버터기름을 붓는 자에게 이러한 봉헌물은 태양 광선으로 신들의 주인이 거하는 곳으로 이르게 한다.

6 एह्येहीति तमाहुतयः सुवर्चसः सूर्यस्य रश्मिभिर्यजमनं वहन्ति ।
प्रियां वाचमभिवदन्त्योऽर्चयन्त्य एष वः पुण्यः सुकृतो ब्रह्मलोकः ।६।

에흐예히티 타마후타야흐 수바르차사흐 수르야스야 라스미비르야자마남 바한티 |
프리얌 바차마비바단트요아르차얀트야 에샤 바흐 푼야흐 수크리토 브라흐마로카흐 |6|

에히 에히=오다; 이티=그러므로; 탐=그것; 아후타야흐=봉헌물, 버터기름; 수바르차사흐=광휘로 찬; 수르야스야=태양의; 라스미비흐=광선에 의해; 야자마남=제사장; 바한티=나르다; 프리얌=달콤함; 바참=언어; 아비바단트야흐=말하는; 아르차얀트야흐=찬미하는; 에샤흐=이것; 바흐=당신의; 푼야흐=성스러운; 수크리타흐=선행으로 얻는; 브라흐말로카흐=브라흐마의 세상.

"오소서, 오소서!" 빛을 내며 활활 타오르는 버터기름은 달콤한 언어로, 태양 광선으로 제사장을 이끌며 찬미한다. "브라흐마의 세상은 선한 행위로 얻는도다!"

7

पूर्वा ह्येते अदृढा यज्ञरूपा अष्टादशोक्तमवरं येषु कर्म ।
एतच्छ्रेयो येऽभिनन्दन्ति मूढा जरामृत्युं ते पुनरेवापि यन्ति ।।७।

플라바 흐예테 아드리타 야그야루파 아쉬타다소크타마바람
예슈 카르마 |
에타츠레요 예아비난단티 무다 자라므리튬 테 푸나레바피
얀티 |7|

플라바흐=뗏목; 히=진실로; 에테=이러한 것들; 아드리타흐=
약한; 야그야루파흐=예배의 성질; 아쉬타다사=열여덟 명; 우
크탐=선포된; 아바람=하급의; 예슈=그것으로; 카르마흐=행
위에; 타트=이것; 스레야흐=고귀한 행동; 예=그것; 아비난단
티=환호하다; 무다흐=무지한 자; 자라므리튬=늙음과 죽음;
테=그들은; 푸나ㅎ 아피=다시; 에바=확실하게; 얀티=가다.

진실로 약한 것은 열여덟 사람이 행하는 이러한 예배가 악행
으로 남는 것이다.
이러한 것을 가장 고귀한 행위라고 말하는 어리석을 자들은
늙고 죽음을 계속하게 된다.

8 अविद्यायामन्तरे वर्तमानाः स्वयं धीराः पण्डितं मन्यमानाः ।
जङ्घन्यमानाः परियन्ति मूढा अनधेनैव नीयमाना यथान्धाः ।८।

아비드야야만타레 바르타마나하 스바얌 디라하 판디탐 만야마나하|
장간야마나하 파리얀티 무다 안데나이바 니야마나 야탄다하 |8|

아비드야얌=무지함으로; 안타레=한가운데; 바르타마나하=존재하는; 스바얌=그들 스스로; 디라하=지혜로운; 판디탐 만야마나하=빈 지식으로 부푼; 장간야마나하=계속적인 고통; 파리얀티=헤매다; 무다흐=어리석은 자들; 안데나 에바=눈이 먼 자들; 니야마나하=이끌린; 야타=~처럼; 안타흐=눈 먼 자들.

무지함에 빠져 스스로 현명하고 배웠다고 생각하는 어리석은 자들은 장님이 장님을 이끄는 것처럼 계속되는 고통 속에서 방황한다.

9 अविद्यायां बहुधा वर्तमाना वयं कृतार्था इत्यभिमन्यन्ति बालाः ।
यत् कर्मिणो न प्रवेदयन्ति रगात् तेनातुराः क्षीणलोकाश्च्यवन्ते ।९।

아비드야얌 바후다 바르타마나 바얌 크리타르타 이트야비만

얀티 발라흐|
야트 카르미노 나 프라베다얀티 라가트 테나투라흐 크쉬날로 카스챠반테||9||

아비드야얌=무지함으로; 바후다=다양한 방식들; 바르타마나흐=존재하는; 바얌=우리는; 크리타르타=그들의 삶의 완성으로 얻은 것들; 이티=그러므로; 아비만얀티=생각하다; 발라흐=어리석은; 야트=~때문에; 카르미나흐=희생자; 나=아니다; 프라비다얀티=알다; 라가트=열정으로 인한; 테나=그러므로; 아투라흐=낙담한; 크쉬날로카흐=선행으로 얻은 세상의 즐거움이 지나면; 챠반테=~에 떨어지다.

무지한 방식에 빠져 있는 사람들은 스스로 삶의 완성을 이루었다는 어리석은 생각을 한다. 그렇기에 열정과 집착에 빠져 지식을 얻지 못한 존재들은 그들의 선행으로 얻은 세상의 즐거움이 다하였을 때 비참함에 빠진다.

10 इष्टपूर्तं मन्यमाना वरिष्ठं नान्यच्छ्रेयो वेदयन्ते प्रमूढाः।
नाकस्य पृष्ठे ते सुकृतेऽनुभूत्वेमं लोकं हीनतरं वा विशान्ति।१०।

이쉬타푸르탐 만야마나 바리쉬탐 난야츠레요 베다얀테 프라무다흐|
나카스야 프리쉬테 테 수크리테아누부트바이맘 로캄 히나타람 바 비산티||10||

문다카 우파니샤드 71

이쉬타푸르탐=제물과 덕망 있는 행위, 경전에 의해 즐거워하는; 만야마나흐=생각; 바리쉬탐=지고의; 나=아니다; 안야트=또 다른; 스레야흐=더한; 베다얀테=알다; 프라무다흐=속는 어리석은 자들; 나카스야 프리쉬테=가장 높은 천상의 지역; 수크리테=관능적인 즐거움의; 테=그들은; 아누부트바=즐거움, 행위의 결과; 이맘 로캄=이 세상; 히나타람=가장 낮은; 바=또는; 비산티=들어가다.

어리석은 사람들은 덕망 행위를 하는 것이 최고라고 여기며 더 나은 것은 없다고 생각한다. 선행으로 인한 천상의 즐거움이 끝나고, 관능적인 즐거움을 거둬들여지면, 그들은 인간의 세상이나 더 낮은 세상으로 떨어진다.

11 तपःश्रद्धे ये ह्युपवसन्त्यरण्ये शान्ता विद्वांसो भैक्ष्यचर्यां चरन्तः । सूर्यद्वारेण ते विरजाः प्रतान्ति यत्रामृतः स पुरुषो ह्यव्ययात्मा ॥११॥

타파흐스라떼 예 흐유파바산트야란예 산타 비드밤소 바이크쉬야차르얌 차란타흐 ǀ
수르야드바레나 테 비라자흐 프라얀티 야트라므리타흐 사 푸루쇼 흐야브야야트마 ǀǀ11ǀ

타파흐스라떼=고행과 믿음; 예=그들의; 히=진실로; 우파바산티=살다; 아란예=숲 속에서; 산타흐=평화로운 마음; 비드밤사흐=배우는 자들; 바이크쉬야차르얌=탁발의 맹세; 차란타흐=실천하는; 수르야드바레나=태양의 통로; 로테=그들은;

비라자흐=모든 비순수함의 제거; 프라얀티=가다; 야트라=어디에; 아므리타흐=불멸의; 사흐=그것; 푸루샤흐=존재; 히=실로; 아브야야트마=사라지지 않는.

숲 속에서 고행과 믿음으로 살고, 평화로우며, 지혜로우며, 탁발의 규율을 지키며 사는 순수한 사람은 불멸의 존재가 거하는 태양의 문으로 간다.

12 परीक्ष्य लोकान् कर्मचितान् ब्रह्मणो निर्वेदमायान्नास्त्यकृतः कृतेन। तद्विज्ञानार्थं स गुरुमेवाभिगच्छेत् समित्पाणिः श्रोत्रियं ब्रह्मनिष्ठम्।१२।

파리크쉬야 로칸 카르마치탄 브라흐마노 니르베다마얀나스
트야크리타흐 크리테나|
타드비그야나르탐 사 구루메바비가체트 사미트파니흐 스로
트리얌 브라흐마니쉬탐|12|

파리크쉬야=살아온; 로칸=세상; 카르마치탄=행위를 통해 도달되는; 브라흐마노흐=브라흐마나; 니르베담=무관심, 평범한 마음; 나 아스티=도달할 수 없다; 아야트=얻을 수 있는; 크리타흐=창조되는; 크리테나=행위에 의해; 타트 비그야나르탐=그것의 지식; 사흐=그는; 구룸=구루, 스승; 에바=오직; 아비가체트=가야 한다; 사미트파니흐=제사에 쓸 마른 장작을 들고; 스로트리얌=베다에 정통한; 브라흐마니쉬탐=브라흐만에 확립된.

행위에 의해 세상을 성취한다는 것을 아는 자는 집착이 사라진다. 원인이 되는 행위는 근원이 없는 지고의 것에 도달할 수 없다. 그러므로 그것을 알기 위해서는 제사에 쓸 장작을 들고 경전에 정통하고 브라흐만에 확립된 스승에게 가야 한다.

13 तस्मै स विद्वानुपसन्नाय सम्यक् प्रशान्तचित्ताय शामन्ताय। येनाक्षरं पुरुषं वेद सत्यं प्रोवाच तां तत्त्वतो ब्रह्मविद्याम्।१३।

타스마이 사 비드바누파산나야 삼야크 프라산타치따야 사만비타야|
예나크샤람 푸루샴 베다 사트얌 프로바차 탐 타뜨바토 브라흐마비드얌|13|

타스마이=그것에게; 사 비드반=스승에게 배운 것; 우파산나야=다가간 사람; 삼야크=예의를 갖추어; 프라산타치따야=마음이 고요한 자; 사만비타야=감각이 제어된 자; 예나=그것에 의해; 아크샤람=사라지지 않는; 푸루샴=푸루샤; 베다=알다; 사트얌=진리; 프로바차=말할 수 있는; 탐=그것; 타뜨바타흐=그것의 가장 본질 속의; 브라흐마비드얌=브라흐마의 지식.

마음이 고요하고 감각이 제어된 자는 예의를 다하여 스승에게 다가가 그것의 본질인 브라흐마의 지식을 전해 받으며, 그 지식으로 진리와 영원한 푸루샤를 안다.

제II부

제1장

1 तदेतत् सत्यम्
यथा सुदीप्तात् विस्फुलिङ्गः सहस्रशः प्रभवन्ते सरूपाः ।
तथाऽक्षराद् विविधाः सोम्य भावाः प्रजायन्ते तत्र चैवापियन्ति ।१।

타데타트 사트얌
야타 수디프타트 파바카드 비스풀링가흐 사하스라사흐 프라바반테 사루파흐|
타타아크샤라드 비비다흐 솜야 바바흐 프라자얀테 타트라 차이바피얀티 |1|

타트=그것에; 타트=이것; 사트얌=진리; 야타=~처럼; 수디프타트=활활 타오르는; 파바카트=불에서부터; 비스풀링가흐=불꽃; 사하스라사흐=수천 개에 의해; 프라바반테=튀어 오르다; 사루파흐=같은 것이 나타나다; 아크샤라트=사라지지 않는 것으로부터; 비비다흐=다양한; 솜야=나의 어린 친구여; 프라자얀테=기원이 되다; 타트라=거기에; 차=그리고; 아피=다시; 얀티=돌아가다.

이것은 진리이다.
활활 타오르는 불 속에서 수천 개의 불꽃이 터져 나오는 것처럼 자연은 그렇게 발현되었나니, 오 친구여!
다양한 존재들은 불멸함으로부터 창조되었으며, 그곳으로 다시 돌아간다.

2 दिव्योह्यमूर्तः पुरुषः सबाह्याभ्यन्तरो ह्यजः।
अप्राणोह्यमनाः शुभ्रो ह्यक्षरात्परतः परः।२।

디브요흐야무르타흐 푸루샤흐 사바흐야브얀타로 흐야자흐|
아프라노흐야마나흐 수브로 흐야크샤라트파라타흐 파라흐
|2|

디브야흐=스스로 빛나는; 아무르타흐=형체 없이; 푸루샤흐=푸루샤; 사바흐야브얀타라흐=안과 밖 모두이다; 히=실로; 아자흐=기원이 없는; 아프라나흐=호흡 없이; 아마나흐=마음 없이; 수브라흐=순수한; 히=실로; 아크샤라트 파라타흐=우주가 발현되지 않은 원인 넘어; 히=실로.

푸루샤는 스스로 빛나며, 형체가 없으며, 기원이 없으며, 안과 밖 양쪽 모두에 존재한다.
호흡도 없고, 마음도 없으며, 실로 순수하며, 발현되지 않은 우주의 원인마저 넘어서 있다.

3 एतस्माज्जायते प्राणो मनः सर्वेन्द्रियाणि च।
खं वायुर्ज्योतिरापः पृथिवी विश्वस्य धारिणी ।३।

에타스마짜야테 프라노 마나흐 사르벤드리야니 차|
캄 바유르죠티라파흐 프리티비 비스바스야 다리니|3|

에타스마트=그에게로부터; 쟈야테=태어난; 프라나흐=생명, 호흡; 마나흐=마음; 사르벤드리야니=모든 감각기관; 차=그리고; 캄=에테르, 대기; 바유흐=공기; 죠티흐=불; 아파흐=물; 프리티비=땅; 비스바스야=모든 것의; 다리니=부양하는 자.

그에게로부터 호흡, 마음, 감각기관, 에테르, 공기, 불, 물, 그리고 모든 것을 지지하는 땅이 나왔다.

4 अग्निर्मूर्धा चक्षुषी चन्द्रसूर्यौ दिशः श्रोत्रे वाग्विवृताश्च वेदाः।
वायुः प्राणो हृदयं विश्वमस्य पद्भ्यां पृथिवी ह्येष सर्वभूतान्तरात्मा ।४।

아그니르무르다 차크슈쉬 찬드라수르야우 디사흐 스로트레 바그비브리타스차 베다흐|
바유흐 프라노 흐리다얌 비스바마스야 파드브얌 프리티비 흐레샤사르바부탄타라트마|4|

아그니흐=불; 무르다=머리; 차크슈쉬=2개의 눈; 찬드라수르

문다카 우파니샤드 77

야우=달과 태양; 디사흐=네 방향; 스로트레=2개의 귀; 바크=말하다; 비브리타흐=퍼지는, 잘 알려진; 베다흐=베다; 바유흐=공기; 프라나흐=호흡; 흐리다얌=가슴; 비스밤=우주; 아스야=그의; 파드브얌=발로부터; 프리티비=땅; 히=실로; 사르바부탄타라트마=모든 것 안에 거하는 영혼.

실로 그는 모든 것 안에 거하는 영혼이다. 불은 그의 머리이며, 태양과 달은 그의 눈이며, 4개의 방향은 그의 귀이며, 베다는 그의 음성이며, 바람은 그의 호흡이며, 우주는 그의 가슴이다. 그의 발로부터 나온 땅은 근원이 되었다.

5 तस्मादग्निः समिधो यस्य सूर्यः सोमात्पर्जन्य ओषधयः पृथिव्याम्। पुमान् रेतः सिञ्चति योषितायां बह्वीः प्रजाः पुरुषात्संप्रसूताः।५।

타스마다그니흐 사미도 야스야 수르야흐 소마트파르잔야 오샤다야흐 프리티브얌|
푸만 레타흐 신차티 요쉬타얌 바흐비흐 프라자 푸루샤트삼프라수타흐|5|

타스마트=그에게로부터; 아그니=불; 사미다흐=연료; 야스야=누구의; 수르야흐=태양; 소마트=달로부터; 파르잔야흐=비구름; 오샤다야흐=허브, 풀; 프리티브얌=땅; 푸만=인간; 레타흐=정액; 신차티=던지다; 요쉬타얌=여자 안으로; 바흐비흐=많은; 프라자흐=살아 있는 존재들; 푸루샤트=푸루샤로부터; 삼프라수타흐=태어난.

그에게로부터 천상의 세계가 나온다. 그것은 태양을 연료로 하는 첫번째 불이다. 천상의 세계의 달에서 비구름이 나왔으며, 구름으로부터 땅에 풀들이 솟아났다. 그것으로부터 남성은 여성에게 정액을 방사하였다. 이렇게 수많은 존재들이 푸루샤로부터 태어났다.

6 तस्मादृचः साम यजूंषि दीक्षा यज्ञाश्च सर्वे क्रतवो दक्षिणाश्च । संवत्सरश्च यजमानश्च लोकाः सोमो यत्र पवते यत्र सूर्यः ।६।

타스마드리차흐 사마 야줌쉬 디크샤 야그야스차 사르베 크라타보 다크쉬나스차|
삼바트사라스차 야자마나스차 로카흐 소모 야트라 파바테 야트라 수르야흐|6|

타스마트=그것으로부터; 리차흐=리크, 베다의 성스러운 시구; 사마니 사만=베다의 찬송; 야줌쉬=야주스, 예배의 형식; 디크샤흐=축복을 주다; 아그야흐=희생; 차=그리고; 사르베=모든 것; 크라타보=봉헌물; 다크쉬나스차=보상받음; 삼바트사라흐=해, 년; 야자마나흐=제사장; 차=그리고; 로카흐=세상; 소마흐=달; 야트라=그것; 수르야흐=태양.

그에게로부터 베다의 시구, 성스러운 찬송, 예배의 형식, 축복, 희생, 봉헌물, 보상받음, 제사장, 그리고 해와 달로 정화된 세상이 나왔다.

7

तस्माच देवा बहुधा संप्रसूताः साध्या मनुष्याः पशवो वयांसि ।
प्राणापानौ व्रीहियवौ तपश्च श्रद्धा सत्यं ब्रह्मचर्यं विधिश्च ।७।

타스마짜 데바 바후다 삼프라수타흐 사드야 마누쉬야흐 파사
보 바얌시|
프라나파나우 브리히야바이 타파스차 프라따 사트얌 브라흐
마차르얌 비디스차|7|

타스마트=그에게로부터; 데바흐=신들; 바후다=다양한 순서; 삼프라수타흐=태어난; 사드야흐=사드야, 천상의 무리; 마누쉬야흐=인간; 파사바흐=짐승들; 바얌시=새; 프라나파나우=들숨과 날숨; 브리히야바이=쌀과 보리; 타파흐=고행; 차=그리고; 스라따=믿음; 사트얌=진리; 브라흐마차르얌=금욕의 서약; 비디흐=명령; 차=그리고.

그에게로부터 다양한 신들의 질서가 생겼으며, 천상의 무리들과 인간, 짐승, 새, 들숨과 날숨, 쌀과 보리, 고행, 믿음, 진리, 금욕, 법이 생겨났다.

8

सप्त प्राणाः प्रभवन्ति तस्मात् सप्तार्चिषः समिधः सप्त होमाः ।
सप्त इमे लोका येषु चरन्ति प्राणा गुहाशया निहिताः सप्त सप्त ।८।

사프타 프라나흐 프라바반티 타스마트 사프타르치샤흐 사미

다흐 사프타 호마흐|
사프타 이메 로카 예슈 차란티 프라나 구하사야 니히타흐 사
프타 사프타|8|

사프타=일곱; 프라나흐=감각기관; 프라바반티=태어난; 타스
마트=그것으로부터; 사프타=일곱; 아르치샤=불꽃; 사미다흐
=연료; 사프타=일곱; 호마흐=예배; 이메=이러한 것들; 로카
흐=세상; 예슈=어디에; 차란티=움직이다; 프라나=호흡; 구
하사야흐=동굴에 사는; 니히타흐=위치한; 사프타 사프타=일
곱 그리고 일곱.

그에게로부터 7개의 감각이 나왔으며, 7개의 불의 연료, 7개
의 불꽃, 7개의 예배가 나왔으며, 7개의 세상이 나왔다. 그
세상은 동굴의 7개의 호흡으로 위치한다.

9 अतः समुद्रा गिरयश्च सर्वेऽस्मात् स्यन्दन्ते सिन्धवः सर्वरूपाः। अतश्च सर्वा ओषधयो रसश्च येनैष भुतैस्तिष्ठते ह्यन्तरात्मा।९।

아타흐 사무드라 기라야슈차 사르베아스마트 스얀단테 신다
바흐 사르바루파흐|
아타스차 사르바 오샤다요 라사스차 예나이샤 부타이스티쉬
타테 흐얀타라트마|9|

아타흐=그에게로부터; 사무드라흐=대양; 기라야흐산차=그
리고 산; 사르베=모든; 아스마트=그에게로부터; 스얀단테=

흐르다; 신다바흐=강; 사르바루파=모든 종류의; 아타흐=그에게로부터; 차=그리고; 사르바흐=모든; 오샤다야흐=허브, 풀; 라사흐=수액; 차=그리고; 예나=그것에 의해; 에샤흐=이것; 부타이흐=거친 원소들에 의해; 티쉬타테 히=존재하다; 안타라트마=섬세한 몸.

그에게로부터 모든 대양과 산이 나왔으며, 그에게로부터 모든 종류의 강이 발현되었으며, 그에게로부터 모든 풀들과 수액이 나왔으며, 그것에 의해 거친 원소들로 둘러싸인 섬세한 몸이 생겨났다.

10 पुरुष एवेदं विश्वं कर्म तपो ब्रह्म परामृतम्।
एतद्यो वेद निहितं गुहायां सोऽविद्याग्रन्थिं विकिरतीह सोम्य।१०।

푸루샤 에베담 비스밤 카르마 타포 브라흐마 파람리탐|
에타드요 베다 니히탐 구하얌 소아비드야그란팀 비키라티하 솜야|10|

푸루샤흐=푸루샤; 에바=오직; 이담=이것; 비스밤=모든; 카르마=행위; 타파흐=고행; 브라흐마=브라흐만; 파람리탐=지고의, 불멸의; 에타트=이것; 야흐=누구; 베다=알다, 베다; 니히탐=위치한; 구하얌=가슴속의 동굴; 사흐=그는; 아비드야그란팀=무지의 매듭; 비키라티하=흩어져 자르다; 다솜야=오친구여.

푸루샤는 실로 모든 것이다. 그는 행위이며, 고행이며, 지고의 불멸의 존재인 브라흐만이다. 가슴속 동굴에 존재하는 그를 아는 자는, 오 친구여, 무지의 매듭을 모두 뜯어낸다.

제2장

1 आविः सन्निहितं गुहाचरं नाम महत्पदमत्रैतत् स्मर्पितम् ।
एजत्प्राणन्निमिषच्च यदेतज्ज्ञाथ सदसद्वरेण्यं
परं विज्ञानाद्यद्वरिष्ठं प्रजानाम् ।१।

아비흐 산니히탐 구하차람 나마 마하트파다마트라이타트 사마르피탐|
에자트프라난니미샤차 야데타짜나타 사다사드바렌얌
파람 비그야나드 야드바리쉬탐 프라자남|1|

아비흐=발현하다; 산니히탐=가까운; 구하차람=가슴 공간의 움직임; 나마=알려진; 마하트=위대한; 파담=부양자; 아트라=여기에; 이타트=이것; 사마르피탐=고정된; 에자트=움직이는; 프라나트=호흡; 니미샤트=눈을 깜박이는; 야트=그것에; 타트=이것; 자나타=알다; 사트=거친; 아사트=섬세한; 바렌얌=모든 것을 존경할 만한; 파람=넘어서; 비그야나트=이해하는; 야트=그것; 바드리쉬탐=가장 높은; 프라자남=존재하는 것의.

그는 위대한 부양자이다. 그는 모든 것으로 발현되며 가까이 존재하며, 가슴의 공간에서 움직인다. 움직이고 호흡하고 눈을 깜박이는 모든 것은 그것 안에 존재한다. 이것을 알라. 그는 거친 것과 섬세한 것 모두이며, 모든 것에 경배받으며, 가장 높은 존재이며, 모든 지식을 넘어서 있다.

2 यदर्चिमद्यदणुभ्योऽणु च यस्मिंलोका निहिता लोकिनश्च तदेतदक्षरं ब्रह्म स प्राणस्तदु वाङ्मनः तदेतत्सत्यं तदमृतं तद्वेद्धव्यं सोम्य विद्धि ।२।

야다르치마드야다누브요아누 차 야스미믈로카 니히타 로키
나스차|
타데타다크샤람 브라흐마 사 프라나스타두 방마나흐
타데타트사트얌 타담리탐 타드베따브얌 솜야 비띠|2|

야트=무엇; 아다르치마트=빛나는; 야트=무엇; 아누브야흐=원자부다 더; 아누=섬세한 자; 차=그리고; 야스미=무엇 안에; 로카흐=세상; 차=그리고; 타드 에타트=잘 알려진 것; 아크샤람=사라지지 않는; 브라흐마=브라흐마; 사흐=그는; 프라나흐=호흡, 생명; 타트=그것; 바크=말하다; 마나흐=마음; 타트 에타트=이것; 사트얌=진리; 타트=그것; 암리탐=불멸의; 베따브얌=관통되다; 솜야=친구여; 비띠=관통하다.

원자보다도 섬세하고 빛나는 그는 불멸의 브라흐마이다. 그는 세상에 머무르며 모든 것에 거하는 존재이다. 그것은 호흡이며, 말이며, 마음이며, 실재이며, 불멸이다. 그것은 마음으로 꿰뚫을 수 있다. 오 친구여, 그것을 꿰뚫으라.

3

धनुर्गृहीत्वौपनिषदं महास्त्रं शरं ह्युपासानिशितं सन्धयीत।
आयम्य तद्भावगतेन चेतसा लक्ष्यं तदेवाक्षरं सोमय विद्धि ।३।

다누르그리히트바우파니샤담 마하스트람 사람 흐유파사니시탐 산다이타 |
아얌야 타드바바가테나 체타사 라크샴 타데바크샤람 솜야 비띠 |3|

다누흐=활; 그리히트바=잡는; 마하스트람=거대한 무기; 사람=화살; 히=진실로; 우파사니시탐=우파니샤드에 의해; 산다이타=고정해야 한다; 아얌야=당기는; 타드바바가테나=그의 생각 속으로 흡수된; 체타사=마음으로; 라크샴=나타난 것; 타트=그것; 에바=진실로; 아크샤람=불멸의; 솜야=친구여; 비띠=알다, 꿰뚫다.

우파니샤드에 의해 준비된 거대한 무기인 활을 잡고, 화살을 고정하라. 그리고 오 친구여, 몰입된 마음으로 시위를 잡아당겨 불멸의 과녁을 관통하라.

4

प्रणवो धनुः शारो ह्यात्मा ब्रह्म तलक्ष्यमुच्यते।
अप्रमत्तेन वेद्धव्यं शरवत्तन्मयो भवेत्।४।

프라나보 다누흐 사로 흐야트마 브라흐마 탈라크샤무챠테 |

아프라마떼나 베따브얌 사라바딴마요 바베트|4|

프라나바흐=옴(OM); 다누흐=활; 사라흐=화살; 히=진실로; 아트마=자아; 브라흐마=브라흐만; 타트=그것; 라크샴=나타난 것; 아프라마떼나=마음이 확고한 존재에 의해; 베따브얌=알다; 사라바트=화살처럼; 탄마요=그에게 흡수된, 그것과 하나인; 바베트=~이 되야 한다.

옴은 활이며, 자아는 화살이며, 브라흐만은 과녁이다. 확고한 마음으로 그 과녁에 화살을 꽂아야 한다. 그리고 화살처럼 브라흐만과 하나가 되어야 한다.

5 यस्मिन्द्यौः पृथिवी चान्तरिक्षमोतं मनः सह प्राणैश्च सर्वैः। तमेवैकं जानथ आत्मानमन्या वाचो विमुञ्चथामृतस्यैष सेतुः।५।

야스민드야우흐 프리티비 찬타리크쉬모탐 마나흐 사하 프라나우스차 사르바이흐|
타메바이캄 자나타 아트마나만야 바초 비문차탐리타스야이샤 세투흐|5|

야스민=누구에; 드야우흐=천상; 프리티비=땅; 차=그리고; 안타리크샴=사이, 틈; 마나흐=마음; 사하=~와 함께; 프라나우흐=호흡; 차=그리고; 사르바이흐=모든; 탐=그를; 에바=오직; 에캄=하나; 자나타=알다; 아트마남=아트만, 참 나; 안야흐=다른 모든 것; 바차흐=말하다; 비문차타=포기하다; 암리타스야=불멸의; 에샤흐=이것; 세투흐=다리.

천상이며 땅이며 그 사이의 중간이며, 마음과 호흡으로 오직 모든 것의 하나이며 참 나인 그를 알아. 이것은 불멸함으로 가는 다리이니, 다른 말로 허비하지 말아.

6 अरा इव रथनाभौ संहता यत्र नाड्यः स एषोऽतश्चरते बहुधा जायमानः। ओमित्येवं ध्यायथ आत्मानं स्वस्ति वः पाराय तमसः परस्तात्।६।

아라 이바 라타나바우 삼하타 야트라 나드야흐 사 에쇼안타스차라테 바후다 자야마나흐|
오미트예밤 드야야타 아트마남 스바스티 바흐 파라야 타마사흐 파라스타트|6|

아라흐=말하다; 이바=~처럼; 라타나바우=수레바퀴의 중심; 삼하타흐=만나다; 야트라=어디에; 나드야흐=신경망; 사 에샤흐=이것; 안타흐=그것 안에; 차라테=거하다; 바후다 자야마나흐=다양하게 되는; 옴 이티=옴으로서; 에밤=그러므로; 드야야타=명상하는; 아트마남=아트만; 스바스티=축복; 바흐=당신에게; 파라야=높은 곳을 위해; 타마사흐=어둠의; 파라스타트=~을 넘어.

수레의 바퀴살이 중심에 연결된 것처럼 모든 신경망은 그 안에서 만나며 그 속에서 다양하게 되어 움직인다. 옴을 실천하면서 참 나에 명상하라. 어둠을 넘어 높은 곳으로 가려는 그대에게 축복을 주나니!

7

यः सर्वज्ञः सर्वविद्यस्यैष महिमा भुवि ।
दिव्ये ब्रह्मपुरे ह्येष व्योम्न्यात्मा प्रतिष्ठितः ॥
मनोमयः प्रणशरीरनेता प्रतिष्ठितोऽन्ने हृदयं सान्निधाय ।
तद्विज्ञानेन परिपश्यन्ति धीरा आनन्दरूपममृतं यद्विभाति ।७ ।

야흐 사르바그야흐 사르바비드야스야이샤 마히마 부비|
디브예 브라흐마푸레 흐예샤 브욤느야트마 프라티쉬티타흐 ||
마노마야흐 프라나사리라네타 프라티쉬티토안네 흐리다얌 산니다야|
타드비그야네나 파리파샨티 디라 아난다루파마므리탐 야드 비바티|7|

야흐=누구; 사르마그야흐=모든 곳에 편재한; 사르바비트=모든 것을 아는; 야스야=누구의; 이샤=이것; 마히마=영광의; 부비흐=이 세상에서; 디브예=광휘에 찬; 브라흐마푸레=브라흐마의 도시; 히=진실로; 에샤=이것; 브욤니=하늘에; 야트=그것; 프라티쉬티타흐=확립된; 마노마야흐=마음; 프라나사리라네타=호흡과 몸의 통제자; 안네=음식으로; 흐리다얌=가슴으로; 산니다야=위치하는; 타트=그것; 비그야네나=완전한 지식으로; 파리파샨티=보다, 실현하다; 디라흐=지혜로운 자아; 난다루파마므리탐=희열과 불멸함으로 꽉 찬; 야트=그것; 비바티=발현하다.

그는 모든 곳에 편재하고 모든 것을 알며, 그의 영광은 이 세상의 모든 것이다. 가슴의 창공은 빛나는 브라흐마의 도시이다. 그는 마음속에서 확립되었으며, 호흡과 몸의 통제자이다. 그는 가슴에 있는 그의 좌석에서 인간의 몸 전체를 통하여 산다. 그의 완전한 지식으로 지혜로운 자는 희열과 불멸함의 상태를 실현한다.

8 भिद्यते हृदयग्रन्थिश्छिद्यन्ते सर्वसंशयाः। क्षीयन्ते चास्य कर्माणि तस्मिन् दृष्टे परावरे ।८।

비드야테 흐리다야그란티스치드얀테 사르바삼사야흐ㅣ
크쉬얀테 차스야 카르마니 타스민 드리쉬테 파라바레ㅣ8ㅣ

비드야테=부서진; 흐리다야그란티흐=가슴의 매듭; 치드얀테=산산이 흩어지는; 사르바 삼사야흐=모든 의식; 크쉬얀테=파괴되다; 차=그리고; 아스야=그의; 카르민=행위의 결과; 타스민=그것; 드리쉬테=보여진 것; 파라바레=높은 것과 낮은 것으로.

한 인간이 높은 것과 낮은 것 모두에서 그를 실현하면 가슴의 매듭은 풀리고, 모든 의심이 사라지며, 행위의 결과가 소멸된다.

9 हिरण्मये परे कोशो विरजं ब्रह्म निष्कलम् । तच्छुभ्रं ज्योतिषां ज्योतिस्तद्यदात्मविदो विदुः ।९।

히란마예 파레 코세 비라잠 브라흐마 니쉬칼람|
타추브람 죠티샴 죠티스타드야다트마비도 비두흐|9|

히란마예=황금의; 파레=가장 높은; 코세=층 안에; 비라잠=흠이 없는; 브라흐마=브라흐만; 니쉬칼람=나누어질 수 없는; 타트=그것; 수브람=순수한; 죠티샴=빛의; 죠티흐=빛; 타트=그것; 야트=그것; 아트마비다흐=참 나를 아는 자; 비두흐=알다.

빛나는 층 안에 흠이 없으며, 분리되지 않는 브라흐만이 존재한다. 그는 빛나는 것보다 빛나며 순수하다. 참 나를 아는 자는 그것을 안다.

10 न तत्र सुर्यो भाति न चन्द्रतारकं नेमा विद्युतो भान्ति कुतोऽयमग्निः । तमेव भान्तमनुभाति सर्वं तस्य भासा सर्वमिदं विभाति ।१०।

나 타트라 수르요 바티 나 찬드라타라캄 네마 비듀토 반티 쿠토아야마그니흐|
타메바 반타마누바티 사르밤 타스야 바사 사르바미담 비바티 |10|

나=아니다; 타트라=거기에; 수르야흐=태양; 바티=빛나지 않는; 찬드라타라캄=달과 별; 나=아니다; 이마흐=거기에; 비드유타흐=빛을 내는 것; 반티=빛나는; 쿠타흐=어떻게; 아얌=이것; 아그니흐=불; 탐=그에게; 에바=진실로; 반탐=빛나는; 아누비티=후에 빛나다; 사르밤=모든; 타스야=그의; 바사=빛에 의해; 사르밤=모든; 이탐=이것; 비바티=빛나다.

거기에는 태양이 빛나지 않고 달이나 별들도 빛나지 않으며, 어떤 것도 빛을 내지 않는다. 어떻게 불빛이 일어나지 않는가? 진실로 모든 것은 그가 존재함으로 빛난다. 모든 것은 그의 빛에 의해 빛나는 것이다.

11 ब्रह्मैवेदममृतं पुरस्ताद्ब्रह्म पश्चाद्ब्रह्म दक्षिणतश्चोत्तरेण। अधश्चोर्ध्वं च प्रसृतं ब्रह्मैवेदं विश्वमिदं वरिष्ठम्।११।

브라흐마이베다맘리탐 푸라스타드브라흐마 파스차드브라흐마 디크쉬나타스초따레나|
아다스초르드밤 차 프라스리탐 브라흐마이베담 비스바미담 바리쉬탐|11|

브라흐마=브라흐만; 이바=진실로; 이담=이것; 아므리탐=불멸의; 푸라스타드=~앞에; 브라흐마=브라흐만; 파스차트=~뒤에; 브라흐마=브라흐만; 다크쉬나타흐=오른쪽에; 우따레나=왼쪽에; 아다흐=~아래에; 우르드밤=~위에; 차=그리고; 프라스리탐=스며 있는; 브라흐마=브라흐만; 이바=진실로;

이담=이것; 비스밤=우주; 이담=모든 것; 바리쉬탐=지고의.

진실로 이것이 브라흐만이다. 불멸의 브라흐만은 위와 아래, 앞과 뒤, 오른쪽과 왼쪽 어디에나 퍼져 있다. 이 모든 세상은 지고의 브라흐만 그 자체이다.

제III부

제1장

1 द्वा सुपर्णा सयुजा सखाया समानं वृक्षं परिषस्वजाते ।
तयोरन्यः पिप्पलं स्वाद्वत्त्यनश्नन्नन्यो अभिचाकशीति ।१।

드바 수파르나 사유자 사카야 사마남 브리크샴 파리샤스바자테||
타요란야흐 피빨람 스바드바뜨야나스난난요 아비차카시티|1|

드바=둘; 수파르나=새; 사유자=가깝게; 사카야=우정으로; 사마남=스스로 같은; 브리크샴=나무; 파리샤스바자테=가까이; 타요흐=2개의; 안야흐=하나; 피빨람=열매; 스바두=맛으로; 아띠=먹다; 아나스난=먹지 않고; 안야흐=다른; 아비차카시티=~로 보다.

두 마리의 새가 친밀하게 가까이 지내며 같은 나무에 앉아 있다.
그 중 한 마리는 나무의 맺힌 열매를 맛있게 먹으며, 다른 한 마리는 먹지 않고 보고만 있다.

2 समाने वृक्षे पुरुषो निमग्नोऽनीशया शोचति मुह्यमानः। जुष्टं यदा पश्यत्यन्यमीशमस्य महिमानमिति वीतशोकः।२।

사마네 브리크셰 푸루쇼 니마그노아니사야 소차티 무흐야마나흐|
주쉬탐 야다 파샤트얀야미사마스야 마히마나미티 비타소카흐|2|

사마네=같은 것; 브리크셰=나무 위에; 푸루샤흐=개인적인 자아; 니마그나흐=무지로 떨어지다; 아니사야=그것의 무기력 때문에; 소차티=슬픔; 무흐야마나흐=미혹되는; 주쉬탐=존경할 만한; 야다=~할 때; 파샤티=알다; 안얌=다른; 이삼=주인; 아스야=그것의; 마히마남=영광; 이티=그러므로; 비타소카흐=슬픔으로부터 벗어난.

나무 위에 앉아 있는 같은 자아의 새는 무력함으로 무지와 미혹함과 슬픔에 빠진다. 다른 새가 존귀한 존재임을 알았을 때 그 영광으로 인해 슬픔으로부터 벗어난다.

3 यदा पश्यः पश्यते रुक्मवर्णं कर्तारमीशं पुरुषं ब्रह्मयोनिम्। तदा विद्वान्पुण्यपापे विधूय निरञ्जनः परमं साम्यमुपैति।३।

야다 파샤흐 파샤테 루크마바르남 카르타라미샴 푸루샴 브라

문다카 우파니샤드 95

흐마요님|
타다 비드반푼야야테 비드유야 니란자나흐 파라맘 삼야무파
이티|3|

야다=~할 때; 파샤흐=보는 자; 파샤테=보다; 루크마=황금
의; 바르남=브라흐마의 색; 카르타람=만드는 자; 이삼=주인;
푸루샴=지고의 존재; 브라흐마요님=브라흐마의 자궁, 창조
의 근원; 타다=그런 다음; 비드반=현명하게 되는; 푼야야테
=선행과 악행; 비드유야=쫓아 버리다; 니란자나흐=흠이 없
는; 파라맘=지고의; 삼야=합일; 우파이티=얻다.

보는 자가 스스로 빛나는 자이며, 통치자이며, 지고의 존재이
며, 창조의 근원임을 실현하였을 때, 그런 다음 현명한 자는 선
행과 악행 떨쳐 버리고 순수하게 되며, 지고의 합일을 얻는다.

4 प्राणो ह्येष यः सर्वभूतैर्विभाति विजानन्विद्वान्भवते नातिवादी। आत्मक्रीड आत्मरतिः क्रियावानेष ब्रह्मविदां वरिष्ठः।४।

프라노 흐예샤 야흐 사르바부타이르비바티 비자난비드반바
바테 나티바디|
아트마크리다 아트마라티흐 크리야바네샤 브라흐마비담 바
리쉬타흐|4|

프라나흐=호흡, 생명; 히=실로; 에샤흐=이것; 야흐=누구;
사르바부타이흐=모든 존재 속에; 비바티=퍼져 있는; 비자난

=아는; 비드반=현명한 자; 바바테=~이 되다; 나=아니다; 아티바디=헛된 말을 하지 않는 자; 아트마라티흐=자아 안에서 만족하는; 아트마크리다=자아 안에서 기뻐하는; 크리야반=신의 실천의 행하는 자; 에샤흐=이것; 브라흐마비담=브라흐만을 아는 자; 바리쉬타흐=가장 먼저.

그는 생명이니 실로 모든 존재에 퍼져 있다. 이것을 아는 진실로 현명한 자는 헛된 말을 하지 않는다. 참 나 안에서 만족하며, 참 나 안에서 즐거워하며, 헌신을 행하는 자는 브라흐만을 아는 자들 중에 최고인 자이다.

5 सत्येन लभ्यस्तपसा ह्येष आत्मा सम्यग्ज्ञानेन ब्रह्मचर्येण नित्यम्। अन्तःशरीरे ज्योतिर्मयो हि शुभ्रो यं पश्यन्ति यतयः क्षीणदोषाः ।५।

사트예나 라브야스타파사 흐예샤 아트마 삼그야그야네나 브라흐마차르예나 니트얌|
안타흐사리레 죠티르마요 히 수브로 얌 파샨티 야타야흐 크쉬나도샤흐|5|

사트예나=진리에 의해; 라브야흐=성취할 수 있다; 타파사=고행에 의해; 히=실로; 에샤흐=이것; 아트마=참 나; 삼약그야네나=진리의 지식에 의해; 브라흐마차르예나=금욕에 의해; 니트얌=언제나; 안타흐사리레=몸 안쪽에; 죠티르마야흐=빛나는; 히=진실로; 수브라흐=순수한; 얌=누구에게; 파샨티=보다; 야타야흐=자아가 통제된; 크쉬나도샤흐=모든 죄로부터 벗어난.

참 나는 언제나 진리, 고행, 진리에 대한 지식 금욕, 변함없는 실천에 의해 성취된다. 진실로 순수하며 자아가 통제된 사람은 몸의 안쪽이 빛나며 죄로부터 벗어난 그를 본다.

6 सत्यमेव जयते नानृतं सत्येन पन्था विततो देवयानः। येनाक्रमन्त्यृषयो ह्याप्तकामा यत्र तत्सत्यस्य परमं निधानम्।६।

사트야메바 자야테 난리탐 사트예나 판타 비타토 데바야나흐|
예나크라만트야리샤요 흐야프타카마 야트라 타트사트야스야 파라맘 니다남|6|

사트얌=진리; 에바=홀로; 자야테=이기다; 나=아니다; 안리탐=진리가 아닌 것; 사트예나=진리에 의해; 판타흐=길; 비타타흐=배열하다; 데바야나흐=성스러운 길; 예나=그것에 의해; 아크라만트야=올라가다; 리샤야흐=보는 자; 히=실로; 아프타카마흐=모든 욕망이 만족된; 야트라=어디에; 타트=그것; 사트야스야=진리의; 파라맘=지고의; 니다남=거처.

오직 진리만이 승리하나니, 진리가 아니고는 승리할 수 없다. 진리에 의해 성스러운 길은 정해지며, 그것에 의해 보는 자는 욕망으로부터 벗어나 진리가 있는 지고의 장소에 이른다.

7 बृहच्च तद् दिव्यमचिन्त्यरूपं सूक्ष्माच्च तत् सूक्ष्मतरं विभाति ।
दूरात् सुदूरे तदिहान्तिके च पश्यन्त्विहैव निहितं गुहायाम् ।७।

브리하차 타드 디브야마친트야루파 숙쉬마차 타트 숙쉬마타람 비바티|
두라트 수두레 타디한티케 차 파샤트스비하이바 니히탐 구하얌|7|

브리하트=광대한; 타트=그것; 디브얌=빛나는; 아친트야루팜=모든 형상을 넘어; 숙쉬마트=가장 섬세한 것보다; 타트=그것; 숙쉬마타람=섬세한 자; 비바티=빛나다; 두라트=가장 먼 거리보다 더; 타트=그것; 이하=여기; 안티케=~안에; 차=그리고; 파샤트수=보는 자의; 이하=여기에; 에바=진실로; 니탐=거하다; 구하얌=가슴 안에.

광대하고, 성스러우며, 모든 형상을 넘어 그것은 빛난다. 그것은 가장 섬세한 것보다 더 섬세하며, 가장 먼 것보다 더 멀리 있다. 그것은 이 안에 거하며, 실로 보는 자의 가슴 안에 거한다.

8 न चक्षुषा गृह्यते नापि वाचा नान्यैर्देवैस्तपसा कर्मणा वा ।
ज्ञानप्रसादेन विशुद्धसत्त्वस्ततस्तु तं पश्यते निष्कलं ध्यायमानः ।८।

나 착슈샤 그리흐야테 나피 바차 난야이르데바이스타파사 카르마나 바|
그야나프라사데나 비수따사뜨바스타타스투 탐 파샤테 니쉬칼람 드야야마나흐|8|

나=아니다; 착슈샤=눈으로; 그리흐야테=인지된; 나=아니다; 아피=또한; 바차=말에 의해; 나=아니다; 안야이흐=다른 것에 의해; 데바이흐=감각들; 타파사=고행; 카르마나=행위에 의해; 바=또는; 그야나프라사데나=지혜의 은총에 의해; 비수따사뜨바흐=마음이 정화되다; 타타흐 투=그런 다음; 탐=그를; 샤테=실현하다; 니쉬칼람=절대; 드야야마나흐=명상에 몰입된.

참 나는 눈으로 볼 수 있는 것이 아니며, 언어나 감각으로 인지되는 것도 아니며, 예배나 고행에 의해 드러나는 것도 아니다. 지혜가 정화되면서 마음은 정화되었을 때, 명상에 몰입하여 절대인 그를 실현한다.

9 एषोऽणुरात्मा चेतसा वेदितव्यो यस्मिन् प्राणः पञ्चधा संविवेश।
प्रणैश्चित्तं सर्वमोतं प्रजानां यस्मिन् विशुद्धे विभवत्येष आत्मा ।९।

에쇼아누라트마 체타사 베디타브요 야스민 프라나흐 판차다 삼비베샤|
프라나이스치땀 사르바모탐 프라자남 야스민 비수떼 비바바트예샤 아트마|9|

에샤흐=이것; 아누흐=섬세한; 아트마=참 나; 체타사=이지에 의해; 베디타브야흐=실현될 수 있다; 야스민=누구의; 프라나흐=호흡; 판차다=다섯 부분의; 삼비베샤=~안에 있는; 프라나이흐=호흡과 함께, 감각으로; 치땀=마음; 사르밤=모든; 오탐=섞이다; 프라자남=존재의; 야스민=누구의; 비수떼=정화; 비바바티=나타나다; 에샤흐=이것; 아트마=아트만.

이지에 의해 참 나에 대한 섬세한 진리를 알 수 있다. 그것은 몸 안의 다섯 층의 호흡으로 인해 스며든다. 호흡은 모든 감각과 뒤섞이고 그것이 정화되었을 때 참 나는 나타난다.

10 यं यं लोकं मनसा संविशति विशुद्धसत्त्वः कामयते यांश्च कामान्।
तं तं लोकं जयते तांश्च कामांस्तस्मादात्मज्ञं ह्यर्चयेद्भूतिकामः।१०।

얌 얌 로캄 마나사 삼비바티 비수따사뜨바흐 카마야테 얌스

차 카만|
탐 탐 로캄 자야테 탐스차 카맘스타스마다트마그얌 흐야르차
예드부티카마흐|10|

얌 얌=어떤 것이나; 로캄=세상; 마나사=마음으로; 삼비바티
=욕망하다; 비수따사뜨바흐=정화된 사람; 카마야테=욕망;
얀=그것; 차=그리고; 카만=욕망하다; 탐 탐=그것들의; 로캄
=세상; 자야테=성취하다; 탄=그것들의; 차=그리고; 카만=즐
기다; 타스마트=그러므로; 아트마그얌=참 나를 아는 자; 히
=실로; 아르차예트=예배해야 한다; 부티카마흐=번영을 원하
는 사람.

마음이 정화된 사람은 어떤 것을 원하든지, 그 세상과 그 대상들을 성취할 수 있나니, 풍요로움을 원하는 자는 실로 아트만을 아는 자에게 경배하라.

제2장

1 स वेदैतत्परतं ब्रह्म धाम यत्र विश्वं निहितं भाति शुभ्रम्।
उपासते पुरुषं ये ह्यकामास्ते शुक्रमेतदतिवर्तन्ति धीराः ।१।

사 베다이타트파람 브라흐마 다마 야트라 비스밤 니히탐 바
티 수브람|
우파사테 푸루샴 예 흐야카마스테 수크라메타다티바르탄티
디라흐|1|

사흐=그는; 베다=알다; 에타트=이것; 파람=지고의; 브라흐
마=브라흐만; 다마=근원; 야트라=그것에; 비스밤=우주; 니
히탐=쉬다; 바티=빛나다; 수브람=빛나는; 우파사테=예배하
다; 푸루샴=푸루샤, 절대이; 예=그것들의; 히=실로; 이기미
흐=욕망이 없는; 테=그것들의; 수크람=씨앗; 에타트=이것;
아티바르탄티=초월한; 디라흐=지혜로운 자.

참 나를 아는 자는 이 세상의 근본이며 광휘로 빛나는 지고
의 브라흐만을 안다. 욕망이 없이 이러한 자에게 예배하는 지
혜로운 이는 실로 다시 태어남으로부터 벗어난다.

2 कामान्यः कामयते मन्यमानः स कामभिर्जायते तत्र तत्र ।
पर्याप्तकामस्य कृतात्मनस्तु इहैव सर्वे प्रविलीयन्ति कामाः ।२।

카만야흐 카마야테 만야마나흐 사 카마비르자야테 타트라 타트라|
파르야프타카마스야 크리타트마나스투 이하이바 사르베 프라빌리얀티 카마흐|2|

카만=욕망의 대상; 야흐=누구; 카마야테=원하다; 만야마나흐=생각하다; 사흐=그는; 카마비흐=욕망에 의해; 자야테=태어나다; 타트라=여기저기; 파르야프타카마스야=참 나 안에서 욕망이 끝난; 크리타트마나흐=마음이 정화된; 투=그러나; 이하=여기에; 에바=그 자체; 사르베=모든; 프라빌리얀테=사라지다; 카마흐=욕망.

욕망하는 것을 바라며 그것을 동경하는 자들은 그 욕망을 채우기 위해 여기저기로 태어난다. 그러나 참 나 안에서 욕망이 완성되고 마음이 정화된 자는 현세의 삶에서도 모든 욕망이 사라진다.

3 नायमात्मा प्रवचनेन लभ्यो न मेधया न बहुना श्रुतेन ।
यमेवैष वृणुते तेन लभ्यस्तस्यैष आत्मा विवृणुते तनुं स्वाम् ।३।

나야마트마 프라바차네나 라브요 나 메다야 나 바후나 스루테나 |
야메바이샤 브리누테 테나 라브야스타스야이샤 아트마 비브리누테 타눔 스밤 |3|

나=아니다; 아얌=이것; 아트마=아트만, 참 나; 프라바차네나=이야기에 의해; 나=아니다; 라브야흐=도달할 수 없다; 나=아니다; 메다야=지성에 의해; 나=아니다; 바후나=많은; 스루테나=듣는 것에 의해; 얌=그것; 에바=홀로; 에샤흐=이것; 브리누테=열망하다; 테나=그것에 의해; 라브야흐=도달할 수 있다; 타스야-그의; 에샤흐=이것; 아트마=아트만, 참 나; 비브리누테=드러나다; 타눔=본성; 스밤=그 자신의.

참 나는 대화를 통하여 도달할 수 없으며, 지성으로도 도달할 수 없으며, 많은 것을 배운다 해도 도달할 수 없다. 참 나는 오직 그 열망에 의해 도달될 수 있으며, 그 자신의 본성으로 드러난다.

4

नायमात्मा बलहीनेन लभ्यो न च प्रमादात्तपसो वाऽप्यलिङ्गात्।
एतैरुपायैर्यतते यस्तु विद्वांस्तस्यैष आत्मा विशते ब्रह्मधाम।४।

나야마트마 발라히네나 라브요 나 차 프라마다따파소 바프얄 링가트|
에타이루파야이르야타테 야스투 비드밤스타스야이샤 아트마 비사테 브라흐마다마|4|

나=아니다; 아얌=이것; 아트마=참 나, 아트만; 발라히네나=힘이 결여된 것에 의해; 라브야흐=얻을 수 있는; 나=아니다; 차=그리고; 프라마다트=부주의함에 의해; 타파사흐=고행에 의해; 바흐=또한; 알링가트=부적당한; 에타이흐=이러한 것들; 우파야이흐=수단에 의해; 야타테=노력하다; 야흐=그것; 투=그러나; 비드반=현명한 자; 타스야=그의; 에샤흐=이것; 아트마=참 나, 아트만; 비사테=들어가다; 브라흐마=브라흐만; 다마=상태.

참 나는 힘이 결여됨으로써 도달할 수 없으며, 무관심으로도 도달할 수 없다. 또한 엄격한 고행에 의해 도달할 수 있는 것도 아니다. 그러나 활력이 있고, 집중되어 있으며, 올바른 수행의 수단을 가지고 노력하는 지혜로운 사람은 브라흐만과 합일된 상태에 도달한다.

5 संप्राप्यैनमृषयो ज्ञानतृप्ताः कृतात्मानो वीतरागाः प्रशान्ताः ।
ते सर्वगं सर्वतः प्राप्य धीरा युक्तात्मानः सर्वमेवाविशन्ति ।५।

삼프라프야이남리샤요 그야나트리프타흐 크리타트마노 비타라가흐 프라산타흐|
테 사르바감 사르바타흐 프란야 디라 육타트마나흐 사르바메바비산티|5|

삼프라프야=도달한; 이남=이것; 리샤흐=보는 자; 그야나트리프타흐=지혜로 만족된; 크리타트마나흐=참 나에 확립된; 비타라가흐=집착이 없는; 프라산타흐=평온; 한테=그들은; 사르바감=모든 것에 퍼져 있는; 사르바타흐=어디에; 나프라프야=실현된; 디라흐=지혜로운 자유; 크타트마나흐=참 나와 합일된; 사르반=모든 것; 에바=진실로; 아비산티=합일.

참 나에 도달하여 참 나를 보는 자는 지혜 안에서 만족함을 얻는다. 그들은 참 나에 확립되어 집착이 없고 평온하다. 어디에서나 모든 것에 스며 있는 참 나를 실현한 지혜로운 자는 실로 모든 것과 합일된다.

6
वेदान्तविज्ञानसुनिश्चितार्थाः संन्यासयोगाद्यतयः शुद्धसत्त्वाः ।
ते ब्रह्मलोकेषु परान्तकाले परामृताः परिमुच्यन्ति सर्वे ।६।

베단타비그야나수니스치타르타흐 삼냐사요가드야타야흐 수따사뜨바흐|
테 브라흐말로케슈 파란타칼레 파람리타흐 파리무챤티 사르베|6|

베단타비그야나수니스치타르타흐=베단타의 지혜에 확립된 자; 삼냐사요가트=삼냐사 요가를 통하여; 야타야흐=삼냐사 요가를 실천하는 자; 수따사뜨바흐=그들의 순수한 본성으로; 테=그들의; 브라흐말로케슈=브라흐만의 세상 안에; 파란타칼레=죽음의 시간에; 파람리타흐=지고의 불멸에 도달한; 파리무챤티=의무로부터 벗어난; 사르바=모든.

베단타의 지혜에 확립되고, 삼냐사 요가를 통하여 본성이 순수한 자는 그들이 죽는 순간에 브라흐만의 세상에서 불멸함을 얻으며, 모든 의무로부터 벗어난다.

7
गताः कलाः पञ्चदश प्रतिष्ठा देवाश्च सर्वे प्रतिदेवतासु ।
कर्माणि विज्ञानमयश्च आत्मा परेऽव्यये सर्व एकीभवन्ति ।७।

가타흐 깔라흐 판차다사 프라티쉬타 데바스차 사르베 프라티

데바타수 |
카르마니 비그야나마야스차 아트마 파레아브야예 사르바 에
키바반티 | 7 |

가타흐=멀리 가다; 팔라흐=부분; 판차다사=15; 프라티쉬타
흐=근원; 데바흐=감각; 사르베=모든; 프라티데바타수=신들
과의 소통으로; 카르마니=행위; 비그야나마야흐 아트마=이
지적인 자; 아파레=지고의; 아브야예=파괴되지 않는; 사르
바=모든; 에키바반티=합일된.

그들의 15개의 부분들은 근원으로 흡수되며, 모든 감각은 신
들과 일치된다. 또한 그들의 행위와 인격은 영원한 존재의
지고의 상태와 합일된다.

8 यथा नद्यः स्यन्दमानाः समुद्रेऽस्तं गच्छन्ति नामरूपे विहाय।
तथा विद्वान्नामरूपाद्विमुक्तः परात्परं पुरुषमुपैति दिव्यम्।८।

야타 나드야흐 스얀다마나흐 사무드레아스탐 가찬티 나마루
페 비하야 |
타타 비드반 나마루파드비묵타흐 파라트파람 푸루샤무파이
티 디브얌 | 8 |

야타=~처럼; 나드야흐=강; 스얀다마나흐=흐르는; 사무드레
=바다 속으로; 아스탐 가찬티=사라지다; 타타=그렇게; 비드
반=아는 자; 나마루파트=이름과 형상으로부터; 비묵타흐=자

유로운; 파라트 파람=높은 것 중에 가장 높은; 푸루샤=푸루샤; 우파이티=얻는다; 디브얌=빛나는.

강물이 흘러 바다로 갔을 때 그 이름과 형상이 사라지는 것처럼, 그렇게 지혜로운 사람은 이름과 형상으로부터 자유로우며, 높은 것 중에 가장 높은 지고의 상태로 간다.

9 स यो ह वै तत्परमं ब्रह्म वेद ब्रह्मैव भवति नास्याब्रह्मवित्कुले भवति । तराति शाकं तराति पाप्मानं गुहाग्रन्थिभ्यो विमुक्ताऽमृतो भवति ।९।

사 요 하 바이 타트파람 브라흐마 베다 브라흐마이바 바바티 나스야브라흐마비트쿨레 바바티|
타라티 소캄 타라티 파프마남 구하그란티브요 비무크타암리토 바바티|9|

사흐=그는; 하 바이=진실로; 타트=그것; 파람=지고의; 브라흐마=브라흐만; 베다=알다; 에바=진실로; 바바티=~이 되다; 나=아니다; 아스야=그의; 아브라흐마비트=브라흐만을 모르는; 쿨레=가족들 중에; 바바티=태어나다; 타라티=교차되다; 파프마남=죄; 구하그란티브야흐=가슴의 모든 매듭으로부터; 비무크토흐=자유로운; 암리타흐=불멸함; 바바티=~이 되다.

지고의 브라흐만을 아는 자는 진정 브라흐만이 된다. 그의 가문에는 브라흐만을 모르는 자는 태어나지 않는다. 그의 가슴을 묶어놓은 모든 매듭은 풀어지고, 그는 슬픔과 죄를 넘어 불멸함에 도달한다.

10 तदेतदृचाऽभ्युक्तम् क्रियावन्तः श्रोत्रिया ब्रह्मनिष्ठाः
स्वयं जुह्वत एकर्षिं श्रद्धयन्तः ।
तेषामेवैतां ब्रह्मविद्यां वदेत शिरोव्रतं विधिवद्यैस्तु चीर्णम् ।१०।

타데타드리차브육탐 크리야반타흐 스로트리야 브라흐마니쉬타흐
스바얌 주흐바타 에카르쉼 스라따얀타흐|
테샤메바이탐 브라흐마비드얌 바데타 시로브라탐 비디바드 야이스투 치르남|10|

타트=그것; 에타트=이것; 리차=경전에 의해; 아브유크탐=표현되다; 크리야반타흐=예배를 행하는; 스로트리야흐=베다의 구절; 브라흐마니쉬타흐=브라흐만에게 헌신하는; 스바얌=그 자신; 주흐바테=예배; 에카르쉼=제사의 불, 에카르쉬; 스라따얀타흐=믿음을 가진; 테샤맘=그들에게; 에바=홀로; 에탐=이것; 브라흐마비드얌=브라흐만의 지식; 비데타=이야기해야 한다; 시로브라탐=머리 위에 불을; 비디바트=베다의 선포에 의한; 야이흐=누구에 의해; 투=다시; 치르남=행해진.

이것은 경전에 의하여 선포된 것이다. 오직 베다에서 이르는 예배를 하고, 브라흐만에 대하여 헌신하며, 자신이 예배하는 불의 봉헌인 에카르쉬를 믿음을 가지고 행하는 자에게 브라

흐만의 지식을 전하라. 베다에서 이르기를 그들에 의해 다시 머리로 불을 나르는 시로브라탐을 행해져야만 하나니.

11 तदेतत्सत्यमृषिरङ्गिराः पुरोवाच नैतदचीर्णव्रतोऽधीते । नमः परमऋषिभ्यो नमः परमऋषिभ्यः ।११ ।

타데타트사트얌리쉬랑기라흐 푸로바차 나이타다치르나브라토아디테|
나마흐 파라마리쉬브요 나마흐 파라마리쉬브야흐|11|

타데타트=이것; 사트얌=진리; 리쉬흐=보는 자; 앙기라흐=앙기라; 푸라=오래 전; 우바차=말하다; 다나=아니다; 이타트=이것; 아치르나브라타흐=성취해야 할 어떤 맹세를 하지 않는; 아디테=공부해야 하는; 나마흐=경배; 파라마리쉬브야흐=위대한 리쉬들에게.

이것이 진리이다. 보는 자인 리쉬 앙기라는 오래 전 그의 제자들에게 말하였다. 이 경전에서 반드시 해야 하는 어떤 맹세도 찾지 말라. 오 위대한 리쉬들에게 경배하도다!

아이타레야 우파니샤드

ऐतरेय उपनिषद्

아이타레야 우파니샤드는 리그 베다와 아이테리야 아란야카에 속해 있으며, 바흐브르카 우파니샤드라고도 불린다. 학자들은 2600년 이전부터 아이타레아에 대한 자료가 있다고 하였다. 브라흐마나와 아란야카에서 아이타레야는 마히다사 아이타레야로 알려져 있으며, 찬도갸 우파니샤드 제3장 제16편 7절에는 116세까지 살았던 사람으로 알려져 있다. 또한 비살라의 아들이며, 나라야나의 화신이라고도 한다. 아이타레야 우파니샤드는 4부로 나뉘어져 있으며, 이 우파니샤드의 목적은 외부적인 희생의식의 마음을 내면으로 전환하는 것을 다루고 있다. 아이타레야 우파니샤드에 대해 삼카라는 말하기를 지혜를 얻는 데 세 가지의 종류의 사람이 있다고 하였다. 그 첫번째는 가장 높은 자유를 원하는 사람이며, 두번째는 지혜와 의식을 원하는 사람이며, 세번째는 세속의 열망을 달성하는 제식을 행하는 사람이라고 하였다.

제I부

제1장

1 ॐ आत्मा वा इदमेक एवाग्र आसीत् । नान्यत् किंचन मिषत् । स ईक्षत लोकान्नु सृजा इति ।१।

옴 아트마 바 이다메카 에바그라 아시트| 난야트 킴차나 미샤트|
사 이크샤타 로칸누 스리자 이티 ||1|

아트마=자아, 아트만; 베=진실로; 이담=이것; 에카흐=하나의; 에바=홀로; 아그레=시작하면서; 아시트=~이었다; 안야트=다른; 킴차나=어떤 것; 미샤트=경쟁자처럼 행동하는; 나=아니다; 사흐=그는; 이크샤타=생각했다; 로칸=세상; 누 스리자; 이 세상을 창조하다; 이티=그러므로.

옴! 시작에 있어서 진실로, 이것은 절대인 아트만일 뿐이었다. 그 어떤 것도 겨룰 만한 것이 없었다. 그는 세상을 창조시킬 것을 생각했다.

참 나인 아트만은 모든 것에 편재하고 모든 것을 알며 빛난다. 참 나는 죽음이 없으며, 불멸이며, 공포가 없으며, 둘이 아닌(不二) 하나이다. 이 세상이 창조되기 전에 참 나는 존재하였다.

여기 그것에 대한 스승과 제자 간의 질문과 대답이 있다.

질문: 참 나는 하나가 되어 끝나는 것입니까?

대답: 아니다.

질문: 왜 그것은 그렇게 되는 것입니까?

대답: 우주는 다른 형태와 이름으로 나타나 있으며 참 나인 아트만은 창조 전에 드러나 있지는 않지만 모든 이름이나 형태 이전에 존재하는 개념이다. 물이라는 단어는 이름이나 형태로 나타나기 이전에 존재하였으며 많은 이름과 형태 이전에 존재하였다.

참 나는 그 스스로 존재하며 산스크리트의 사흐이며 모든 곳에 편재하는 하나이다.

질문: 몸과 감각을 제외한 창조 이전의 참 나를 생각할 수 있겠습니까?

대답: 참 나는 전지전능하며 만트라 경전에는 '손이나 발로도 잡을 수 없다'고 하였다.

시작도 끝도 없는 참 나인 아트만은 모든 상대적인 것의 근원이며 생각, 감각, 이지, 에고를 넘어서 있다. 참 나인 아트만은 모든 사람들에게 절대인 "사흐"이며 상대적인 끊임없는 내 자신의 추구인 "함"이다. 수행자들은 호흡 간에 끊임없이 "함사흐"를 행한다. 그것은 "나는 절대적이다"라는 뜻이다.

2 स इमाँल्लोकानसृजत । अम्भो मरीचीर्मरमापोऽम्भः परेणदिवं द्यौः प्रतिष्ठाऽन्तरिक्षं मरीचरः पृथिवी मरो या अधस्तात्ता आपः ।२।

사 이맘로카나스리자타| 암보 마리치르마라마포암바흐 파레 나디밤 드야우흐
프라티쉬타안타리크샴 마리차라흐 프리티비 마로 야 아다스타따 아파흐|2|

사=그는; 이만=이것들은; 로칸=세상들; 아스리자타=창조했다; 암바흐=천상의 물; 마리치흐=천상의 빛; 마람=필멸의 땅; 아파흐=지상의 물; 아다흐=그것; 암바흐=천상의 물; 파레나=위에; 디밤=천상; 드야우흐=하늘; 프라티쉬타=부양하다; 안타리크샴=중간계; 마리차야흐=빛의 세계; 프리티비=아래; 타흐=그것들의; 아파흐=물의 세계

그는 암바(천상의 물), 마리치(천상의 빛), 마라(필멸의 땅), 아파흐(지상의 물), 이러한 세상을 창조하였다. 천상의 위에 있는 것은 암바이다. 천상은 그것의 부양을 받는다. 하늘은 마리치이다. 땅은 마라이다. 아래에 있는 세상들은 아파흐이다.

질문: 참 나는 어떻게 물질을 배제하고 궁전이나 물질이나 세계를 창조할 수 있습니까?
대답: 그것은 잘못된 것이 아니다. 참 나는 형태나 이름에 묶이지 않으며 다양한 세계에 드러나 있지도 않지만 참 나인 아트만은 드러나지 않는 형태로서의 우주의 근원인 것이다.

어떻게 창조가 일어나게 되었는가? 그것은 천상의 물, 빛, 땅, 지상의 물로 된 것이다. 천상의 물 또는 구름인 암바와 세상을 비추이는 햇볕인 마리치와 대지인 마라 또는 프리비티와 땅밑의 물인 아파흐로 이루어진 것이다.

이 절은 고대 인도 수행자들이 자연을 보고 경험한 창조의 직관적인 지식을 표현한 것이다. 그들은 하늘의 물 또는 구름인 암바, 태양빛인 마리치, 땅인 마라, 땅밑으로 흐르는 지하수나 강물인 아파흐에 대하여 말하고 있다.

3 स ईक्षतेमे नु लोका लोकपालान्नु सृजा। सोऽद्भ्य एव पुरुषं समुद्धृत्यामूर्छयत्।३।

사 이크샤테메 누 로카 로카팔란누 스리자 |
소아드브야 에바 푸루샴 사무뜨리트야무르차야트 | 3 |

사흐=그는; 이크샤트=생각했다; 이메=이러한; 누=실로; 로카흐=세상들로; 카팔란=세상의 보호자; 누 스리자이 이티=창조시키다; 사흐=그는; 아뜨야흐=물로부터; 에바=그 자체; 푸루샴=사람들; 사무뜨리트야=모아서; 아무르차야트=모양을 만들었다.

그는 실로 '이러한 세상이다' 라고 생각했다. 그는 세상의 보호자를 창조한다.
그는 물 그 차체를 사람의 형상으로 일으켜 그 모양을 만들

었다.

네 가지의 모든 세계를 창조한 그는 신이다. 그는 인간의 형태를 띠고 있으며 땅의 진흙으로 도자기를 만드는 것과 같다.

이 절은 창조의 과정에 대하여 말하고 있다.

4 तमभ्यतपत्तस्याभितप्तस्य मुखं निरभिद्यत यथाऽण्डम्। मुखाद्वाग्वाचोऽग्निर्नासिके निरभिद्येतां नासिकाभ्यां प्राणः। प्राणाद्वायुरक्षिणी निरभिद्येतामक्षिभ्यां चक्षुश्चक्षुष आदित्यः कर्णौ निरभिद्येतां कर्णाभ्यं श्रोत्रं श्रोत्रादिशस्त्वड्निरभिद्यत त्वचो लोमानि लोमभ्य ओषधिवनस्पतयो हृदयं निरभिद्यत हृदयान्मनो मनसश्चन्द्रमा नाभिर्निरभिद्यत नाभ्या अपनोऽपानान्मृत्युाः शिश्नं निरभिद्यत शिश्रादेतो रेतस आपः।४।

타마브야타파따스야비타프타스야 무캄 니라비드야타 야타안남|
무카드바그바초아그니르나시케 니라비드예탐 나시카브얌 프라나흐|
프라나드바유라크쉬니 니라비드요타마크쉬브얌 차크슈스차크슈샤

아이타레야 우파니샤드 121

아디트야흐 카르나우 니라비드예탐 카르나브얌 스로트람
스로트라띠샤스트반니라비드야타 트바초 로마니 로마브야
오샤디바나스파타요 흐리다얌 니라비드야타 흐리다얀마노
마나사샤찬드라마 나비르니라비드야타 나브야 아파노아파난
므리트유흐
시스남 니라비드야타 시스나드레토 레타사 아파흐|4|

탐=그를 넘어서; 아브야타파트=그는 생각했다; 타스야=그에 대하여; 아비타프타스야=그러므로 심사숙고했다; 무캄=입; 니라비드야타=발생하다; 야타=마찬가지로; 안남=알; 무카트=입으로부터; 바카=말; 바차흐=언어로부터; 아그니흐=불; 나시케=콧구멍; 프라나흐=호흡의 힘; 프라나트=호흡으로부터; 바유흐=공기; 아크쉬니=눈; 니라비드예탐=발생하다; 아크쉬브얌=눈으로부터; 차크슈샤흐=보는 것으로부터; 아디트야흐=태양; 카르나우=귀; 니라비드예탐=발생하다; 카르나브얌=귀로부터; 스리트람=듣는 것; 스리트라트=듣는 것으로부터; 디샤흐=방위; 트바크=피부; 니라비드야타=발생하다; 트바차흐=피부로부터; 로마니=머리카락; 로마브야흐=머리카락으로부터; 오샤디바나스파타야흐=약초와 나무; 흐리다얌=가슴으로부터; 마나흐=마음; 마나사흐=마음으로부터; 찬드라마흐=달; 나비흐=배꼽의; 니라비드야타=발생하다; 나브야흐=배꼽으로부터; 아파나흐=숨을 가라앉히는; 아파나트=숨을 가라앉히는 것으로부터; 므리트유흐=죽음; 시스남=생식기관; 레타흐=정액, 씨앗; 레타사흐=정액으로부터; 아파흐=물.

아트만은 푸루샤를 생각했고 그가 알이 깨어 나오는 것처럼 튀어나온다고 생각했다. 입으로부터 말이 발생하였고 언어로부터 불이 나왔다. 2개의 콧구멍이 나왔으며 그 콧구멍으로부터 호흡의 힘이 나왔고 호흡의 힘으로부터 공기가 나왔다. 눈이 보는 과정으로부터 눈이 생겨났고 보는 것으로부터 태양이 나왔다. 귀는 귀로 듣는 과정으로부터 생겨났고 듣는 것으로부터 사방이 생겨났다. 피부는 살갗에서 털이 나오면서 만들어졌으며 머리털로부터 약초와 나무가 나왔다. 가슴은 마음으로부터 생겨났으며 마음으로부터 달이 나왔다. 배꼽은 숨을 가라앉히면서 생겨났으며 숨을 가라앉히는 것으로부터 죽음이 나왔다. 생식기관은 정액으로부터 나왔으며 정액은 물로부터 나왔다.

그는 인간의 형태로 표현되며 고행을 통하여 그가 창조된다. 문다카 우파니샤드(제1장 제1편 9절)에서는 "지혜에 의해 구성된 것이 고행인 타파스야이다"라고 하였다. 그것은 마치 새가 알에서 깨어 나오는 것과 같다. 불은 말의 구조인 바크를 통하여 나왔으며, 호흡은 공기인 바유에서 나왔다. 두 눈은 보는 과정을 나타내며, 귀는 듣는 과정을 나타낸다. 피부의 과정을 통하여 털이 나왔으며, 흐르다야인 가슴은 마나스인 마음으로부터 나왔다. 배꼽으로부터 숨인 아파나가 나왔으며, 숨이 멈추는 것에서 죽음이 나왔다. 그리고 생명의 탄생인 정액은 아파흐인 물에서 나왔다.

아이타레야 우파니샤드를 통하여 고대의 선지자나 수행자들은 우리에게 모든 활동의 과정과 죽음과 생명의 탄생의 모든 과정을 말해주고 있다.

제2장

1 ता एता देवताः सृष्टा अस्मिन्महत्यर्णवे
प्रापतंस्तमशनापिपासाभ्यामन्ववार्जत् ।
ता एनमब्रुवन्नायतनं नः प्रजानीहियस्मिन्
प्रतिष्ठिता अन्नमदामेति ।१ ।

타 에타 데바타하 스리쉬타 아스민마하트야르나베
프라파탐스타마사나피파사브야만바바르자트|
타 에나마브루반나야타남 나흐 프라자니히야스민
프라티쉬티타 안나마다메티|1|

스리쉬타흐=창조한; 타흐=이전에 언급한; 데바타흐=세상의 신들이나 보호자; 아스민=이것 안에서; 마하티=강력한; 아르나베=바다 속에서; 프라파탄=흘러들다; 탐=그에게; 아사나피파사브얌=굶주과 목마름을 통하여; 안바바르자트=발생하는 원인이 된; 타흐=그들은; 에남=창조자에게; 아브루반=하다; 나흐=우리에게; 아야타남=공간; 프라자니히=보이다; 야스민=그것 안에; 프라티쉬티타흐=확립된; 안남=음식; 아담=우리는 먹어야 한다.

우주의 보호자로 창조된 신들은 거대한 존재의 바다로 흘러 들어갔다. 그는 몸 전체를 배고픔과 목마름으로 신들을 구속하였다. 신들은 그에게 머물면서 음식을 먹을 수 있는 공간을 달라고 하였다.

세상은 무지와 욕망과 늙음과 질병과 죽음과 슬픔으로 가득 차 있다. 한계된 것으로부터 순수함, 동정심, 내면과 외면기관의 통제를 통하여 한계 없는 거대한 바다로 흘러든다. 명상과 카르마를 동시에 병행 함으로써 슬픔에 찬 세상을 종식시킨다. 브라흐만과 참 나가 하나가 될 때, 이러할 때 카르마와 브라흐만과 진리가 하나로 된다. 신들은 절대적인 브라흐만 안에서 목마름과 배고픔을 요구하며 음식을 요구한다.

절대의 바다는 모든 강과 냇물들을 받아들인다. 절대의식은 모든 상대적인 삶의 의식들을 받아들인다.

2 ताभ्यो गामानयत्ता अब्रुवन्न वै नोऽयमलमिति। ताभ्योऽश्वमानयत्त अब्रुवन्न वै नोऽयमलमिति।२।

타브요 가마나야따 아브루반나 바이 노아야말라미티|
타브요아스바마나야따 아브루반나 바이 노아야말라미티|2|

타브야흐=그들에게; 이티=그러므로; 감=소의 몸체; 스라남=가져오다; 타흐=그들은; 아브루반=말했다; 스라얌=이것 하나의; 나 바이=전혀; 나흐=우리를 위해; 알람=충분한; 타브야흐=그들에게; 아스밤=말의 몸통; 아나야트=가져왔다; 타흐=그들은; 아브루반=말했다; 아얌=이것 하나; 나 바이=전혀; 나흐=우리를 위해; 알람=충분한.

그는 그들에게 소의 몸체를 가져왔다. 그들은 "이것은 실로 우리에게 충분하지 않다"라고 말했다. 그들을 위하여 그는 말의 몸통을 가져왔다. 그들은 "이것은 실로 우리에게 충분하지 않다"라고 말했다.

신들은 소나 말들이 충분하지 않다고 하였다.

3 ताभ्यः पुरुषमानयत्ता अब्रुवन् सुकृतं बतेति पुरुषो वाव सुकृतम्। ता अब्रवीद्यथायतनं प्रविशतेति ।३।

타브야흐 푸루샤마나야따 아브루반 수크리탐
바테티 푸루쇼 바바 수크리탐।
타 아브라비드야타야타남 프라비사테티।3।

타브야흐=그들에게; 푸루샴=인간; 아나야트=가져왔다; 타흐=그들은; 아브루반=말했다; 수크리탐=신이 창조한; 바타=오!; 이티=그러므로; 푸루샤흐=인간; 바바=실로; 수크리탐=잘 만들어진; 타흐=그들에게; 아브라비트=말했다; 야타야타남=그 공간에 따라; 프라비사타=안으로; 이티=그러므로.

그는 그들을 위해 인간의 형상을 가져왔다. 그는 "이것은 잘 만들어졌다. 인간은 실로 신 그 자체의 창조이다"라고 그들에게 말했다. "각자 너희의 공간으로 들어가라."

참 나는 고통으로부터 자유로운 인간을 창조하였다. 푸루샤 즉 인간은 창조의 선구자이다. 신은 참 나 그 자신의 마야의 힘에 의해 인간을 창조하였다. 신은 모든 존재의 근원 그곳에 머문다.

창조의 신인 브라마흐는 그의 스승이자 비쉬누신의 화신이며 인간인 나라야나에게 창조의 비법을 배웠다. 이 경전에서는 인간 내면의 신성을 말하고자 하는 것이다.

4 अग्निर्वाग्भूत्वा मुखं प्राविशद्वायु प्राणो भूत्वा नासिके प्राविशदादित्यश्चक्षुर्भुत्वाऽक्षिणी प्राविशद्दिशः श्रोत्रं भूत्वा कर्णौ प्राविशन्नोषधिवनस्पतयो लोमानि भुत्वा त्वचं प्राविशंश्चन्द्रमा मनो भूत्वा हृदयं प्राविशन्मृत्युरपानो भूत्वा त्वचं प्राविशन्मृत्युरपानो भूत्वा नाभिं प्राविशदापो रेतोभूत्वा शिश्नं प्राविशन्।४।

아그니르바그부트바 무캄 프라비사드바유흐 프라노 부트바 나시케
프라비사다디트야스차크슈르부트바아크쉬니 프라비사띠사흐 스로트람
부트바 카르나우 프라비산노샤디바나스파타요 로마니
부트바 트바참 프라비삼스찬드라마 마노 부트바 흐리다얌 프라비산므리트유라파노
부트바 트바참 프라비산므리트유라파노

아이타레야 우파니샤드 127

부트바 나빔 프라비사다포 레토부트바 시스남 프라비산|4|

아그니흐=불; 바크=말하다; 부트바=되다; 무캄=입; 프라비사트=들어간; 바유흐=공기; 프라나흐=호흡; 부트바=되다; 나시케=2개의 콧구멍; 프라비사트=들어간; 아디트야흐=태양; 차크슈=보는; 부트바=된; 아크쉬니=눈; 프라비사트=들어간; 디샤흐=사방; 스리트람=머리칼; 부트바=들어간; 트바참=피부; 프라비사트=들어간; 찬드라마흐=달; 마나흐=마음; 부트바=된; 흐리다얌=가슴; 프라디사트=들어간; 스리트유흐=죽음; 나빔=배꼽; 프라비사트=들어간; 아파흐=물; 레타흐=씨앗; 부트바=된; 시스남=생식기관; 프라비산=들어가다.

그런 다음 불은 언어가 되어 입으로 들어갔다. 공기는 냄새가 되어 콧속으로 들어갔다. 태양은 시야가 되어 눈으로 들어갔다. 각 방향의 신들은 소리가 되어 귀로 들어갔다. 식물과 나무의 신들은 머리카락이 되어 피부속으로 들어갔다. 달은 마음이 되어 가슴으로 들어갔다. 죽음의 신은 내쉬는 숨이 되어 배꼽으로 들어갔다. 물의 신은 씨앗이 되어 생식기관으로 들어갔다.

이것은 마치 왕이 군대를 통솔하는 것과 같다. 신은 "그렇게 하라" 하는 것이다.

인간 존재를 만들고 움직이는 모든 자연의 요소들을 말하고 있다.

5 तनशनायापिपासे अब्रूतामावाभ्यामभिप्रजानीहीति ते
अब्रवीदेतास्वेव वां देवतास्वाभजाम्येतसु भागिन्यौ करोमीति।
तस्माद्यस्यै कस्यै च देवतायै हविर्गृह्यते
भागिन्यावेवास्यामशनायापिपासे भवतः।५।

타마사나야피파세 아브루타마바브야마비프라자니히티 테 아브라비데타스베바 밤 데바타스바바잠예타수 바긴야우 카로미티 |
타스마드야스야이 카스야이 차 데바타야이 하비르그리흐야테 바긴야베바스야마사나야피파세 바바타흐|5|

탐=그들에게; 아사나피파세=배고픔과 목마름; 아바브얌=우리를 위해; 아야타남=공간; 아비프라자히-할당하다; 이티=그러므로; 아부탐=말하다; 사흐=그는; 테=그들에게; 아브라비트=말했다; 에타수=이것들; 데바타수=신들 속으로; 에바=홀로; 밤=당신 둘; 아바자미=분배하다; 에타수=이런 것들 안에; 바긴야우=공유하는 자; 카레미=나는 만들다; 이티=그런 다음; 타스마트=그러므로; 야스야이 카스야이차=누구나에게; 데바타야이=신; 하비흐=봉헌; 그리흐야테=주어진; 아사나피파세=배고픔과 목마름; 스얌=그것 안에; 바긴야우=분배자; 에바=진실로; 바바타흐=되다.

배고픔과 목마름은 우리를 위해 공간을 분배하라고 하였다. 그는 그들에게 "여기의 신들에게 나는 너를 분배하고 그들 안

에서 너를 공유하도록 하겠다"라고 말했다. 그리하여 신들은 모두 배고픔과 목마름을 나누어 가지게 되었다.

목마름과 배고픔으로 인하여 모든 생물들은 음식의 분배 없이는 의식을 생존시킬 수가 없다. 신은 창조의 시작부터 그것을 지배하여 왔다.

모든 생명은 그 자체 존재의 움직임에 의해서 생명을 유지한다. 모든 생물은 그러한 수많은 공정과정을 통하여 생존하여 왔다.

제3장

1 स ईक्षतेमे नु लोकाश्च लोकपालाश्चन्नमेभ्यः सृजा इति ।१।

사 이크샤테메 누 로카스차 로카팔라스찬나메브야흐
스리자 이티|1|

사흐=그는, 이스바라; 이크샤타=생각; 이메=이러한 것들; 누=실로; 로카흐=세상; 차=그리고; 로카팔라흐=세상의 보호자; 차=그리고; 에브야흐=이런 것들을 위하여; 안남=음식; 스리자이=창조시키다; 이티=그러므로.

그는 생각했다 '이러한 세계들과 그들을 보호하는 신들이 있다. 나는 그들을 위해 음식을 창조할 것이다' 라고 생각했다.

지고의 주는 모든 좋아하는 것과 좋아하지 않는 것으로부터 독립되어 있다. 그는 모든 것을 관장한다.

2 सोऽपोऽभ्यतपत्ताभ्योऽभितप्ताभ्यो मूर्तिरजायत । या वै सा मूर्तिरजायतान्नं वै तत् ।२।

소아포아브야타파따브요아비타프타브요 무르티라자야타|

야 바이 사 무르티라자야탄남 바이 타트│2│

사흐=그는; 아파흐=물; 아브야타파트=생각에 잠기다; 아비타프타브야흐=생각에 잠기다; 타브야흐=그러한 것들로부터; 무르티흐=형상; 아자야타=튀어 오르다; 야=그것; 바이=진실로; 사=잘 알려진; 무르티흐=형상; 아자야타=튀어 오르다; 안남=음식; 바이=진실로; 타트=그것.

그는 물을 생각했다. 그리고 물로부터 형상이 튀어 오르는 것을 생각했다. 그리하여 생겨난 형상은 즉시 음식으로 창조되었다.

그는 음식을 창조하기 위해 물을 창조하였다 그는 움직이는 것과 움직이지 않는 것을 지지한다. 그것은 모든 음식의 형태를 만들어 낸다.

3 तदेतदाभिसृष्टं पराडेत्यजिघांसत् ।
तद्वाचाजिघृक्षत् तन्नाशक्नोद्वाचा ग्रहीतुं ।
स यद्वैनद्वाचाऽग्रहैष्यदभिव्याहृत्य हैवान्नमत्रप्स्यत् ।३।

타데타다비스리쉬탐 파라데트야지감사트│
타드바차지그리크샤트 탄나사크노드바차 그라히툼│
사 야따이나드바차그라하이쉬야다비브야흐리트야
하이반나마트라프스야트│3│

타트=그것에; 타트=이것; 아비스리쉬탐=창조된; 안남=음식; 파라크=돌아가는; 아트야지감사트=도망가려는 욕망; 타트=그것; 바차=언어에 의한; 아지그리크샤트=잡을 것을 찾다; 타트=그것; 바차=언어에 의한; 그라히툼=멈추는 것; 나아사크로트=할 수 없는; 에나트=이것; 사흐=그는; 아그라하이쉬야트=멈출 수 있는; 안남=음식; 아비브야흐리트야=이름을 선포하는 것에 의해; 하=진정한; 에바=단지; 아트라프스야트=만족된.

창조된 음식은 되돌아서 도망가려 했다. 처음으로 발현된 존재는 언어로 그것을 붙잡으려고 했다. 그러나 그는 언어로 그것을 붙잡을 수 없었다. 언어로서 그것을 붙잡았더라면 이후에 창조된 사람은 단지 음식의 이름만으로도 진정 만족되었을 것이다.

쥐가 고양이의 존재를 보았을 때 "이 고양이가 나를 음식으로 본다면 나는 죽음이다"라고 생각한다. 그러므로 첫번째 말로 태어난 음식의 언어는 잡혀지지 않는다.

4 तत्प्राणेनाजिघृक्षत् तन्नाशक्नोत्प्राणेन ग्रहीतुं।
स यद्धैनत्प्राणेनाग्रहैष्यदभिप्राण्य हैवान्नमत्रप्स्यत् ।४।

타트프라네나지그리크샤트 탄나사크노트프라네나 그라히툼|
사 야따이나트프라네나그라하이쉬야다비프라야
하이반나마트라프스야트 |4|

타트=그것; 프라네나=호흡으로; 아지그리크샤트=멈추게 하다; 타트=그것; 프라네나=호흡으로; 그라히툼=붙잡기 위해; 나 아사크노트=할 수 없었다; 사흐=그는; 야트=만일; 하=실제; 로프라네나=언어로; 에나트=이것; 아그라하이쉬야트=붙잡을 수 있었다; 안남=음식; 아비프란야=얻은; 하=진실로; 에바=단지; 아트라프스야트=만족되었을 것이다.

그는 호흡으로 그것을 잡으려고 했지만 할 수 없었다. 그가 호흡으로 그것을 잡을 수 있었다면 인간은 단지 음식의 냄새만으로도 만족할 수 있었을 것이다.

5 तच्चक्षुषाऽजिघृक्षत् तन्नाशक्नोच्चक्षुषा ग्रहीतं ।
स यद्धैनच्चक्षुषाऽग्रहैष्यद् दृष्ट्वा हैवान्नमत्रप्स्यत् ।५।

타짜크슈샤아지그리크샤트 탄나샤크노짜크슈샤 그라히툼|
사 야따이나짜크슈샤아그라하이쉬야드 드리쉬트바
하이반나마트라프스야트|5|

타트=그것; 차크슈샤=보는 것으로서; 아지그리크샤트=멈추려 하는; 타트=그것; 차크슈샤=보는 것으로; 그라히툼=멈추는 것; 나 아사크로트=할 수 없는; 사흐=그는; 야트=만일; 하=진실로; 차크슈샤=보는 것으로; 아그라하이쉬야트=멈출 수 있는; 아크샴=음식; 드리쉬트바=보여진; 하=진실로; 에바=단지; 아트라프스야트=만족된.

그는 시야를 이용하여 그것을 붙잡으려고 했지만 그는 눈으로 그것을 붙잡을 수 없었다. 그가 눈으로 그것을 붙잡았더라면 사람은 단지 음식을 보는 것만으로도 만족할 수 있었을 것이다.

6 तच्छ्रोत्रेणजिघृक्षत् तन्नाशक्नोच्छ्रोत्रेण ग्रहीतुं। स युद्धेनच्छ्रोत्रेणाग्रहैष्यच्छूत्वा हैवान्नमत्रप्स्यात्।६।

타츠로트레나지그리크샤트 탄나사크노츠로트레나 그라히툼|
사 유따이나츠로트레나그라하이쉬야츠루트바
하이반나마트라프스야트|6|

타트=그것; 스로트레나=듣는 것으로; 아지그리크샤트=멈추는 것을 보았다; 타트=그것; 스로트레나=듣는 것으로; 그리히툼=멈추기 위해; 나 아사크노트=할 수 없는; 사흐=그는; 야트=만일; 하=진실로; 에나트=이것; 스로트레나=듣는 것으로; 아그라하이샤트=멈출 수 있는; 안남=음식; 스루트바=듣는 것에 의해; 하=실로; 에바=단지; 아트라프스야트=만족된.

그는 듣는 것으로 그것을 붙잡으려고 하였지만 그는 듣는 것으로 그것을 잡을 수 없었다. 만일 귀로 그것을 붙잡을 수 있었다면 사람은 단지 음식에 대하여 듣는 것만으로도 만족을 얻을 수 있었을 것이다.

7 तत्त्वचाऽजिघृक्षत् तन्नाशक्नोत्त्वचा ग्रहीतं ।
स यद्धैनत्त्वचाऽग्रहैष्यत् स्पृष्ट्वा हैवान्नमत्रप्स्यत् ।७ ।

타뜨바차아지그리크샤트 탄나샤크노뜨바차 그라히툼|
사 야따이나뜨바차그라하이쉬야트 스프리쉬트바 하이반나마
트라프스야트|7|

타트=그것; 트바차=살갗으로; 아지그리크샤트=멈추게 하다; 타트=그것에; 바차=살갗으로; 그라히툼=멈추게 하기 위해; 나 아사크노트=할 수 없었다; 사흐=그는; 하=진실로; 에나트=이것트; 바차=살갗으로; 아그라하이쉬야트=멈추게 할 수 있었다; 안남=음식; 스프리쉬트바=접촉되면서; 하=진실로; 에바=단지; 아트라프스야트=만족되었을 것이다.

그는 살갗으로 그것을 붙잡으려고 하였지만 살갗으로 그렇게 할 수 없었다. 만일 살갗으로 그것을 붙잡을 수 있었다면 사람은 음식을 만지는 것만으로도 만족할 수 있었을 것이다.

8 तन्मनसाऽजिघृक्षत् तन्नाशक्नोन्मनसा ग्रहीतं ।
स यद्धैनन्मनसाऽग्रहैष्यद् ध्यात्वा हैवान्नमत्रप्स्यत् ।८ ।

탄마나사아지그리크샤트 탄나샤크논마나사 그라히툼|
사 야따이난마나사그라하이쉬야드 드야트바

하이반나마트라프스야트 |8|

타트=그것; 마나사=마음에 의해; 아지그리크샤트=멈추게 하다; 타트=그것; 마나사=마음에 의해; 그라히툼=멈추게 하다; 나 아사크노트=할 수 없었다; 사흐=그는; 야트=만일; 하=진실로; 마나사=마음에 의해; 아그라하이쉬야트=멈추게 할수 있었다; 안남=음식; 드야트바=생각하는 것; 하=진실로; 에바=단지; 아트라프스야트=만족하게 되었을 것이다.

그는 마음으로 그것을 붙잡으려 했지만 마음으로 그것을 멈추게 할 수 없었다. 그가 마음으로 그것을 붙잡을 수 있었다면 사람은 단지 음식을 생각하는 것만으로도 만족할 수 있었을 것이다.

9 तच्छिश्नेनाजिघृक्षत् तन्नाशक्नोच्छिश्नेन ग्रहीतं। स यद्धैनच्छिश्नेनाग्रहैष्यद्विसृज्य हैवान्नमत्रप्स्यत् ।९।

타치스네나지그리크샤트 탄나사크노치스네나 그라히툼|
사 야따이나츠시네나그라하이쉬야드비스리즈야
하이반나마트라프스야트 |9|

타트=그것; 시스네나=생식기관으로; 아지그리크샤트=멈추게 하다; 타트=그것; 시스네나=생식기관으로; 그라히툼=멈추려고; 나 아사크노트=할 수 없었다; 사흐=그는; 야트=만일; 하=진실로; 시스네나=생식기관으로; 아그라하이쉬야트=할 수 없었다; 안남=음식; 비스히샤=주는 것에 의해; 하=진실로; 에바=단지; 아트라프스야트=만족될 수 있었다.

그는 생식기관으로 그것을 붙잡으려고 했지만 생식기관으로 그것을 붙잡을 수 없었다. 만일 생식기관으로 그것을 붙잡을 수 있었다면 사람은 단지 음식을 소화하고 배설하는 것만으로도 만족할 수 있었을 것이다.

10 तदपानेनाजिघृक्षत् तदावयत् । सैषोऽन्नसय ग्रहो यद्वायुरन्नायुर्वा एष यद्वायुः ।१०।

타다파네나지그리크샤트 타다바야트 |
사이쇼안나스야 그라호 야드바유란나유르바 에샤 야드바유흐 |10|

타트=그것; 아파네나=내쉬는 숨; 아지그리크샤트=멈추게 하다; 타트=그런 다음; 아바야트=멈추었다; 사흐=그것; 에샤=이것; 안나샤=음식의; 그라하흐=붙잡는 자; 야트=그것; 바유흐=바람; 에샤=이것; 야트=그것; 바유흐=공기; 안나유=음식에 의해 사는 것; 바이=진실로.

그는 아파나 숨으로 그것을 붙잡으려고 했다. 그러자 바람은 음식을 멈추게 하였고, 음식으로 삶을 유지하게 하였다.

존재는 피부, 귀, 눈, 코를 통하여 음식을 붙잡지 못한다. 생명 에너지인 아파나를 통해서 생명을 유지한다.

11
स ईक्षत कथं न्विदं मद्दते स्यादिति
स ईक्षत कतरेण प्रपद्या इति ।
स ईक्षत यदि वाचाऽभिव्याहृतं यदि प्राणेनाभिप्राणितं
यदि चक्षुषा दृष्टं यदि श्रोत्रेण श्रुतं यदि त्वचा
स्पृष्टं यदि मनसा ध्यातं यदपानेनाभ्यपनितं
यदि शिश्नेन विसृष्टमथ कोऽहमिति ।११।

사 이크샤타 카탐 느비담 마드리테 스야디티
사 이크샤트 카타레나 프라파드야 이티 |
사 이크샤타 야디 바차비브야흐리탐 야디 프라네나비프라니탐
야디 착슈샤 드리쉬탐 야디스로트레나 스루탐 야디 트바차
스프리쉬탐 야디 마나사 드야탐 야드야파네나브야파니탐
야디 시스네나 비스리쉬타마타 코아하미티 |11|

사흐=그는; 이크샤타=생각; 마트=나에게; 리테=없이; 카탐 투=가능하게; 이담=이것; 샤트=될 것이다; 이티=그러므로; 사흐=그는; 이크샤타=생각; 카타레나=그것에 의해; 프라파드야이=나는 도달할 것이다; 이티=그러므로; 사흐=그는; 이크샤트=생각; 야디=만일; 프라네나=호흡으로; 아비프라니탐=호흡하였다; 야디=만일; 착슈샤=보는 것으로; 드리쉬탐=보여진; 야디=만일; 스로트레나=듣는 것으로; 스루탐=들었다;

아이타레야 우파니샤드 139

야디=만일; 마나사=마음으로; 드야탐=명상이 된; 야디=만일; 아파네나=호흡을 내쉬며; 아브야파니탐=소화된; 아타=그런 다음; 카흐=누구; 아함=나는; 이티=그러므로.

그는 '어떻게 나 없이 이러한 일이 진실로 가능하게 되었을까?' '만일 혀로 말하고 만일 공기로 냄새를 맡는다면, 만일 눈으로 보고 귀로 듣는다면, 만일 마음으로 생각하고 호흡으로 소화하며, 생식기관으로 배설한다면 그렇다면 나는 누구인가?' 하고 생각하였다. 그는 '어떻게 내가 그 몸 안에 들어갈 것인가?' 하고 생각하였다.

왕이 한 나라를 지배할 때는 통치하는 자로서 모든 것을 관장하고 그 결과를 지켜보고 조정할 것이다. 그러나 왕이 존재하지 않는다면 나라에 있는 모든 사람들의 행동은 통제되지 못하고, 혼란에 빠지고 말 것이다. 마찬가지로 모든 것을 관장하는 참 나가 존재하지 않는다면 모든 의식적인 수준을 통제하지 못할 것이다.

참 나는 생각하고 움직이는 모든 감각이나 기관의 행위를 지켜보고 모든 낮은 수준의 움직임들을 통제하고 관장한다.

이것은 마치 자동차를 운전하는 것과 같다. 운전석에 앉은 이가 차의 모든 기능을 알고 있어야만 차를 움직이게 할 수 있는 것과 같은 것이다.

12

स एतमेव सीमानं विदार्यैतया द्वारा प्रापद्यत।
सैषाविदृतिर्नाम द्वास्तदेतन्नान्दनम्।
तस्य त्रय आवसथास्त्रयः स्वप्ना
अयमावसथोऽयमावसथोऽयमावसथ इति ।१२।

사 에타메바 시마남 비다르야이타야 드바라 프라파드야타|
사이샤비드리티르나마 드바스타데타난다남|
타스야 트라야 아바사타스트라야흐 스바프나
아야마바사토아야마바사토아야마바사타 이티|12|

사흐=그는; 에탐=이것; 에바=홀로; 시마남=봉합선; 비다르야=분열된; 에타야=이것에 의해; 드바라=문에 의해; 프라파드야타=들어가; 도흐=뮤; 타트 에타트=잘 알려진 이것; 난다남=행복의 장소; 에샤=그에 대한; 트라야흐=세 가지; 아바사타흐=거주하는 장소; 스바프나흐=잠자다; 트라야흐=세 가지; 아얌=이것; 아바사타흐=거주하는 장소; 이티=그러므로.

봉합된 두개골이 열리면서 그는 진실로 그 문을 통해 몸으로 들어갔다. 그 문은 행복의 장소 비드리티라고 부른다. 그것은 난다남이다. 그것에 대한 세 가지 장소와 세 가지 상태가 있다.

두개골의 봉합선이 분열되면서 지고의 절대는 그 안으로 들어간다. 그 안은 행복의 장소이며 난다남이라고 한다. 그곳이 지고의 브라만이 들어가는 문이다. 영혼이 몸 안에 있듯이 그것은 마치 왕이 왕국을 지배하는 것과 같다. 세 가지의 장소란 깨어 있는 상태와 마음 깊이 잠재하는 꿈꾸는 상태, 마음 깊숙한 공간인 잠자는 상태를 말한다. 세 가지의 상태에서 첫째는 보는 눈이며, 둘째는 마음의 깊숙한 내면이며, 셋째는 가슴 깊숙한 공간이다.

그것에 대한 질문과 대답이 있다.

질문: 깨어 있는 상태는 꿈이 아닌 의식 상태입니까?
대답: 아니다, 그것은 꿈이다.
질문: 왜 그렇습니까?
대답: 지고의 참 나는 진정한 것이 아닌 것은 꿈으로 보기 때문이다.

13 स जातो भुतान्यभिव्यैख्यत् किमिहान्यं वावदिषदिति। स एतमेव पुरुषं ब्रह्म ततममपश्यत्। इदमदर्शमिती।१३।

사 자토 부탄야비브야이크야트 키미한얌 바바디샤디티|
사 에타메바 푸루샴 브라흐마 타타마마파샤트| 이다마다르샤미티|13|

사흐=그는; 자타흐=태어난; 부타니=존재; 아비브야이크야트=이해한; 이하=여기; 킴=무엇; 안얌=다른; 바바디샤트=그러므로 선포할 수 있을까?; 사흐=그는; 에남=이것; 푸루샴=인간; 에바=오직; 타타맘=최고로 퍼지는; 브라흐마=브라흐만; 아파샤트=보다; 에담=이것; 이다르샴=나는 보여진다; 이티=그러므로.

그러므로 그는 태어나며 모든 것으로 발현된다. 그가 자신 말고 다른 것을 생각할 수 있을까? 그는 오직 존재하는 브라흐만으로 모든 것에 확장되어 퍼진다.

태어나 개인적인 영혼은 몸 안으로 들어간다. 브라흐만은 창조의 근원이며 자아의 진정한 본성 안에 머문다.

14 तस्मादिन्द्रो नामेदन्द्रो ह वै नाम।
तमिदन्द्रं सन्तमिन्द्र इत्याचक्षते परोक्षेण।
परोक्षप्रिया इव हि देवाः। परोक्षप्रिया इव हि देवाः।१४।

타스마디단드로 나메단드로 하 바이 나마|
타미단드람 산타민드라 이트야차크샤테 파로크셰나|
파로크샤프리야 이바 히 데바흐| 파로크샤프리야 이바 히 데바흐|14|

타스마트=그러므로; 이단드라흐=이것처럼 보인다; 하 바이=진실로; 나마=이름; 이단드라흐=이단드라; 산탐=존재; 탐=그에게; 파로크셰나=간접적으로; 인드라흐=인드라; 이티=그러므로; 아차크샤테=부르다; 히=때문에; 데바흐=신들; 파로크샤프리야흐=신비의 애정이 있는; 이바=말하자면.

그러므로 그의 이름은 이단드라이다. 그는 진실로 이단드라라고 불린다. 그가 이단드라일지라도 사람들은 그를 인드라

라고 부른다. 왜냐하면 신들은 신비로운 이름을 좋아하기 때문이다. 신들은 진실로 신비로운 이름을 좋아한다.

브리하드 아란야카 우파니샤드 제3장 제6편 1절에서는 "브라흐만을 실현한 이것이라는 것은 직접적이다. 브라흐만은 직접적이며 참 나는 모든 것 안에 존재한다"라고 말하였다. 여기에서 이것이란 이단드라를 말한다. 이단드라는 브라흐만을 아는 자이지만 신들은 간접적인 이름인 인드라를 더욱 좋아한다.

제II부

제1장

1 ॐ पुरुषे ह वा अयमादितो गर्भो भवति यदेतद्रेतः।
तदेतत्सर्वेभ्योऽङ्गेभ्यस्तेजः संभूतमात्मन्येवात्मानं बिभर्ति
तद्यदा स्त्रियां सिञ्चत्यथैनज्जनयति तदस्य प्रथमं जन्म ।१।

옴 푸루셰 하 바 아야마디토 가르보 바바티 야데타드레타흐|
타데타트사르보브요앙게브야스테자흐 삼부타마트만예바아
트마남 비르바티
타드야다 스티리얌 신차트야타이나짜나야티 타다스야 프라
타맘 잔마|1|

아얌=이것; 아디타흐=첫번째; 하=실로; 바이=진실로; 야트
에타트=잘 알려진 것; 레타흐=정액; 가르바흐=세균; 바바티
=이다; 사르보브야흐=모든 것으로부터; 앙게브야흐=사지로
부터; 삼부탐=모인; 타트=언급하다; 에타트=이것; 테자흐=
본질, 힘; 아트마남=자아; 아트마니=자아 안에; 에바=그 자
체; 비바르티=낳다; 야다=그때에; 나트=이것; 스트리얌=여
인들 속에; 신차티=침전하다; 아타=그런 다음; 에나트=이러
한 씨앗; 자니야티=태어나는 원인; 아스야=그의; 타트=그

것; 프라타맘=첫번째; 잔마=탄생.

인간은 실로 첫번째로 상상된 영혼이다. 정액은 사람들의 정력처럼 모든 사지로부터 뿜어져 나왔다. 그는 그 자신이 소유한 자아 안에서 그의 자아를 유지했다. 그가 그의 아내에게 그것을 뿜어내자 그는 아이를 낳게 되었다. 그것이 첫번째 탄생이다.

인간은 자신과 동일한 것을 만들어 내기 위한 열망과 함께 희생의 행위를 수행한다. 이러한 의미에서 정액은 자신이라 불리며, 그 정액을 부인에게 뿜어내자 아이가 탄생된 것이다.

2 तत्स्त्रिया आत्मभूयं गच्छति यथा स्वमङ्गं तथा। तस्मादेनां न हिनस्ति। सा अस्यैतमात्मानमत्र गतं भावयति।२।

타트스트리야 아트마부얌 가차티 야타 스바망감 타타│
타스마데남 나 히나스티│ 사 아스야이타마트마나마트라 가탐 바바야티│2│

타트=그것; 스트리야흐=여인의; 아트마부얌=그녀 스스로 소유한 것처럼; 가차티=~이 되다; 야타=바로 ~처럼; 스밤=자신의; 앙감=사지; 타타=그렇게; 타스마트=그러므로; 에남=그녀의; 나 히나스티=손상시키지 않는다; 사=그녀; 아트라=자궁 안에서; 아스야=그에게; 에탐=이것; 아트마남=그 스스로; 가탐=존재하는; 바바야티=보호하다.

그것은 그녀의 것처럼 그렇게 팔과 다리가 생겨났다. 그녀는 어떤 것도 다치게 하지 않으며 자신의 자궁 속에 품은 그를 보호한다.

그녀는 그녀의 자궁에서 그에게 영양을 주면서 보호한다.

3
सा भावयित्री भावयितव्या भवति।
तं स्त्रति गर्भं बिभर्ति। सोऽग्र एव कुमारं जन्मनोऽग्रेऽधिभावयति।
स यत्कुमारं जन्मनोऽग्रेऽधिभावयत्यात्मानमेव तद्भावयत्येषां लोकानां सन्तत्या।
एवं सन्तता हीमे लोकास्तदस्य द्वितीयं जन्म।३।

사 바바이트리 바바이타브야 바바티|
탐 스트리 가르밤 비바르티| 소아그라 에바 쿠마람 잔마노아그레아디바바야티|
사 야트쿠마람 잔마노아그레아디바바야트야트마나메바 타드 바바야트예샴 로카남 산타트야|
에밤 산타타 히메 로카스타다스야 드비티얌 잔마|3|

사=그녀; 바바이트리=보호하는 이처럼; 바바이타브야=양분을 받는 것; 바바티=~이 되다; 탐=그것; 가르밤=근원; 스트리=여인; 비바르티=영양분을 주다; 아그레=이전에; 잔마나흐=탄생의; 아디=이후에; 에바=또한; 쿠마람=어린아이; 바바야티=양분을 주다; 사흐=그는; 쿠마람=아이; 잔마나흐=탄생의; 아디=이후에; 아그레=탄생 직후; 야트=그것; 바바야티=양분을 주다; 타트=그것에 의해; 에샴=이것들; 로카남=세상들의; 산타트야이=영원한 연속성 때문에; 아트마남=그 스스로 소유한; 바바야티=보호하다; 히=때문에; 에밤=그러므로; 히=실로; 이메=이것들; 로카흐=자손들의 세상; 산타타흐=영속된, 불멸의; 타트=그것; 아스야=그의; 드비티얌=두번째의; 잔마=탄생.

우리를 보호하는 그녀는 보호되어야 한다. 그녀는 탄생의 근원을 품으며 그는 자신의 아들이 탄생하면서부터 그를 보호한다. 그가 아들이 탄생한 직후부터 그를 보호하고자 하는 것은 자신이 스스로 소유한 것을 보호하여 이 세상의 영원성을 이어지게 하기 위함이다.

자식을 보호하는 이러한 생각들은 세상의 영속성이 이어지기를 바라는 마음에서이다. 첫번째 탄생과 정액을 통해 이어지는 두번째의 탄생을 말한다.

4 सोऽस्यायमात्मा पुण्येभ्यः कर्मभ्यः प्रतिधीयते ।
अथास्यायमितर आत्मा कृतकृत्यो वयोगतः प्रैति ।
स इतः प्रयन्नेव पुनर्जायते तदस्य तृतीयं जन्म ।४।

소아스야야마트마 푼예브야흐 카르마브야흐 프라티디야테|
아타스야야미타라 아트마 크리타크리트요 바요가타흐 프라이티|
사 이타흐 프라얀네바 푸나르자야테 타다스야 트리티얌 잔마

|4|

아스야=그의; 아얌=이것; 아트마=스스로; 푼예브야흐=미덕의; 카르마브야흐=행위에 의해; 이타라흐=다른 것; 아얌=이것; 아트마=자신; 크리타크리트야흐=모든 의무에서 온전히 벗어난; 바요가타흐=노쇠한; 프라이티=벗어난다; 사흐=그는; 이타흐=이것으로부터; 프라얀 이바=그가 분리된 것처럼; 푸나흐=나시; 자야테=태어나다; 아스야=그의; 타트=그것; 트리티얌=세번째의; 잔마=탄생.

그 자신이 분리된 것은 미덕의 행위에 의한 것이다. 그의 다른 자신은 그의 의무를 성취하고 그 시대를 앞서고 분리된다. 그는 분리되자마자 다시 태어난다. 그것이 그의 세번째 탄생이다.

질문: 첫번째 영혼의 전환점이 아버지의 정액의 형태입니까? 두번째 탄생이 어머니로부터 아들을 가지는 상태이고 세번째 상태가 영혼이며 아들의 탄생이라면, 왜 죽은 아버지의 탄생이 열거되지 않습니까?
대답: 아버지와 아들의 동일성을 말하는 이것은 잘못된 것이 아니다. 그 아들은 아버지 같으며 그의 임무는 그의 아들에게 탄생을 나눠 주는 것이다. 우파니샤드에서는 아버지와 아들의 동일성을 보는 것이다.

5 तदुक्तमृषिणा गर्भे नु सन्नन्वेषामवेदमहं
देवानां जनिमानि विश्वा शतं
मा पुर आयसीररक्षन्नधः श्येनो जवसा निरदीयमिति ।
गर्भ एवैतच्छयानो वामदेव एवमुवाच ।५।

타두크타므리쉬나 가르베 누 산난베쉬마베다마함
데바남 자니마니 비스바 사탐
마 푸라 아야시라라크샨나다흐 스예노 자바사 니라디야미티 |
가르바 에바이타차야노 바마데바 에바무바차|5|

타트=그것 위에; 리쉬나=성자에 의해; 우크탐=선포된; 나가르바=자궁 속에서; 누=실로; 산=누워 있는; 이샴=이러한; 데바남=신들의; 비스바=모든; 자니마니=탄생하다; 아누 아베담=완전하게 알고 있는; 사탐=수많은; 아야시흐=철로 만들어진; 푸라흐=요새; 마=나를; 아다흐=먼저; 아라크샨=잡다; 스예나흐=매; 자바사=빠르게; 니라디얌=빌리다; 이티=그러므로; 에밤=그러므로; 이티 에타트=이것을 말한; 바마데바흐=성자 바마데바; 가르베=자궁 속에서; 에바=그 스스로; 사야나흐=누워 있는; 우바차=선포된.

이러한 실제는 보는 이에 의해 선포된 것이다. 성자 바마데바는 성모의 자궁 속에 누워서 이렇게 말하였다. '자궁 속에 있는 동안에도 나는 모든 신들의 탄생을 알고 있다. 철로 된 수많은 요새들이 나를 막는다 해도 나는 매와 같이 빠르게 그것

들을 제압한다.'

죽음과 탄생의 이러한 윤회의 세 가지 상태의 발현은 '세상'이라는 바다에 스며든다. 만약 세상의 속박으로부터 벗어나는 것이 있다면 그것은 베다를 펼치는 참 나의 실현이다.

6 स एवं विद्वानस्माच्छरीरभेदादूर्ध्व उत्क्रम्यास्मिन् स्वर्गे लोके सर्वान् कामाप्त्वाऽमृतः समभवत् स्मभवत् ।६।

사 에밤 비드바나스마차리라베다두르드바 우트크람야무쉬민 스바르게
로케 사르반 카마나프트바암리타흐 사마바바트 사마바바트
|6|

에밤=그 위에 선포된 것처럼; 비드반=알고 있는; 사흐=그는; 아스마트=이것으로부터; 사리라베다트=몸의 소멸로부터; 우르드바흐=후에, 높은 것; 우트크람야=앞으로 걸음을 걷는; 사르반=모든; 카만=욕망의 대상; 아프트바=성취된; 아무쉬민= 이것으로; 스바르게 로케=천상의 세계; 암리타흐=불멸의; 사마바바트=~이 되다.

그러므로 알고 있는 그는 지고의 존재가 되며, 욕망의 모든 것을 성취한다. 그는 몸의 소멸 후에 더 높은 곳으로 올라가며, 천상의 세계에서 불멸의 존재가 된다. 그는 불멸함이다.

참 나의 지혜를 통하여 욕망이 없는 상태가 되며 이러한 반복이 참 나의 지혜의 끝을 보여준다.

제III부

제1장

1 ॐ कोऽयमात्मेति वयमुपास्महे कतरः स आत्ना।
येन वा पश्यति येन वा शृणोति येन वा गन्धानाजिघ्रति
येन वा वाचं व्याकरोति येन वा स्वादु चास्वादे च विजानाति ।१।

옴 코아야마트메티 바야무파스마헤 카타라흐 사 아트마|
예나 바 파스야티 예나 바 스리노티 예나 바 간다나지그라티
예니 비 비참 브야기로티 에나 바 스바두 치스바두 치 비자 나티|1|

카흐=누구; 바얌=우리는; 아얌=이것; 아트마=참 나; 이티=그러므로; 우파스마헤=명상하다; 사흐=그것; 아트마=자아; 카타라흐=2개의; 예나=누구에 의해; 바=또는; 루팜=형상; 파스야티=보다; 사브담=소리; 스리노티=듣다; 간단=냄새; 브야카로티=음절, 발음된; 스바두=달콤한; 바=그리고; 아스바두=신맛; 차=그리고; 비자나티=분별하다.

옴! 우리가 이러한 참 나로서 예배하는 것인가? 그 둘이 참 나인가? 그것은 씨앗에 의해, 듣는 것에 의해, 또한 냄새 맡는

아이타레야 우파니샤드 153

것에 의해, 말하는 자의 선포에 의해 그리고 달콤하거나 신 것을 맛보는 것에 의해 알 수 있는 것인가?

명상에 의해 직접적으로 참 나를 예배하며 이것이 "참 나이다"라고 하는 것이다. 이것이 참 나인가? 브라흐만에 도달되었을 때 그 둘이 끝난다.

2 यदेतद्धृदयं मनश्चैतत्।
संज्ञानमाज्ञानं विज्ञानं प्रज्ञानं मेधा दृष्टिर्धृतिर्मनीषा
जूतिः स्मृति सङ्कल्पः क्रतुरसुः कामो वश इति।
सर्वाण्येवैतानि प्रज्ञानस्य नामधेयानि भवन्ति।२।

야데타뜨리다얌 마나스차이타트|
삼그야나마그야남 비그야남 프라그야남 메다
드리쉬티르드리티르마티르마니샤
주티흐 스므리티흐 상칼파흐 크라투라수흐 카모 바사 이티|
사르반예바이타니 프라그야나스야 나마데야니 바반티|2|

야트=무엇; 흐리다얌=가슴, 지성; 마나흐=마음; 차=그리고; 에타트=이것; 삼그야남=의식; 아그야남=통치; 비그야남=지혜; 프라그야남=이지, 지성; 메다=보유된 힘; 드리쉬티흐=보이는 것, 시야; 드리티흐=확고함; 마티흐=생각; 마니샤=추측하는; 주티흐=정신적인 압박; 스므리티흐=기억; 상칼파흐=기억, 상상; 크리투흐=의지; 아수흐=호흡, 활력; 카마흐=

욕망; 바사흐=야망; 이티=그러므로; 에타니=이것들; 사르바니=모든 것; 프라그야나스야=지식의; 에바=오직; 나마데야니=명명하다; 바반티=~이다.

가슴과 마음은 이전에 선포된 것과 같다. 감각, 통치, 지식, 보유된 힘, 이지, 보이는 것, 확고함, 반사의 힘, 생각, 정신적인 압박, 기억, 상상, 의지, 활력, 욕망, 사랑 그 모든 것은 의식인 프라그야나의 명명된 것이다.

모든 존재는 마음과 가슴의 본질이다. 마음은 물인 바루나를 창조하였으며 가슴은 달에 의해 나온다. 마음에 의해 하나이지만 다양하게 된다. 카우쉬키 우파니샤드는 이지를 통해서 말하는 기관과 동일화한다고 한다. 내면의 기관과 외면의 기관이 브라흐만을 자각하고 있다. 브라흐만은 순수의식이며 브라흐만의 이름은 간접적이다.

3 एष ब्रह्मैष इन्द्र एष प्रजापतिरेते सर्वे देवा इमानि च पञ्चमहाभूतानि पृथिवी वायुराकाश वायुराकाश आपो ज्योतींषीतयेतानीमानि च क्षुद्रमिश्राणीव। बीजानीराणि चेतराणिचाण्डजानि च जारुजाति च स्वेदजानि च चोद्भिज्जाति चाश्वा गावः पुरुषा हस्तिनो यत्किंचेदं प्राणि जङ्गमं च पतत्रि च यच्च स्थावरं सर्वं तत्प्रज्ञानेत्रम् प्रज्ञाने प्रतिष्ठितं प्रज्ञानेत्रो लोकः प्रज्ञा प्रतिष्ठा प्रज्ञानं ब्रह्म ।३।

에샤 브라흐마이샤 인드라 에샤 프라자파티레테 사르베 데바 이마니 차
판차마하부타니 프리티비 바유라카사
아포 죠팀쉬트예타니마니 차 크슈드라미스라니바|
비자니타라니 체타라니 찬다자니 차 자루자티 차
스베다자니 차 초드비짜니 차스바 가바흐 푸루샤 하스티노
야트킨체담 프라니 장가맘 차 파타트리 차 야차 스타바람 사르밤
타트프라그야네트람 프라그야네 프라티쉬티탐 프라그야네트로 로카흐 프라그야 프라티쉬타
프라그야남 브라흐마|3|

에샤흐=이것; 브라흐마=브라흐마, 히란야가르바; 에샤흐=이

것; 인드라흐=신들의 주인; 에샤흐=이것; 프라자파티흐=우주적인 인격; 에테=이것들; 사르베=모든; 데바흐=신; 이마티=이러한 것들; 차=그리고; 프리티비=땅; 바유흐=공기; 아카사흐=에테르; 아파흐=물; 죠팀쉬=불; 이티=그러므로; 이타니=이것들; 판차=다섯; 마하부타니=위대한 요소들; 이마니=이러한 것들; 크슈드라미스라니=살아 있는 가장 작은 조직들, 다양한 종류; 이바=그것처럼; 차=그리고; 비자니=씨앗; 이타라니=다른 것들; 차=그리고; 이타라니=그리고 여전히 다른 것들; 차=그리고; 아나다자니=알로부터 태어난; 차=그리고; 자루자티=자궁으로부터 태어난; 차=그리고; 아스바흐=말; 가바흐=소; 푸루샤흐=인간; 하스티나흐=코끼리; 야트 킴 차=무엇이든지; 이담=이것; 프담=이것; 프라니=호흡하는 것; 장가맘=걷는 것; 파타트리=나르는 것; 차=그리고; 야트=그것; 차=그리고; 스타바람=움직일 수 없는 것; 타트=그것; 사르밤=모든; 프라그야네트람=의식에 의해 인도된; 프라그야네=의식으로; 프라티쉬티탐=쉬다, 근본이 되다; 로카흐-모든 세상; 프라그야네트라흐=의식에 의해 이끌린; 프라그야=의식; 프라티쉬타=지탱하다; 프라그야남=의식; 브라흐마=브라흐만.

이것은 브라흐마, 이것은 모든 신들의 주인인 인드라이며, 이것은 프라자파티이며, 이것은 다섯 원소인 땅, 공기, 에테르, 물, 불이며, 이것은 가장 작은 것이 모인 모든 것이며, 다른 것들의 씨앗이며, 알로 태어난 것과 자궁으로 태어난 것이며, 말, 소, 인간, 코끼리, 그리고 살아 있는 모든 것이며, 걷거나 날아다니거나 움직이지 않는 것이다. 그 모든 것은 의식인 프라그야에 의한 것이다. 모든 세상은 프라그야에 의해 유지된다. 프라그야는 브라흐만이다.

"불의 원소를 마누와 프라자파티와 인드라로 불린다. 다르게 말하기로는 프라나로 불리며 영원한 브라흐만이다"라고 마누 스크리티 제7장 123절에 쓰여 있다.

4 स एतेन प्रज्ञेनाऽत्मनाऽस्माल्लोकादुत्क्रम्यामुष्मिन्स्वर्गे लोके सर्वान् कामानाप्त्वाऽमृतः समश्ववदमृतः समभवत ।४।

사 에테나 프라그예나아트마나아스말로카두트크람야무쉬민 스바르게 로케
사르반 카마나아프트바암리타흐 사마바바담리타흐 사마바바트|4|

에테나=이것에 의해; 프라그예나=의식의 자연; 아트마나=자아에 의해; 아스마트=이것으로부터; 로카트=세상; 우트크람야=위에 오르는; 사르반=모든; 카마=욕망; 아프트바=성취된; 스바르게=은총으로; 로케=세상; 사흐=그는; 암리타흐=불멸의; 사마바바트=~이 되다.

아트만인 그는 의식의 본성이다. 그는 이 세상의 위로 초월하며 은총의 세상에서 모든 욕망을 성취한다. 그는 불멸함이 된다. 불멸함이 된다.

참 나 의식을 통하여 불멸이 된다. 참 나를 통하여 이 세상은 높여지게 된다.

제IV부

제1장

1 ॐ वङ् मे मनसि प्रतिष्ठिता मनो मे वाचि प्रतिष्ठितमाविरावीर्म
एधि वेदस्य म आणीस्थः श्रुतं मे मा प्रहासी
रनेनाधीतेनाहोरात्रान् संदधाम्यृतं वदिष्यामि सत्यं
वदिष्यामि तन्मामातु तद्वक्तारमवतु अवतुमामवतु वक्तारम्॥
ॐ शान्तिः शान्तिः शान्तिः॥

옴 반 메 마나시 프라티쉬티타 마노 메 바치
프라티쉬티타마비라비르마
에디 베다스야 마 아니스타흐 스루탐 메 마 프라하시
라네나디테나호라트란 삼다다미리탐 바디쉬야미 사트얌
바디쉬야미 탄마마바투 타드바크타라마바투
아바투마마바투 박타람 ‖
옴 산티흐 산티흐 산티흐 ‖

바크=말하다; 메=나의; 마나시=마음에; 프라티쉬티타=고정
된; 메=나의; 마나흐=마음; 바치=말하는; 프라티쉬티탐=고
정된; 아비흐=브라흐만으로 나타난; 메=나에게; 아비흐=드

아이타레야 우파니샤드 159

러난; 에디=당신; 메=나의; 베다스야=거룩한 지혜의; 아니스타흐=옮기기에 유리한; 스리타흐=~이다; 메=나의; 스루탐=알고 있는; 베다마=아닌; 프라하시=놓아 버림; 아네나=이것에 의해; 아디테나=배우는; 아호라트란=밤과 낮; 산다다미=나는 유지될 것; 이리탐=실재; 바디쉬야미=나는 선포한다; 스트얌=사실; 바디쉬야미=나는 선포한다; 타트=그것; 맘=나에게; 아바투=보호하다; 타트=그것; 박타람=선포; 산티흐=평화.

**나의 언어는 마음에서 쉴 것이다. 나의 마음은 언어에서 쉴 것이다.
오 스스로 발현된 브라흐만이여, 당신이 되어 나에게 드러난다.
나에게 드러나 당신이 되나니.
마음과 언어는 나에게 베다의 가르침의 진리가 된다.
그것을 배움으로 인해 나는 밤과 낮을 연결한다.
그것은 나를 보호하리니. 나는 진리를 선포하노라.
그것은 나를 보호하리니. 나는 진리를 선포하노라.
옴 평화 평화 평화.**

이사 우파니샤드

ईशावास्य उपनिषद्

이사 우파니샤드는 백 야주르 베다인 수클라 야주르 베다의 바자사네이 학파에 속해 있으며 바자사네이 삼히타의 마흔번째 장의 마지막 부분에 속해 있다. 첫 절의 이사 바스야는 "신으로 덮여 있다"는 뜻이며, 지고의 존재의 인간의 이름을 말한다. 이사 우파니샤드의 핵심된 가르침은 세상과 신의 통일성에 대한 것이다. 파라브라흐만인 절대 그 자체가 중요한 것이 아니라 세상과 연결된 파라메스바라가 중요하다는 것, 그리고 세상 안에서의 삶과 신성한 영혼의 삶, 그 두 가지 다가 완전하지 않다고 가르치고 있는 것이다. 많은 학자나 수행자들이 간결한 만두캬 우파니샤드와 함께 이사 우파니샤드의 명료하고 날카롭지만 아름다운 구절들을 삶과 수행의 규칙으로 삼는다.

ॐ पूर्णमदः पूर्णमिदं पूर्णात् पूर्णमुदच्यते ।
पूर्णस्य पूर्णमादाय पूर्णमेवावशिष्यते ।
ॐ शान्तिः शान्तिः शान्तिः ॥

옴 푸르나마다흐 푸르나미담 푸르나트 푸르나무다챠테 |
푸르나스야 푸르나마다야 푸르나메바바시쉬야테 |
옴 산티흐 산티흐 산티흐 ||

옴=우주의 소리; 푸르남=무한함, 완전한; 아다흐=그것; 푸르남=무한함, 완전한; 이담=이것; 푸르나트=무한으로부터 오는; 푸르남=무한함; 우다챠테=나오는; 푸르나스야=무한의, 완전의; 푸르남=무한함, 완전함; 아다야=나오는; 푸르남=무한함, 완전함; 에바=홀로; 아바시쉬야테=남는다; 옴=우주의 소리; 산티ㅎ=평화.

옴 그것(절대)도 완전하며 이것(상대)도 완전하다.
이 모든 세계의 다양한 창조 또한 완전하다.
왜냐하면 완전함으로부터 완전함이 나오기 때문이다.
완전함으로부터 완전함이 나온다면 완전함만 믿는다.
옴 평화 평화 평화.

우파니샤드의 시작과 끝에는 반드시 영원한 진리를 상징하는 옴(OM)을 말하고, 절대인 아다흐와 상대인 이담을 말한다. 만두캬 우파니샤드에서 옴은 우리의 상대적인 의식의 모든 상태인 깨어 있는 상태, 잠자는 상태, 꿈꾸는 상태를 넘어서 있는 제4의 의식 상태를 말한다. 그 의식 상태를 투리야라고도 한다. "절대도 완전하며 상대도 완전하며 둘 다 완전하고 충만하다"라는 이 유명한 우파니샤드 구절은 물리학의 에너지 불변의 법칙에서 '절대질량은 변하지 않는다'라는 말과 같다. 이 구절은 많은 인도 수행자들의 진리의 법칙이다. 산티는 모든 삶의 목표이다. 평온함과 평화로움은 삶의 목표이며 결과이다. 모든 구도자의 수행은 '삶이 가득 차고 완전하다'는 푸르남을 말한다. 완전함을 향해 전진하는 모든 과정을 이루기까지 축복해 주는 완전하고 꽉 찬 진리의 바다는 모든 진리와 종교의 시초인 절대와 상대를 말하는 것이다. 인도의 나의 스승님께서는 언제나 가득 찬 진리의 삶을 보여주었다. 모든 상대와 절대의 흐름이 통합된 통일의식 상태, 즉 사하자 삼매는 모든 시간과 공간에서 진리로 발현된다. 모든 구도자의 강물은 이 통일된 의식의 바다를 향해 전진한다.

제I부

1 ॐ ईशा वास्यमिदम् सर्वं यत्किञ्च जगत्यां जगत् ।
तेन त्यक्तेन भुञ्जीथा मा गृधः कस्यस्विद्धनम् ॥१॥

옴 이사 바스야미담 사르밤 야트킨차 자가트얌 자가트 |
테나 트야크테나 분지타 마 그리다흐 카스야스비따남 ‖ 1 ‖

이사=절대, 주; 바스얌=드러내는, 표현; 이담=이것; 사르밤 =세계; 야트 킨차=어떠한; 자가트 얌자가트=이 세상의; 테나 트야크테나=그것에 내맡기고; 분지타흐=부양하다; 마=아닌; 그리다흐=탐내다; 카스야 스비트=다른 이의; 다남=부.

**이 세계의 어떤 움직임도 절대인 이사의 표현이다.
그것에 내맡기고 다른 이의 부(富)나 소유를 탐내지 말라.**

"이사"(Isa)란 절대 또는 참 나라는 표현이다. 이것은 모든 영혼의 근원이며 참 나의 진정한 형태이다. 트야크테나는 '모든 것을 내맡긴다' 라는 뜻이다. 베다에서는 이것을 분지타흐라고 하여 '보호하다' 라는 뜻으로 본다. 이 절에서 '어떤 것도 바라지 말고 누구의 부도 바라지 말라' 고 하는 것은 모든 것은 절대인 참 나이기 때문이라고 말하는 것이다. 어떠한 소유도 진정한 것은 아니라는 것이다.

참 나를 아는 것은 베다 경전의 목적이다. 그것은 참 나에 확고한 헌신을 하고 세 겹의 욕망으로 벗어나는 것이다.

　이사 우파니샤드는 인도의 많은 수행자들이 가장 좋아하는 우파니샤드 중의 하나이다. 이사라는 말은 "이사 바스야 이담 사르밤"에서 온 것이다. 그것은 '이 세계의 어떠한 표현도 이사, 즉 절대 또는 신(神)의 표현이다' 라는 뜻이다. 이사 우파니샤드는 야주르 베다에 속해 있지만 베다의 권위성이나 상징성과는 달리 평등하고 인간적인 내용을 가지고 있으며, 바가바드기타와 같은 경전처럼 종교성을 내포하지도 않아 많은 사람들에게 많은 사랑을 받는 경전이다. 이사란 '진리' 라는 말이다. 그 말대로 모든 진리의 보배가 이 간단한 우파니샤드의 몇 구절 안에 다 포함되어져 있다. 우파니샤드란 '스승에게 다가가 앉는다' 라는 뜻이다. 다시 말해 그것은 스승에 가까이 다가가 그의 진리의 말을 전수받는다는 것이다. 많은 수행자들이 스승을 만나기 위해 인도의 정글과 히말라야를 찾는다. 본인도 이 한정된 시간 안에 진리의 가르침을 전해 줄 스승을 만나기 위해 깊고 깊은 히말라야의 동굴과 남인도의 정글의 오지를 찾아 다녔다. 숨어 있는 수행자는 자신을 잘 드러내지도 않는다. 그러한 수행자들을 만나는 데 어떤 때는 허탕을 치기도 하였으며, 어떤 때는 말을 하지 않고 침묵으로 일관하는 수행자도 있었다. 그들이 가르치는 진리의 비법은 배우려는 자가 이미 경지에 들어야 하며, 그들이 전하려는 가르침의 모든 수행 시스템이 갖추어져야 비로소 그 진리의 비법과 통할 수 있게 된다. 인간적으로 무르익은 진리의 스승은 그 자신이 이미 모든 것을 가지고 있기 때문에 어떠한 외부적인 흐름으로부터 자유로울 수가 있다. 자신이 진정으로 풍요로울 때 외부의 어떠한 소유나 부로부터 자유로운 것이다. 이 구절의 핵심은 자신이 풍요롭고 충족되라고 하는 말이다.

2 कुर्वन्नेवेह कर्माणि जिजीविषेच्छतम् समाः।
एवं त्वयि नान्यथेतोऽस्ति न कर्म लिप्यते नरे ॥२॥

쿠르반네베하 카르마니 지지비셰차탐 사마흐 |
에밤 트바이 난야테토아스티 나 카르마 리프야테 나레 ‖ 2 ‖

쿠르반=수행하는; 에바=홀로; 이하=이 세상; 카르마니=행하는; 지지비셰=사는 욕망; 사탐=백; 사마흐=년의; 에바=홀로; 트바이=그대는; 나=아닌; 안야타=다른; 나=아닌; 카르마=행하는; 리프야테=얼룩진; 나레=사람.

**사람이여 이러한 길로 100년을 살아가려고 하여라.
이 길 외에는 행동에 얽매이지 않는 길이 없으리니.**

질문: 지혜를 구하기 위해서 포기하고 넘어서라고 하였는데 행위를 포기하지 않으면 안 되는 것인가요?
대답: 모든 것은 참 나에 의해 둘러싸여 있다. 베다에서는 지혜는 사후에 얻어지는 것이 아니며 살아 있을 때 숲 속에서 보상을 받는다고 하였다. 타이타레야 아란야카는 말하기를 "행위를 포기한다는 것은 참으로 우수하다"고 하였다. 베다를 정립한 스리 브야사의 아들인 수크데바는 행위의 포기에 대한 확고함을 보여준 수행자였다.

이사 우파니샤드의 가장 중요한 말 중에 하나는 집착으로부터 벗어난 삶을 살라는 것이다. 인간의 삶은 심리적인 시간으로 볼 때 어린 시절은 시간이 느리게 흐르는 것 같지만 나이가 들수록 시간은 점점

가속화되어 더욱 빠르게 지나가는 것처럼 느껴진다. 삶은 끊임없는 가치를 형성하면서 자신의 내면을 발전시켜 나아가는 것이다. 우리는 외부에서 벌어지는 어떠한 상황에서도 심리적으로는 마음의 흔들림을 받지 않고 살아가기를 원한다. 바가바드기타 제2장 50절에서는 이것을 "부띠 육토"라고 하여, 마음의 확고함이나 이성의 확립을 말하고 있다. 어떠한 상황에서든지 외부적인 욕망으로부터 자유롭게 되라는 것이다.

3 असुर्या नाम ते लोका अन्धेन तमसाऽऽवृताः।
तमूस्ते प्रेत्यभिगच्छन्ति ये के चात्महनो जनाः ॥३॥

아수르야흐 나마 테 로카 안데나 타마사아브리타흐 |
탐스테 프레트야비가찬티 예 케 차트마하노 자나흐 ‖ 3 ‖

아수르야흐=아수라에 속한; 나마=진실로; 테=그들은; 로카흐=세계; 안데나 타마사=무지의 어둠으로; 아브리타흐=가려진; 탄=그것들의; 테=그들은; 프레트야=죽은 후; 예 케=누구나; 차=그리고; 아트하노=자아를 죽인 자; 자나흐=사람들.

**무지의 어둠으로 덮인 악명 높은 아수라의 세계가 있다.
누구든 참 나인 아트만을 모르면 끊임없이 윤회로 떨어질 것이다.**

어떻게 영원한 참 나를 죽일 수가 있을까? 참 나는 늙음이나 죽음으로부터 자유롭다. 그것을 실현하면 '나는 지금 늙음이나 죽음으로부터 자유롭다'라고 말한다. 그것이 참 나의 존재의 실현이다. 참 나가 감추어졌을 때 사람들은 참 나가 죽었다고 한다. 그러나 그것은 태어남과 죽음의 주관적인 상태에서 말하는 것일 뿐이다. 참 나의 본성은 죽일 수가 없는 것이다.

인도철학과 종교는 언제나 인간의 현실성에 대하여 강하게 강조한다. 여러 종교나 철학에서도 절대를 모르면 외부세계인 상대세계의 그늘에 가려 무지와 미망에 허덕인다고 말한다. 아트만인 참 나는 모든 변화의 중심에서 변하지 않는 절대이며 그것을 아는 자는 상대적인 현상에 휘말리지 않는다.

제II부

4 अनेजदेकं मनसो जवीयो नैनद्देवा आप्नुवन्पूर्वमर्षत् ।
तद्धावतोऽन्यानत्येति तिष्ठत्तस्मिन्नपो मातरिश्वा दधाति ॥ ४ ॥

아네자데캄 마나소 자비요 나인나드데바 아프누반푸르바마
르샤트 |
타드다바토안야야나트예티 티쉬타따스민나포 마타리스바 다
다티 ‖ 4 ‖

아네자트=움직이지 않는; 에캄=하나의; 마나사흐=마음보다; 자비야흐=더 빠른; 데바흐=감각들; 나 아프누반=도달 할 수 없다; 푸르바 아르샤트=마음 이전에 간; 타트=그것; 다바타흐=달리는; 안야=다른 대상들; 에나트=이것; 아트예티=앞서; 다티쉬타트=확고한 존재; 타트=그것; 타스민 사티=그것은 실재한; 나아파흐=물; 마타리스바=우주의 에너지, 프라나; 다다티=떠받치다.

참 나는 하나이며 움직이지 않지만 마음보다도 더 빠르며 데바, 즉 감각기관도 이미 가 있는 참 나를 붙잡지 못한다. 참 나는 움직이지 않지만 움직이는 어떤 것보다도 더 빠르다.
공기도 그에 의해서 물이 생겨나도록 한다.

질문: 어떻게 항구적이고 변하지 않는 참 나가 마음보다 빠를 수가 있습니까?

대답: 그것은 모순되지 않는다. 상태가 없는 것이 상태가 있는 것의 근본이기 때문이다. "움직이지 않는다"는 것은 상태가 없는 것을 말한다. 마음은 몸을 통하여 세상에 드러나고 빠르게 움직인다. 참 나는 마음보다 더욱 빠르고 영향받지 않는 곳에 도달하며 감각으로도 파악되지 않는다. 참 나는 감각기관에 의해 움직이지 않지만 그것을 관장하고 그것보다 훨씬 빠르다. 공기도 그것에 의해서 공간으로 움직인다. 이것은 모든 생명체를 유지한다. 타이테리야 우파니샤드(제2장 제8편 1절)에서는 "그의 두려움에 의해 바람이 분다"고 하였다. 이것은 모든 것의 실체인 참 나는 영원한 원인과 결과의 움직임에 의한 결과이기 때문이다.

이 절은 참 나의 성격에 대해서 말하고 있다. 실제의 삶이란 언제나 한계되어 있다. 인간은 자신의 모든 감각기관과 생각과 판단에 의해 한정되어 있으며, 인간의 삶은 언제나 시간과 공간 그리고 자신의 모든 생각과 관념에 묶여 있다. 모든 물질의 흐름 또한 한계되어진다. 참 나가 아닌 모든 상대세계는 한계되어 있다는 것이다.

5 तदेजति तन्नेजति तद्दूरे तद्वन्तिके। तदन्तरस्य सर्वस्य तदु सर्वस्यास्य बाह्यतः ॥५॥

타데자티 탄네자티 타드두레 타딴티케|
타단타라스야 사르바스야 타두 사르바스야스야 바흐야타흐
‖ 5 ‖

타트=그것에; 자티=움직이다; 타트=그것; 나 에자티=움직이지 않는다; 타트=그것; 두레=멀리; 타트=그것; 우 안티케=가까이; 타트=그것; 안타흐=안에; 아스야 사르바스야=이 모든 것의; 타두 사르바스야스야=이 모든 것의; 바흐야타흐=밖에.

참 나는 움직이기도 하며 움직이지 않기도 한다.
참 나는 멀리 있기도 하고 가까이 있기도 하며, 모든 것 안에도 존재하고 모든 것의 바깥에도 존재한다.

참 나가 멀다고 하는 이는 수백만 년이 걸려도 도달될 수 없다. 그것은 아주 가깝게 존재하며 모든 것 안에 존재한다. 브리하드아란야카 우파니샤드(제3장 제4편 1절)에서는 "참 나인 그것은 모든 것 안에 존재한다"라고 말한다. 이 세계, 이름, 형태, 움직임의 모든 것이 그 안에 존재한다. 그것은 극도로 섬세하며 틈이 없이 계속 이어진다. 브리하드아란야카 우파니샤드(제4장 제5편 13절)에서는 그것을 "순수한 지성은 홀로 존재한다"라고 말하였다.

이 절은 참 나의 성격에 대하여 말하고 있다. 물리학에서 진공의 상태는 모든 것을 다 포함하지만 모든 것 안에도 존재하며 모든 것의 밖에도 존재하는 것이라고 한다. 거리와 시간과 관계없이 절대 진공은 어디에서나 존재한다. 참 나는 절대 진공과 같다. 마치 나무의 근원인 수액이 나무의 뿌리와 줄기, 잎 모든 부분에 존재하는 것처럼 참 나는 안과 밖 모든 곳에 존재하는 것이다.

6 यस्तु सर्वाणि भूतान्यात्मन्येवानुपश्यति ।
सर्वभूतेषु चात्मानं ततो न विजुगुप्सते ॥६॥

야스투 사르바니 부탄야트만예바누파스야티 |
사르바부테슈 차트마남 타토 나 비주구프사테 ‖ 6 ‖

야흐=누구; 투=그리고; 사르바니=모든; 부타니=존재; 아트마니=아트만, 참 나; 에바=그 자체; 아누파스야티=보다; 사르바부테슈=모든 존재 안에서; 차=그리고; 아트마남=아트만, 참 나; 타타흐=그것으로부터; 나=아니다; 비주구프사테=증오하다.

참 나 안에서 모든 것을 보며 모든 창조물 안에서 참 나를 보는 이는 어떤 것도 증오하지 않는다.

참 나는 모든 영혼 안에 발현되지 않은 시작이며, 끝이 없는 존재이다. 순수한 참 나는 모든 창조물의 증거자이며, 계속해서 하나이다. 참 나는 다른 대상들과 모든 감정의 급변하는 것에 원인이 되지 않는다. 그리하여 참 나는 어떤 이도 증오하지 않는다.

참 나는 모든 것을 관조한다. 걷거나 마시거나 뛰거나 달리거나 잠자거나 꿈꾸거나 언제나 참 나는 관조하게 한다. 참 나를 보는 이는 어떠한 갈망이나 열망도 잠재워진다.

7 यस्मिन्सर्वाणि भूतान्यात्मैवाभूद्विजानतः ।
तत्र को मोहः कः शोक एकत्वमनुपश्यतः ॥७॥

야스민사르바니 부탄야트마이바부드비자나타흐 |
타트라 코 모하흐 카흐 소카 에카트바마누파샤타흐 ‖ 7 ‖

야스민=언제; 사르바니=모든 것; 부타니=존재; 아트마=아트만, 참 나; 아부트=되다; 비자나타흐=아는 자; 타트라=그런 다음; 카흐=무엇; 모하흐=망상; 에바=진실로; 카흐=무엇; 소카흐=슬프겠는가?; 에카트밤=유일함; 아누파샤타흐=보는 자의.

참 나를 실현한 자는 모든 것이 참 나이다.
모든 것이 참 나임을 아는 자에게 욕망이나 슬픔이 일어나겠는가?

모든 것이 참 나임을 아는데 어찌 괴로움이나 슬픔이 일어나는가?

이 절은 모든 행동 안에서 참 나를 느끼는 이에 대해 말하고 있다. 인도의 어떤 수행자는 '물속의 물고기가 물을 찾는다' 라는 말을 하였다. 욕망이나 갈망, 슬픔이 일어나는 것은 참 나를 찾는 과정인 것이다.

8 स पर्यगाच्छुक्रमकायमव्रणमस्नाविरम् शुद्धमपापविद्धम् । कविर्मनीषी परिभूः स्वयम्भूर्याथातथ्यतोऽर्थान् व्यदधाच्छाश्वतीभ्यः समाभ्यः ॥८॥

사 파르야가추크라마카야마브라나마스나람 수따마파파비땀|
카비르마니쉬 파리부흐 스바얌부르야타타트야토아르탄
브야다다차스바티브야흐 사마브야흐 ‖ 8 ‖

사흐=그는; 파르가트=모든 것에 존재하는; 수크람=빛나는; 아카얌=몸 없이; 아브라남=손상되지 않은; 아스나비람=근육 없이; 수땀=순수한; 아파파비담=무지에 의한 결함이 없는; 카비흐=모든 것을 보는; 마니쉬=모든 것을 아는; 파리부흐=모든 것을 에워싼; 스바얌부=스스로 존재하는; 야타타트야흐=적당한 방법으로; 아르탄=의무; 브야다다트=지정된; 사스바티브야=영원한; 사마브야흐=년의.

참 나는 모든 것에 존재하며, 찬란히 빛나며, 몸을 가지고 있지 않으며, 조금도 흠이 없으며, 죄악도 없고 순수하며, 마음을 지배하는 자이며, 초월적이며, 스스로 존재하는 이이다. 절대 존재인 참 나는 모든 창조물들에게 그들의 의무를 주었다.

브라하드아란야카 우파니샤드(제3장 제8편 2절)에서는 "참 나 이것보다 더 깨달은 이는 없다"라고 하였다. 참 나는 초월적이며, 모든 것을 아는 이이며, 모든 창조물에게 가장 적절한 의무를 준 존재이다.

질문: 어떻게 모든 것을 안다고 할 수 있는 것입니까?

대답: 참 나의 지혜는 하나이다. 참 나는 모든 시대의 과정과 끝을 흔들림 없이 구별한다. 그러니 참 나를 실현하는 이가 모르는 것은 없다. 이러한 지혜와 명상과 예배인 이 비드야는 신의 영역에 도달한다.

참 나는 모든 것의 근원이며 모든 활동적인 상태의 근원이다.

제III부

9 अन्धं तमः प्रविशन्ति येऽविद्यामुपासते ।
ततो भूय इव ते तमो य उ विद्यायाम् रताः ॥९॥

안담 타마흐 프라비산티 예아비드야무파사테 |
타토 부야 이바 테 타모 야 우 비드야얌 라타흐 ‖ 9 ‖

안담=보이지 않는; 타마흐=어둠; 프라비산티=빠지다; 예=그들의; 아비드얌=무지; 우파사테=예배; 타타흐=그것보다; 테=그들은; 부야흐=위대한; 이바=말하자면; 테=그들은; 타마흐=어둠; 예=그들이; 우=그러나; 비드야=지식의; 라티흐=밝은.

무지를 쫓아가는 이는 어둠으로 빠진다.
그러나 지혜만을 쫓아가는 이는 더 깊은 어둠으로 빠진다.

지혜만을 행하는 이는 아그니 호타라라는 제식에만 빠져 있거나 신과 지혜를 향하여 계속 명상만을 위해 전진하는 이들을 말한다. 이것은 부분과 전체를 연결하지 못하는 것이다.

이 절은 참으로 교훈적인 시구이다. 특히 구도자는 진리와 지혜만을 원한다. 그러나 지혜는 무지의 진흙 바탕 위에 꽃피우는 아름다운 꽃과 같다. 이사 우파니샤드는 마치 그리스의 현자들인 소피스트처럼 지혜와 냉소와 궤변을 동시에 가지고 있는 듯하다. 그러나 이러한 참신한 혁명적인 언어는 고답적인 수행자들에게 일침을 가하는 중요한 절인 것이다. 대부분의 사람들이나 수행자들 또한 자신의 삶의 형태에 안주하여 늘어진 삶에 빠져드는 것을 즐긴다. 그러한 반복적인 일상을 환기시키는 삶의 여러 요소들은 수행의 새로운 활력이 되는 것이다.

10 अन्यदेवाहुर्विद्ययाऽन्यदाहुरविद्यया।
इति शुश्रुम धीराणं ये नस्तद्विचचक्षिरे ॥१०॥

안야데바후르비드야야안야다후라비드야야|
이티 수스루마 디라남 예 나스타드비차착쉬레 ∥ 10 ∥

안야트=다른; 에바=진실로; 아후흐=그들은 말하다; 비드야야=비드야(지식)에 의해; 안야트=다른; 아후흐=그들은 말하다; 아비드야야=아비드야(무지)를 통해; 이티=그러므로; 수스루마=우리는 들었다; 디라남=현명함으로부터; 예=누구; 나흐=우리에게; 타트=그것; 비차착쉬레=설명한.

비드야인 지혜가 말하는 것과 아비드야인 무지가 말하는 것이 각기 다른 결과를 가져온다는 것을 우리는 우리를 가르친 현명한 이들에게 들어왔다.

브라하드아란야카 우파니샤드(제1장 제5편 16절)에서 "그들은 명상을 통하여 높아지고 발전된다. 또한 세계는 카르마를 통하여 수단이 되고 승리한다"라고 하였다.

이 절은 일반적으로 경험하지 않고 논하는 경전과 진리에 대해 말하는 것이다. 많은 사람들은 반복되고 답습되는 모든 삶의 방편에 스며들게 된다. 그러한 삶의 반복은 우리들을 고정된 인식과 교육으로 물들여 새로운 시야를 갖게 하는 데 많은 어려움을 준다. 자신이 직접 검증하지 않고 확인하지 않은 지식의 반복된 습득은 자신의 인식을 고정되고 묶이게 하는 것이다.

11 विद्यां चाविद्यां च यस्तद्वेदोभयम् सह।
अविद्यया मृत्युं तीर्त्वा विद्ययाऽमृतमश्नुते ॥११॥

비드얌 차비드얌 차 야스타다베도바얌 사하ǀ
아비드야야 므리트윰 티르트바 비드야야암리타마스누테
‖ 11 ‖

비드얌 차 아비드얌 차=비드야와 아비드야, 지혜와 무지; 야흐=누구; 타트=그것; 베다=알다; 우바얌=양쪽; 사하=함께; 아비드야=무지에 의해; 므리트윰=죽음; 티르트바=정복된; 비드야=지혜로; 암리탐=불멸의 자연; 아스누테=얻는다.

무지와 지혜를 같이 아는 이는 무지로서 죽음을 넘어서며 지혜로서 불멸의 해탈을 얻게 된다.

무지와 지혜를 아는 것은 드러나는 것과 드러나지 않는 것 모두를 아는 것이다.

진리는 무지와 지혜 둘 다를 포함한다. 무지함의 자각은 죽음을 넘어서게 하며, 날카로운 지혜는 깨달음의 빛을 준다. 무지인 아비드야는 빛이 없는 어둠을 말하는 것이다. 미망과 환영인 마야는 존재하지 않는 것을 존재하는 것으로 알게 하는 착각을 만들어 내었다. 어둠은 빛의 스승이라고도 하였으며, 고통은 희열과 해탈의 스승이라고도 한다. 나의 스승인 스와미 사르바다난다 마하라즈는 철저한 미망을 체득하고 파악하게 하여 주었다. 그것은 진리를 파악할 수 있도록 계기를 마련해 준 것이다. 인도의 고대 경전에는 절대와 상대가 결혼하였으며 거기에서부터 모든 진리가 나왔다고 한다. 또한 절대의 진리와 무지는 공존하는 삶의 양면이라고도 하였다. 지혜와 무지 양쪽을 모두 다 터득하는 것은 모든 종교와 철학의 극치이다. 어떠한 한면에 치우치지 않는 삶이야말로 전체적인 삶을 이해하고 깨닫게 하는 것이다.

12 अन्धं तमः प्रविशन्ति येऽसम्भूतिमुपासते।
ततो भूय इव ते तमो य उ सम्भूत्याम् रताः ॥१२॥

안담 타마흐 프라비산티 예아삼부팀무파사테 |
타토 부야 이바 테 타모 야 우 삼부트얌 라타흐 ‖ 12 ‖

안담=보이지 않는; 타마흐=암흑; 프라비산티=들어가다; 예=누구; 아삼부팀=안 되는 것; 우파사테=예배하다; 타타흐=그것보다; 테=그들은; 부야흐=더욱 위대한; 이바=말하자면; 테=그들은; 타마흐=어둠; 예=누구; 우=그러나; 삼부트야=되는; 라타흐=밝은.

> 세상에 나타난 것만을 숭배하는 이는 깊은 어둠에 빠진다.
> 그러나 세상에 보이지 않는 영원한 것만을 추구하는 이는 더 큰 어둠에 빠져든다.

이 절은 예배에 대한 두 가지 다른 결과를 말하고 있는 것이다.

이 절은 고대의 우파니샤드 수행자들의 안목이 얼마나 깊은지를 잘 보여주는 구절이다. 대부분의 사람들은 세상의 물질문명에 휩쓸려 살고 있다. 그러나 또한 많은 사람들이 물질문명으로부터 벗어나 정신세계에 빠져서 살고 있다. 이 구절은 그 양면을 벗어나라고 말하는 것이다. 그 중에서도 정신적인 유희를 통해 스스로 더 깊은 무지로 빠져드는 상황에 대하여 표현하였는데 이것은 수행자들이 가장 새겨야 하는 구절이기도 하다. 어둠을 피해 빛을 찾으러 갔다가 빛의 신기루에 빠져 더욱 방황하는 것을 경계하라는 것이다.

13 अन्यदेवाहुः सम्भवादन्यदाहुरसम्भवत्।
इति शुश्रुम धीराणां ये नस्तद्विचचक्षिरे ॥१३॥

안야데바후흐 삼바바단야다후라삼바바트|
이티 수스루마 디라남 예 나스타드비차착쉬레 ‖ 13 ‖

안야트=다른; 에바=실로; 아후흐=그들은 말하다; 삼바바트= 되는 것으로부터; 안야트=다른; 아후흐=그들은 말하다; 아삼바바트=안 되는 것으로부터; 이티=그러므로; 수스루마=우리는 들었다; 디라남=현명함으로부터; 예=누구; 나흐=우리에게; 타트=그것; 비차착쉬레=설명한.

세상에 나타난 것만을 숭배하는 이들과 세상에 보이지 않는 영구한 것만을 숭배하는 이들이 다른 결과를 가져온다는 것을 현명한 이들은 말하였다.

미발현의 예배를 통한 맹목적인 예배는 자연인 프라크리티에 흡수되어 버린다. 이 절은 미발현과 발현의 예배의 결과에 대하여 말하고 있다.

이 절은 나타나 있는 대상에 휩쓸리지도 말고, 눈에 보이지 않는 형이상학적인 것에도 현혹되지 말며, 그러한 결과들에 대해서 면밀하게 살펴보라는 것이다.

14 सम्भूतिं च विनाशं च यस्तद्वेदोभयम् सह ।
विनाशेन मृत्युं तीर्त्वा सम्भूत्याऽमृतमश्नुते ॥१४॥

삼부팀 차 비나샴 차 야스타드베도바얌 사하|
비나세나 므리트윰 티르트바 삼부트야암리타마스누테 ‖ 14 ‖

삼부팀=안 되는 것; 차=그리고; 비나샴=파괴; 차=또한; 야흐=누군가; 타트=그들의; 베다=안다; 우바얌=양쪽; 사하=함께; 비나세나=소멸하는 것; 므리트윰=죽음; 티르트바=정복; 삼부트야=소멸하지 않는 것; 암리탐=불멸의; 아스누테=얻는다.

소멸되는 것과 소멸되지 않는 것, 이 둘을 잘 아는 이는 소멸
하는 것으로부터 죽음을 넘어서고 소멸하지 않는 것으로부터
불멸함을 얻으리라.

상대와 절대를 정확히 파악하는 지혜로운 이는 상대적인 소멸함을
직시하여 소멸하지 않는 것을 터득하고 항구적인 자각을 깨닫게 된다.

15 हिरण्मयेन पात्रेण सत्यस्यापिहितं मुखम्।
तत्त्वं पूषन्नपावृणु सत्यधर्माय दृष्टये ॥१५॥

히란마예나 파트레나 사트야스야피히탐 무캄|
타뜨밤 푸샨나파브리누 사트야다르마야 드리쉬타예 ‖ 15 ‖

히란마예나=황금이; 파트레나=장막으로; 사트 야스야=진리
의; 아피히탐=덮여진; 무캄=입구; 타트=그것; 트밤=당신은;
푸샨=오 태양이여; 아파브리누=사라진다; 사트야 다르마야=
진리에 헌신하는 나를 위해; 드리쉬타예=보는 자에게.

**진리는 황금빛 장막으로 가려져 있으니 오 태양이여,
내가 진리를 보고 헌신할 수 있도록 그대의 빛을 거두어 주오.**

황금빛 장막에 가려져 있는 태양, 즉 진리를 명상함으로 올바른 의
무를 다하게 된다.

이 절은 '진리'라는 상대적인 찬란한 체험을 바로 직시하여 터득하

라고 전하고 있다. 그것이 아무리 아름다운 것이라도 현혹되지 말고 상대적인 모든 장막을 거두어 진리를 체득하라는 것을 아름다운 시구로 표현하고 있다.

16 पूषन्नेकर्षे यम सूर्य प्राजापत्य व्यूह रश्मीन्
समूह तेजो यत्ते रूपं कल्याणतमं तत्ते पश्यामि।
योऽसावसौ पुरुषः सोऽहमस्मि ॥१६॥

푸샨네카르셰 야마 수르야 프라자파트야 브유하 라스민
사무하 테조 야떼 루팜 칼야나타맘 타떼 파스야미|
요아사바사우 푸루샤흐 소아하마스미 ‖ 16 ‖

푸샨=부양하는 자; 에카르셰=고독한 사냥개; 야마=통제하는 자; 수르야=오 태양이여; 프라자파트야=프라자파티의 아들; 브유하=없애다; 라스민=광선; 사무하=도망치다; 테자흐=빛; 야트=그것; 테=그대의; 루팜=형상; 칼야나타맘=가장 영광스러운, 최고의; 타트=그것; 테=그대의 영광을 통하여; 파스야미=나는 보다; 야흐=누구; 아사우=그것; 푸루샤=참 나, 존재; 사흐=그는; 아함=나는; 아스미=~이다.

오 세상의 모든 것을 자라나게 하는 이여, 홀로 한길로 가는 이여, 세상을 통제하는 이여, 최초의 창조주 프라자파티에서 태어난 이여, 오 태양이시여, 그대의 찬란하게 빛나는 빛을 거두어 그대의 은총으로 가장 성스러운 그대의 모습을 보여

주소서.
사람들은 그대 태양이며 모든 것 안에 존재하는 절대인 푸루샤를 나라고 하오.

나는 참 나 안에 존재하며, 그 에너지와 지성을 통하여 온 세계에 가득 채워진다.

진리의 빛 중심에 감추어져 있는 절대의 참 나를 드러내라는 뜻이다.

제IV부

17 वायुरनिलममृतमथेदं भस्मान्तम् शरीरम्।
ॐ क्रतो स्मर कृतम् स्मर क्रतो स्मर कृतम् स्मर ॥१७॥

바유라닐라마므리타마테담 바스만탐 사리람|
옴 크라토 스마라 크리탐 스마라 크라토 스마라 크리탐 스마라 ‖ 17 ‖

바유=호흡; 아닐람=모든 것에 스며 있는, 공기; 암리탐=영원한; 아타=지금; 이담=이것; 바스만탐=재로 만들다; 사리람=몸; 옴=옴, 우주의 소리; 크라토=오 마음이여; 스마라=기억하다; 크리탐=행위.

언젠가 죽어 나의 몸이 재가 되어 호흡이 불멸의 생명력에 돌아가도록 오 마음이여, 절대인 옴을 기억하라.
그대가 한 일을 기억하라, 그대가 한 일을 기억하라.

18 अग्ने नय सुपथा राये अस्मान् विश्वानि देव वयुनानि विद्वन्।
युयोध्यस्म जुहुराणमेनो भूयिष्ठां ते नमउक्तिं विधेम ॥१८॥

아그네 나야 수파타 라예 아스만 비스바니 데바 바유나니 비드반|
유요드야스마 주후라나메노 부이쉬탐 테 나마욱팀 비데마 ‖18‖

아그네=오 아그니여; 나야=이끌다; 수파타=올바른 길로; 라예=우리의 행위의 열매를 즐기려고; 아스만=우리에게; 비스바니=모든; 데바=오 신이여; 바유나니=행위들; 비드반=아는 것; 유요디=파괴; 아스마트=우리로부터; 주후라남=잘못된 길, 속임수; 에나흐=원죄; 부이쉬탐=매우 많이; 테=그대에게; 나마욱팀=경배하는 말; 비데마=우리는 바친다.

오 불의 신이신 아그네여,
우리가 행위의 좋은 결과로 가도록 이끌어 주소서.
오 신이시여, 그대는 우리의 모든 행위를 아는 이이니.
나의 모든 부정적인 죄를 제거하여 주소서.
그대에게 끝없이 경배하옵니다.

불의 신인 아그니는 자신을 태우면서 빛을 발한다. 아그니는 모든 것을 제거하고 사람들에게 무조건적으로 주는 역할을 한다. 창조의 발산인 아그니로부터 베다가 시작되었으며 이 불의 정화의식을 통하여 인간의 부정적인 것이 소멸된다.

이사 우파니샤드

옴 푸르나마다흐 푸르나미담
푸르나트 푸르나무다츠야테
푸르나스야 푸르나마다야
푸르나메바바시쉬야테
옴 산티흐 산티흐 산티흐
옴 그것(절대)도 완전하며 이것(상대)도 완전하다.
이 모든 세계의 다양한 창조 또한 완전하나니.
완전함으로부터 완전함이 나오기 때문이다.
완전함으로부터 완전함이 나온다면 완전함만 남는다.
옴 평화 평화 평화!

께나 우파니샤드

केन उपनिषद्

케나라는 말은 "누구에 의한"이라는 뜻이다. 케나 우파니샤드는 누구에 의해 현상세계가 통제되고 있는지에 대해 말하며, 그 대답은 브라흐만이라고 전한다. 케나 우파니샤드는 사마 베다에 속해 있는데, 사마 베다의 브라흐마나로 알려진 우파니샤드이다. 우리의 삶의 목적은 브라흐만을 실현하는 것이다. 케나 우파니샤드는 브라흐만에 대한 궁극적인 질문을 하고 궁극적인 존재이며 인격신인 이스바라와 현상세계에 대한 지식을 우리에게 전하고 있다.

ॐ आप्यान्तु ममाङ्गानि वाक् प्राणश्चक्षुः
श्रोत्रमथो बलमिन्द्रियाणि च सर्वाणि ।
सर्वं ब्रह्मौपनिषदं माऽहं ब्रह्म निराकुर्यां मा मा ब्रह्म
निराकरोदनिराकरणमस्त्वनिराकरणं मेऽस्तु ।
तदात्मनि निरते य उपनिषत्सु धर्मास्ते
मयि सन्तु ते मयि सन्तु ॥
ॐ शान्तिः शान्तिः शान्तिः ॥

옴 아프얀투 마망가니 바크 프라스나스착슈흐
스로트라마토 발라민드리야니 차 사르바니 |
사르밤 브라흐마우파니샤담 마함 브라흐마 니라쿠르얌 마 마 브라흐마
니라카로다니라카라나마스트바니라카라남 메아스투 |
타다트마니 니라테 야 우파니샤트수 다르마스테
마이 산투 테 마이 산투 ॥
옴 산티흐 산티흐 산티흐 ॥

모든 나의 사지와 호흡, 말, 눈, 귀 등 모든 기관들이 강하게 성장하게 하소서.
우파니샤드에서 말하듯이 모든 것은 브라흐만이니. 브라흐만으로부터 벗어나지 않게 하소서. 나의 부분으로부터 멀어지지 않게 하소서. 나는 참 나를 공부합니다. 우파니샤드는 이러한 공부를 하게 합니다. 나에게 그러한 특성을 획득하게 하

소서.
옴 평온 평온 평온.

제I부

1 ॐ केनेषितं पतति प्रेषितं मनः केन प्राणः प्रथमःप्रैति युक्तः ।
केनेषितां वाचमिमां वदन्ति चक्षुः श्रोत्रं क उ देवो युनक्ति ।१।

옴 케네쉬탐 파타티 프레쉬탐 마나흐
케나 프라나흐 프라타마흐 프라이티 육타흐|
케네쉬탐 바차미맘 바단티 착슈흐 스로트람 카 우 데보 유나크티|1|

케네쉬탐=누구의 의지에 의한; 파타티=대상에 휩쓸리는; 프레쉬탐=그들의 방향 아래; 마나흐=마음; 케나=누구에 의해; 프라나흐=생동감 있는 호흡; 프라타마흐=첫번째; 프라이티=진행하다; 육타흐=집중되다; 케네쉬탐=누구의 의지에 의한; 바참=말하는; 이맘 바단티=이러한 사람이 말하는; 착슈=눈; 스로트람=귀; 데바흐=신; 유나크티=방향.

이 마음은 누구의 의해 원하는 방향으로 대상에 휩쓸리는가?
누구와 연결되어 첫번째 호흡이 진행되는가?
누구에 의해 영향을 받고 말하는 것인가?
눈과 귀 뒤에서 신은 방향을 잡고 움직이게 한다.

"누가 우리의 감각을 통제하는가?" 이것은 "누가 이 세계를 통제하는가?"와 마찬가지이다. 감각기관은 독립적이지 않다. 이 절은 상대적인 세계의 방향이 누구에 의해 정해지는가에 대한 근본적인 질문을 하고 있다. 그것은 누구인가?

2 श्रोत्रस्य श्रोत्रं मनसो मनो यद् वाचो ह वाचं स उ प्राणस्य प्राणः। चक्षुषश्चक्षुरतिमुच्य धीराः प्रेत्यास्माल्लोकादमृता भवन्ति।२।

스로트라스야 스로트람 마나소 마노 야드 바초 하 바참 사 우 프라나스야 프라나흐|
착슈샤스착슈라티무츠야 디라흐 프레트야스말로카담리타 바반티|2|

스로트라스야=듣는 것; 스로트람=듣는; 마나소=마음의; 마노=마음; 야드=그것; 바초=말하는; 하=그러한; 바참=말; 사=그것; 우=이다; 프라나스야=숨쉬는; 프라나흐=숨; 착슈샤흐=보는 것; 착슈=보는; 아티무스야=포기하는; 디라흐=현명한; 프레트야=떨어진; 아스마트=무엇으로부터; 로카타=세계; 암리타=불멸; 바반티=되다.

듣는 것의 들음, 마음의 마음, 말하는 것의 말, 숨쉬는 것의 숨, 보는 것의 보는 것으로부터 그를 아는 지혜로운 이는 이 세계 넘어서 불멸을 얻는다.

참 나는 오감을 넘어서 아는 힘을 가지고 있다. 참 나는 몸이 죽었을 때나 감각기관이 기능을 하지 않을 때도 영향을 받지 않는다. 프레트야란 '죽음 후'라는 어원을 가지고 있으며 '떨어진' '넘어서는' '포기하는'이라는 말로 해석된다. 그러면 어떠한 것을 넘어선다는 것일까? 그것은 현상세계의 이름이나 정신인 나마와 형상인 루파를 떠나서 넘어선다는 것이다. 이러한 현상세계를 넘어설 때 진정한 실체인 브라흐만에 도달하는 것이다. 이사 우파니샤드에서는 "이러한 현상세계를 넘어서서 네 자신에 확립하라"고 하였다. 그러한 지혜를 가지는 것은 이 세계 안에서 불멸인 브라흐만을 체득하는 길이다.

이 절에서 말하는 것처럼 모든 수행방법의 목적은 현상과 분리되어 존재하는 참 나와 절대 실상인 브라흐만의 지혜를 얻고자 하는 것이다.

3 न तत्र चक्षुर् गच्छति न वाक्गच्छति नो मनः। न विद्मो न विजानीमो यथैतदनुशिष्यात्।३।

나 타트라 착슈르가차티 나 박가차티 노 마나흐
나 비드모 나 비자니모 야타이타다누시쉬야타 | 3 |

나=아닌; 타트라=거기; 착슈=보는; 가차티=꿰뚫어; 나=아닌; 바크=말; 가차티=관통하는; 노=아닌; 마나흐=마음; 나=아닌; 비드마흐=아는; 나=아닌; 비자니마흐=파악하는; 야타=어떻게; 에타트=이것; 아누시쉬야트=스승은 제자에게 말한다.

보는 것으로도 거기에 도달하지 못하며, 말로도 그것을 표현할 수 없으며, 마음으로도 그것을 파악할 수 없다.

우리는 스승이 제자를 어떻게 가르치는지 모른다. 우리는 모른다.

브라흐만은 우리의 감각으로 간파할 수 없다. 우리는 브라흐만을 말할 수 없다. 그것은 무한하여 마음으로는 이해될 수 없기 때문이다. 브라흐만은 지식의 대상이 아니기 때문에 우리는 그것을 알 수가 없다. 우리는 대상을 알 수 있지만 브라흐만을 알 수는 없다. 왜냐하면 우리 자신이 브라흐만이기 때문이다. 우리는 우리 자신을 볼 수가 없다. 우리 자신으로부터 분리되어 있기 때문이다. 브라흐만은 언제나 주관적이며 결코 객관적이지 않다. 그리고 사실상 브라흐만은 모든 것에 존재하기 때문이다. 주관과 객관의 구별은 허상이다.

4 अन्यदेव तत् विदितादथो अविदितादधि।
इति शुश्रुम पूर्वेषां ये नस्तद् व्याचचक्षिरे ।४।

안야데바 타트 비디타다토 아비디타다디ㅎ|
이티 수스루마 푸르베샴 예 나스타드 브야차착쉬레|4|

안야데바=모든 아는 것과 다른; 타드비디타다토=대상과 친밀한; 아비디타다디=알 수 없는 대상을 넘어선; 이티=이것; 수스루마=우리가 듣는; 푸르베샴=고대의 스승들로부터; 예=누구의; 나흐=우리에게; 타트=그것, 브라흐만; 브야차착쉬레=표현되어진.

그 브라흐만은 모든 알려진 대상과 다른 것이다. 그것은 알 수 없는 대상을 넘어서 있다.
우리가 듣는 것은 고대의 스승들로부터 표현된 것이다.

이 세계는 알려진 대상과 브라흐만의 지혜를 말한 것이다. 그것은 대상을 넘어선 것이며 참 나의 지혜이다. 이러한 지혜는 책으로부터 오는 것이 아니다. 다만 스승이 말하고 제자는 알아듣는 것이다. 브라흐만의 지혜는 스승으로부터 제자에게로 흘러나온다. 그들은 마치 등불을 전달하는 것과 같다. 이것은 갑자기 구원으로 일어나며 설명될 수 없는 것이다. 우파니샤드에서 말하기를 "네 자신을 준비하라. 네 자신이 준비되면 스승은 지혜가 흘러나온다. 스승은 네 자신이 되라고 할 것이다"라고 하였다. 브라흐만은 이해될 수가 없다. 그대는 그것을 알 수가 없다. 왜냐하면 그것은 당신이 참 나이기 때문이다. 오직 그대 자신이 되는 것을 준비하라. 구원은 갑자기 오며 그대 자신은 참 나를 실현할 것이다.

5 यत् वाचानभ्युदितं येन वागभ्युद्यते।
तदेव ब्रह्म त्वं विद्धि नेदं यदिदमुपासते ।५।

야드바차나브흐유디탐 예나 바가브유드야테
타데바 브라흐마 트밤 비띠 네담 야디다무파사테|5|

야트=그것; 바차=말에 의한; 아나브흐유디탐=표현되지 않은; 예나=그것에 의한; 바크=말; 아브흐유드야테=표현할 수 있는; 타트=그것; 에바=확실한, 오직; 브라흐마=브라흐만; 트밤=그대는; 비띠=알다; 나=아닌; 이담=이것; 야트=그것;

이담=그것; 우파사테=숭배하는.

말의 수단으로 표현되지 않는 브라흐만은 그 스스로 알 수가 있다.
세상 사람들이 숭배하는 것 그것은 브라흐만이 아니다.

참 나 또는 브라흐만은 말에 의해 표현되지 않는다. 왜 그런가? 왜냐하면 참 나는 말에 의해 표현되지 않는다. 참 나의 현존은 말에 의해 표현되지 않는다. 카타 우파니샤드는 질문하기를 "누가 이 모든 현상을 넘어서 있는가?"라고 하였다. 우리는 현상세계에 의해 영향을 받는다. 우리는 우리들의 감각기관이나 마음에 영향을 받는다. 그렇다면 "누가 그 힘의 배후에 있는가?" 이 우파니샤드는 우리에게 브라흐만을 알려 주려고 한다. 이 현상세계는 우리에게 진실하게 보여진다. 그러나 우리는 이 현상세계에서 아무것도 알 수가 없다. 다만 나타나 있을 뿐이다. 세상의 대상은 진실이 아니다. 이것은 우리에게 고통을 준다. 이 현상세계를 넘어선 것은 브라흐만이며 그것은 우리의 환상을 제거시킨다.

6 यन्मनसा न मनुते येनाहुर् मनो मतम्।
तदेव ब्रह्म त्वं विद्धि नेदं यदिदमुपासते।६।

얀마나사 나 마누테 예나후르 마노 마트맘
타데바 브라흐마 트밤 비띠 네담 야디다무파사테|6|

야트=그것; 마나사=마음에 의해; 나=아닌; 마누테=이해되지 않은; 예나=그것에 의한; 아후흐=그들이 말하기를; 마나흐=마음; 마트밤=마음의 기능을 할 수 있는; 타트=그것; 에바=확실한, 오직; 브라흐마=브라흐만; 트밤=그대는; 비띠=안다; 나=아닌; 이담=이것; 야트=그것; 이담=그것; 우파사테=숭배하는.

마음의 기능으로 이해되지 않는 브라흐만은 그 스스로 마음을 알 수가 있다.
세상 사람들이 숭배하는 것 그것은 브라흐만이 아니다.

우리가 생각하는 마음은 아주 강하지만 그것의 마음은 제한되어 있다. 마음은 브라흐만을 붙잡는 데 실패하였다. 왜냐하면 브라흐만은 마음의 기능을 만드는 것이다. 브라흐만이 없이는 마음은 힘이 없다. 우리의 목적은 우리의 참 나인 브라흐만의 실현을 성취하는 것이다. 이 브라흐만에 집중하면 모든 것으로부터 벗어난다.

7 यच्चक्षुषा न पश्यति येन चक्षूंसि पश्यति।
तदेव ब्रह्म त्वं विद्धि नेदं यदिदमुपासते ।।७।।

야착슈샤 나 파스야티 예나 차크슘시 파샤티
타데바 브라흐마 트밤 비띠 네담 야디다무파사테|7|

야트=그것; 차크슈샤=눈에 의한; 나=아닌; 파샤티=보는; 예나=그것에 의한; 차크슘시=눈들; 파스야티=보다; 타트=그것; 에바=확실한, 오직; 브라흐마=브라흐만; 트밤=그대는;

비띠=알다; 나=아닌; 이담=이것; 야트=그것; 이담=그것; 우파사테=숭배하는.

눈으로 볼 수는 없으나 브라흐만은 그에 의해 볼 수가 있다.
세상 사람들이 숭배하는 것 그것은 브라흐만이 아니다.

다양한 내면의 기관은 눈으로 보이지는 않으나 의식의 빛을 통하여 내면의 의식인 브라흐만을 볼 수 있다.

8 यच्छ्रोत्रेण न शृणोति येन श्रोत्रमिदं श्रुतं।
तदेव ब्रह्म त्वं विद्धि नेदं यदिदमुपासते ।८।

야츠로트레나 나 스리노티 예나 스로트라미담 스루탐 |
타데바 브라흐마 트밤 비띠 네담 야디다무파사테 |8|

야트=그것; 스로트레나=귀에 의해; 나=아니다; 스리노티=듣지 않는다; 예나=그것에 의해; 이담=이것; 스루탐=알려진; 타트=그것; 에바=오직; 브라흐마=브라흐만; 트밤=그대는; 비띠=알다; 나=아닌; 이담=이것; 야트=그것; 이담=그것; 우파사테=숭배하는.

그것은 귀로 들을 수 없으나 브라흐만은 그에 의해 들을 수가 있다.
세상 사람들이 숭배하는 것 그것은 브라흐만이 아니다.

브라흐만은 귀로 들을 수 없다. 브라흐만은 지각에 의해 파악되지 않기 때문이다. 그러나 사람들은 귀로 들리는 것이 진짜인 줄 알고 있다. 그것은 잘못된 것이다. 브라흐만은 실제이며 그러할 때 세상의 이름과 형태가 실재가 되는 것이다.

9 यत् प्राणेन न प्राणिति येन प्राणः प्रणीयते। तदेव ब्रह्म त्वं विद्धि नेदं यदिदपासते।९।

야트 프라네나 나 프라니티 예나 프라나흐 프라니야테|
타데바 브라흐마 트밤 비띠 네담 야디다무파사테|9|

야트=그것은; 프라네나=호흡하는, 냄새 맡는 기관; 나=아닌; 프라니티=숨쉬는; 예나=그것에 의해; 프라나흐=냄새 맡는; 프라니야테=냄새 맡는 기능; 에바=오직; 브라흐마=브라흐만; 트밤=그대는; 비띠=안다; 나=아닌; 이담=이것; 야트=그것; 이담=그것; 우파사테=숭배하는.

**그것은 냄새 맡을 수는 없으나 브라흐만은 그에 의해 냄새 맡을 수가 있다.
세상 사람들이 숭배하는 것 그것은 브라흐만이 아니다.**

냄새 맡는 대상의 감각으로 브라흐만을 자각할 수가 없다. 브라흐만은 그것을 넘어서 있다. 우리가 알고 있는 대상은 실재가 아니다. 만약 실재가 나타나면 비실재는 사라지는 것이다.

제II부

1 यदि मन्यसे सुवेदेति दभ्रमेवापि नूनं त्वं वेत्थ ब्रह्मणो रूपम्।
यदस्य त्वं यदस्य देवेष्वथ नु मीमास्यमेव ते मन्ये विदितं ।१।

야디 만야세 수베데티 다브라메바피 누남 트밤 베타 브라흐마노 루팜|
야다스야 트밤 야다스야 데베스바타 누 미맘스야메바 테 만예 비디탐|1|

야디=만약; 만야세=생각하는; 수베데티=나는 잘 안다; 다브흐람=작은; 에바 아피 누남=확실한; 트밤 베타=그대는 안다; 브라흐마노 루팜=브라흐만의 본성; 야다스야=그 브라흐만; 트밤=그대는; 야다스야=그 브라흐만; 데베수=신안에 존재하는; 아타누=그러므로; 미맘스야 에바=분석되는; 테=그대를 위해; 만예=나는 생각한다; 비디탐=그 브라흐만을 아는.

만약 그대가 "나는 브라흐만을 잘 안다"고 생각한다면 그것은 브라흐만의 진정함을 조금밖에 모르는 것이다.
그대는 오직 현상세계와 신과 개인적인 자아로서의 표현된 것만을 알 뿐이다.
그러므로 브라흐만은 확인되어야 하며 학생은 생각하고 브라흐만을 알 뿐이다.

여기 스승과 제자의 질문과 대답이 있다.

질문: "나는 충분히 잘 안다"는 것이 확고하지 않을 때 더 많이 알고 싶은 열망이 일어납니까?

대답: 진정으로 확고한 확신은 "나는 충분히 안다"라고 할 뿐이다. 이 확고함은 강하여 어떠한 것으로도 흔들릴 수가 없다.

2 नाहं मन्ये सुवेदेति नो न वेदेति वेद च। यो नस्तद्वेद तद्वेद नो न वेदेति वेद च।२।

나함 만예 수베데티 노 나 베데티 베다 차|
요 나스타드베다 타드베다 노 나 베데티 베다 차|2|

나=아니다; 아함=나는; 나 만예=생각하지 않는다; 수베다=잘 아는; 이티=그러므로; 나=아니다; 나우=어느 쪽도 아니다; 나 베다=알지 못하다; 베다 차=또한 알다; 야흐=누구; 나흐=우리 사이에; 타트=그것; 베다=알다; 나 베다 =알지 못하는; 베다 이티=알 수 있는 것; 베다=알다; 차=또한.

나는 잘 안다고 생각하지 않는다. "알 수 없는 것도 아니며 알 수 있는 것도 아니다." 우리 중에 누군가는 "알 수 없는 것도 아니고 알 수 있는 것도 아닌 것"을 안다. 그것을 안다.

"나는 안다고 말할 수가 없다"라는 것은 브라흐만 그것은 대상이 아니기 때문이며, "브라흐만을 안다"라고 하는 것은 그 자신의 참 나를 안다고 하는 것이다. 그 자신이 모른다고 하는 것은 그가 브라흐만 그 자체이기 때문이다.

3 यस्यामतं तस्य मतं मतं यस्य न वेद सः।
अविज्ञातं विजानतां विज्ञातमविजानताम्।३।

야스야마탐 타스야 마탐 야스야 나 베다 사흐|
야비그야탐 비자나탐 비그야타마비자나탐|3|

야스야=누구에게; 아마탐=알려지지 않은; 타스야=그에게; 마탐=알려진; 야스야=누구의; 나=아니다; 데바=알다; 사흐=그는; 아비그야탐=알려지지 않은; 비자나탐=현명한 자들에게; 비그야탐=알려진; 아비자나탐=무지한 자들에게.

그에게 알려진 것은 누구에게도 알려지지 않은 것이다. 그는 알려지지 않은 것을 안다. 그것은 현명한 자에게 알려지지 않으며, 무지한 자들에게 알려진다.

무지한 자들이 안다고 하는 것은 그 자신의 감각적인 경험에 의한 것이다. 그들이 브라흐만을 생각한다는 것은 브라흐만의 전체를 알지 못하는 것이다.

4 प्रतिबोधविदितं मतममृतत्वं हि विन्दते ।
आत्मना विन्दते वीर्यं विद्यया विन्दते अमृतं ।४ ।

프라티보다비디팀 마타마므리타트밤 히 빈다테 |
아트마나 빈다테 비르얌 비드야야 빈다테 암리탐 |4|

프라티보다비디탐=직관으로 아는 자; 마탐=알려진; 암리타트밤=불멸함; 히=진실로; 빈다테=도달하다; 아트마나=참나, 아트만을 통해; 빈다테=성취하다; 비르얌=강력함; 비드야야=지식을 통하여; 빈다테=도달하다; 암리탐=불멸함.

불멸함에 도달한 자는 직관으로 아는 자이다. 참 나인 아트만을 통해 확고함을 성취하며, 지식을 통해 불멸함에 도달한다.

보석목걸이를 관통하는 끈은 브라흐만이며, 그것은 차이탄야 즉 지성이다. 모든 정신적인 경험을 지금 현재 관통하는 것이다. 마찬가지로 이것은 방을 비치는 등잔불과 같다. 등잔불은 많은 것을 비춘다. 모든 것은 브라흐만이나 차이탄야에 의해 비추어진다.

5 इह चेदवेदीदथ सत्यमस्ति न चेदिहावेदीन्महती विनष्टिः ।
भूतेषु भूतेषु विचित्य धीराः प्रेत्यास्माल्लोकादमृता भवन्ति ।५ ।

이하 체다베디다타 사트야마스티 나 체디하베딘마하티 비나

쉬티흐|
부테슈 부테슈 비치트야 디라흐 프레트야스말로카담리타 바반티|5|

이하=이 세상에서; 체트=만일; 아베디트=알고 있는; 아타=그런 다음; 사트얌=진리; 아스티=~이다; 나 아베티트=알지 못하는; 체트=그런 다음; 마하티=거대한; 비나쉬티흐=거대한 손실; 부테슈 부테슈=모든 존재들 속에; 비치트야=실현된; 디라흐=현명한 자; 프레트야=분리된; 아스마트 로카트=감각적인 삶으로부터; 암리타흐=불멸의; 바반티=~이 되다.

만일 이 세상에서 지혜를 알면 진리가 존재할 것이며, 만일 이 세상에서 지혜를 알지 못하면 거대한 파괴가 있으리니. 모든 존재들 속에 실현된 현명한 이는 감각적인 삶으로부터 벗어나 불멸함을 얻는다.

현명한 이는 모든 곳에서 참 나를 본다. 참 나는 참 나를 말한다. 다양한 이름과 형상 전체가 하나이다. 다른 것은 드러남의 정도일 뿐이다. 브리하드아란야카 우파니샤드(제3장 제9편 28절)에서는 "지혜는 희열이며 브라흐만이다"라고 하였으며, 아이테리야 우파니샤드(제5장 3절)에서는 "희열은 브라흐만이다"라고 하였다. 브리하드아란야카 우파니샤드(제4장 제4편 23절)에서는 "자아 안에서 참 자아를 본다"라고 하였으며, 바가바드기타(제10장 15절)에서는 "자신을 통하여 지고의 참 나를 본다"라고 하였다.

제III부

1 ब्रह्म ह देवेभ्यो विजिग्ये तस्य ह ब्रह्मणो विजये देवा अमहीयन्त ।
त ऐक्षन्तास्माकमेवायं विजयोऽस्माकमेवायं महिमेति ।१।

브라흐마 하 데베브요 비지그예 타스야 하 브라흐마노 비자예 데바 아마히얀타 |
타 아이크샨타스마카메바얌 비자요아스마카메바얌 마히메티 |1|

브라흐마=브라흐만; 하=그러므로; 데베브야흐=신들을 위해; 비지그예=승리하다; 타스야 브라흐마나흐=그 브라흐만의; 비자예=승리 속에서; 데바흐=신들; 아미히얀타=고무되었다; 테=그들은; 에크샨타=생각; 아스마캄=우리의 것; 에바=실로; 아얌=이것; 비자야흐=승리; 아스마캄=우리의 것; 에바=실로; 아얌=이것; 마히마=위대함; 이티=그러므로.

브라흐만은 신들을 위해 승리를 거두었다. 그러한 브라흐만의 승리 속에서 신들은 의기양양하게 되었나니. 그들은 스스로 승리를 얻은 것이며, 실로 위대함은 자신들의 것이라고 생각했다.

2 तद्धैषां विजज्ञौ तेभ्यो ह प्रादुर्बभूव ।
तन्न व्यजानत किमिदं यक्षमिति ।२।

타드바이샴 비자그야우 테브요 하 프라두르바부바|
탄나 브야자나타 키미담 야크샤미티|2|

타트=그것; 에샴=그것의; 비자그야우=알았다; 테브야흐=그들에게; 프라두르바부바=나타나다; 타트=그것; 나 브야자난타=알지 못하는; 킴=무엇; 이담=이것; 야크샴=고귀한 정신; 이티=그러므로.

브라흐만은 그들의 자만함을 알고, 그들에게 나타났다. 그러나 신들은 위대한 정신이 무엇인지 알지 못했다.

3 तेऽग्निमब्रुवन् । जातवेद ।
एतद् विजानीहि किमेतद् यक्षमिति तथेति ।३।

테아그니마브루반| 자타베다|
에타트 비자니히 키메타드 야크샤미티 타테티|3|

테=그들은; 아그님=불에게; 아브루반=다음과 같이 말하였다; 자타베다흐=오 자타베다여, 모든 것을 아는 이여; 에타트=위대한 정신; 에타트=이것; 비자니히=찾다; 타타=그렇다;

이티=그러므로.

그들은 아그니에게 이렇게 말했다. "오 자타베다여! 위대한 정신을 찾아 주소서." 아그니는 그렇게 하였다.

4 तदभ्यद्रवत् तमभ्यवदत् कोऽसीति अग्निर्वा अहमस्मीत्यब्रवीज्जातवेदा वा अहमस्मीति ।४।

타다브야드라바트 타마브야바다트 코아시티 아그니르바 아하마스미트야브라비짜타베다 바 아하마스미티|4|

타트=그것; 아브야드라바트=달렸다; 탐=그에게; 아브야바다트=말했다; 카흐=누구; 아시=~이다; 이티=그러므로; 아그니흐=불; 바이=실로; 아함=나는; 아스미 이티=~이다; 아브라비트=말했다; 자타베다흐=자타베다, 전지전능한 이; 아함=나는; 아스미=~이다; 이티=그렇게.

아그니는 고귀한 정신을 찾아 서둘러 갔다. 그 정신은 아그니에게 누구냐고 물었다. 그는 "나는 실로 불인 아그니입니다. 오 자타베다여."

5 तस्मिंस्त्वयि किं वीर्यमित्यपीदं
सर्वं दहेयं यदिदं पृथिव्यामिति ।५।

타스밈스트바이 킴 비르야미트야피담
사르밤 다헤얌 야디딤 프리티브야미티 |5|

타스민 트바이=당신 안에; 킴=무엇; 비르얌=힘; 이티=그러므로; 이담=그러므로; 사르밤=모든; 다헤얌=태울 수 있다; 야트=무엇이든지; 이담=이것; 프리티브얌=땅에; 이티=그러므로.

위대한 정신은 "당신이 가지고 있는 힘은 무엇입니까?" 하고 물었다. 아그니는 대답했다. "나는 이 땅에 있는 모든 것을 태워 버릴 수 있습니다."

6 तस्मै तृणं निदधावेतद् दहेति तदुपप्रेयाय सर्वजवेन
तन्न शशाक दग्धुं स तत एव निववृते नैतदशकं
विज्ञातुं यदेतक्षमिति ।६।

타스마이 트리남 니다다베타드 다헤티 타두파프레야야 사르바자베나
탄나 사사카 다그둠 사 타타 에바 니바브리테 나이타다사캄
비크샤툼 야데타드 야크샤미티 |6|

타스마이=그에게; 트리남=짚; 니다다우=놓다; 다하=불타다; 이티=그러므로; 타트=그것; 우파프레야야=다가갔다; 사르바자베나=모든 힘으로; 타트=그것; 나 사사카=할 수 없었다; 다그담=태우는; 사흐=그는; 타트=그렇기에; 에바=오직; 니바브리테 에바=돌아간; 나이타다사캄=할 수 없었다; 비크샤툼=찾다; 야트=누구; 야크샴=정신; 이티=그러므로.

위대한 정신은 아그니 앞에 지푸라기를 내려놓고 말했다. "그것을 태우시오!" 아그니는 다가가 모든 힘을 다했지만 그것을 태울 수 없었다. 그리고는 다시 신들에게 돌아와 말했다. "나는 위대한 정신을 찾을 수 없었다오."

7 अथ वायुमब्रुवन् वायवेतद्
निजानीहि किमेतद्यक्षमिति तथति ।७।

아타 바유마브루반 바야베타드
비자니히 키메타드야크샤미티 타타티 |7|

아타=그런 다음; 바윰=바유에게, 바람의 신에게; 아브루반=말했다; 바요=오 바유여; 에타트=이것은; 비자니히=찾다; 킴=누구; 에타트=이것; 야크샴=위대한 정신; 타타=그렇게; 이티=그러므로.

그러자 신들은 바유에게 말했다. "오 바람의 신 바유여, 위대한 정신을 찾아 주소서." 바유는 그렇게 하였다.

8 तदभ्यद्रवत् तमभ्यवदत्कोऽसीति वायुर्वा अहमस्मीत्यब्रवीन्मातरिश्वा वा अहमस्मीति ।८।

타다브야드라바트 타마브야바다트코아시티 바유르바
아하마스미트야브라빈마타리스바 바 아하마스미티 |8|

타트=그것; 아브야드라바트=달렸다; 타마=그에게; 아브야바다트=말했다; 카흐=누구; 아시 이티=그대는; 바유흐=바유; 바이=실로; 아함=나는; 아스미 이티=~이다; 아브라비트=대답했다; 마타리스바=하늘을 통하여 움직이는 존재; 바=실로; 아함=나는; 아스미=~이다; 이티=그러므로.

바유는 서둘러 위대한 정신을 찾아갔다. 위대한 정신은 바유에게 물었다. "당신은 누굽니까?" 바유는 대답했다. "나는 공기의 신인 바유입니다."

9 तस्मिंस्त्वयि किं वीर्यमित्यपीदं सर्वमाद्दीय यदिदं पृथिव्यामिति ।९।

타스밈스트바이 킴 비르야미트야피담
사르바마다디야 야디담 프리티브야미티 |9|

타스민 트바이=그대 속에; 킴=무엇; 비르얌=힘; 이티=그러므로; 이담 사르밤=이 모든 것들; 아다디야=바람에 날리다; 야트 이담=무엇이든; 프리티브얌=땅; 이티=그러므로.

"당신이 가지고 있는 힘은 무엇입니까?" 위대한 정신이 묻자, 바유는 대답하였다. "나는 어디든지 이 땅의 어디서든 무엇이나 바람을 불어 날게 할 수 있습니다."

10 तस्मै तृणं निदधावेतदादत्स्वेति । तदुपप्रेयाय सर्वजवेन । तन्न शशाकादातुं । स तत एव निववृते नैतदशकं विज्ञातुं यदेतद् यक्षमिति ।१० ।

타스마이 트리남 니다다베타다다트스베티 | 타두파프레야야 사르바자베나 | 탄나 사사카다툼 | 사 타타 에바 | 니바브리테 나이타다사캄 비크샤툼 야데타드 약샤미티 |10|

타스마이=그 앞에; 트리남=짚; 니다다우=위치한; 에타트=이 것; 아다트스바=붇다; 이티=그러므로; 타트=그것; 우파프라 야야=다가갔다; 사르바자베나=모든 힘으로; 타트=그것; 나 사사카= 할 수 없었다; 아다툼=잡다; 사흐=그는; 타타흐=그 렇게; 니바브리테 에바=돌아왔다; 나 아사캄=할 수 없었다; 비크샤툼=아는; 야트=누구; 에타트=이것; 약샴=위대한 정 신; 이티=그러므로.

위대한 정신은 지푸라기를 가져와 그 앞에 내려놓고 말했다.

"바람을 불어 이것이 날아가게 해보시오!" 바유는 다가가 온 힘을 다했지만 지푸라기를 움직이게 할 수 없었다. 그리고 다시 돌아와 신들에게 말했다. "나는 위대한 정신이 누구인지 찾지 못했다오."

11 अथेन्द्रमब्रुवन्मघवन्नेतद्विजानीहि किमेतद्यक्षमिति तथेति तदभ्यद्रवत्तस्मात्तिरोदधे ।११।

야텐드라마브루반마가반네타드비자니히 키메타드야크샤미티
타테티 타다브야드라바따스마띠로다데 ||11|

아타=그런 다음; 인드람=인드라에게, 신들의 우두머리에게; 아브루반=말했다; 마가반=모든 것을 아는 이, 오 마가반이여; 에타트=이것; 비자니히=찾다; 킴=무엇; 에타트=이것; 야크샴=위대한 정신; 이티=그러므로; 타타=그렇게; 아브야드라바트=달렸다; 타스마트=그에게로부터; 티로다데=사라졌다.

그 다음에 신들은 인드라에게 찾아가 말했다. "오 바가반이여, 위대한 정신을 찾아 주소서." 그리하여 인드라는 위대한 정신에게 달려갔다. 그러나 위대한 정신은 그의 시야에서 사라졌다.

12 स तस्मिन्नेवाकाशे स्त्रियमाजगाम बहुशोभमानामुमाँ हैमवतीं तां होवाच । किमेतद् यक्षमिति ।१२।

사 타스민네마카소 스트리야마자가마 바후소바마나무맘
하이마바팀 탐 호바차। 키메타드 야크샤미티।12।

사흐=그는; 타스민=그것에; 에바 아카소=실로 하늘에; 스트리얌=여성의; 아자가마=인지하다; 바후소바마남=놀랍게 아름다운; 우맘=우마, 성모; 하이마바티=금으로 장식된 산; 탐=그에게; 하 우바차=말했다; 킴=누구; 에타트=이것; 야크샴=위대한 정신; 이티=그러므로;

인드라는 그를 따라 천상까지 이르자 한 여인을 보았다. 그녀는 눈부시게 아름다운 히마바티의 성모였다. 그녀는 그에게 물었다. "누가 그 위대한 정신을 찾을 수 있을까요?"

우마 하이마바티는 히말라야 산의 신의 딸이며 그녀는 참 나의 지혜의 화신이자 시바신의 반려자이다. 황금 옷으로 치장한 그녀는 지극히 매력적인 존재인 바후소바마남이며, 전지전능한 의식을 가졌다.

제IV부

1 सा ब्रह्मेति होवाच ब्रह्मणो वा एतद्विजये
महीयध्वमिति ततो हैव विदाञ्चकार ब्रह्मेति ।१।

사 브라흐메티 호바차 브라흐마노 바 에타드비자예
마히야드비미티 타토 하이바 비단차카라 브라흐메티|1|

사=그는; 브라흐마=브라흐만; 이티=실로; 하 우바차=말했다; 브라흐마나흐=브라흐만의; 에타트=이것; 비자예=승리 속에서; 마히야드반=영광을 얻다; 이티=그러므로; 타타흐=그것으로부터; 하 에바=홀로; 비단차카라=그는 알았다; 브라흐마=브라흐만; 이티=그러므로.

그녀는 말했다. "그는 실로 브라흐만이도다! 브라흐만의 승리를 통해 너희는 영광을 얻으리라!" 인드라는 그때 브라흐만이 위대한 정신이라는 것을 홀로 알았다.

2 तस्माद् वा एते देवा अतितरामिवान्यान्देवान्- यदग्निर्वायुरिन्द्रस्ते ह्येनन्नेदिष्ठं पस्पर्शुस्ते ह्येनत्प्रथमो विदाञ्चकार ब्रह्मेति ।२।

타스마드바 바 에테 데바 아티티라미반얀데반-
야다그니르바유린드라스테 흐예난네디쉬탐 파스파르수스테
흐예나트프라타모 비단차카라 브라흐메티 |2|

타스마트=그러므로; 바이=실로; 에테=이러한 것들; 데바흐=신들; 아티타람 이바=뛰어넘다; 안얀=다른 것들; 데반=신들; 야트=그 후; 아그니흐 바유흐 인드라흐=아그니, 바유, 인드라; 테=그들에게; 히=실로; 에타트=이것; 네디쉬탐=가까이; 파스파르슈호=실로 맞닿은; 테=그들은; 히=~때문에; 에타트=이것; 프라타마흐=첫번째; 비단차카라=아는; 브라흐마=브라흐만; 이티=그러므로.

그리하여 아그니, 바유, 인드라와 같은 신들은 위대한 정신에 가장 가까이 다가가게 되었으며, 그 후 실로 다른 신들을 능가하게 되었다. 그리고 브라흐만을 알게 된 첫번째는 인드라이다.

3 तस्माद्वा इन्द्रोऽतितरामिवान्यान्देवान्स ह्येनन्नेदिष्ठं
पस्पर्श स ह्येनत्प्रथमो विदाञ्चकार ब्रह्मेति ।३।

타스마드바 인드로아티타라미반얀데반사 흐예난네디쉬탐
파스파르사 사 흐예나타프라타모 비단차카라 브라흐메티|3|

타스마트=그러므로; 바이=실로; 인드라흐=인드라; 아티타람
이바=위대한 자이다; 안얀=다른 것; 데반=신들; 사흐=그는;
에나트=이것; 파스파르사=접촉된; 사흐=그는; 히=~때문에;
에타트=이것; 프라타마흐=아는; 브라흐마=브라흐만; 이티=
그러므로.

인드라는 위대한 정신에게 가장 가까이 다가간 실로 위대한
존재이다. 그리하여 그는 처음으로 브라흐만을 아는 이가 되
었다.

4 तस्यैष आदेशो यदेतद्विद्युतो
व्यद्युतदा३ इतीन्यमीमिषदा३ इत्यधिदैवम् ।४।

타스야이샤 아데소 야데타드비드유토
브야드유타다우 이틴야미미샤다우 이트야디다이밤|4|

타스야이=그것의; 에샤흐=이것; 아데사흐=묘사; 야트 에타

트=이러한 것; 비드유타흐=빛나는 것의; 브야드유타흐=빛나는; 느야미미샤드=눈을 한번 깜박이는; 이티 아디다이밤=우주적인 힘.

그는 빛나는 것 중의 빛나는 존재이며, 그가 눈을 한번 깜박이는 것에 의해 우주의 힘은 생겨난다.

개인의 마음은 언제나 브라흐만으로 간다. 그것을 붙잡는 것은 어렵지만 명상을 통해 참 나인 브라흐만을 접촉할 수가 있다. 마음의 힘으로 브라흐만의 빛의 힘을 만날 수가 있는 것이다. 그것을 강한 의지인 삼칼파라고 하는 것이다.

5 अथाध्यात्मं यदेतद् गच्छतीव च मनोऽनेन चैतदुपस्मरत्यभीक्ष्णँ सङ्कल्पः ।५।

아타드야트맘 야데타드 가차티바 차
마노아네나 체이타두파스마라트야비크쉬남 상칼파흐 |5|

야타=지금; 아드야트마맘=내면에 발현된 아트만에 대하여; 야트 에타트=그것은; 가차티=들어가다; 차=그리고; 마나흐=마음; 아네나=이것 때문에; 차=그리고; 에타트=이것; 우파스마라타=기억하다; 아비크쉬남=언제나; 상칼파흐=상념.

이제 이것은 내면에 발현된 아트만에 대한 것이다. 이것은 마음으로 들어가기 때문에 언제나 상념을 기억한다.

6 तद्ध तद्वनं नाम तद्वनमित्युपासितव्यं   स य
ऐतदेवं वेदाभिहैनं सर्वाणि भूतानि संवाञ्छन्ति ।६।

타따 타드바남 나마 타드바나미트유파시타브얌 사 야
에타데밤 베다비하이남 사르바니 부타니 삼반찬티 |6|

타트=그것; 하=때문에; 타드바남=발현된; 나마=이름; 타드바남 이티=발현됨으로; 우파시타브얌=명상해야 한다; 사흐=그는; 야흐=누구; 에타트=이것; 에밤=그러므로; 베다=알다; 에남=이것; 사르바니=모든 것; 부타니=존재하다; 아비삼반찬티=경배.

그것은 타드바남으로 모든 존재의 이름으로 발현되나니, 타드바남에 명상해야 한다. 이것을 아는 모든 존재들은 그에게 경배한다.

7 उपनिषदं भो ब्रूहीत्युक्ता उपनिषद्
ब्राह्मीं वाव त उपनिषदमब्रूमेति ।७।

우파니샤담 보 브루히트유크타 우파니샤드
브라흐마 바바 타 우파니샤다마브루메티 |7|

우파니샤담=비밀의 지식; 보흐=스승이여; 브루히=우리에게 말하소서; 이티=그래서; 우파니샤트=비밀의 지식; 테=당신에게; 브라흐밈=브라흐만의; 바바=실로; 테=당신에게; 우파니샤담=비밀의 지식; 아브루마=말했다; 이티=그러므로.

"스승이여, 우리에게 비밀의 지식을 가르쳐 주소서." 스승은 말했다.
"브라흐만의 비밀스런 지식은 진실로 너희가 가지고 있는 것이다."

8 तस्यै तपो दमः कर्मेति प्रतिष्ठा
वेदाः सर्वाङ्गानि सत्यमायतनम् ।८।

타스야이 타포 다마흐 카르메티 프라티쉬타
베다흐 사르방가니 사트야마야타남 |8|

타스야이=그것의; 타파흐=고행; 다마흐=제어; 카르마 이티=모든 행위; 프라티쉬타=발; 베다흐=베다; 사르방가니=사지 모두; 사트얌=진리; 아야타만=거처.

고행, 제어, 모든 행위 이러한 것들은 발이며, 베다는 그것의 사지이며, 거기에 사는 것은 진리이다.

9 यो वा एतामेवं वेदापहत्य पाप्मानमनन्ते
स्वर्गे लोके ज्येये प्रतितिष्ठति प्रतितिष्ठति ।९।

요 바 에타메밤 베다파하트야 파프마나마난테
스바르게 로케 즈예예 프라티티쉬타티 프라티티쉬타티 |9|

야흐=누구; 바=실로; 에탐=이것; 에밤=그러므로; 베다=알다; 아파하트야=사라진; 파프마남=죄; 아난테=끝이 없는; 스바르게 로케=천상의 세계; 즈예예=가장 높은; 프라티티쉬타티=거하다.

실로, 이러한 것을 아는 자는 죄에서 벗어난 무한한 자이며, 가장 높은 천상에 거한다.

참 나의 지혜는 무지로부터 자유로우며 죽음과 탄생의 굴레로부터 자유롭다. 스바르게는 천상을 말하는 것인데 여기에서 말하는 스바르게는 영원하지 않는 천상을 말하는 것이 아니다. 이것은 브라흐만과 하나되는 의식을 말하는 것이다.

타이띠리야 우파니샤드

तैत्तिरीय उपनिषद्

타이띠리야 우파니샤드는 크리쉬나 야주르 베다 또는 흑(黑) 야주르 베다의 타이띠리야 아란야카(7,8,9)에 속하는 경전이다. 산스크리트 '타이띠리' 라는 어원은 메추라기 일종의 새의 이름이다. 타이띠리야 우파니샤드는 3개의 발리, 즉 3개의 장으로 나뉘어져 있는데 첫번째 장은 식샤 발리로서 음성학과 발음을 다루고 있다. 두번째 장은 브라흐만다 발리로서 깊이 감추어진 거친 의식의 수준으로부터 미세한 의식의 층을 넘어선 지복과 희열의 층을 말하고 있다. 세번째 장은 브리구 발리이다. 브리구 발리에서는 프라마트마 그야나인 참 나에 대해 다룬다.

제1장
식샤 발리
शीक्षा वल्ली
음성학의 학문

1 शं नो मित्रः शं वरुणः। शं नो भवत्वर्यमा।
शं न इन्द्रो बृहस्पतिः। शं नो विष्णुरुरुक्रमः॥
नमो ब्रह्मणे। नमस्ते वायो। त्वमेव प्रत्यक्षं ब्रह्मासि।
त्वामेव प्रत्यक्षं ब्रह्म वदिष्यामि। ऋतं वदिष्यामि।
सत्यं वदिष्यामि। तन्मामवतु। तद्वारमवतु।
अवतु माम्। अवतु वारम्।
ॐ शान्तिः शान्तिः शान्तिः॥१॥

삼 노 미트라흐 삼 바루나흐| 삼 노 바바트바르야마|
삼 노 인드로 브리하스파티흐| 삼 노 비쉬누루루크라마흐 ||
나모 브라흐마네| 나마스테 바요| 트바메바 프라트약샴 브라흐마시|
트바메바 프라트약샴 브라흐마 바디쉬야미| 리탐 바디쉬야미|
사트얌 바디쉬야미| 탄마마바투| 타드바타라마바투| 아바투

맘|
아바투 바람| 옴 산티흐 산티흐 산티흐 ‖1‖

삼=은총의; 나흐=우리에게; 미트라=친구; 바바투=기원하다; 바루나=바루나, 비의 신; 아르야마=아르야만; 인드라=인드라; 브리하스파티=브리하스파티; 비쉬누=비쉬누; 우루크라마흐=넓게 펼쳐진, 모든 것에 스며 있는; 나마흐=경배하다, 귀의하다; 테=당신에게; 바요=오 바유여!; 트밤=당신은; 에바=실로; 프라트약샴=볼 수 있는; 브라흐마=브라흐만; 아시=예술; 프라트약샴=영원히 존재하는; 바디쉬야미=나는 선포할 것이다; 리탐=진리; 사트얌=진리; 타트=그것; 맘=나에게; 아바투=보호할 것이다; 바람=스승, 선포하는 자; 산티=평화.

**미트라여, 우리에게 은총을 내리소서. 바루나여, 우리에게 은총을 내리소서. 아르야만이여, 우리에게 은총을 내리소서. 인드라와 브리하스파티여, 우리에게 은총을 내리소서. 모든 것에 퍼져 있는 비쉬누여, 우리에게 은총을 내리소서. 나는 브라흐만에게 귀의합니다. 오 바유여! 나는 당신을 찬미하며 경배합니다. 당신은 진실로 브라흐만으로 알려졌나니 나는 당신을 브라흐만이라 부릅니다. 나는 당신의 진리를 선포합니다. 당신은 진리입니다. 당신은 나를 보호하고 선포하는 자를 보호합니다.
옴 평화, 평화, 평화.**

이것은 신들에 대한 기도문이다. 베단타의 가르침은 어떤 일을 시작할 때에는 신성의 힘으로부터의 축복을 기원하라고 전한다. 이 절의 첫 단어인 삼(Sam)이란 풍요, 은총, 도와주는 것, 부드러운이란 뜻을 가지고 있다. 아리안들은 이 절에서 전체 태양계를 통제하는 신들을 말하고 있다. 미트라는 태양의 신이며 낮을 상징한다. 바루나는 밤의 신을 말하는 것이며. 우루카마흐란 비쉬누신을 말한다. 작은 신들인 바루나와 미트라를 넘어서 거시적으로 비쉬누신을 말하고 있는 것이다. 바유는 공기의 신이며 모든 곳에 존재하는 중요한 여신이자 브라흐만으로 알려져 있다.

브라흐만의 의미는 브라하트 타마로 가장 크다는 뜻이다. 우파니샤드에서 바유는 브라흐만의 상징이라고 하며, 프라트약샴이라고도 표현하는데 이것은 인지한다라는 것과 직접적이라는 뜻이 있다. 리탐은 윤리적인 질서를 말하며, 사트얌은 진리를 말한다. 그리고 산티는 세 가지 즉 모든 물질요소, 동물, 인간의 몸과 마음의 모든 존재의 근원을 말하는 것인데, 그 세 가지가 평화롭고 평온해진다는 것이다.

2 ॐ शीक्षां व्याख्यास्यामः। वर्णः स्वरः। मात्रा बलम्।साम सन्तानः। इत्युक्तः शीक्षाध्यायः। इति द्वितीयो अनुवाकः॥२॥

옴 식샴 브야크야스야마흐| 바르나흐 스바라흐| 마트라 발람|사마 산타나흐|
이트유크타흐| 식샤드야야흐| 이티 드비티요 아누바카흐
‖2‖

옴=옴; 식샴=음성의 원리; 브야크야스야마흐=선포할 것이다; 바르나흐=소리를 내는 것; 스바라흐=음절의 강세; 마트라=성량, 음량; 발람=음절의 힘; 사마흐=억양, 발음의 정확도; 산타나흐=문장의 연결사, 접속사; 이티=그러므로; 식샤드야야흐=음성의 장; 우크타흐=선포된.

우리는 음성의 과학에 대하여 선포하리니, 그것은 문자의 모음, 강세, 음률, 음량, 음절의 힘, 정확도, 문장의 연결을 다룬다.

우파니샤드를 낭독하는 진정한 목적에 대하여 말하고 있다. 우파니샤드는 정확하고 진정한 발음의 단어를 강조한다. 이것을 삼히타 즉 집합된 경전이라고 하며, 그 부분들에 대하여 말하는 것이다.

3-1

सह नौ यशः। सह नौ ब्रह्मवर्चसम्।
अथातः सूंहिताया उपनिषदं व्याख्यास्यामः।
पञ्चस्वधिकरणेषु अधिलोकमधिज्यौतिषम-
अधिविद्यमधिप्रजमध्यात्मम्।
ता महासंहिता इत्याचक्षते।
अथाधि लोकम्। पृथिवी पूर्वरूपम्।
द्यौरुत्तररूपम्। आकाशः सन्धिः।३-१।

사하 나우 야사흐| 사하 나우 브라흐마바르차삼|

아타타흐 스감히타야 우파니샤담 브야크야스야마흐|
판차스바디카라네슈
아디로카마디죠티샤마디비드야마아디프라자마드야트맘|
타 마하삼히타 이트야차크샤테||
아타디로캄| 프리티비 푸르바루팜|
드야우루따라루팜| 아카사흐 산디흐|3-1|

사하흐=결합하여; 나우=우리에게; 야사흐=영광의; 브라흐마바르차삼=거룩한 삶의 탄생으로 빛나는; 아타=지금; 아타흐=지금부터; 판차수=5개의; 아디카라네슈=대상; 삼히타야흐=결합의; 우파니샤담=비밀스러운 가르침; 브야크야스야마흐=우리는 말할 것이다; 아디로캄=이 세상에 관련된; 아디 죠티=빛과 관련된; 아디비드야=지혜와 관련된; 아디프라잠=자손과 관련된; 아드야트맘=몸에 관련된; 타흐=그들은; 마하삼히타흐=위대한 결합; 이티=그러므로; 아차크샤테=그들은 선포하다; 프리티비=땅; 푸르바루팜=이전의 형상; 드야우흐=천상; 우따라루팜=이후의 형상; 아카사흐=공간; 산디흐=집합점.

우리의 절대적인 삶과 상대적인 삶 양면에 영광이 있으리. 양면의 삶 모두에 찬란한 빛이 비추리니. 이제 우리는 5개로 이루어진 대상들에 대하여 비밀스러운 가르침을 선포할 것이다. 그것은 이 세상, 빛, 지혜, 자손, 자신에 관한 것이다. 이러한 다섯 가지의 대상이 합쳐진 것을 우리는 위대한 결합이라고 한다. 그러므로 대지는 먼저 나온 형상이며, 천상은 그 이후에 나온 형상이다. 그리고 대기는 그 공간을 이어 준다.

학문적인 이론은 분명한 통찰력을 주지만 궁극적인 실체를 파악하게 해주지는 않는다. 이러한 의미에서 5개의 영역에 대한 것을 철학적인 바탕과 체험으로 말하는 것이다. 지상과 천상과 그 중간 공간의 요소의 몸들은 모두가 의미심장하게 이어져 있다는 것이다.

3-2
वायुः सन्धानम्। इत्यधिलोकम्।
अथाधिज्यौतिषम्। अग्निः पूर्वरूपम्।
आदित्य उत्तररूपम्। आपः सन्धिः।
वैद्युतः सनधानम्। इत्यधिज्यौतिषम्।
अथाधिविद्यम्। आचार्यः पूर्वरूपम्।
अन्तेवास्युत्तररूपम् विद्या सन्धिः।
प्रवचनम्सन्धानम्। इत्यधिविद्यम्।३-२।

바유흐 산다남| 이트야디로캄| 아타디쟈우티샴|
아그니흐 푸르바루팜| 아디트야 우따라루팜|
아파흐 산다흐| 바이드유타흐| 산다남|
이트야디쟈우티샴| 아타디비드얌|
아차르야흐 푸르바루팜|
안테바스유따라루팜 비드야 산디흐|
프라바차남산다남 이트야디비드얌|3-2|

바유흐=바람; 산다남=결합의 의미; 이티=그러므로; 아디로캄=세상의 명상; 아타=후에; 아디쟈우티샴=빛으로; 아그니흐=불; 푸르바루팜=이전의 형상; 아디트야흐=태양, 빛; 우따라루팜=이후의 형상; 아파흐=물; 산다흐=결합; 바이드유타흐=번개; 이티=그러므로; 아디쟈우티샴=천상의 빛에 대한 명상; 아타=이제; 아디비드얌=지식으로; 아차르야흐=스승; 푸르바루팜=이전의 형상; 안테바시=제자; 우따라루팜=이후의 형상; 비드야=지식; 산디흐=결합; 프라바차남=선포, 가르침; 산다남=결합의 의미; 이티=그러므로; 아디비드얌=가르침에 대하여.

바람은 연결하는 의미이다. 그러므로 우주에 대한 명상은 빛에 대한 가르침을 주었다. 불은 먼저 나온 형상이고 태양은 그 이후에 나온 형상이다. 그리고 물은 그것을 결합한다. 번개는 이것을 연결시켜 주는 의미를 갖는 것이니 그러므로 빛에 대한 명상을 해야 한다. 스승은 먼저 나온 형상이며 제자는 그 이후에 나온 형상이다. 지식은 스승과 제자를 이어 주며 가르침을 전달하는 것은 그 결합의 의미이다. 그러므로 가르침에 대하여 명상해야 한다.

우파니샤드의 이 삼히타 경전에서 처음에는 지상이 형성되었으며, 그 다음은 천상이 형성되었으며, 그 다음에는 그것을 이어 주는 공간 요소인 아카샤가 형성되었다. 이러한 세계를 연결하면 그러한 질서를 파악하게 된다. 공기를 전달하는 바람인 바유는 연결요소이다. 그것으로 인해 불과 태양과 연결된다. 마찬가지로 베다의 완전한 지혜에 다가가는 우파사나는 이미 그 단어 안에 베다의 지혜가 포함되어있다. 스승 또는 구루는 경배심의 결과이다. 그 안에 지혜가 내포된 것이다.

3-3

अथाधिप्रजम्। माता पूर्वरूपम्। पितोत्तररूपम्। प्रजा सन्धिः। प्रजननम्संधानम्। इत्यधिप्रजम्।३-३।

아타디프라잠| 마타 푸르바루팜| 피토따라루팜|
프라자 산디흐| 프라자나남산다남| 이트야디프라잠|3-3|

아타=다음; 아디프라잠=탄생에 대하여; 마타=어머니; 푸르바루팜=이전의 형상; 피타=아버지; 우따라루팜=이후의 형상; 프라자=자손; 산디흐=결합; 프라자남=자손을 낳다; 산다남=결합의 의미; 이티=그러므로; 아디프라잠=자손에 관해서.

다음은 탄생에 대하여 선포할 것이다. 어머니는 먼저 나온 형상이며 아버지는 그 이후에 나온 형상이다. 자손은 부모를 연결하나니, 자손의 탄생은 부모의 결합체이다. 그러므로 탄생에 대하여 명상해야 한다.

3-4

अथाध्यात्मम् । अधराहनुः पूर्वरूपम् ।
उत्तराहनुरूत्तररूपम् । वाक् सन्धिः ।
जह्वा सन्धानम् । इत्यध्यात्मम् ।
इतीमामहासम्ॄहिताः ।
य एवमेता महसगॄहिता व्याक्याता वेद ।
सन्धीयते प्रजया पशुभिः ।
ब्रह्मवर्चसेनान्नाद्येन सुवर्ग्येण लोकेन ।३-४।

아타드야트맘| 아다라하누흐| 푸르바루팜|
우따라하누루타라루팜| 바크 산디흐|
지흐바 산다남| 이트야드야트맘|
이티마마하삼히타흐|
야 에바메타 마하삼히타 브야크야타 베다|
산디야테 프라자야 파수비흐|
브라흐마르차세난나드메나 수바그르예나 로케나|3-4|

아타=이제; 아드야트맘=자아에 대한; 아다라=낮은; 하누흐=턱; 푸르바루팜=이전의 형상; 우따라=위쪽의; 하누흐=턱; 우따라루팜=이후의 형상; 바크=말하다; 산디흐=결합; 지흐바=혀; 산다남=결합의 의미; 이티=그러므로; 아드야트맘=자아에 대한 명상; 이티=그러므로; 이마흐=이러한 것들; 마하삼히타흐=결합체; 야흐=누구; 에타흐=이러한 것들; 마하삼

타이띠리야 우파니샤드 239

히타=위대한 결합; 브야크야타흐=선포된; 베다=~에 명상하다; 산디야테=통합되다; 프라자야=자손으로; 파수비흐=가축으로 부를 얻는; 브라흐마바르차세나=빛의 영광으로; 안나드예나=음식과 좋아하는 것; 수바그르예나 로케나=천상의 세계로.

이제 자신의 자아에 대하여 선포할 것이다. 입의 아래 턱은 먼저 나온 모습이며 입의 위쪽은 나중에 나온 모습이다. 말과 목소리 기관들은 그것을 합해 주며 혀는 그것이 결합되었다는 의미이다. 그러므로 자아에 대하여 명상하여야 한다. 이러한 것들을 위대한 결합이라고 선포하노니, 이러한 위대한 결합에 명상하는 사람은 높은 곳에 거하며 자손과, 부유함과, 음식과, 좋아하는 것들을 얻을 것이며 천상에서 행복을 누리리라.

진리와 스승에게 다가가는 우파사나에 대해 명상한다는 것은 중요하다. 스승은 숭배의 대상의 결과이다. 그것은 그러한 명상의 대상과의 결합이며 결과로서 천상의 세계를 얻는다.

4-1 यश्छन्दसामृषभो विश्वरूपः ।
छन्दोभ्योऽध्यमृता थसम्बभूव ।
समेन्द्रो मेधया स्पृणोतु ।
अमृतस्य देव धारणो भूयासम् ।
शरीरं मे विचर्षणम् । जिह्वा मे मधुमत्तमा ।
कर्णाभ्यां भूरि विश्रुवम् ।
ब्रह्मणः कोशोऽसि मेधया पिहितः ।
श्रुतं मे गोपाय ।४-१।

야스찬다삼리샤부 비스바루파흐|
찬도브요아드얌리타 트삼바부바|
사멘드로 메다야 스프리노투|
암리타스야 데바 다라노 부야삼|
사리람 메 비차르샤남| 지흐바 메 마두마땀|
카르나브얌 부리 비스루밤|
브라흐마나흐 코소아시 메다야 피히타흐|
스루탐 메 고파야|4-1|

야흐=누구; 찬다삼=신성한 음, 말; 리샤바흐=가장 탁월한; 비스바루파흐=우주적인 형상; 찬도브야흐=베다의 신성한 음의 형상; 암리타트=불멸함으로부터; 삼바부바=일어나다; 사

타이띠리야 우파니샤드 241

흐=그것; 마=나에게; 인드라=신들의 신; 메다야=지성으로; 스프리네투=기쁘게 하다; 암리타스야=불멸의; 데바=신; 다라나흐=소유한 자; 부야삼=기도하다; 사리람=몸; 메=나에게; 비차르샤남=적합한 행동의; 지흐바=혀; 마두마땀=천상의 달콤함을 가진; 차=그리고; 부야트=되게 하다; 카르나브얌=듣는 것에 의해; 비스루밤=듣고 흡수할 것이다; 부리=풍부한; 브라흐마나흐=최고의 존재; 코샤흐=층; 아시=당신은; 메다야=지성에 의해; 피히타흐=숨겨진; 스루탐=지식; 메=나의; 고파야=보존하다.

베다의 말씀 중에 최고의 말씀이며, 수많은 형상이며, 그 신성한 음의 모든 찬란함으로부터 나온 지고의 존재여, 지혜의 힘으로 나를 기쁘게 하소서. 오 주여, 나는 불멸의 말씀을 소유할 것이며, 나의 몸은 합당한 행위를 할 것이며, 나의 혀는 천상의 달콤한 언어를 전할 것이며, 나의 귀는 많은 것을 경청 하리니. 지혜의 층에 거하는 지고의 존재여! 나의 지혜를 보호하소서.

신성한 말이나 음은 기도와 희생을 통해 부와 지성으로 획득된다. 그것은 바로 옴(OM)이며, 베다로부터 나온 불멸의 감로인 암리탐이며, 지고의 존재이다. 그것은 지상과 섬세한 세계와 신들을 표현하는 '브야흐리티'이며, 삼계를 나타내는 부, 부바흐, 스바하이다. 모든 열망의 획득자인 인드라는 천상의 달콤한 감로를 준다.

4-2 आवहन्ती वितन्वाना । कुर्वाणा चीरमात्मनः ।
वासाग्ंसि मम गावश्च । अन्नपाने च सर्वदा ।
ततो मे श्रियमावह लोमशां पशुभिः सह स्वाहा ।
आमायन्तु ब्रह्मचारिणः स्वाहा ।
विमायन्तु ब्रह्मचारिणः स्वाहा ।
प्रमायन्तु ब्रह्मचारिणः स्वाहा ।
दमायन्तु ब्रह्मचारिणः स्वाहा ।
शमायन्तु ब्रह्मचारिणः स्वाहा ।4-2।

아바한티 비탄바나| 쿠르바나 치라마트마나흐|
바삼시 마마 가바스차| 안나파네 차 사르바다|
타토 메 스리야마바하 로마샴 파수비흐 사하 스바하|
아마얀투 브라흐마차리나흐 스바하|
비마얀투 브라흐마차리나흐 스바하|
프라마얀투 브라흐마차리나흐 스바하|
다마얀투 브라흐마차리나흐 스바하|
사마얀투 브라흐마차리나흐 스바하|4-2|

아바한티=주는; 비탄바나=증가하는; 쿠르바나=생산하는; 아치람=늦춰짐이 없는, 모든 때; 마마=나에게; 아트마나흐=자아; 바삼시=옷감; 마마=나에게; 가바흐=소; 차=그리고; 안나파네=음식과 마실 것; 차=그리고; 사르바다=항상; 타타흐

=그 후; 메=나를 위하여; 스리얌=번영, 행운; 아바하=나르다; 야=그것; 스리흐=행운; 로마샴=털짐승; 파수이흐사하=가축으로만; 스바하=환호하는; 아=~쪽으로; 마=나에게; 얀투=오다; 브라흐마차나흐=신성한 지식을 배우는 자; 스바하=환호하는; 비=다른 방향으로부터; 프라=매우; 마=나에게; 아얀투=오다; 다먀얀투=스스로 제어된; 브라흐마차리나흐=학생; 사먀얀투=고요하게 된; 스바하=환호하는.

지성과 확고함을 내게 주신 다음 털이 있는 가축으로 나를 번성하게 하시고, 한시라도 늦춰짐 없이 언제나 나를 풍요로움으로 가득하게 하시고, 음식과 마실 것과 의복이 넘쳐나게 하소서! 그 후에 지혜로운 제자들이 내게로 오게 하소서! 오 이 봉헌에 축복을 내리소서! 그들은 먼 곳 온 사방으로부터 내게로 올 것이니! 그들이 스스로 제어될지라! 그들은 고요하게 될지라!

봉헌하는 이에게는 풍요로움이 온다. 그러나 지혜롭지 않는 이에게 부와 풍요는 악이 될 수 있기에 지혜를 구하는 것이다.

4-3
यशो जनेऽसानि स्वाहा । श्रेयान् वस्यसोऽसानि स्वाहा ।
तं त्वाभग प्रविशानि स्वाहा । स मा भग प्रविश स्वाहा ।
तस्मिन् सहस्रशाखे । नि भगाहं त्वयि मृजे स्वाहा ।
यथापः प्रवता यन्ति ।यथा मासा अहर्जरम् ।
एवं मां ब्रह्मचारिणः । धातरायन्तु सर्वतः स्वाहा ।
प्रतिवेशोऽसि । प्र मा भाहि प्र मा पद्यस्व ।
इति चतुर्थोऽनुवाकः ।४-३।

야소 자네아사니 스바하| 스레얀 바스야소아사니 스바하|
탐 트바바가 프라비사니 스바하|
사 마 바가 프라비사 스바하|
타스민 사하스라사케| 니 바가함 트바이 므리제 스바하|
야타파흐 프라바타 얀티| 야타 마사 아하르자람|
에밤 맘 브라흐마차리나흐| 다타라얀투 사르바타흐 스바하|
프라티베소아시| 프라 마 바히 프라 마 파드야스바|
이티 차투르토아누바카흐|4-3|

야사흐=명성; 자네=사람들 사이에; 아사니=얻으리라; 스바 하=이 봉헌에 축복을; 스레얀=높은; 바스야흐리바시야사 흐=더 많은 풍요로움 속에서; 아사니=될 것이다; 탐=그것; 트바=당신에게; 바가=자애로운 주; 프라비사니=들어가게 하 소서; 스바하=이 봉헌에 축복을; 사흐=그는; 마=나에게; 바

타이띠리야 우파니샤드 245

가=자비로운 주; 프라비하=들어가다; 타스민 사하스라사케=천 개의 가지를 가지고 있는; 니므리제=스스로 정화하다; 바가=오 주여!; 트바이=당신에게; 야타=~처럼; 아파흐=물; 프라바타=아래로; 얀티=흐르다; 야타=~처럼; 마사흐=달, 월; 아하르자람=해, 년; 에밤=비슷하게; 맘=나를; 브라흐마차리나흐=금욕하는 수행자; 다타흐=창조자; 아얀투=결합된; 사르바타흐=사방으로부터; 프라티베사흐=은신처; 아시=당신은; 프라바히=비추다; 마=나에게; 프라파드야스바=소유하다; 마=나에게.

내가 사람들 사이에 명성을 얻게 하소서. 내가 누구보다 많은 부를 누리게 하소서. 오 자비로운 주여, 내가 당신께로 들어가게 하소서. 오 주여, 당신은 내게로 들어오소서. 당신 안에는 당신이 천 가지로 있사오니, 오 창조의 주여! 나의 모든 죄는 스스로 정화됩니다. 물이 아래로 흐르는 것처럼, 한 달 한 달이 모여 한 해가 되는 것처럼, 온 사방에서 금욕 수행자들이 내게로 모이게 하소서. 당신은 가까이에 있는 은신처이오니, 나에게 빛을 비추고 나를 당신의 것이 되게 하소서.

예배하는 이는 이 지혜로운 구절을 부를 위한 기도문으로 쓴다. 부는 예배의식을 필요로 하며 예배의식은 쌓여 있는 죄를 감소시키고 소진시킨다. 마하바라타(제204장 8절)와 가루다 푸라나(제1장 237절)에서는 "마치 거울의 표면이 깨끗해져서 바라보는 것처럼 지혜는 죄가 사라질 때 나타난다"라고 말하였다.

5-1 भूर्भुवः सुवरिति वा एतास्तिस्रो व्याहृतयः।
तासामुहस्मैतां चतुर्थीम्। माहाचमस्यः प्रवेदयते।
मह इति। तद् ब्रह्म। स आत्मा।अङ्गान्यन्या देवताः।
भूरिति वा अयं लोकः। भुव इत्यन्तरिक्षम्।
सुवरित्यसौ लोकः।५-१।

부르부바흐 수바리티 바 에타스티스로 브야흐리타야흐|
타사무하스마이탐 차투르팀| 마하차마스야흐 프라베다야테|
마하이티| 타드 브라흐마| 사 아트마|
앙간얀야 데바타흐| 부리티 바 아얌 로카흐|
부바 이트얀타리크샴| 수바리트야사우 로카흐|5-1|

부흐=땅; 부바흐=하늘; 수바흐=천상; 이티=그러므로; 에타흐=이러한; 티스라흐=당신에게; 브야흐리트야흐=신성한 발성; 타삼=~사이; 우=더불어; 하=진로; 마하=위대한; 에탐=이것; 차투르팀=네번째의; 마하차마스야흐=마하차마스야의 아들; 프라베다야테=성스러운 직관에 의한; 스마=알려지고 선포된; 마하흐 이티=마하흐라고 불리는; 타트=그것; 브라흐마=브라흐만; 사흐=그는; 아트마=아트만; 앙가니=사지; 안야흐=다른; 데바타흐=신위들; 부흐 이티=부흐라고 불리는; 바이=실로; 아얌=이것; 로카흐=세상; 부바 이티=부바흐라고 불리는; 안타리크샴=하늘과 땅 사이의 공간; 수바흐=천상; 아사우=저기; 로카흐=세상.

땅과 하늘과 천상인 부흐, 부바흐, 수바흐 이것들은 진실로 신성한 발음이라. 이것과 더불어 네번째는 마하차마스야라고 불린다. 그것은 브라흐만이며, 그것은 아트만이며 다른 신들은 그것의 손과 발이다. 부흐라고 불리는 것은 세상이며, 부바흐라고 불리는 것은 하늘이며 수바흐라고 불리는 것은 하늘과 땅 사이의 천상이라.

부와 지성을 달성하기 위한 만트라를 말하고 있다. 그것은 지혜를 얻기 위한 간접적인 역할을 한다. 내면적으로 삼계를 관장하고 브라흐만과 하나 되는 만트라인 브야흐리트야는 절대적인 힘과 권위를 부여한다. 그것의 실천은 집중을 강화시켜 주고 기억을 새롭게 하여 준다.

5-2 मह इत्यादित्यः। आदित्येवाव सर्वे लोका महीयन्ते।
भूरिति वा अग्निः। भुव इति वायुः। सुवरित्यादित्यः।
मह इति चन्द्रमाः।
चन्द्रमसा वाव सर्वाणि ज्योतीम्षि महीयन्ते।
भूरिति वा ऋचः भुव इति सामानि सुवरिति यजूम्षि।५-२।

마하 이트야디트야흐| 아디트예바바 사르베 로카 마히얀테|
부리티 바 아그니흐| 부바 이티 바유흐|
수바리트야디트야흐 마하 이티 찬드라마흐|
찬드라마사 바바 사르바니 죠팀쉬 마히얀테|
부리티 바 리차흐 부바 이티 사마니| 수바리티 야줌쉬|5-2|

마하 이티=마하흐라고 불리는; 아디트야흐=태양; 아디트예나=태양에 의해; 바바=실로; 사르베=모든; 로카흐=세상; 마히얀테=유지된; 부흐 이티=부흐라고 불리는; 바이=실로; 아그니흐=불; 부바흐 이티=부바흐라고 불리는; 바유흐=공기; 수바흐 이티=천상이라고 불리는; 아디트야흐=태양; 마하 이티=마하흐라고 불리는; 찬드라마흐=달; 찬트라마사=달에 의해; 바바=실로; 사르바니=모든; 죠팀쉬=빛; 마히얀테=유지된; 부흐 이티=부흐라고 불리는; 바이=실로; 리차흐=베다를 찬미하는; 부바 이티=부바흐라고 불리는; 사마니=사마 베다의 찬송; 수바흐 이티=수바흐라고 불리는; 야줌쉬=신성한 예배.

마하흐라고 불리는 것은 태양이며, 태양에 의해 실로 모든 세상은 번성한다. 부흐라고 불리는 것은 불이다. 부바흐라고 불리는 것은 공기이며, 수바흐라고 불리는 것은 빛이다. 마하흐는 달이며, 달에 의해 실로 모든 것은 빛나고 번성한다. 부흐는 실로 리그 베다이다. 부바흐는 사마 베다이다. 수바흐는 야주르 베다이다.

마하흐는 브라흐만이다. 브라흐만은 옴을 말하며 어떠한 의미도 포함되지 않는다. 부, 부바흐, 수바흐와 함께 네번째인 차투르다(Chaturdha)에서 다(Dha)는 양상을 말한다.

5-3

मह इति ब्रह्म । ब्रह्मणावावसर्वे वेदा महीयन्ते ।
भूरिति वै प्राणः । भुव इत्यपानः । सुवरिति व्यानः ।
मह इत्यन्नम् । अन्नेन वाव सर्वेप्राणा महीयन्ते ।
तावा एताश्चतस्रश्चतुर्धा । चतस्रश्चतस्रो व्याहृतयः ।
ता यो देव । स वेद ब्रह्म ।
सर्वेऽस्मै देवाः बलिमावहन्ति ।५-३।

마하 이티 브라흐마| 브라흐마나바바사르베 데바 마히얀테|
부리티 바이 프라나흐| 부바 이트야파나흐|
수바리티 브야나흐|
마하 이트얀남| 안네나 바바 사르베프라나 마히얀테|
타바 에타스차타스라스차투르다|
차타스라스차타스로 브야흐리타야흐|
타 요 데바| 사 베다 브라흐마|
사르베아스마이 데바 발리마바한티|5-3|

마하흐 이티=마하흐라고 불리는; 브라흐마=브라흐만; 브라흐마니=브라흐만에 의해; 바바=실로; 사르베=모든; 베다흐=베다; 마히얀테=유지된; 부흐 이티=땅이라고 불리는 것; 바이=실로; 프라나흐=프라나; 부바흐 이티=부바흐라고 불리는; 아파나흐=아파나; 수바흐 이티=천상이라고 불리는; 브야나흐=호흡이 유지된; 마하흐 이티=마하흐라고 불리는; 안남=음식; 안네나=음식에 의해; 바바=실로; 사르베=모든; 프라나흐=생명을 불어넣는; 마히얀테=유지된; 타흐=그것들은; 바이=실로; 에타흐=이것들은; 차타스라흐=4개; 차투르바= 네 겹의 차타스라흐; 차타스라흐=4개와 4개; 브야흐리타야 흐=신비한 발성; 타흐=그들에게; 야흐=누구; 베다=명상하 다; 사흐=그는; 베다=알다; 브라흐마=브라흐만; 사르베=모 든; 아스마이=그에게; 데바흐=신들; 발림=찬미; 아바한티= 가져오다.

마하흐는 브라흐만이며, 브라흐만에 의해 실로 모든 베다는 살찌우게 된다. 부흐는 실로 프라나이며, 부바흐는 아파나이 며, 수바흐는 브야나이다. 마하흐는 음식이며, 음식에 의해 실로 모든 것은 생명력을 얻는다. 이러한 4개는 네 겹으로 되어 있으며 신성한 발음 브야흐리티스는 네 가지에서 또 네 가지로 나누어진다. 이러한 것을 아는 자는 브라흐만을 알며, 모든 신들은 그에게 축복을 가져다준다.

여기에 스승과 제자의 질문과 대답이 있다.
질문: '브라흐만은 참 나'라고 하였으며 '그는 브라흐만을 안다'라고 하였을 때 아직 모르는 것이 있습니까?
대답: 아니다. 브라흐만을 직관적으로 자각하는 것이다. 그것은 브라흐만과 하나 되는 네번째의 브야흐리티이며, 위대한 마하를 실현하는 것이다. 이것이 지혜를 획득한다. 경전에서 말하는 브라흐만을 안다는 것은 브야흐리티를 명상한다는 것이다. 그러할 때 그는 권위를 가지게 된다.

6

स य एषोऽन्तर्हृदय आकाशः ।
तस्मिन्नयं पुरुषो मनोमयः ।
अमृतोहिरण्मयः । अन्तरेण तालुके ।
य एष स्तन इवावलम्बते । सेन्द्रयोनिः ।
यत्रासौ केशान्तो विवर्तते । व्यपोह्यशीर्षकपाले ।
भूरित्यग्नौ प्रतितिष्ठति । भुवइति वायौ ।
सुवरित्यादित्ये । महु इति ब्रह्मणि ।
आप्नोति स्वाराज्यम् । आप्नोति मनसस्पतिम् ।
वाक्पतिश्चक्षुष्पतिः । श्रोत्रपतिविज्ञानपतिः ।
एतत्ततो वति । आकाशशरीरं ब्रह्म ।
सत्यात्मप्राणारामं मन आनन्दम् ।
शान्तिसमृद्धममृतम् । इति प्राचीनयोग्योपास्व ॥६॥

사 야 에쇼안타르흐리다야 아카사흐|
타스민나얌 푸루쇼 마노마야흐|
암리토 히란마야흐| 안타레나 탈루케|
야 에샤 스타나 이바발람브테| 센드라요니흐|
야트라사우 케샨토 비바르타테| 브야포흐야시르샤카팔레|
부리트야그나우 프라티티쉬타티| 부바 이티 바야우|

수바리트야디트예| 마하 이티 브라흐마니|
아프노티 스바라쟘| 아프노티 마나사스파팀|
바크파티스차크슈쉬파티흐| 스로트라파티르비그야나파티흐|
에타따토 바바티| 아카사사리람 브라흐마|
사트야트마프라나라맘 마나 아난담|
산티삼리따맘리탐| 이티 프라치나요그요파스바 ‖ 6 ‖

사=그것; 야 에샤흐=이것; 안타르흐리다야흐=가슴 안에; 아카사흐=공간; 타스민=그것 안에; 아얌=이것; 푸루샤흐=인간; 마노마야흐=지성; 암리타흐=불멸의; 히란마야흐=광휘에 찬; 야=그것; 나니=속이 빈; 수슘나 나마=수슘나라고 불리는; 안타레나=~안에; 탈루케=입 천장의 2개의 동맥; 야흐 에샤흐=이것; 스타나흐=고귀함; 이바=~처럼; 아발람바테=연결되다; 타스야 차 안타레나=심지어 그것을 통과하여; 가타=통과하는; 사흐=그는; 인드라예나흐=지고의 주를 이끄는 문; 야트라=어디에; 아사우=그것; 케샤타흐=모근; 비바르타테=부분으로 된; 브야포흐야=분리된; 부흐 이트야=부흐에 의해 나타난; 아그나우=불로; 프라티티쉬타티=머무르다; 부바흐 이티=부바흐에 의해 나타난; 바야우=바람으로; 수바흐 이티=수바흐로 나타난; 아디트예=태양 속에서; 마하흐 이티=마하흐로 나타난; 브라흐마니=브라흐만으로; 브라흐마부타흐=브라흐만이 되는; 아프노티=얻다; 스바라즈얌=주권; 아프노티=도달하다; 마나사스파팀=마음의 주인; 바크파티=언어의 주인; 차크슈쉬파티흐=보는 것의 주인; 스레트라파티=듣는 것의 주인; 비그야나파티흐=아는 것의 주인; 에타트=이것; 따타흐=그것 이후에; 바바티=~이 되다; 아카사사리라=몸으로 들어간; 브라흐만=브라흐마; 사트야트마프라나라마=그의

타이띠리야 우파니샤드 253

자연은 진리이고 삶 속에서 기뻐하는; 나마 아난담=마음이 기쁜 자; 산티삼리땀=평화가 가득한 자; 암리탐=불멸의, 신성한; 이티=그러므로; 프라치나요그야=오 프라치나요그야여!; 우파스바=예배하다.

가슴속에 있는 그 공간은 지식을 통하여 실현되는 푸루샤이며, 그것은 불멸하고 광휘로 빛나는 존재이다. 수슘나라고 하는 속이 빈 이 통로는 입 천장의 2개의 선을 통하여 있으며 관처럼 된 2개의 구(口)개골 사이로 연결되어 있다. 그것은 모근의 끝을 통과하여 중앙의 열려 있는 두개골 부분에 도달한다. 그것은 지고의 신들의 주인을 이끄는 문이다. 그 통로를 통과하여 불로 나타나는 것은 부흐이며, 공기로 나타나는 것은 부바흐이며, 태양으로 나타나는 것은 수바흐이다. 그리고 브라흐만으로 나타나는 것은 마하흐이다. 그러한 존재는 모든 것을 지배한다. 그는 마음을 통치하며, 말하고, 보고, 듣는 것의 통치자가 된다. 그 모든 것을 넘어 그는 브라흐만이 되며, 인간의 몸으로 들어간다. 그것은 실재하는 자연으로 생명력과 마음으로 드러나며 축복의 근원이며 평화와 불멸함으로 풍요로우리니, 이것은 진리이다. 그러니, 오 프라치나요그야여! 그대는 경배하라!

푸루샤인 그는 광휘에 찬 존재이며 내면의 가슴 안에 존재한다. 부흐, 부바흐, 수바흐는 브야흐르티이며 마하흐의 수족이다. 마치 비쉬누 신의 상징인 사라그라마처럼 명상과 지혜를 통해 가슴에 직접적으로 실현하는 것이다. 이 절은 진리에 접근하는 우파사나 또는 명상을 이미 설명하고 있는 것이다.

7 पृथिव्यन्तरिक्षं द्यौर्दिशोऽवान्तरदिशाः।
अग्निर्वायुरादित्यश्चन्द्रमा नक्षत्राणि।
आप ओषधयो वनस्पतय आकाश आत्मा।
इत्यधिभूतम्। अथाध्यात्मम्।
प्राणो व्यानोऽपान उदानः समानः।
चक्षुः श्रोत्रं मनो वाक्त्वक्।
चर्म माम्सम्म् स्नावास्थि मज्जा।
एतदधिविधायर्षिरवोचत्। पाङ्क्तं वा इम् सर्वम्।
पाङ्क्तेनैव पाङ्क्तं स्पृणोतीति ॥७॥

프리티브얀타리크샴 드야이르디소아반타라디사흐|
아그니르바유라디트야스찬드라마 나크샤트라니|
아파 오샤다요 바나스파타야 아카사 아트마|
이트야디부탐| 아타드야트맘|
프라노 브야노아파나| 우다나흐 사마나흐|
착슈흐 스로트람 마노 바크트바크|
차르마 맘삼 스나바스티 마짜|
에타다디비다야르쉬라보차트| 팡크탐 바 이담 사르밤|
팡크테나이바 팡크탐 스프리노티티 ‖7‖

프리티비=땅; 안타리크샴=중간의 지역; 드야우흐=천상; 디

타이띠리야 우파니샤드 255

사흐=4개의 방향; 아단타라디사=방향과 방향 중간; 아그니흐=불; 바유흐=공기; 아디트야흐=태양; 찬그라마흐=달; 나크샤트라니=별; 아파흐=물; 오샤다야흐=허브; 바나스파타야흐=나무; 아카사흐=공간, 창공; 아트마=몸; 이티=그러므로; 아디부탐=물질적인 대상에 대하여; 아타=지금; 아드야트맘=고유함에 관하여; 프라나흐=호흡; 브야나흐=브야나; 아파나흐=아파나; 우다나흐=우다나; 사마나흐=사마나; 차크슈흐=보는 것의 힘; 스레트람=듣는 것의 힘; 마나흐=생각의 기관; 바크=말의 기관; 트바크=촉각의 기관; 차르마=피부; 맘삼=살; 스나바=근육; 아스티=뼈; 마짜=골수; 에타트=정해진; 아디비다야=안정된; 리쉬흐=지혜로운 자; 아보차트=선포된; 팡나=다섯 겹; 바이=실로; 이담=이것; 사르바=모든; 팡네나=다섯 겹에 의해; 에바=진실로; 팡가=다섯 층의; 스프리노티=보존하다, 완수하다; 이티=그러므로.

땅, 하늘, 천상, 동서남북의 네 방향, 방향과 방향의 사이 그리고 불, 공기, 태양, 달, 별 그리고 물, 약초, 나무, 창공, 인간의 몸 이러한 것들은 자연요소와 연결되어 있다. 그 다음 한 인간은 개별적으로 프라나, 브야나, 아파나, 우다나, 사마나와 연결되어 있으며 눈, 귀, 마음, 말, 촉각 그리고 피부, 살, 근육, 뼈, 골수와 연결된다. 그러므로 지혜로운 자는 실로 이러한 모든 것은 다섯 가지 요소에 의해 구성되었다고 말한다. 이렇게 인간은 5개의 층과 5개의 겹으로 채워져 있다.

다섯 음조나 다섯 겹인 판크티(Pankti)는 모든 것의 희생을 동일화한다. 브리하드아란야카 우파니샤드(제1장 제6편 17절)에는 "희생이란 5개인 판크티 층으로 이루져 있다"라고 하였다. 이 다섯 층의 세상으로부터 시작된 모든 사물은 참 나인 비라트(Virat)에서 끝이 난다.

8 ओमिति ब्रह्म । ओमितीदम् सर्वम् ।
ओमित्येतदनुकृतिर्हस्म वा अप्यो श्रावयेत्या श्रावयन्ति ।
ओमिति सामानि गायन्ति ।
ओम् शोमिति शस्त्राणि शम्सन्ति ।
ओमित्यध्वर्युः प्रतिगरं प्रतिगृणाति ।
ओमिति ब्रह्मा प्रसौति । ओमित्यग्निहोत्रमनुजानाति ।
ओमिति ब्राह्मणः प्रवक्ष्यन्ना ब्रह्मोपाप्नवानीति ।
ब्रह्मैवोपाप्नोति ॥८॥

옴이티 브라흐마| 옴이티담 사르밤|
옴이트예타다누크리티르하스마 바 아프요 스라바예트야스라바얀티|
옴이티 사마니 가얀티| 옴 솜이티 사스트라니 삼산티|
옴이트야드바르유흐 프라티가람 프라티그리나티|
옴이티 브라흐마 프라사우티| 옴이트야그니호트라마누자나티|
옴이티 브라흐마나흐 프라바크쉬얀나하 브라흐모파프나바니티|
브라흐마이보파프노티 ‖ 8 ‖

옴=옴; 이티=그러므로; 브라흐마=브라흐만; 옴=옴; 이담=이 것; 사르밤=모든 것; 에타트=이것; 아누크리티=받아들이는 말; 하스마 바이=잘 알려진; 아피=또한; 스라바야=신들이 듣 게 하다; 아스라바얀티=그들은 암송하다; 사마니=사만의 찬 송; 가얀티=사마베다를 낭송하는 자; 솜 솜사스트라니=기도 하는 자; 삼산티=낭송; 아드바르유흐=야주르베다의 의식을 행하는 자; 프라티그리나티=고무하다; 브라흐마=브라흐만; 프라사우티=지시하다; 아그니호트람=불의 제사; 아누자나티 =권한을 주다; 브라흐마나흐=베다를 배우는 자; 아하=말하 다; 브라흐마=브라흐만; 우파프나바니티=얻게 하다; 우파프 노티=얻다; 에바=틀림없이.

옴은 브라흐만이다. 옴은 이 모든 것이다. 옴은 받아들이는 언어로서 알려져 있다. 또한 사람들은 신들이 듣도록 옴을 암 송한다. 사람들은 옴으로 사마 베다를 노래하면서 예배를 시 작한다. '옴 솜'을 하면서 사스트라를 암송한다. 아드바르유 는 옴을 하면서 예배를 북돋으며, 브라흐만은 옴으로 한 사람 을 지시한다. 허락된 자는 옴을 하면서 불의 예배를 진행한다. 한 브라흐마나가 베다의 음인 옴을 암송할 때 브라흐만을 얻 으리니, 그는 실로 브라흐만에 도달하리라.

옴은 지고의 브라흐만이다. 옴은 히란야가르바이며 빛나는 영혼이 다. 프라스나 우파니샤드(제5장 2절)에서 "2개가 독자적인 하나로 도 달되는 것을 말한다"라고 하였다. 옴은 상대적이 아닌 절대적이며 직 접적인 언어이다. 그래서 옴을 행한다는 것은 흉내내는 것이다.

9 ऋतं च स्वाध्यायप्रवचने च । सत्यं च स्वाध्यायप्रवचने च ।
तपश्च स्वाध्यायप्रवचने च । दमश्च स्वाध्यायप्रवचने च ।
शमश्च स्वाध्यायप्रवचने च । अग्नयश्च स्वाध्यायप्रवचन च ।
अग्निहोत्रं च स्वाध्यायप्रवचने च । अतिथयश्च स्वाध्यायप्रवचने च ।
मानुषं च स्वाध्यायप्रवचने च । प्रजा च स्वाध्यायप्रवचने च ।
प्रजनश्च स्वाध्यायप्रवचने च । प्रजातिश्च स्वाध्यायप्रवचने च ।
सत्यमिति सत्यवचा राथीतरः । तप इति तपोनित्यः पौरुशिष्टिः ।
स्वाध्यायप्रवचने एवेति नाको मौद्गल्यः । तद्धि तपस्तद्धि तपः ॥९॥

리탐 차 스바드야야프라바차네 차｜
사트얌 차 스바드야야프라바차네 차｜
타파스차 스바드야야프라바차네 차｜
다마스차 스바드야야프라바차네 차｜
사마스차 스바드야야프라바차네 차｜
아그나야스차 스바드야야프라바차네 차｜
아그니호트람 차 스바드야야프라바차네 차｜
아티타야스차 스바드야야프라바차네 차｜
마누샴 차 스바드야야프라바차네 차｜
프라자 차 스바드야야프라바차네 차｜
프라자나스차 스바드야야프라바차네 차｜
프라자티스차 스바드야야프라바차네 차｜
사트얌 이티 사트야바차 라티타라흐｜

타파 이티 타포니트야흐 파우루시쉬티흐∥
스바드야야프라바차네 에베티 나코 마우드갈야흐∥
타띠 타파스타띠 타파흐∥9∥

리탐=진리; 차=그리고; 스바드야야프라바차네=지식을 가르치고 배우는 것; 사트얌=진리; 타파흐=고행; 다마흐=외부적인 기관의 통제; 사마흐=내면의 통제; 아그나야흐=제사의 불; 아그니호트람=불의 제사; 아티타야흐=손님의 접대; 마누샴=사회적인 의무; 프라자=자손; 프라자나흐=출산; 프라자티흐=자손의 번성; 차=그리고; 사트얌=진리; 에바=홀로; 사트바야차흐=사트바야차; 이티=그러므로; 라티타라흐=현자 라티타라; 타파흐=고행; 이티 타포니트야흐=위대한 타파빈; 파우루시쉬티흐=파우루시쉬티; 스바드야야프라바차네 에바=베다를 홀로 가르치고 배우는 것; 나카흐=나카; 마우드갈라=마우드갈라의 아들; 타트=그것; 히=확실하게; 타파흐=고행.

진리와 진리를 배우고 가르치는 것이 있다. 참된 것과 참된 것을 배우고 가르치는 것이 있다. 고행과 고행을 배우고 가르치는 것이 있다. 외부적인 기관의 통제와 그것에 대해 배우고 가르치는 것이 있다. 내면의 통제와 그것에 대해 배우고 가르치는 것이 있다. 불을 보존하는 것과 그것에 대해 배우고 가르치는 것이 있다. 불의 제사와 그것에 대해 배우고 가르치는 것이 있다. 손님을 접대하는 것과 그것에 대해 배우고 가르치는 것이 있다. 사회적인 덕행과 그것에 대해 배우고 가르치는 것이 있다. 자손과 자손에 대해 배우고 가르치는 것이 있다. 출산과 출산에 대해 배우고 가르치는 것이 있다. 자손의 번성과 그것에 대해 배우고 가르치는 것이 있다.

진리, 이것은 라티타라의 자손 사트야바차이며, 고행, 이것은 파우루시쉬티의 자손 타포니트야이며, 홀로 배우고 가르치는 것, 이것은 마우드갈라의 자손 나카이다. 그것은 실로 고행이니라, 그것은 실로 고행이니라.

안정되고 확고함을 얻는 것이 중요하다. 베다나 스므리티 경전으로는 그것을 할 수가 없다. 확고한 상태를 얻는 것이 인간의 목표이다.

10

अहं वृक्षस्य रेरिवा । कीर्तिः पृष्ठं गिरेरिव ।
ऊर्ध्वपवित्रो वाजिनीव स्वमृतमस्मि ।
द्रविणम् सवर्चसम् । सुमेधा अमृतोक्षितः ।
इति त्रिशङ्कोर्वेदानुवचनम् ॥१०॥

아함 브리크샤스야 레리바 | 키르티흐 프리쉬탐 기레리바|
우르드바파비트로 바지니바 스밤리타마스미|
드라비남 사바르차삼| 수메다 암리토크쉬타흐|
이티 트리샹코르베다누바차남 ‖ 10 ‖

아함=나; 브리크샤스야=우주의 나무; 레리바=자극하는 사람; 마마=나의 것; 키르티흐=명성; 프리쉬탐=꼭대기; 기레=산의; 우르드바파비트라흐=가장 숭고한 곳에서 나온; 바지니=태양 속에서; 이바=~처럼; 스밤리타마=고귀한 불멸의 존재; 아스미=나는 ~이다; 드라비남=보물; 사바르차삼=빛나는; 수메다흐=지혜; 암리토크쉬타흐=불멸하고 쇠퇴하지 않는; 이티=그러므로; 트리샹코흐=트리샹쿠의, 깨달은 이; 베다누바차남=신성한 선언.

나는 우주의 나무를 움직이는 자이다. 나의 명성은 산꼭대기 만큼 높도다. 나는 태양과 같은 지고의 순수함으로부터 나온 고귀한 불멸의 존재이다. 나는 광휘로 빛나는 보물이며, 나는 순수한 지혜이며, 나는 불멸하고 쇠하지 않나니. 이것은 트리샹쿠의 성스러운 말씀이다.

아함 브리크샤스야 레리바(Aham Vrksasya Reriva) 즉 '나는 우주의 나무를 움직이는 자이다' 라는 만트라는 지혜를 개발하는 데 쓰이는 수행법이다. 마음을 정화하고 지혜를 얻기 위함이다.

11-1

वेदमनूच्याचार्योऽन्तेवासिनमनुशास्ति । सत्यं वद ।
धर्मं चर । स्वाध्यायान्मा प्रमदः ।
आचार्याय प्रियं धनमाहृत्य प्रजातन्तुं मा व्यवच्छेत्सीः ।
सत्यान्न प्रमदितव्यम् । धर्मान्न प्रमदितव्यम् ।
कुशलान्न प्रमदितव्यम् । भूत्यै न प्रमदितव्यम् ।
स्वाध्यायप्रवचनाभ्यां न प्रमदितव्यम् ।११-१ ।

베다마누챠챠르요안네바시나마누사스티| 사트얌 바다|
다르맘 차라| 스바드야얀마 프라마다흐|
아차르야야 프리얌 다나마흐리트야 프라자탄툼 마

브야바쩨트시흐|
사트얀나 프라마디타브얌| 다르만나 프라마디타브얌|
쿠살란나 프라마디타브얌| 부트야이 나 프라마디타브얌|
스바드야야프라바차나브얌 나 프라마디타브얌|11-1|

베다=베다; 아누챠=가르치고 나서; 아차르야흐=스승; 안테바시남=제자; 아누산티=가르침; 사트얌=진리; 바다=말하다; 다르맘=의무, 법; 차라=실천; 스바다야야트=경전을 공부함으로써; 마=하지 않는다; 프라마다흐=부주의하다; 아차르야야=스승을 위하여; 프리얌=뜻에 맞는, 바람직한; 다남=선물; 아흐리트야=바치는; 프라자탄툼=자손; 마=하지 않는다; 브야바체트시흐=자르다; 사트야트=참된 것으로부터; 나=하지 않는다; 프라마디타브얌=빗나가다; 다르마트=의무로부터; 프라마디타브얌=무시하다; 쿠살라트=자신에게; 온당하고 좋은 것; 나=아니다; 프라마디타브얌=부주의한; 부트야이-덕망 있는 행위; 프라마디타브얌=무관심; 스바드야야프라바차나브얌=배우고 가르치면서; 나=하지 않는다; 프라마디타브얌=실패하다.

스승은 제자에게 베다를 가르치고 그 후의 말씀을 전한다. 진리를 말하라. 의무를 다하라. 경전을 공부함에 있어서 부주의함을 경계하라. 스승에게 뜻에 맞는 제물을 바치고, 자손의 대가 끊기지 않게 하라. 참된 것을 거스르지 말라. 정의로부터 벗어나지 말라. 자기 스스로를 보호함에 무관심해서는 안 된다. 덕행을 행하는 데 무심하지 말라. 배우고 가르치는 것에 소홀하지 말라.

마누 삼히타(제12장 104절)에서 "그는 고행과 수행을 통하여 죄로부터 벗어나며 지혜를 통하여 불멸에 이른다"고 하였다.

11-2 देव पितृकार्याभ्यां न प्रमदितव्यम् मातृदेवो व।
पितृदेवो भव। आचार्यदेवो भव। अतिथिदेवो भव।
यान्यनवद्यानि कर्माणि। तानि सेवितव्यानि।
नो इतराणि। यान्यस्माकम् सुचरितानि।
तानि त्वयोपास्यानि। नो इतराणि ।११-२।

데바비트리카르야브얌 나 프라마디타브얌| 마트리데보 바바|
피트리데보 바바| 아차르야데보 바바| 아티티데보 바바|
얀야나바드야니 카르마니 타니 세비타브야니| 노 이타라니|
얀아스마캄 수차리타니| 타니 트바요파스야니| 노 이타라니
|11-2|

데바 피트리카르야브얌=신들에게 봉헌하는; 나=하지 않는다; 프라마디타브얌=경시하다; 마트리데바흐=신과 같은 어머니; 바바=~이다; 피트리데바흐=신과 같은 아버지; 바바=~이다; 아차야데바흐=신과 같은 스승; 바바=~이다; 아티티데바흐=신과 같은 손님; 야니=그것이다; 아나바드야니=덕망; 카르마니=행위; 타니=그것들의; 세비타브야니=행해져야 하는; 노 이타라니=반대로 되는 것이 아니다; 야니=그것; 아스마캄=우리에 의해 행해진; 수차리타니=덕망 있는 행위; 타니

=그것들로만; 트바야=당신에 의해; 우파스야니=계속되다.

신들에게 봉헌하는 것을 경시하지 말라. 어머니를 그대의 신으로 여기라. 아버지를 그대의 신으로 여기라. 스승을 그대의 신으로 여기라. 손님을 그대의 신으로 여기라. 그대는 이러한 덕망 있는 행위를 실천해야 하며 그 행위가 거꾸로 되어서는 안 된다. 우리가 행한 덕망 있는 행위는 다른 사람이 아닌 그대에 의해 지속되어야 한다.

여기에 스승과 제자의 질문과 대답이 있다.

질문: 지혜로서 자신의 자유를 막는 행위인 카르마를 제거시킬 수 있습니까?

대답: 아니다. 행위인 카르마는 다른 결과를 가져온다. 행위는 창조, 정화, 획득을 가져온다. 해탈이란 이러한 반복되는 것과는 다른 것이다.

질문: 해탈에 대하여 문다카 우파니샤드(제1장 제2편 11절)에서는 '태양의 길을 지나간다'라고 하였고, 카타 우파니샤드(제2장 제3편 16절)에서는 '신경망을 통해 지나간다'라고 말하였습니다.

대답: 아니다. 해탈이란 모든 곳에 퍼져 있으며 어떠한 것과도 다르지 않는 것을 말한다. 모든 곳에 편재해 있으며 공간요소와 물질의 근원이다. 바가바드기타(제13장 2절)에서 '내 안에 있는 참 나를 알라'라고 말하는 것이다.

11-3

ये के चास्मच्छ्रूयाग्ंसो ब्राह्मणाः।
तेषां त्वयासनेन प्रश्वसितव्यम्।
श्रद्धया देयम्। अश्रद्धयाऽदेयम्। श्रिया देयम्।
ह्रिया देयम्। भिया देयम्। संविदा देयम्।
अथ यदि ते कर्मविचिकित्सा वा वृत्तविचिकित्सा वा स्यात्।
ये तत्र ब्राह्मणाः सम्मर्शिनः। युक्ता आयुक्ताः।
अलूक्षा धर्मकामाः स्युः। यथा ते तत्र वर्तेरन्।
तथा तत्र वर्तेथाः। अथाभ्याख्यातेषु।
ये तत्र ब्राह्मणाः सम्मर्शिनः। युक्ता आयुक्ताः।
अलूक्षा धर्मकामाः स्युः। यथा ते तेषु वर्तेरन्।
तथा तेषु वर्तेथाः। एष आदेशः। एष उपदेशः।
एषा वेदोपनिषत्। एतदनुशासनम्।
एवमुपासितव्यम्। एवमुचैतदुपास्यम्।॥११-३॥

예 케 차스마쯔레얌 소 브라흐마니흐।
테샴 트바야아사네나 프라스바시타브얌।
스라따야 데얌। 아스라따야아데얌। 스리야 데얌।
흐리야 데얌। 비야 데얌। 삼비다 데얌।
아타 야디 테 카르마비치키트사 바 브리따비치키트사 바 스

야트|
예 타트라 브라흐마나흐 삼마르시나흐| 유크타 아유크타흐|
알루크샤 다르마카마흐 스유흐| 야타 테 타트라 바르테란|
타타 타트라 바르테타흐| 아타브야크야테슈|
예 타트라 브라흐마나흐 삼마르시나흐| 유크나 아유크타흐|
알루크샤 다르마카마흐 스유흐| 야타 테 테슈 바르테란|
타타 테슈 바르테타흐| 에샤 아데사흐| 에샤 우파데사흐|
에샤 베도파니샤트| 에타다누사사남|
에바무파시타브얌| 에바무차이타두파스얌|11-3|

예 케=누구라도; 차=그리고; 아스마트=우리보다; 스레얌사흐=더욱 구별된; 브라흐마나=현명한 자; 테샴=그들에게; 트바야=당신에 의해; 아사네나=좌석을 바침으로써; 프라스바시타브얌=피곤함이 사라지는, 생명력이 넘치는; 스라따야=믿음으로; 데얌=행해져야 한다; 아스라따야=믿음이 없이; 아데얌=행해지지 않아야 하는; 스리야=부유함에 의해; 데얌=행해져야 한다; 흐리야=겸손함으로; 비야=두려움으로; 삼비다=익숙한 방식으로; 데얌=행해져야 한다; 아타=지금; 야디=만일; 테=당신을 위하여; 카르마비치키트사=의무에 대한 의심; 바=또한; 브리따비치키트사=관습에 대한 의심; 차=또한; 스야트=그렇게 되어야만 한다; 예=누구라도; 타트라=거기에; 브라흐마나흐=브라흐마나; 삼마르시나흐=분별할 수 있는 사람; 유크타흐=합일된; 아유크타흐=분리된; 알루크샤=거칠지 않은; 다르마카마흐=정의를 사랑하는 자; 스유흐=나타나다; 야타=방식으로; 테=그들은; 타트라=거기에; 바르테란=행동할 것이다; 바르테타흐=해야 한다; 에샤흐=이것은; 아데사흐=명령; 우파데사흐=가르침; 아누사사남=신의 가르침; 타타=마찬가지로; 테슈=그들에게; 에밤=그러므로; 우파시타브얌=행해지다.

그대는 좌석을 봉헌함으로써 사람들 사이에서 칭송받는 브라흐마나에게 생명력을 불어넣어야 한다. 봉헌은 믿음으로 행해져야 하며 믿음없이 행해져서는 안 된다. 봉헌은 부유한 사람에 의해 행해져야 한다. 봉헌은 겸손함과 경외심을 가지고 행해져야 한다. 봉헌은 익숙한 방식으로 행해져야 한다. 그런 다음 그대는 의무와 관습에 대하여 의심해 보아야 하며, 브라흐마나스처럼 분별하는 의무와 행동이 일치하고 다른 사람에 휩쓸리지 않으며, 난폭하지 않으며, 정의의 법을 지키는 자가 되어야 한다. 이것이 가르침이라. 이것은 베다의 비밀이며, 이것은 신성한 말씀이니라. 이리하여 이 모든 것이 반드시 그렇게 행해지도록 하리라.

여기에 스승과 제자의 질문과 대답이 있다.
질문: 삶의 단계에서 행위를 통하여 자신을 높일 수 있다고 하였습니다. 베다 경전에서는 '예배의식을 통해 가능하다'고 말합니다.
대답: 아니다. 행위는 다양하다. 예배의식 등은 행위일 뿐이다. 진실됨과 고행, 몸과 마음 안팎의 집중과 통제와 명상수행은 지혜의 근원이 된다. 타이따리아 우파니샤드(제3장 2절)에서 '브라만은 집중을 통해서 알 수 있다'고 한다. 모든 재가자의 행위는 지혜를 통해 모든 것을 포기하는 출가자가 된다. 브리하드아란야카 우파니샤드(제4장 제5편 2절)에서 "나는 이 삶에서 하나 되기 위하여 그대에게 내맡긴다"라고 하였다.

12

शं नो मित्रः शं वरुणः । शं नो भवत्वर्यमा ।
शं नो इन्द्रो बृहस्पतिः । शं नो विष्णुरुरुक्रमः ।
नमो ब्रह्मणे । नमस्ते वायो । त्वमेव प्रत्यक्षं ब्रह्मासि ।
त्वामेवप्रत्यक्षं ब्रह्मावादिषम् । ऋतमवादिषम् ।
सत्यमवादिषम् । तन्मामावीत् । तद्वक्तारमावीत् आवन्निमाम् ।
आवीद्वक्तारम् । ॐ शान्तिः शान्तिः शान्तिः ॥१२॥

삼 노 미트라흐 삼 바루나흐| 삼 노 바바트바르야마|
삼 노 인드로 브리하스파티흐| 삼 노 비쉬누 루루크라마흐|
나모 브라흐마네| 나마스테 바요| 트바메바 프라트야크샴 브라흐마시|
트바메바프라트야크샴 브라흐마바디샴| 리타마바디샴|
사트야마바디샴| 탄마마비트| 타드바크타라마비트| 아빈맘|
아비드 바크타람|
옴 산티흐 산티흐 산티흐 ॥ 12 ॥

삼=순조로운; 나흐=우리에게; 미트라흐=친구; 삼=상서로운; 바루나흐=비의 신; 나흐=우리에게; 삼=상서로운; 나흐=우리에게; 바바투=아마도; 아르야마=아르야만; 인드라=인드라신; 브리하스파티=브리하스파티; 삼=상서로운; 나흐=우리에게; 비쉬누흐=비쉬누; 우루크라마흐=모든 것에 퍼져 있는; 나마흐=나는 귀의합니다; 브라흐마네=브라흐만에게; 테=당

타이띠리야 우파니샤드 269

신에게; 바요=오 바유여; 트밤=당신은; 에바=실로; 프라트야 크샴=보여지는; 브라흐마=브라흐만; 아시=~이다; 에바=실로; 프라트야크샴=나타나는; 바디쉬얌=선포할 것이다; 리탐=진리; 사트얌=진리; 타트=그것; 맘=나에게; 아바투=보호하다; 바크타람=스승; 맘=나에게; 산티흐=평화.

미트라여, 우리에게 은총을 내리소서. 바루나여, 우리에게 은총을 내리소서. 아르야만이여, 우리에게 은총을 내리소서. 인드라와 브리하스파티여, 우리에게 은총을 내리소서. 모든 것에 퍼져 있는 비쉬누여, 우리에게 은총을 내리소서. 나는 브라흐만에게 귀의합니다. 오 바유여! 나는 당신을 찬미하며 경배합니다. 당신은 진실로 브라흐만으로 알려졌나니 나는 당신을 브라흐만이라 부릅니다. 나는 당신의 진리를 선포합니다. 당신은 진리입니다. 당신은 나를 보호하고 선포하는 자를 보호합니다.
옴 평화, 평화, 평화.

제2장
브라흐만다 발리
ब्रह्मानन्द वल्ली
브라흐만의 법열

1 ॐ सह नाववतु । सह नौ भुनक्तु । सह वीर्यं करवावहै ।
तेजस्वि नावधीतमस्तु मा विद्विषावहै ॥
ॐ शान्तिः शान्तिः शान्तिः ॥

ॐ ब्रह्मविदाप्नोति परम् । तदेषाभ्युक्ता ।
सत्यं ज्ञानमनन्तं ब्रह्म ।यो वेद निहितं गुहायां परमे व्योमन् ।
सोऽश्नुते सर्वान् कामान् सह । ब्रह्मणा विपश्चितेति ॥
तस्माद्वा एतस्मादात्मन आकाशः सम्भूतः । आकाशाद्वायुः ।
वायोरग्निः अग्नेरापः । अद्भ्यः पृथिवी । पृथिव्या ओषधयः ।
ओषधीभ्योन्नम् । अन्नात्पुरुषः । स वा एष पुरुषोऽन्नरसमयः ।
तस्येदमेव शिरः । अयं दक्षिणः पक्षः । अयमुत्तर पक्षः ।
अयमात्मा । इदं पुच्छं प्रतिष्ठ । तदप्येष श्लोको भवति ॥१॥

옴 사하 나바바투| 사하 나우 부나크투| 사하 비르얌 카라바바하이|
테자스비 나바디타마스투 마 비드비샤바하이 ‖
옴 산티흐 산티흐 산티흐 ‖

옴 브라흐마비다프노티 파람| 타데샤아브유크타|
사트얌 그야나마난탐 브라흐마|
요 베다 니히탐 구하얌 파람 브요만|
소아스누테 사르반 카만 사하| 브라흐마나 비파스치테티 ‖
타스마드바 에타스마다트마나 아카사흐 삼부타흐|
아카사드바유흐| 바요라그니흐| 아그네라파흐|
아드브야흐 프리티비|
프리티브야 오샤다야흐| 오샤디브요안남| 안난트푸루샤흐|
사 바 에샤 푸루쇼안나라사마야흐| 타스예다메바 시라흐|
아얌 디크쉬나흐 파크샤흐|아야무따라흐 파크샤흐|
아야마트마| 이담 푸참 프라티쉬타|
타다프예샤 스로코 바바티 ‖ 1 ‖

사하=모두; 아바투=보호하소서; 나우=우리의 양면; 부나크투=양육하소서; 비르얌=에너지로; 카라바바하이=행동하소서; 아디탐=학문; 테자스비=활력 넘치는; 아스투=시키다; 마=아니다; 비드비샤바하이= 싫어할 것이다; 산티흐=평화.

브라흐마비트=브라흐만으로 나타나는 자; 아프노티=성취하다; 파람=지고의 것; 타트 에샤=그것에 대하여; 아브유크타=선포된 것; 사트얌=진리; 그야남=지혜; 아난탐=무한함; 브라흐마=브라흐만; 야흐=누구; 베다=실현하다; 니히탐=놓여진; 구하얌=지식 속에서; 파라메=가장 높은; 브요만=천상; 사흐=그것; 아스누테=성취하다; 사르반=모든; 카만=욕망; 사하=함께; 브라흐마나=브라흐만으로; 비파스리타=전지전능한 지혜; 이티=그러므로; 타스마트=그것; 에타스마트=이것으로부터; 아트마나흐=아트만으로부터; 바이=실로; 삼부타흐=뛰어올랐다; 아카사흐=창공; 바유흐=공기; 바요=공기로부터; 아그니흐=불; 아그네=불로부터; 아파흐=물; 아드바야흐=물로부터; 프리티비=대지; 프리티브야=대지로부터; 오샤다야흐=허브, 풀잎; 오샤딤야흐=풀잎들로부터; 안남=음식; 안타트=음식으로부터; 푸루샤흐=인간; 사흐=그는; 바이=실로; 에샤흐=이것 안나; 라사 마야흐=음식의 맛으로 이루어진; 타스야=그의; 이담=이것; 에바=실로; 시라흐=머리; 아얌=이것; 다크쉬나흐=오른쪽; 파크샤흐=측면; 아얌=이것; 우따라흐=왼쪽의; 아얌=이것; 아트마=자아; 푸참=아랫부분; 프라티쉬타=토대; 타트=그것; 아피=또한; 에샤흐=이것; 슬루카흐=신성한 음절; 바바티=존재하다.

우리의 양면 모두를 보호하소서. 우리의 양면 모두를 번성하게 하소서. 우리의 양면 모두를 강하게 하소서. 우리의 지식이 빛나게 하소서. 우리는 서로 대적할 수 없나니.
옴 평화, 평화, 평화!

옴! 브라흐만을 아는 이는 지고의 것을 얻으리라. 그것에 대하여 선포하리니 브라흐만은 진리, 지식이며, 무한함이다. 그러한 지식 안에 존재하는 브라흐만을 아는 이는 가슴속 지고의 공간에 거하며 즐거우리라. 모든 것을 아는 브라흐만과 동일시되리니 원하는 것 모두를 성취하리라.

실로 그것은 아트만으로부터 나온 것이다. 그것으로부터 창공이 나왔으며, 창공으로부터 공기가 나왔다. 공기로부터 불이 나왔고, 불이 만들어지면서 물이 나왔다. 물로부터 땅이 솟았으며, 땅으로부터 풀잎들이 나왔다. 풀잎들로부터 음식이 만들어졌고, 음식으로부터 인간이 생겨났다. 인간, 그러한 인간은 실로 음식의 본질로부터 만들어진 것이다. 이것은 머리이며, 이것은 오른쪽이며, 이것은 왼쪽이며, 이것은 자아이며, 이것은 안정된 하부구조이다. 또한 이것은 진리에 관한 신성한 구절들이다.

브라흐만을 안다는 것은 그것과 다른 것을 하나로 만든다. 이것은 한계 없는 브라흐만을 아는 지혜인 것이다. 왜 우리는 브라흐만을 알려고 하는가? 브라흐만을 아는 것의 이득은 무엇인가? 그것은 브라흐만을 아는 것이 가장 높은 지고의 것에 도달하는 것이기 때문이다. 고대의 수행자들은 브라흐만은 사트얌인 진리와 그야남인 지혜와 아난탐인 무한함이라고 말하였다. 브라흐만은 어디에 있는가? 그것은 여기 즉 가슴의 동굴에 있다고 한다. 이 절에서 말하는 니히탐(Nihitam)의 '히탐'은 놓여 있다는 것이며, '니'는 중요하다는 것이다. 그 의미는 영구함을 말하는 것이며 언제나 가슴 안에 현존한다는 것이다.

2

अन्नाद्वै प्रजाः प्रजायन्ते । याः काश्च पृथिवीग्ं श्रिताः ।
अथो अन्नेनैव जीवन्ति । अथैनदपियन्त्यन्ततः ।
अन्नग्ं हि भूतानां ज्येष्ठम् । तस्मात्सर्वौषधमुच्यते ।
सर्वं वै तेऽन्नमाप्नुवन्ति । येऽन्नं ब्रह्मोपासते ।
अन्नग्ं हि भूताना तानां ज्येष्ठम् । तस्मात्सर्वौषधमुच्यते ।
अन्नाद्भूतानि जायन्ते । जातान्यन्नेन वर्धन्ते ।
अद्यतेऽत्ति च भूतानि । तस्मादन्नं तदुच्यत इति ॥

तस्माद्वा एतस्मादन्नरसमयात् । अन्योऽन्तर आत्मा विज्ञानमयः ।
तेनैष पूर्णः । स वा एष पुरुषविध एव । तस्य पुरुषविधताम् ।
अन्वय पुरुषविधः । तस्य प्राण एव शिरः ।
व्यानो दक्षिणः पक्षः । अपान उत्तरः पक्षः । आकाश आत्मा ।
पृथिवी पुच्छं प्रतिष्ठा । तदप्येष श्लोकोभवति ॥२॥

안나드바이 프라자흐 프라자얀테| 야흐 카스차 프리티빔 스리타흐|
아토 안네나이바 지반티| 아타이나다피 얀트얀타타흐|
안남 히 부타남 즈예쉬탐|타스마트 사르바이샤다무챠테|
사르밤 바이 테안마프누반티| 예안남 브라흐모파사테|
안남 히 부타남 즈예쉬탐| 타스마트 사르바이샤다무챠테|

안나드부타니 자얀테| 자탄얀네나 바르단테|
아드야테아띠 차 부타니| 타스마단남 타두챠테 이티 ||

타스마드바 에타스마단나라사마야트| 안요안타라 아트마 프라나마야흐|
테나이샤 푸르나흐| 사 바 에샤 푸루샤비다 에바| 타스야 푸루샤비다탐|
안바얌 푸루샤비다흐| 타스야 프라나 에바 시라흐|
브야노 다크쉬나흐 파크샤흐| 아파나 우따라흐 파크샤흐|
아카사 아트마| 프리티비 푸참 프라티쉬타|
타다프예샤 슬로코 바바티 || 2 ||

안나트=음식으로부터; 바이=진실로; 프라자흐=창조물; 프라자얀테=태어난; 야 카 차=무엇을 하든지; 프리티빔=대지; 스리타흐=의지하다; 아토=마찬가지로; 안네나=음식에 의해; 에바=홀로; 지반티=살다; 아타=더욱; 에나트=그것에 대해; 아피얀티=흡수되다; 안타타흐=마지막으로; 안남=음식; 히=확실히; 부타남=존재들 사이에; 즈예쉬탐=구별되는; 타스마트=그러므로; 사르바우샤담=모든 것을 회복시키는 것; 우챠테=~라고 생각하다; 사르밤=모든 것; 바이=실로; 테=그들은; 안남=음식; 아프루반티=얻다; 예=누구; 안남=음식; 브라흐마=브라흐만; 우파사테=예배하다; 안나트=음식으로부터; 부타니=존재하는; 자얀테=탄생한; 자타니=태어난 사람들; 안네나=음식에 의해; 바르단테=늘어난; 아드야테=소멸된; 아띠=소멸; 차=그리고; 부타니=존재로 살아 있는; 타스마트=그러므로; 안남=음식; 타트=그것; 우챠테=~라고 생각하다; 이티=그러므로.

타스마트=그것보다; 바이=실로; 에타스마트=이것보다; 안나라사마야트=음식의 근원으로부터 형성된 것보다; 안야흐=다른; 안타라흐=내부의; 아트마=자아; 프라나마야흐=생명의 에너지로 이루어진; 테나=그에 의해; 에샤흐=오직; 푸르나흐=가득 찬; 사흐=그는; 바=진실로; 푸루샤비다흐=인간의 형상; 에바=틀림없이; 타스야=그의; 아누=일치되다; 아얌=오직; 푸루샤비다흐=인간의 형상; 아카샤흐=공간; 아트마=자아; 프리티비=대지; 푸참=아랫부분; 프라티쉬타=근원; 타드=그것; 아피=또한; 슬로카흐=신성한 구절; 바바티=표현된.

지상에 태어난 모든 존재들은 진실로 음식으로부터 탄생한 것들이다. 그들은 음식으로 생명을 유지하며, 종국에는 음식 속으로 들어가 융합된다. 음식은 실로 모든 창조물 이전에 생겨났다. 그렇기에 음식은 모든 것을 회복시키는 치료제라고 하나니. 브라흐만처럼 음식에 예배하는 자는 모든 음식을 얻으리라. 창조물은 음식으로부터 탄생하고, 존재하고, 음식에 의해 성장한다. 창조물들이 그것을 먹고 먹이면서 그것을 음식이라고 하였다.

음식의 근원으로 만들어진 인간의 내부에는 생명의 에너지인 프라나로 가득 찬 또 다른 자아가 있다. 그것은 실로 인간의 형상을 하고 있으며, 그러한 형상은 인간의 모습과 일치된다. 그 중에 프라나는 머리이며, 브야나는 오른편이며, 아파나는 왼편이며, 아카사인 공간은 자아이며, 프리티비인 대지는 안정된 하부구조이다. 다음은 그것에 대하여 표현한 구절들이다.

음식이라 불리는 안냠은 '먹는 것'이라는 어원에서 왔다. 우리는 음식을 먹고 음식은 우리를 먹는다. 몸은 음식의 근원이다. 프라나는 다섯 기능을 가지고 몸을 관장한다. 새로 비유하여 프라나는 들이쉬고 위로 올라가는 것이며, 머리로 비유하여 아파나는 호흡을 내쉬는 것이며, 왼쪽 콧구멍을 비유하여 왼쪽 날개를 말하며, 브야나는 몸 전체에 퍼져 있으며 오른쪽 날개를 말한다. 사마나는 소화하는 기능이며 균형과 꼬리를 말한다. 우다나는 몸을 땅으로 가라앉게 하는 중력을 가지게 하는 역할을 한다.

3 प्राणं देवा अनु प्राणन्ति । मनुष्याः पशवश्च ये ।
प्राणो हि भूतानामायुः । तस्मात् सर्वायुषमुच्यते ।
सर्वमेव त आयुर्यन्ति । ये प्राणं ब्रह्मोपासते ।
प्राणो हि भूतानामायुः । तस्मात् सर्वायुषमुच्यते इति ।
तस्यैष एव शारीर आत्मा । यः पूर्वस्य ॥
तस्माद्वा एतस्मात् प्राणमयात् ।
अन्योऽन्तर आत्मा मनोमयः ।
तेनैष पूर्णः । स वा एष पुरुषविधः ।
तस्य यजुरेव शिरः । ऋग्दक्षिणः पक्षः ।
सामोत्तरः पक्षः । आदेश आत्मा ।
अथर्वाङ्गिरसः पुच्छं प्रतिष्ठा ।
तदप्येष श्लोको भवति ॥३॥

프라남 데바 아누 프라난티| 마누쉬야흐 파샤바스차 예|
프라노 히 부타나마유흐| 타스마트 사르바유샤무챠테|
사르바메바 타 아유르얀티| 예 프라남 브라흐모파사테|
프라노 히 부타나마유흐| 타스마트 사르바유샤무챠타 이티 ॥
타스야이샤 에바 사리라 아트마| 야흐 푸르바스야 ॥
타스마드바 에타스마트 프라나마야트|

안요안타라 아트마 마노마야흐 | 테나이샤 푸르나흐 |
사 바 에샤 푸루샤비다 에바 | 타스야 푸루샤비다탐 |
안바얌 푸루샤비다흐 | 타스야 야주레바 시라흐 |
리그다크쉬나흐 파크샤흐 | 사모따라흐 파크샤흐 |
아데사 아트마 | 아타르방기라사흐 푸참 프라티쉬타 |
타다프예샤 슬로코 바바티 ‖ 3 ‖

프라남=호흡; 데바흐=신; 아누=홀로; 프라난티=살아 있는; 마누쉬야흐=인간; 파사바흐=동물; 차=그리고; 예=무엇이든; 히=~때문에; 부타남=존재하는; 아유흐=삶; 타스마트=그러므로; 사르바유샴=모든 삶; 우챠테=~라고 생각하다; 사르밤=전체; 에바=진실로; 테=그들은; 아유흐=가득 찬; 얀티=도달하다; 예=누구; 프라남=호흡; 브라흐마=브라흐마; 우파사테=명상하다; 프라나흐=프라나; 히=실로; 부타남=창조물의; 아유흐=삶; 타스마트=그러므로; 사르바유샴=삶 전체; 우챠테=~라고 여기다; 타스야=그것의; 에샤흐=이것 하나; 에바=실로; 사리라흐=구현된; 아트마=자아; 야흐=누구; 푸르바스야=이전의; 에타스마트=~로부터; 프라나마야트=호흡으로 이루어진; 안야흐=~보다 다른 것; 안트라=안에; 아트마=자아; 마노마야흐=마음으로 이루어진; 테나=하나에 의해; 에샤=이것 하나; 푸르나흐=꽉 채워진; 사흐=그는; 바=실로; 에샤흐=이것 하나; 푸루샤비다흐=인간의 형상; 에바=확실히; 타스야=그의; 아누=의지하는; 아얌=이것 하나; 야주흐=야주르 베다; 시라흐=머리; 리그=리그 베다; 다크쉬나흐=진리; 파크샤=날개; 사마=사마 베다; 우따라흐=왼쪽의; 파크샤=날개; 아데샤흐=가르침; 아트마=본체; 아타르방기라사흐=아타르바 베다의 음절들; 푸참=아랫부분; 프라티쉬타=근원.

4

यतो वाचो निवर्तन्ते । अप्राप्य मनसा सह ।
आनन्दं ब्रह्मणो विद्वान् । न बिभेति कदाचनेति ।
तस्यैष एव शारीर आत्मा । यः पूर्वस्य ॥

तस्माद्वा एतस्मान्मनोमयात् ।
अन्योऽन्तर आत्मा विज्ञानमयः ।
तेनैष पूर्णः । स वा एष पुरुषविध एव ।
तस्य पुरुषविधताम् ।
अन्वयं पुरुषविधः । तस्य श्रद्धैव शिरः ।
ऋतं दक्षिणः पक्षः । सत्यमुत्तरः पक्षः ।
योग आत्मा । महः पुच्छं प्रतिष्ठा ।
तदप्येष श्लोको भवति ॥४॥

야토 바초 니바르탄테| 아프라프야 마나사 사하|
아난담 브라흐마노 비드반| 나 비베티 카다차네티|
타스야이샤 에바 사리라 아트마| 야흐 푸르바스야 ‖

타스마드바 에타스만마노마야트|
안요안타라 아트마 비그야나마야흐|
테나이샤 푸르나흐| 사 바 에샤 푸루샤비다 에바|

타스야 푸루샤비다탐|안바얌 푸루샤비다흐|
타스야 스라따이바 시라흐| 리탐 다크쉬나흐 파크샤|
사트야무따라흐 파크샤흐| 요가 아트마|
마하 푸참 프라티쉬타| 타다프예샤 슬로코 바바티 ‖ 4 ‖

야타흐=어디서; 바차흐=언어; 니바르탄테=되돌아오다; 아프라브야=도달함 없이; 마나사 사하=마음을 따라; 아난담=축복; 브라흐마나흐=브라흐만의; 비드반=아는 자; 비보티=두려움; 나 카다찬=결코 ~하지 않는; 이티=그러므로.

마음에 따라 얽혀 있는 모든 언어는 그것에 도달할 수 없다. 브라흐만의 은총을 아는 이는 어떤 때라도 두려움으로부터 벗어나 있나니.

이전 구절에 말한 자아는 실로 이러한 존재이다. 그는 마음으로 이루어지지 않은 자아이며 그보다 더 깊은 내면이 있다. 그것은 비그야나, 즉 지혜로 이루어져 있으며 마노마야 아트만 안에 있다. 이것 또한 인간의 형상을 하였나니, 인간의 모습 속에서 다른 존재들이 일치한다. 즉 믿음은 그의 머리이며, 정의는 그의 오른편이며, 진리는 그의 왼편이며, 요가는 그의 본체이며, 마하는 그의 하부구조이며 근원이다. 다음은 그것을 표현한 구절이다.

참 나에 대한 지혜는 아주 섬세하다. 어떻게 지혜에 도달하는가? 원인이 없이는 결과를 알 수가 없다. 마하는 마하타뜨밤(Mahatattvam)이며 브라흐만의 첫번째 발현이다. 원인은 결과의 지지자이다. 원인이 없이 결과가 일어날 수 없다. 참 나의 근원적인 마하없이 지혜의 비그야나가 될 수가 없는 것이다. 그것은 땅이 없이 넝쿨과 나무가 자라날 수 없는 것과 같은 것이다. 마하는 모든 것의 근원이 되는 것이다.

5 विज्ञानं यज्ञं तनुते । कर्माणि तनुतेऽपि च ।
विज्ञानं देवाः सर्वे । ब्रह्म ज्येष्ठमुपासते ।
विज्ञानं ब्रह्म चेद्वेद । तस्माच्चेन्न प्रमाद्यति ।
शरीरे पाप्मनो हित्वा । सर्वान् कामान् समश्नुत इति ॥
तस्यैष एव शारीर आत्मा । यः पूर्वस्य ।
तस्माद्वा एतस्माद्विज्ञानमयात् ।
अन्योऽन्तर आत्माऽऽनन्दमयः । तेनैष पूर्णः ।
स वा एष पुरुषविध एव । तस्य पुरुषविधताम् ।
अन्वयं पुरुषविधः । तस्य प्रियमेव शिरः ।
मोदो दक्षिणः पक्षः । प्रमोद उत्तरः पक्षः ।
आनन्द आत्मा । ब्रह्म पुच्छं प्रतिष्ठा ।
तदप्येष श्लोको भवति ॥५॥

비그야남 야그얌 타누테| 카르마니 타누테아피 차|
비그야남 데바하| 브라흐마 죠쉬타무파사테|
비그야남 브라흐마체드베다| 타스마첸나 프라마드야티|

사리레 파프마노 히트바| 사르반 카만 사마스누타 이티 ||
타스야이샤 에바 사리라 아트마| 야흐 푸르바스야|
타스마드바 에타스마드비그야나마야트|
안요안타라 아트마아난다마야흐| 테나이샤 푸르나흐|
사 바 에샤 푸루샤비다 에바| 타스야 푸루샤비다탐|
안바얌 푸루샤비다흐| 타스야 프리야메바 시라흐|
모도 다크쉬나흐 파크샤흐| 프라모다 우따라흐 파크샤흐|
아난다 아트마| 브라흐마 푸참 프라티쉬타|
타다프예샤 슬로코 바바티 || 5 ||

비그야남=지혜; 야그얌=희생; 타누테=행하다; 카르마니=행위; 아피=또한; 차=그리고; 비그야남=지성; 데바흐=신들; 사르밤=모든; 브라흐마=브라흐만; 죠쉬탐=첫번째의 가장 높은; 우파사테=예배; 체트=만일; 데바=숙고하다; 타스마트=그것으로부터; 나=아니다; 프라마드야티=무분별한; 사리테=몸에; 파프마나흐=죄; 히트바=주위에 있는; 사르반=모든; 카만=욕망; 사마스누테=도달하다; 이티=그러므로.

지혜는 희생을 행하며 여러 가지 행위를 성취한다. 모든 신들은 최고의 신 브라흐만처럼 지혜에 예배하나니. 브라흐만처럼 지혜에 대한 명상을 하는 자는 결코 무분별하지 않을 것이며, 몸속의 모든 죄를 벗어 버린 자는 원하는 모든 것을 성취하리라. 이러한 존재는 실로 이전 구절에서 표현된 비그야나마 아트만이다. 비그야나마야 아트만 내부에 있거나 그것과 분리되어 있는 존재의 내면에는 희열로 가득 채워져 있다. 그 형상 또한 인간의 형상과 같으며 인간의 모습과 일치되나니. 사랑은 그의 머리이며, 즐거움은 그의 오른편이며, 기쁨은 그의 왼편이며, 은총의 그의 본체며, 브라흐만은 그의 하부구조이며 근원이다. 다음은 그것에 대하여 표현한 구절이다.

비그야나마 코샤인 지성의 층 깊숙한 곳에는 아난다마야 코샤의 층이 존재한다. 비그야나마는 이지적이며 분석적이다. 이 절에서 말하는 기쁨인 프리야는 마치 오랫동안 외국에 나가 있는 아들을 걱정하며 애타게 기다리던 부모가 집으로 무사히 돌아온 아들을 다시 보는 기쁨과 같은 것이다. 모다는 즐거움이며 그의 오른편이다. 이것은 집을 사려고 노력하면서 돈을 모았다가 기다리던 집을 산 것과 같은 것이다. 왼편인 기쁨은 파라모다이며 엄청난 기쁨을 말한다.

6

असन्नेव स भवति । असद्ब्रह्मेति वेद चेत् ।
अस्ति ब्रह्मेति चेद्वेद । सन्तमेनं ततो विदुरिति ।
तस्यैष एव शारीर आत्मा । यः पूर्वस्य ।
सोऽकामयत । बहु स्यां प्रजायेयेति ।
स तपोऽतप्यत । स तपस्तप्त्वा । इदग्ं सर्वमसृजत ।
यदिदं किं च । तत्सृष्ट्वा तदेवानुप्राविशत् ।
तदनुप्रविश्य । सच्च त्यच्चाभवत् ।
निरुं चानिरुं च । निलयनं चानिलयनं च ।
विज्ञानं चाविज्ञानं च । सत्यं चानृतं च सत्यमभवत् ।
यदिदं किंच । तत्सत्यमित्याचक्षते ।
तदप्येष श्लोको भवति ॥६॥

아산네바 사 바바티| 아사드브라흐메티 베다 체트|
아스티 브라흐마티 체드베다| 산타메남 타토 비두리티 ||
타스야이샤 에바 사리라 아트마| 야흐 푸르바스야|
소아카마야트|
바후 스얌 프라자예예티| 사 타포아타프야타|
사 타포스타프트바| 이담 사베마스리자타|
야디담 킴 차| 타트스리쉬트바 타데바누프라비사트|
타다누프라비스야| 사차 트야차바바트|

니루크탐 차니루크탐 차ㅣ 닐라야남야남 차닐라야남 차ㅣ
비그야남 차비그야남 차ㅣ 사트얌 찬리탐 차 사트야마바바트ㅣ
야디담 킴차ㅣ 타트사트야미트야차크샤테ㅣ
타다프예샤슬로코 바바티 ‖ 6 ‖

아산=존재하지 않는; 에바=진실로; 사흐=그는; 바바티=~이 되다; 아사트=진리가 아닌; 브라흐마=브라흐만; 이티=그러므로; 베다=알다; 체트=만일; 아스티=존재하다; 브라흐마=브라흐만; 타타흐=그런 다음; 산탐=덕망; 에남=그에게; 비두흐=생각하다; 이티=그러므로; 사흐=그것; 아카마야트=욕망하는; 바후=많이; 스얌=~이 되다; 프라자예야=태어나게 하다; 사흐=그는; 타파흐=고행; 아타프야트=실천하는; 타프트바=행하는; 이담=이것; 사르밤=모든; 아스리자타=창조된 타트; 스리쉬트바=앞에 가져오다; 아누프라비사트=안으로 들어가다; 타트=그것; 아누프라비사야=들어간; 사트=발현하다; 차=그리고; 트야트=사라지다; 아바바트=~이 되다; 니루크탐=정해진; 차=그리고; 아니루크탐=정해지지 않은; 닐라야남=부양된; 아닐라야남=부양되지 않은; 비그야남=지식; 아비그야남=무지; 사트얌=실제하는; 차=그리고; 아누리탐=비실제; 사트얌=실현; 아바바트=~이 되다; 타트=그것; 이티=그러므로; 아차크샤테=말하다.

존재하지 않는 것을 위하여 브라흐만을 아는 자는 진실로 존재하지 않게 될 것이다. 만일 브라흐만을 이해하는 이가 실제로 존재한다면 그것은 현명한 자들이 그를 정의롭고 덕이 있다고 여기기 때문이다. 비그야나마 아트만 속에서 발현된 자아는 실로 이러한 자이니 그를 아난다마야 아트만이라고

한다.

자아인 아트만은 여러 모습이 되기를 열망하였고 그리하여 그는 고행을 통하여 스스로를 태어나게 하였다. 그는 모든 것의 내면으로 들어가 존재와 그것을 넘어선 양면 모두가 되었다. 그는 한정된 것과 한정된 것을 넘어선 것이 되었으며, 근원과 근원이 없는 것 모두가 되었으며, 의식과 의식이 없는 것 모두가 되었으며, 실제하는 것과 실제하지 않는 것 모두가 되었나니. 그는 전체의 실현된 존재이다. 이러한 이유로 현자들은 이 모든 것이 실제한다고 선포하였다. 다음은 그것에 대하여 표현한 구절이다.

우리가 보는 이 우주는 가장 섬세한 요소로부터 시작하며, 거기에는 원인인 카라나(Karana)와 결과인 카르야(Karya)가 있다. 이것은 흙이 도자기의 원인이 되는 것과 같다. 아무것도 존재하지 않는 것에서 모든 존재가 나올 수 있을까? 그것이 가능할까? 만약 가장 근원적인 원인이 있다면 그것은 브라흐만일 것이다. 그것으로부터 모든 것은 유래되었다. 브라흐만은 그 자신 외의 어떠한 것도 생산하지 않는다.

그것은 방 안에 도자기가 있는데 방이 어두우면 보이지 않다가 빛을 밝히면 언제나 볼 수 있게 되는 것과 같다.

7 असद् वा इदमग्र असीत्। ततो वै सदजायत।
तदात्मानग्ूंस्वयमकुरुत। तस्मात् तत्सुकृतमुच्यत इति।
यद् वै तत्सुकृतम्। रसो वै सः।
रसग्ूं ह्येवायं लब्ध्वानन्दी वति।
को ह्येवान्यात् कः प्राण्यात्।
यदेष अकाश आनन्दो न स्यात्। एष ह्येवानन्दयाति।
यदा ह्येवैष एतस्मिन्नदृश्येऽनात्म्येऽ-
निरुक्तेऽनिलयनेऽभयं प्रतिष्ठा विन्दते।
अथ सोऽभयं गतो भवति।
यदा ह्येवैष एतस्मिन्नुदरमन्तरं कुरुते।
अथ तस्य यं वति। तत्वेव यं विदुषोऽमन्वानस्य ।
तदप्येष श्लोको भवति ॥७॥

아사드 바 이다마그라 아시트| 타토 바이 사다자야타|
타다트마나그맘 스바야마쿠루타|
타스마트 타트수크리타마챠타 이티| 야드 바이 타트수크리탐|
라소 바이 사흐| 라사그맘 흐예바얌 라바드바난디 바바티|
코 흐야반야트 카흐 프란야트|

야데샤 아카사 아난도 나 스야트|
에샤 흐예바난다야티|
야다 흐예바이샤 에타시만나드리스예아나틈예아니루쿠테-
아닐라야테아바얌 프라티쉬탐 빈다테|
아타소아바얌 가토 바바티|
야다 흐예바이샤 에타스민누다라만타람 쿠루테|
야타 타스야 바얌 바바티| 타뜨베바 바얌 비두쇼아만바나스야|
타아프예샤 슬로코 바바티 ‖ 7 ‖

아사트=존재하지 않은; 바이=실로; 이담=이것; 아그레=시작하면서; 아시트=~이었다; 타타흐=그것으로부터; 바이=실로; 사트=나타나다; 아자야타=태어났다; 타트=그것; 아트마남=자아; 스바얌=스스로에 의해; 아쿠루타=창조된; 타스마트=그러므로; 타트=그것; 수크리탐=창조된 자아; 우챠테=~라고 불리다; 이티=그러므로; 야트=무엇; 바이=실로; 타트-그것; 크리탐=자아가 형성된; 라사흐=향기; 사흐=그는; 라삼=향기; 히=확실히; 에바=오직; 아얌=이것 하나; 라바드바=얻어진; 아난디=축복된; 바바티=~이 되다; 카흐=누구; 히=진실로; 에바=오직; 안야트=호흡할 것이다; 카흐프란야트=살았을 것이다; 야트=만일; 에샤흐=이것 하나; 아카소=공간 속으로; 아난다흐=은총; 나=아니다; 스야트=존재했을 것이다; 에바=홀로; 아다야티=희열을 주는; 야다=언제; 에타스민=이것으로; 아드리스예=보이지 않는; 아나틈예=비물질적인; 아니루쿠테=나타나지 않은; 아닐라야네=안식처가 없는; 아바얌=안식; 프라티쉬탐=안식처; 빈다테=얻다; 아타=이제; 사흐=그는; 아바얌=두려움 없는; 가타흐=도달하다; 바바티=~가 되다; 야다=~할 때; 에샤=개인적인 영혼; 에타스민=이것으로; 우다람=가장 작은 것; 안타람=분리; 쿠루테=만들다; 아타=그런 다음; 바얌=두려움; 바바티=존재하다; 타트=그것; 투=확실히; 에바=참으로; 비두샤흐=아는 존재; 아만바나스야=무분별한.

태초에 이것은 실로 아무것도 존재하지 않았다. 그것으로부터 존재가 나타났으니. 그것은 그 자체로 된 것이다. 그렇게 그는 스스로에 의해 창조되었다고 하노라.
진실로 그는 존재의 근원의 향기이니. 그 향기를 이해함으로써 개인적인 영혼은 은총을 받게 된다. 실로 호흡을 하는 것들은 생명이 유지되리니, 만일 이러한 희열이 공간에 없었다면 그는 홀로 희열하는 존재가 되었을 것이다. 이제 개인적인 영혼은 눈에 보이지 않고, 말로 나타날 수 없으며, 비물질적이며, 실제하는 것 속에서 확고함과 평화를 얻을 때 두려움으로부터 벗어나게 되리라. 거기에 아주 작은 틈이 있을지라도 두려움은 존재할지니, 아무리 현명한 자라도 두려움을 가지고 있다면 그는 참으로 아는 자가 아니다. 다음은 그것에 대한 기억을 표현한 구절이다.

많은 것을 보는 것은 무지함을 보는 것이다. 그것은 우리의 공포의 근원이며, 이중성으로부터 분쟁과 대립이 일어나는 것이다. 하나의 참 나를 보는 것은 나라는 의식으로부터 벗어나는 것이다. 무지함이란 하늘에서 2개의 달을 보는 것과 같다. 그것은 있을 수 없으며 진실이 아니다. 신은 나로부터 분리되었을 때 세상의 다양한 사람들로 나타난다.

8 भीषाऽस्माद्वातः पवते । भीषोदेति सूर्यः ।
भीषाऽस्मादग्निश्चेन्द्रश्च । मृत्युर्धावति पञ्चम इति ॥
सैषाऽनन्दस्य मीमाग्ंसा भवति ।
युवा स्यात्साधु युवाऽध्यायकः ।
आशिष्ठो द्रढिष्ठो बलिष्ठः ।
तस्येयं पृथिवी सर्वा वित्तस्य पूर्णा स्यात् ।
स एको मानुष आनन्दः ।
ते ये शतं मानुषा आनन्दाः ।
स एको मनुष्यगन्धर्वाणामानन्दः ।
श्रोत्रियस्य चाकामहतस्य ।
ते ये शतं मनुष्यगन्धर्वाणामानन्दाः ।
स एको देवगन्धर्वाणामानन्दः ।
श्रोत्रियस्य चाकामहतस्य ।
ते ये शतं देवगन्धर्वाणामानन्दाः ।
स एकः पितृणां चिरलोकलोकानामानन्दः
श्रोत्रियस्य चाकामहतस्य ।

ते ये शतं पितृणां चरलोकलोकानामानन्दाः ।

स एकः आजानजानां देवानामानन्दः ।

श्रोत्रियस्य चाकामहतस्य ।

ते ये शतमाजानजानां देवानामानन्दाः ।

स एकः कर्मदेवानां देवानामानन्दः ।

ये कर्मणा देवानपियन्ति । श्रोत्रियस्य चाकामहतस्य ।

ते ये शतं कर्मदेवानां देवानामानन्दाः ।

स एको देवानामानन्दः ।

श्रोत्रियस्य चाकामहतस्य ॥

ते ये शतं देवानामानन्दाः ।

स एको इन्द्रस्यानन्दः । श्रोत्रियस्य चाकामहतस्य ।

ते ये शतमिन्द्रस्यानन्दाः । स एको बृहस्पतेरानन्दः ।

श्रोत्रियस्य चाकामहतस्य । ते ये शतं बृहस्पतेरानन्दाः

स एकः प्रजापतेरानन्दः । श्रोत्रियस्य चाकामहतस्य ।

ते ये शतं प्रजापतेरानन्दाः । स एको ब्रह्मण आनन्दः ।

श्रोत्रियस्य चाकामहतस्य । स यश्चायं पुरुषे ।

यश्चासावादित्ये । स एकः । स एव एवंवित् ।
अस्माल्लोकात् प्रेत्य ।
एतमन्नमयमात्मानमुपसङ्क्रामति ।
एतं प्राणमयमात्मानमुपसङ्क्रामति ।
एतं मनोमयमात्मानमुपसङ्क्रामति ।
एतं विज्ञानमयमात्मानमुपसङ्क्रामति ।
एतगानन्दमयमात्मानमुपसङ्क्रामति ।
तदप्येष श्लोको भवति ॥८॥

비샤아스마드바타흐 파바테| 보쇼데티 수르야흐|
비샤아스마다그니첸드라스차|
므리트유르다바티 판차마 이티 ॥
사이샤아난다스야 미맘사 바바티|
유바 스야트마두 유바아드야야카흐|
아시쉬토 드라디쉬토 발리쉬타흐|
타스예얌 프리티비 사르바 비따스야 푸르나 스야트|
사 에코 마누샤 아난다흐|
테 예 사탐 마누샤 아난다흐|
사 에코 마누쉬야간다르바나마난다흐|
스로트리야스야 차카마하타스야|
테 예 사탐 마누쉬야간다르바나마난다흐|

사 에코 데바간다르바나마난다흐|
스로트리야스야 차카마하타스야|
테 예 사탐 데바간다르바나마난다흐|
사 에카흐 피트리남 치라로카로카나마난다흐|
스로트리야스야 차카마하타스야|
테 예 사탐 피트리남 치라로카로카나마난다흐|
사 에카흐 아자나자남 데바나마난다흐|
스로트리야스야 차카마하타스야|
테 예 사탐 아자나자남 데바나마난다흐|
사 에카흐 카르마데바남 데바나마난다흐|
예 카르마나 데바나피얀티|
스로트리야스야 차카마하타스야|
테 예 사탐 카르마데바남 데바나마난다흐|
사 에코 데바나마난다흐|
스로트리야스야 차카마하타스야|
테 예 사탐 데바나마난다흐|
사 에코 인드라스야난다|
스로트리야스야 차카마하타스야|
테 예 사탐 데바나마난다흐|
사 에카 인드라스야난다|
스로트리야스야 차카마하타스야|
테 예 사타민드라스야난다흐|
사 에코 브리하스파테라난다흐|
스로트리야스야 차카마하타스야|
테 예 사탐 브리하스파테라난다흐|
사 에카흐 프라자파테라난다흐|
사 에코 브라흐마나 아난다흐|

스로트리야스야 차카마하타스야 |
사 야스차얌 푸루셰 |
스차스바디트예 | 사 에카흐 |
사 야 에밤비트 아스말로카트 프레트야 |
에타만나마야마트마나무파상크라마티 |
에탐 프라나마야마트마나무파상크라마티 |
에탐 마노마야마트마나무파상크라마티 |
에탐 비그야나마야마트마나무파상크라마티 |
에타카난다마야마트마나무파상크라마티 |
타다프예샤 슬로코 바바티 ‖ 8 ‖

비샤=두려움으로; 아스마트=그에게로부터; 바타흐=바람; 파바테=불다; 비샤=두려움으로 벗어난; 아스마트=그에게로부터; 수르야흐=태양; 아그니흐=불; 차=그리고; 인드라=신들의 신; 므리트유흐=죽음; 다바티=의무를 다한; 판차마흐=다섯번째; 이티=그러므로

사=그것; 에샤=이것; 아난다스야=희열의; 미맘사=예배의 형식; 바바티=~이다; 아시쉬타흐=가장 빠르고 빈틈이 없는; 유바=젊은이; 스야트=그대로이다; 사두 유바=고귀한 젊은이; 아드야야카흐=덕 있는 배움; 아시쉬타흐=훈련된; 드라티쉬타흐=확고한 마음으로; 발리쉬타흐=몸의 강인함; 타스야=그의; 이얌=그것; 프리티비=대지; 사르밤=전체; 비따스야=부의; 푸르나=가득한; 스야트=되게 하다; 사흐=그것; 에카흐=하나의; 마누샤흐=인간; 아난다흐=기쁨; 테=그것들의; 예=그것; 사탐=백; 마누쉬야간다르바남=마누쉬야 간다르바; 스로트리야스야=기쁨을 즐기는 자; 차=그리고; 아카마하타스야=욕망을 끊어 버린; 에카흐=하나의; 아난다흐=기

쁨; 간다르바=간다르바의; 로카흐=세상; 피트리남=영혼들의; 아자나자남=탄생에 의한 신들; 데바남=신들; 카르마나=행위에 의해; 아피=또한; 얀티=도달하다; 인드리스야=인드라의; 브리하스파티흐=브리하스파티의; 프라자파테흐=프라자파티의; 브라흐마나흐=브라흐마의; 사흐 야스야 아얌=잘 알려진 존재; 푸루셰=인간; 아사우=저기에; 아디트예=태양에; 밤비트=아는 자; 아스마트=이것으로부터; 로카트=세상; 프레트야=분리된; 에타트=이것; 안나마얌=안나마야; 아트마남=자아; 우파상크라마티=초월한; 프라나마얌=프라나; 마야 마노마얌=마노마야; 비그야나마얌=비그야나마야; 아난다마야=아난다마야; 타트=그것; 아피=또한; 에샤=이것; 로카흐=세상; 바바티=있다.

그에 대한 두려움으로 바람은 불고, 그에 대한 두려움으로 태양은 떠오르고, 그에 대한 두려움으로 불과 신들의 주인 인드라와 죽음과 다섯째 날은 그 임무를 다하나니.
이것은 희열에 대한 예배의 형식을 나타낸 것이다. 한창 나이의 가장 빠르고 빈틈이 없으며, 필요한 재능을 완전하게 갖추었으며, 확고한 마음과, 강인한 몸을 가졌으며, 덕망이 높으며, 온 세상의 대지와 모든 부를 가진 젊은이, 그런 고귀한 젊은이가 있다고 생각해 보라. 우리는 그것에 대하여 인간이 얻을 수 있는 기쁨으로 여길 것이다. 그것의 백 배가 되는 기쁨이 있나니, 그것은 인간으로 간다르바의 기쁨을 얻고 욕망에서 벗어나 희열에 가득 차는 것이다. 이것의 백 배가 되는 기쁨이 있나니. 이것은 천상의 간다르바의 기쁨을 얻고 욕망에서 벗어나 희열에 가득 차는 것이다. 이것의 백 배가 되는 기쁨이 있나니. 영혼들이 머무르는 세상의 기쁨을 얻고 욕망에서 벗어나 희열에 가득 차는 것이다. 이것의 백 배가 되는 기쁨이 있나니. 탄생한 신들의 세상에서 신들의 기쁨을 얻고 욕망으로부터 벗어나 희열에 가득 차는 것이다. 이것의 백 배가 되는 기쁨이 있나니. 행위에 의한 신들의 기쁨을 얻고 또한 행위에 의하여 신이 된 이가 욕망으로부터 벗어나 희열에 가득 차는 것이다. 이것의 백 배가 되는 신들의 기쁨은 인드라의 희열을 얻는 것이다. 인드라의 희열의 백 배가 되는 것은 브리하스파티의 희열을 얻는 것이다. 브리하스파티의 희열이 백 배가 되면 프라자파티의 희열에 도달한다. 프라자파티의 희열이 백 백가 되면 브라흐마의 희열에 도달하나니. 현명한 자는 모든 욕망으로부터 벗어나 이 모든 희열의 모든 상태를 경험한 이이다. 그리고 인간 안에 있는 희열과 저기 태양에 속의 희열은 같은 것이니. 이 세상으로부터 넘어선 상태와 분리된 상태를 모두 아는 자는 아나마야, 프라나마야, 마노마야, 비그야나마야, 아난다마야의 모든 아트만을 넘어서리라. 다음은 그것에 대한 기억을 표현한 구절이다.

모든 우주는 공포나 두려움의 기초 아래서 움직여질 때 언제나 투쟁을 한다. 물질적인 기쁨은 브라흐만의 기쁨인 지복의식 또는 희열인 브라흐마난다의 일부일 뿐이다. 브라흐만의 기쁨은 바다와 같은 것이다. 물질적인 기쁨은 마지막의 기쁨이 아니다. 내 자신의 일시적인 기쁨은 사라지는 것이다.

도자기 주전자가 있는데 그 안과 밖에는 공간이 있다. 그것은 같은 공간이다. 이것은 창조자 브라흐마의 양쪽 부분과 같다. 거시적이며 미시적인 것 둘 다가 하나이다. 이것이 베단타 철학의 결론이다.

우파니샤드의 핵심은 바로 무집착이며 그것은 모든 것으로부터 벗어나고 내버리게 하는 것이다. 미틸라 왕국의 자나카왕은 "왕국이 모두 타서 재가 된다 하여도 나는 물질적인 것으로부터 벗어나 있다. 왜냐하면 내 마음은 이미 타서 재가 되었기 때문이다. 나에게는 욕망의 불씨가 조금도 남아 있지 않다"라고 하였다.

9 यतो वाचो निवर्तन्ते । अप्राप्य मनसा सह ।
आनन्दं ब्रह्मणो विद्वान् । न बिभेनति कुतश्चनेति ।
एतग्ं ह वाव न तपति । किमहग्ं साधु नाकरवम् ।
किमहं पापमकरवमिति । स य एवं विद्वानेते
आत्मानग्ग स्पृणुते । उभेह्येवैष एते आत्मानम्स्पृणुते ।
य एवं वेद । इत्युपनिषत् ॥ इति नवमोऽनुवाकः ।
सहनाववतु इति शान्तिः ॥ ९ ॥

야토 바초 니바르탄테 | 아프라프야 마나사 사하 |
안난담 브라흐마노 비드반 | 나 비베나티 쿠타스차네티 |
에탐 하 바바 나 타파티 | 키마함 사두 노카라밤 |
키마함 파파마카라바미티 |
사 야 에밤 비드바네테 아트마남 스프리누테 |
우베 흐예바이샤 에테 아트마남 스프리누테 | 야 에트람 베다 |
하트유파니샤트 ‖ 이트유파니샤트 ‖
이티 나바모아누바카흐 | 사하나바바투 이티 산티흐 ‖ 9 ‖

야타=그것으로부터; 바차흐=모든 언어; 니바르탄테=벗어나다; 아프라프야=도달할 수 없는; 마나사 사하=마음으로; 아난담=희열; 브라흐마나흐=브라흐만의; 비드반=아는 존재; 나=아니다; 비베티=두렵다; 쿠타스차나=근원으로부터; 이티=그러므로; 에탐=하나의; 하=왜냐하면; 바바=진실로; 타파티=고행; 킴=왜; 아함=나는; 파팜=잘못된; 아카라밤=끝난; 에밤=시작된; 비드반=이해한 자; 에테=이러한 것; 아트마남=자아; 스프리누테=되찾다; 우베=둘; 에샤흐=하나; 에테=이러한 것들; 아트마남=자아; 에밤=그럼므로; 베다=실현되다; 우파니샤트=비밀스런 가르침.

마음에 있는 모든 언어들로부터 벗어나는 것으로 거기에 도달할 수 없나니, 브라흐만의 희열을 하는 자만이 두려움에서 벗어나리라. 실로 나는 왜 옳은 행위를 하지 않았나? 나는 왜 잘못을 저질렀는가? 이러한 생각으로부터 벗어나라. 이것 또한 하나의 고통일 뿐이니. 이것을 이해한 자는 이러한 선과 악이 2개의 생각들로부터 자아를 회복할 것이다. 실로 그는 선과 악으로부터 자아의 회귀를 아는 자이다. 이것이 그 비밀의 가르침이다.

이 절은 옳고 그른 것에 대한 것은 이중적인 상대세계를 말하는 것이다. 어떻게 사회에서 옳고 그른 것을 구별하면서 살 수 있을까? 우리는 경전을 통해 그것을 알 수 있으며 거기에 도달된 이를 통해서 알 수가 있는 것이다. 이러한 것과 함께 참 나와 하나 되는 것이 바로 우파니샤드, 즉 비밀의 가르침인 것이다.

제3장
브리구 발리
भृगु वल्ली
브리구의 지혜

सह नाववतु । सह नौ भुनक्तु । सह वीर्यं करवावहै ।
तेजस्वि नावधीतमस्तु । मा विद्विषावहै ।
ॐ शान्तिः शान्तिः शान्तिः ॥

사하 나바바투 | 사하 나우 부나크투 | 사하 비르얌 카라바바하이 |
테자스비 나바디타마스투 | 마 비드비샤바하이 | |
옴 산티흐 산티흐 산티흐 ॥

옴=옴; 사하=함께; 나우=우리의 양면에; 아바투=보호하다; 나우=우리의 양면에; 부나크투=자양분을 주다; 비르얌=활기 있는; 카라바바하이=만들다; 테자스비=용맹한; 나우=우리에게; 아디탐=배우는 것; 아스투=~할 것이다; 마=아니다; 비드바샤바하이=서로 다투다; 산티흐=평화.

그는 우리의 절대와 상대를 보호하도다. 그는 우리의 절대와 상대에 자양분을 주도다. 우리는 위대한 힘으로 행동할 것이며, 우리의 배움은 완전해지고 열매를 맺으리니. 우리가 서로 미워하지 않지 않게 하소서.
옴, 평화 평화 평화.

1 भृगुर्वै वारुणिः । वरुणं पितरमुपससार ।
अधीहि भगवो ब्रह्मेति । तस्मा एतत् प्रोवाच ।
अन्नं प्राणं चक्षुः श्रोत्र मनो वाचमिति । तम् होवाच ।
यतो वा इमानि भूतानि जायन्ते । येन जातानि जीवन्ति ।
यत् प्रयन्त्यभिसंविशन्ति । तद् विजिज्ञासस्व ।
तद् ब्रह्मेति । स तपोऽतप्यत । स तपस्तप्त्वा ॥१॥

브리구르바이 바루니흐 | 바루남 피타라무파사사라 |
아디히 바가보 브라흐메티 | 타스마 에타트 프로바차 |
안남 프라남 차크슈흐 스로트라 마노 바차미티 | 탐 호바차 |
야토 바 이마니 부타니 자얀테 | 예나 자타니 지반티 |
야트 프라얀트야비삼비산티 | 타드 비지그야사스바 |
타드 브라흐마티 | 사 타포아타프야타 |
사 타파스타프트바 ‖ 1 ‖

브리구흐=브리구; 바이=진실로; 바루니흐=바루나의 아들; 바루남=바루나; 피타람=아버지; 우파사사라=다가가는; 아디히=선포하다; 바가바흐=존경받는 자; 브라흐마=브라흐만; 이티=그러므로; 타스마이=그에게; 에타트=그러므로; 프로바차=가르쳤다; 안남=음식; 프라남=생명의 공기; 차크슈흐=보는 것; 스로트람=듣는 것; 마나흐=마음; 바참=언어; 이티=그러므로; 탐=그에게; 우바차=말했다; 야타흐=어디서; 이마니=이러한 것들; 부타니=존재; 자얀테=태어나다; 예나=그것에 의해; 자타니=태어난; 지반티=살아남은; 야트=그것; 프라얀티=벗어난; 아비삼비산티=들어가다; 타트=그것; 비지그야사스바=지혜를 구함; 타트=그것; 브라흐마=브라흐만; 사흐=그는; 타파흐=고행; 아타프야타=행한.

명성이 높은 브리구 바루니는 그의 아버지 바루나에게 다가가 말하였다. "존귀하신 분이여, 내게 브라흐만에 대한 가르침을 주소서." 바루나는 "브라흐만은 음식, 생명의 공기, 보는 것, 듣는 것, 마음, 언어를 통하여 알 수 있다"라고 하였다. 그리고 "태어나고, 생명을 유지하고, 죽은 후 스며드는 모든 존재들에게서 그 지식을 구하라, 그것이 브라흐만이다"라고 말해 주었다. 그런 후 브리구는 고행을 하였다.

이 장은 수행자인 '브리구의 장' 이지만 '희열의 장' 이라고도 한다. 브리하드아란야카 우파니샤드(제4장 제4편 8절)에서 "브라흐만은 삶의 프라나 에너지이며 생기(生氣) 중의 생기이다"라고 하였다. 프라나는 브라흐만이며 가장 근원적인 요소이다. 또한 고행인 타파흐는 집중을 위해 행하는 가장 영적인 수행이다.

2

अन्नं ब्रह्मेति व्यजानात्।
अन्नाद्ध्येव खल्विमानि भूतानि जायन्ते।
अन्नेन जातानि जीवन्ति। अन्नं प्रयन्त्यसिंविशन्तीति।
तद्विज्ञाय। पुनरेव वरुणं पितरमुपससार।
अधीहिभगवो ब्रह्मेति। तम् होवाच।
तपसा ब्रह्म विजिज्ञासस्व। तपो ब्रह्मेति।
स तपोऽतप्यत। स तपस्तप्त्वा ॥२॥

안남 브라흐메티 브야자나트|
안나뜨에바 칼비마니 부타니 자얀테|
안네나 자타니 지반티| 안남 프라얀트야비산비산티티|
타드비그야야| 푸나레바 바루남 피타라무파사사라|
아디히 바가보 브라흐메티| 탐 호바차|
타파사 브라흐마 비지그야사스바| 타포 브라흐메티|
사 타포아타프야타| 사 타파스타프타바2 ||

안남=음식; 브라흐마=브라흐만; 이티=그러므로; 브야자나트=이해하다; 안나트=음식으로부터; 에바=진실로; 칼루=확실히; 이마니=이러한 것들; 부타니=존재; 자얀테=태어나다; 지반티=살다; 안남=음식; 프라얀티=벗어나는; 아비삼비산티=들어가다; 이티=그러므로; 타트=그것; 비그야야=이해하는; 푸나흐에바=다시; 바루나흐=바루나; 피타람=아버지; 우

타이띠리야 우파니샤드 305

파사사라=다가가는; 아디히=기르치다; 바가바흐=존경받는; 자타금=그에게; 우바차=말했다; 타파사=고행; 비지그야스바=지혜를 구함; 아타프야타=행한; 타프트바=행해진.

브리구는 음식이 브라흐만이라는 것을 이해하였다. 실로 모든 존재들은 음식으로부터 태어나며 음식으로 살아가며, 생명을 다할 때 다시 음식으로 돌아간다. 그는 음식의 본성에 대한 진리를 알았다. 브리구는 다시 아버지 바루나에게 다가가 말하였다. "존귀하신 분이여, 내게 브라흐만에 대한 가르침을 주소서." 그러자 아버지는 아들에게 말했다. "고행을 통하여 브라흐만을 구하라, 고행은 실로 브라흐만이다." 브리구는 고행을 하였다.

왜 우리는 의심이 일어날까? 음식은 탄생을 보게 한다. 브라흐만은 태어난 것일까? 만약 태어난다면 죽을 것이다. 그것은 브라흐만이 아니다. 고행을 통한 집중이야말로 브라흐만을 알게 한다.

3 प्राणो ब्रह्मेति व्यजानात्।
प्राणाद्ध्येव खल्विमानि भूतानि जायन्ते।
प्राणेन जातानि जीवन्ति।
प्राणं प्रयन्त्यभिसंविशन्तीति। तद्विज्ञाय।
पुनरेव वरुणं पितरमुपससार।
अधीहि भगवो ब्रह्मेति। तम् होवाच।
तपसाब्रह्म विजिज्ञासस्व। तपो ब्रह्मेति।
स तपोऽतप्यत। स तपस्तप्त्वा ॥३॥

프라노 브라흐메티 브야자나트|
프라나뜨예바 칼리바마티 부타니 자얀테|
프라네나 자타니 지반티|
프라남 프라얀트야비삼비산티티| 타드비그야야|
푸나레바 바루남| 피타라무파사사라|
아디히 바가보 브라흐메티| 탐 호바차|
타파사 브라흐마 비지그야사스바| 타포 브라흐메티|
사 타포아타프야타| 사 타파스타프트바 ∥ 3 ∥

프라나흐=호흡; 브라흐마=브라흐만; 이티=그러므로; 브야지
나트=지혜; 에바=실로; 칼루=확실히; 이마니=이러한 것들;
부타니=존재; 자타니=태어난; 지반티=살다; 프라얀티=벗어

타이띠리야 우파니샤드 307

난; 아비삼비산티=들어가다; 이티=그러므로; 타트=그것; 비그야야=지혜; 푸나흐에바=다시; 바루나흐=바루나; 피타람=아버지; 우파사사라=다가가는; 아디히=가르치다; 바가바흐=존경받는 자; 이티=그러므로; 탐=그에게; 우바차=말했다; 타파사=속죄; 비지그야스바=지혜를 구함; 브라흐마=브라흐만; 이티=그러므로; 사흐=그; 타파흐=고행; 아타프야타=행해진.

브리구는 호흡인 프라나가 브라흐만이라는 것을 이해하였다. 실로 모든 존재들은 프라나로부터 태어나고, 프라나에 의해 살아가며, 생명을 다할 때 프라나로 돌아간다. 그는 프라나의 본성에 대한 진리를 알았다. 브리구는 다시 아버지 바루나에게 다가가 말했다. "존귀하신 분이여, 내게 브라흐만에 대한 가르침을 주소서." 그러자 아버지는 그에게 말하였다. "고행을 통하여 브라흐만을 구하라, 고행은 브라흐만이다." 브리구는 고행을 하였다.

4 मनो ब्रह्मेति व्यजानात् ।

मनसो ह्येव खल्विमानि भूतानि जायन्ते ।

मनसा जातानि जीवन्ति ।

मनः प्रयन्त्यभिसंविशन्तीति । तद्विज्ञाय ।

पुनरेव वरुणं पितरमुपससार । अधीहि भगवो ब्रह्मेति ।

तग्ं होवाच । तपसा ब्रह्म विजिज्ञासस्व ॥

तपो ब्रह्मेति । स तपोऽतप्यत । स तपस्तप्त्वा ॥४॥

나모 브라흐메티 브야자나트| 마나소 흐예바 칼리바마티|
부타니 자얀테| 마나사 자얀티 지반티|
마나흐 프라얀트야비삼비샨티티| 타드비그야야|
푸나레바 바루남 피타라무파사사라| 아디히 바가보 브라흐메티|
탐 호바차| 타파사 브라흐마 비지그야사스바|
타포 브라흐메티| 사 타포아타프야타| 사 타파스타프트바
∥4∥

나마흐=귀의합니다; 브라흐마=브라흐만; 이티=그러므로; 브야자나트=이해하다; 마나사흐=마음으로; 에바=진실로; 칼루=확실히; 이마니=이러한 것들; 부타니=존재; 자얀테=태어나다; 자티니=태어난; 지반티=살다; 프라얀티=벗어난; 아비삼비샨티=들어가다; 이티=그러므로; 타트=그것; 비그야야=아

는; 푸나흐 에바=다시; 바루남=바루나; 피타람=아버지; 우파사사라=다가가는; 아디히=가르치다; 바가바흐=존경받는 자; 브라흐마=브라흐만; 이티=그러므로; 탐=그에게; 우바차=말했다; 타파사=속죄; 비지그야사스바=지혜를 구함; 타파흐=고행; 이티=그러므로; 사흐=그는; 아타프야타=행해진; 타프트바=행한.

그는 마음인 마나스가 브라흐만이라는 것을 이해하였다. 실로 모든 존재는 마나스로부터 태어났고, 마나스에 의하여 살아가며, 생명을 다할 때 마나스로 돌아간다. 그는 마나스의 본성에 대하여 알았다. 브리구는 다시 아버지에게 다가가 말하였다. "존귀하신 분이여, 내게 브라흐만에 대한 가르침을 주소서." 아버지는 그에게 말했다. "고행을 통하여 브라흐만을 구하라, 고행이 브라흐만이다." 브리구는 고행을 하였다.

5 विज्ञानं ब्रह्मेति व्यजानात्।
विज्ञानाद्ध्येव खल्विमानि भूतानि जायन्ते।
विज्ञानेन जातानि जीवन्ति।
विज्ञानं प्रयन्त्यभिसंविशन्तीति। तद्विज्ञाय।
पुनरेव वरुणं पितरमुपससार। अधीहि भगवो ब्रह्मेति।
तम् होवाच। तपसाब्रह्म विजिज्ञासस्व।
तपो ब्रह्मेति। स तपोऽतप्यत। स तपस्तप्त्वा ॥५॥

비그야남 브라흐메티 브야자나트| 비그야나뜨예바|
칼비마니 부타니 자야테| 비그야네나 자타니 지반티|
비그야남 프라얀트야비삼비사티티|
타드비그야야| 푸나레바 바루남 피타라무파사사라|
아디히 바가보 브라흐메티| 탐 호바차|
타파사브라흐마 비지그야사스바| 타포 브라흐메티|
사 타포아타프야타| 사 타파스타프트바 ‖ 5 ‖

비그야남=지혜; 브라흐마=브라흐만; 이티=그러므로; 브야자나트=이해하다; 에바=진실로; 칼루=확실히; 이마니=이러한 것들; 부타니=존재; 자야테=태어나다; 자타니=태어난; 지반티=살다; 프라얀티=벗어난; 아비삼비산티=들어가다; 이티=그러므로; 타트=그것; 비그야야=이해하는; 푸나흐에바=다시; 바루남=바루나; 피타람=아버지; 우파사사라=다가간; 아디히=가르치다; 바가바흐=존경받는 자; 탐=그에게; 우바차= 말했다; 타파사=속죄; 비지그야사스바=지혜를 구함; 타파흐 =고행; 사흐=그는; 아타프야타=행해진; 타프트바=행한.

브리구는 지혜인 비그야나가 브라흐만이라는 것을 이해하였다. 실로 모든 존재들은 비그야나로부터 태어나고, 비그야나에 의해 삶을 살며, 생명을 다할 때 비그야나로 돌아간다. 그는 비그야나의 본성을 알았다. 브리구는 다시 아버지 바루나에게 다가가 말하였다. "존귀하신 분이여, 브라흐만에 대한 가르침을 주소서." 그러자 아버지는 그에게 말했다. "고행을 통하여 브라흐만을 구하라 고행은 브라흐만이다." 브리구는 고행을 하였다.

6 आनन्दो ब्रह्मेति व्यजानात्।

आनन्दाद्ध्येव खल्विमानि भूतानि जायन्ते।

आनन्देन जातानि जीवन्ति।

आनन्दं प्रयन्त्यभिसंविशन्तीति।

सैषा भार्गवी वारुणी विद्या। परमे व्योमन्प्रतिष्ठिता।

स य एवं वेदप्रतितिष्ठति।अन्नवानन्नादो भवति।

महान् भवति प्रजया पशुभिर्ब्रह्मवर्चसेन।

महान् कीर्त्या ॥६॥

아난도 브라흐메티 브야자나트| 아난다뜨에바 칼비마티|
부타니 자얀테| 아난데나 자타니 지반티|
아난담 프라얀트야비삼비산티티|
사이샤 바르가비 바루니 비드야| 파라메 브요만프라티쉬티타|
사 야 에밤 베다 프라티티쉬타티| 안나바난나도 바바티|
마한 바바티 프라자야 파수비르브라흐마바르차세나|
마한 키르트야 ‖ 6 ‖

아난다흐=기쁨; 브라흐마=브라흐만; 이티=그러므로; 브야자나트=이해하다; 에바=진실로; 칼루=확실히; 이마니=이러한 것들; 부타니=존재; 자얀테=태어나다; 자타니=태어난; 지반티=살다; 프라얀티=벗어난; 아비삼비샨티=들어가다; 이티=그러므로; 사흐에샤=잘 알려진; 바르가비 바루니=비르구와 바루나; 비드야=지식; 파라메=가장 높은; 브요만=가슴속에; 프라티쉬티타=근원이 되는; 사흐=그는; 야흐=누구; 에밤=그러므로; 베다=생각하다; 프리티쉬티티=확립되다; 안나반=음식의 가진 자; 안나다흐=음식을 먹는 자; 바바티=~이 되다; 마한=위대한; 바바티=~이 되다; 프라자야=자손으로; 파수비흐=가축으로; 브라흐마바르차세나=신성한 지식의 광휘으로; 키르트야=명성을 통하여; 마한=위대한.

그는 희열이 브라흐만이라는 것을 이해하였다. 실로 모든 존재들은 희열로부터 탄생하였으며, 희열에 의하여 삶을 살아가고, 죽음에 이르렀을 때 희열 속으로 돌아간다. 브리구와 바루나의 지식은 가장 높은 지식의 근원이며, 지고의 희열은 지식의 동굴 속에 감추어져 있다. 그러므로 그것을 아는 자들은 확고하게 되리라. 브리구는 음식을 먹고 그것을 흡수하고 즐기는 힘을 얻었도다. 그는 자손과 가축과 신성한 지식의 광휘로 위대한 존재가 되었도다. 그는 진리의 행위로 인한 명성을 통하여 위대한 존재가 되었도다.

7 अन्नं न निन्द्यात्। तद् व्रतम्। प्राणो वा अन्नम्।
शरीरमन्नादम्। प्राणे शरीरं प्रतिष्ठितम्।
शरीरे प्राण प्रतिष्ठितः। तदेतदन्नमन्ने प्रतिष्ठितम्।
स य एतदन्नमन्ने प्रतिष्ठितं वेद प्रतितिष्ठति।
अन्नवानन्नादो भवति।
महान् भवति प्रजया पशुभिर्ब्रह्मवर्चसेन।
महान् कीर्त्या ॥७॥

안남 나 닌드야트| 타드 브라탐| 프라노 바 안남|
사리라만나담| 프라네 사리람 프라티쉬티탐|
사리레 프라나 프라티쉬티타흐| 타데타단나마네 프라티쉬티탐|
사 야 에타단나마네 프라티쉬티탐 베다 프라티쉬티타|
안나바난나도 바바티|
마한 바바티 프라자야 파수르비브라흐마바르차세나| 마한 키트르야 ‖ 7 ‖

안남=음식; 나=아니다; 닌드야트=비난하여야 한다; 타트=그것; 브라탐=경건한 의례; 프라나흐=호흡; 바이=진실로; 안남=음식; 사리람=몸; 안나담=음식을 먹는 자; 사리람=몸; 프라티쉬티탐=성취하다; 사리레=몸 안으로; 프라나흐=생명; 프라티쉬티타흐=성취된; 타트=그것; 에타트=이것; 안남=음

타이띠리야 우파니샤드 315

식; 안네=음식 속에; 프라티쉬티탐=성취된; 사흐=그는; 야=누구; 베다=알다; 프리티쉬티타티=성취되었다.

음식을 무가치하게 대하지 말라. 경건한 의례로 그것을 받들어야 한다. 삶은 실로 음식이니, 몸은 음식을 섭취하는 자이며, 삶은 몸을 토대로 한다. 음식은 음식에서 생성되나니, 그것을 알고 명상하는 이는 진실로 성취하리라. 그러한 이는 음식을 즐기며 풍부한 음식을 얻으리라. 또한 자손과 가축과 신성한 지식의 광휘로 위대한 존재가 될 것이며, 진리의 행위로 인한 명성을 통하여 위대한 존재가 되리라.

8

अन्नं न परिचक्षीत । तद् व्रतम् ।
आपो वा अन्नम् । ज्योतिरन्नादम् ।
अप्सु ज्योतिः प्रतिष्ठितम् ।
ज्योतिष्यापः प्रतिष्ठिताः । तदेतदन्नमन्ने प्रतिष्ठितम् ।
स य एतदन्नमन्ने प्रतिष्ठितं वेद प्रतितिष्ठति ।
अन्नवानन्नादो भवति ।
महान् भवति प्रजया पशुभिर्ब्रह्मवर्चसेन ।
महान् कीर्त्या ॥८॥

안남 나 파리차크쉬탐| 타드 브라탐| 아포 바 안남|
죠티란나담| 아프수 죠티흐 프라티쉬티탐|

죠티쉬야파흐 프라티쉬티타흐| 타데타단나만네 프라티쉬티탐|
사 야 에타단나만네 프라티쉬티탐 베다 프라티티쉬타티|
안나바난나도 바바티|
마한 바바티 프라자야 파수비르브라흐마바르차세나|
마한 키트르야 || 8 ||

안남=음식; 나=아니다; 파리차크쉬타=무시하다; 타트=그것; 브라탐=경건한 의례; 아파흐=물; 바이=진실로; 안남=음식; 죠티흐=빛; 안나담=음식을 먹는 자; 아프수=물속에; 죠티흐=빛; 프라티쉬티탐=성취된; 죠티쉬=빛으로; 아파흐=물; 프라티쉬티타흐=성취된.

음식을 거부하지 말라. 경건한 의례로서 그것을 받들어야 한다. 물은 실로 음식이며, 불은 음식을 취한다. 불은 물로 확고해지며, 물은 불로 확고하게 되나니. 음식은 음식으로부터 나오는 것이다. 그것을 알고 명상하는 이는 진실로 성취하리라. 그러한 이는 음식을 즐기며 풍부한 음식을 얻으리라. 또한 자손과 가축과 신성한 지식의 광휘로 위대한 존재가 될 것이며, 진리의 행위로 인한 명성을 통하여 위대한 존재가 되리라.

9 अन्नं बहु कुर्वीत । तद् व्रतम् ।

पृथिवी वा अन्नम् । आकाशोऽन्नादः ।

पृथिव्यामाकाशः प्रतिष्ठितः । आकाशे पृथिवी प्रतिष्ठिता ।

तदेतदन्नमन्ने प्रतिष्ठितम् ।

स य एतदन्नमन्ने प्रतिष्ठितं वेद प्रतितिष्ठति ।

अन्नवानन्नादो भवति ।

महान् वति प्रजयापशुर्ब्रह्मवर्चसेन ।

महान् कीर्त्या ॥९॥

안남 바후 쿠르비타| 타드 브라탐| 프리티비 바 안남|
아카소안나다흐| 프리트브야마카사흐 프라티쉬티타흐|
아카소 프리티비 프라티쉬티타| 타데타단나만네 프라티쉬티탐|
사 야 에타단나만네 프라티쉬타남 베다 프라티티쉬타티|
안나바난다도 바바티|
마한 바바티 프라자야 파수비르브라흐마바르차세나|
마한 키르트야 ‖ 9 ‖

안남=음식; 바후=많이; 쿠르비타=생산되어야 한다; 타트=그것; 브라탐=경건한 의례; 프리티비=땅; 바이=실로; 안남=음식; 아카사흐=공간; 안나다흐=음식을 먹는 자; 프리티쉬티타흐=성취된.

음식을 풍요롭게 생산하라. 경건한 의례로서 그것을 받들어야 한다. 대지는 실로 음식이며, 창공은 음식을 섭취하도다. 창공은 대지 위에 확립되며, 대지는 창공에서 확립되나니. 음식은 음식으로부터 나오는 것이다. 그것을 알고 명상하는 이는 진실로 성취하리라. 그러한 이는 음식을 즐기며 풍부한 음식을 얻으리라. 또한 자손과 가축과 신성한 지식의 광휘로 위대한 존재가 될 것이며, 진리의 행위로 인한 명성을 통하여 위대한 존재가 되리라.

10-1

न कंचन वसतौ प्रत्याचक्षीत । तद् व्रतम् ।

तस्माद् यया कया च विधया बह्वन्नं प्राप्नुयात् ।

अराध्यस्मा अन्निमित्याचक्षते ।

एतद् वै मुखतोऽन्नं राद्धग् ।

मुखतोऽस्मा अन्नम् राध्यते ।

एतद् वै मध्यतोऽन्नम्राद्धम् ।

मध्यतोऽस्मा अन्नम् राध्यते ।

एतद् वा अन्ततोऽन्नम् राद्धम् ।

अन्ततोऽस्मा अन्नम् राध्यते । य एवं वेद ।१०-१।

나 캄차나 바사타우 프라트야차크쉬타| 타드브라탐|
타스마드야야 카야 차 비다야 바흐반남 프라나누야트|

아라드야스마 안나미트야차크샤테|
에타드바이 무카토안남 라땀| 무카토아스마 안남 라드야테|
에타드바이 마드야토안남 라땀| 마드야토아스마 안남 라드야테|
에타드바 안타토안남 라땀| 안타토아스마 안남 라드야테|
야 에밤 베다|10-1|

나=아니다; 캄차나=아무도; 바사타우=머무르는 곳에; 프라트야차크쉬타=하지 말아야 한다; 타트=그것; 브라탐=경건한 의례; 타스마트=그러므로; 비다야=의미에 의해; 바후=풍부한; 안남=음식; 프라프누야트=도달하게 하는; 아라디=준비된; 아스마이=이것을 위하여; 안남=음식; 이티=그러므로; 아차크샤테=~라고 여기다; 에타트=이것; 바이=진실로; 무카타흐=최고의 속성으로; 안남=음식; 라땀=준비된; 아스마이=그에게; 라드야테=돌아가다; 마드야타흐=중간의 속성으로; 안타타흐=가장 낮은 속성으로; 야흐=누구; 에밤=그러므로; 베다=알다.

자신이 거하는 곳에 찾아오는 사람은 누구라도 거절하지 말라. 경건한 의례로서 그것을 받들어야 한다. 어떻게 해서든 풍부한 음식으로 대접하라. 손님을 위한 음식을 준비하여 집안의 가장임을 알리라. 준비된 음식을 훌륭한 예절로 손님에게 대하면 그와 같은 대접을 받을 것이며, 적당히 대접하면 적당히 대접받을 것이며, 홀대하면 홀대받을 것이니. 이것을 아는 자는 덕망을 얻으리라.

10-2 क्षेम इति वाचि। योगक्षेम इति प्राणापानयोः।
कर्मेति हस्तयोः। गतिरिति पादयोः।
विमुक्तिरिति पायौ। इति मानुषी समाज्ञाः।
अथ दैवीः। तृप्तिरिति वृष्टौ। बलमिति विद्युति।
यश इति पशुषु। ज्योतिरिति नक्षत्रेषु।
प्रजातिरमृतमानन्द इत्युपस्थे। सर्वमित्याकाशे।
तत्प्रतिष्ठेत्युपासीत। प्रतिष्ठावान् भवति।
तन्मह इत्युपासीत। महान् भवति।
तन्मन इत्युपासीत मानवान् भवति।
तन्नम इत्युपासीत। नम्यन्तेऽस्मै कामाः।
तद् ब्रह्मेत्युपासीत। ब्रह्मवान् भवति।
तद् ब्रह्मणः परिमर इत्युपासीत।
पर्येणं म्रियन्ते द्विषन्तः सपत्नाः।
परिये ऽप्रिया भ्रातृव्याः।१०-२।

크셰마 이티 바치| 요가크셰마 이티 프라나파나요흐|
카르메티 하스타요흐| 가티리티 파다요흐|
비무크티리티 파야이|이티 마누쉬흐 사마그야흐|

아타 다이비흐| 트리프티리티 브리쉬타우|
발라비티 비드유티|야사 이티 파수슈|
죠티티리티 나크샤트레슈|
프라자티라므리타마난다 이트유파스테|
사르바미트야카세| 타트프라티쉬테트유파시타|
프라티쉬타반 바바티| 탄마하 이트유파시타|
마한바바티| 탄마나 이트유파시타| 마나반바바티|
탄나마 이트유파시타| 남얀테아스마이 카마흐|
타드브라흐메트유파시타| 브라흐마반바바티|
타드브라흐마나흐 파리마라 이트유파시타|
파르예남 브리얀테 드비샨타흐| 사파트나흐|
파리예아프리야 브라트리브야흐|10-2|

크셰마흐=보존; 이티=그러므로; 바치=언어로; 요가크셰마=성취하고 보존함; 프라나파나요흐=프라나와아파나로; 카르마=행위; 이스타요흐=손으로; 가티흐=몸짓; 파다요흐=발로; 비무크리티흐=배출; 파야우=항문에서; 마누쉬흐=인간에 속한 명상; 사마그야흐=묵상; 아타=그런 다음; 다이비흐=신에게 맡긴; 트리프티흐=만족; 브리쉬타우=빛 속에서; 발람=힘; 비드유티=빛 속에서; 야사흐=명성; 파수슈=가축으로; 죠티흐=빛; 나크샤트레슈=별 속에; 프라자티흐=자손을 낳다; 암리탐=불멸; 아난담=은총; 우파스테=생식기관; 사르밤=모든 것; 아카소=공간에서; 타트=그것; 프라티쉬타=근원; 우파시타=명상을 해야 한다; 프라티쉬타반=부양된; 바바티=~이 되다; 마하흐=위대함; 이티=그러므로; 마한=위대한; 마나흐=마음; 마나반=마음에 남는; 나마흐=경배하다; 남얀테=엎드려 절하다; 아스야이=그에게; 카마흐=욕망하다; 브

라흐마=브라흐만; 브라흐마반=지고의 것을 소유한; 바바티
=~이 되다; 타트=그것; 브라흐마나흐=브라흐마의; 파리마
라=우주적인 흡수; 이티=그러므로; 우파시타=명상을 해야 한
다; 파리=주위에; 에남=그에게; 므리얀테=죽다; 드비샨타흐
=증오에 찬; 사파트나흐=적들; 파리=죽다; 예=그것; 아프리
야=싫어하는; 브라트리브야흐=원수들.

그러므로 언어 속에 보존함으로써, 프라나와 아파나에 보존
함으로써, 손으로 하는 행위로서, 발의 움직임으로써, 항문을
통한 배설로서 인간과 연결되어 있는 신성에 대하여 명상하
라. 그런 다음, 비의 충만함으로서, 빛의 힘으로써, 가축의 명
성으로서, 별의 빛으로서, 자손을 생산함으로써, 불멸함과 생
식기관의 희열, 창공의 모든 것으로서, 인간과 연결되어 있는
신성에 대하여 명상하라. 모든 것의 근원에 명상하라. 그러
면 모든 것의 근원이 되리라. 위대함에 명상하라. 그러면 위대
하게 되리라. 마음에 명상하라. 그러면 세밀한 마음을 얻으리
라. 경배하며 명상하라. 그러면 원하는 모든 것들이 그대 앞에
엎드려 절하리라. 지고의 존재에게 명상하라. 그러면 최고의
지식을 소유하게 되리라. 파괴적인 힘에 명상하라. 그러면 증
오에 찬 적들과 원수들이 목숨을 잃으리라.

모든 자연 현상인 비, 눈, 빛, 달, 태양, 불은 공간 안으로 사라진
다. 마치 브라흐만이 그들을 죽이는 것과 같다. 누가 먹는 것이며 먹
히는 것인가? 그것은 하나이다.

10-3 स यश्चाय पुरुषे । यश्चासावादित्ये । स एकः ।
स य एवंवित् ॥ अस्माल्लोकात्प्रेत्य ।
एतंमन्नमयमात्मानमुपसङ्क्रम्य ।
एतं प्राणमयमात्मानमुपसङ्क्रम्य ।
एतं मनोमयमात्मानमुपसङ्क्रम ।
एतं विज्ञानमयमात्मानमुपसङ्क्रम्य ।
एतंमानन्दमयमात्मानमुपसङ्क्रम्य ।
इमांल्लोकान् कामान्नी कामरूप्यनुसञ्चरन् ।
एतत् साम गायन्नास्ते । हाउ हाउ हाउ ।
अहमन्नमहमन्नमहमन्नम् ।
अहमन्नादो अहमन्नादो अहमन्नादः ।
अहम्ं श्लोककृदहम्ं श्लोककृदहम्ं श्लोककृत् ।
अहमस्मि प्रथमजा ऋता अस्य ।
पूर्वं देवेभ्यो अमृतस्य ना भायि ।
यो मा ददाति स इदेव माअवाः ।
अहमन्नमन्नमदन्तमा अद्मि ।

अहं विश्वं भुवनमभ्यभवाम् । सुवर्नं ज्योतीः ।
य एवं वेद । इत्युपनिषत् ।१०-३ ।

사 야스차얌 푸루셰| 야스차사바다트예| 사 에카흐|
사 야 에밤비트| 아스말로카트프레트야|
에탐만나마야마트마나무파상크람야|
에탐 프라나마야마트마나무파상크람야|
에탐 마노마야마트만무파상크라마|
에탐 비그야나마야마트마나무파상크람|
에탐마노만다야마트마나무파상크람|
이마믈로칸카만니 카마루프야누삼차란|
에타트 사마 가얀나스테| 하우 하우 하우|
아하만나마하만나마하만남|
아하만나도 아하만나도 아하만나다 흐|
아함 슬로카크리다함 슬로카크리다함 슬로카크리탐|
아하마스미 프라타마자 리타스야|
푸르밤 데베브요암리타스야 나 바이|
요 마 다다티 사 이데바 마아바흐|
아하만나만나마단타마드미|
아함 비스밤 부바나마브야바밤|
수바르남 죠티흐| 야 에밤 베다|
이트유파니샤트|10-3|

사흐=그는; 야흐=누구; 푸루셰=인간; 아디트예=태양; 사흐=
그는; 에카흐=하나의; 에밤비트=지고의 상태를 아는 자; 아스마트=이것으로부터; 로카트=세상으로부터; 프레트야=분리된; 이만=이것들; 로칸=세상; 카만니=원하는 음식을 얻는; 카마루티=원하는 형상을 얻는; 아누산차란=가로지르는; 에타트=이것; 사마=사만; 가야=노래하는; 아스테=남다; 하우=오, 놀랍도다!; 아함=나는; 안남=음식; 안나다흐=음식을 먹는 자; 슬로카크리트=결합하다; 프라타마자흐=처음 태어난; 리타스야=우주의 질서; 푸르밤=먼저; 데베브야흐=신들보다; 암리타스야=불멸함의; 나 바이=배꼽; 야흐=누구; 마=나에게; 다다티=주다; 사흐=그는; 이트=확실히; 에바=홀로; 아바흐=보호하다; 아함=나는; 안남=음식; 아단탐=음식을 먹는 자; 아드미=먹다; 아함=나는; 비스밤=전체; 부바남=세상; 아브야바밤=정복하다; 수바라=태양; 나=좋아하다; 죠티흐=빛; 야흐=누구; 에밤=그러므로; 베다=알다; 이티=그러므로; 우파니샤트=신성한 지혜.

그리고 이곳에 있는 인간과 저곳에 있는 태양의 존재는 하나이며, 같도다. 그러므로 이러한 세상으로부터 분리되는 것을 아는 자는 음식, 호흡, 마음, 지혜, 희열인 안나, 프라나, 마나흐, 브그야나, 아난다로 이루어진 아트만을 완전히 초월하리라. 또한 이 세상에서 원하는 대로 음식을 즐기며, 원하는 대로 그 대상을 얻으리라. 그리고 사만의 노래를 부르리라. 오, 놀랍도다! 오, 놀랍도다! 오, 놀랍도다! 나는 음식이다! 나는 음식이다! 나는 음식이다! 나는 음식을 취하는 자이다! 나는 음식을 취하는 자이다! 나는 음식을 취하는 자이다! 나는 합일된 자이다! 나는 합일된 자이다! 나는 합일된 자이다! 나는 우주의 질서에 의해 최초로 탄생한 자이다! 나는 신들 중의 최고이며, 모든 것의 중심이며, 불멸함의 근원이로다! 나

에게 바치는 자를 보호하나니! 나는 음식이며, 음식을 취하는 자를 먹는 자이다! 나는 세상 전체를 정복하는 자이다! 나는 태양과 같은 광휘이니. 이것을 아는 자는 신성한 지혜를 아는 자이다.

고행에 의하여 이중성은 죽게 되고 마음이 하나 된다. 모든 것은 하나이며 하나는 모든 것이다.

프라스나 우파니샤드

प्रश्न उपनिषद्

프라스나 우파니샤드는 아타르바 베다에 속하는 경전이다. 프라스나라는 의미는 '질문하다'라는 뜻이다. 이 의미처럼 프라스나 우파니샤드는 연속되는 질문을 기초로 한다. 우리의 마음은 언제나 우리 자신과 동일화하려고 한다. 언제나 '나'를 말하며, '나는 누구인가'라고 한다. 프라스나 우파니샤드는 젊은 수행자가 영적인 진리를 이해하기 위하여 수행 실천을 원하는 것이다. 그럼에도 경전을 이해하지 못하고 혼란을 느낀다. 그러할 때 그 시대에 가장 위대한 수행자 피팔라다에게 다가가 가르침을 받게 된다. 어떻게 진리를 실현할 수 있는가? 스승은 이러한 지혜는 태양과 같다고 한다. 이미 태양을 본 자에게 누구도 그것이 태양이라고 가르쳐 줄 필요가 없다. 마찬가지로 진리는 아는 이를 만났을 때 그는 그 스스로 아는 것을 말할 것이다. 문다카 우파니샤드에서는 "브라흐만을 아는 이가 바로 브라흐만이 되는 것이다"라고 말하였다 뮨다카 우파니샤드와 프라스나 우파니샤드는 닮은 점이 많다. 문다카 우파니샤드가 경전이라면 프라스나 우파니샤드는 주석서이고, 문다카 우파니샤드가 시적인 표현이 많다면 프라스나 우파니샤드는 산문적인 표현이 많다고 할 수 있다. 그러나 그 둘에서 공통점을 발견할 것이다. 우리의 시야는 외부를 보는 것으로부터 시작하여 내면으로 들어가 세밀함을 파악한다. 이것은 외부적인 대우주의 세계로부터 내부적인 소우주까지를 말하는 것이다. 우리는 무한한 존재가 하나이며 같다는 것을 느낀다. 그것이 결론이다.

ॐ भद्रं कर्णेभिः शृणुयाम देवाः भद्रं पश्येमाक्षभिर्यजत्राः ।
स्थिरैरङ्गैस्तुष्टुवांसस्तनूभिर्व्यशेम देवहितं यदायुः ॥
स्वस्ति न इन्द्रो वृद्धश्रवाः सवस्ति नः पूषा विश्ववेदाः ।
स्वस्ति नस्ताक्ष्र्यो अरिष्टनेमिः स्वस्ति नो बृहस्पतिर्दधातु ॥
ॐ शान्तिः शान्तिः शान्तिः ॥

옴 바드람 카르네비흐 스리누야마 데바 바드람 파셰마크샤비르야자트라흐|
스티라이랑가이스투쉬투밤사스타누비르브야세마 데바히탐 야다유흐 ‖
스바스티 나 인드로 드리따스라바흐 스바스티 나흐 푸샤 비스바베다흐|
스바스티 나스타르크쉬요 아리쉬타네미흐 스바스티 노 브리하스파티르 다다투 ‖
옴 산티흐 산티흐 산티흐 ‖

바드람=상서로운 것, 예배의식; 카르네비흐=귀로; 스리누얌=듣는; 데바흐=신들; 파셰마=보다; 야자트라흐=경배받는, 성스러운 결과; 아크샤비흐=눈으로; 스티라이흐=소리; 앙가이흐=기관; 투쉬투밤사흐=당신을 찬미하면서; 타누비흐=몸; 브야세마=얻다; 데바히탐=신들에 의해; 야다유흐=삶의 순환; 스바스티=번영; 나흐=우리를 위하여; 인드라=신들의 주인; 푸샤=태양; 비스바데바흐=모든 것을 알고 있는; 타르크쉬요흐=천상의 새; 아리쉬타네미=모든; 해악으로부터 보호하는 자; 브리하스파티=기도의 신; 다다투=은총을 주다; 샨티흐=평화.

옴! 오 신들이여, 우리의 귀는 오직 상서로운 것만을 듣나이다.
예배의 성스러움으로 우리의 눈은 오직 성스러운 것만을 보나이다.
우리는 당신을 찬미하나니, 우리는 몸과 모든 기관들은 온전합니다.
우리의 삶은 신들의 뜻대로 지속되리니.
모든 신들에게 찬양받는 인드라여, 우리에게 은총을 내리소서.
모든 것을 알고 있는 푸샨이여, 우리에게 은총을 내리소서.
모든 해악으로부터 우리를 구원하는 타르크샤여, 우리에게 은총을 내리소서.
영적인 빛을 내리는 브리하스파티여, 우리에게 은총을 내리소서.
옴! 평화, 평화, 평화.

제1장
프라타마흐 프라스나흐
प्रथमः प्रश्नः
첫번째 질문

1 ॐ सुकेशा च भारद्वाजः । शैब्यश्च सत्यकामः ।
सौर्यायणी च गार्ग्यः । कौसल्यश्चाश्वलायनो ।
भार्गवो वैदर्भिः । कबन्धी कात्यायनस्ते हैते
ब्रह्मपरा ब्रह्मनिष्ठाः परं ब्रह्मान्वेषमाणा ।
एष ह वै तत् सर्वं वक्ष्यतीति ।
ते ह समित्पाणयो भगवन्तंपिप्पलादमुपसन्नाः ।१।

옴 수케사 차 바라드바자흐| 사이브야스차 사트야카마흐|
사우르야야니 차 가르그야흐| 카우살야스차스발라야노|
바르가보 바이다르비흐| 카반디 카트야야나스테 하이테
브라흐마파라 브라흐마니쉬타흐| 파람 브라흐만베샤마나|
에샤 하 바이 타트사르밤 바크쉬야티티|
테 하 사미트파나요 바가반탐 피팔라다무파산나흐|1|

수케사=바라드바자의 아들; 사이브야흐=시비의 아들; 사우르야야니=사우르야의 아들; 가르그야흐=가르가의 혈통; 카우살야=아스발라의 아들; 바르가바=브리구의 혈통; 카반디=카트야의 자손; 테 하 에테=이러한 사람들; 브라흐마파라흐=브라흐만에 헌신하는; 브라흐마니쉬타흐= 라흐만에 집중된 파람; 브라흐마=지고의 브라흐만; 안베샤마나흐=찾기 위해; 에샤 하 바이=여기에 사람이 있다; 타트=그것; 사르밤=모든 것; 바크쉬야티=가르칠; 사미트파나야흐=예배를 위한 연료를 손에 들고; 바가반탐=위대한; 피팔람=스승 피팔라다; 우파산나흐=다가가는.

수케사는 바라드바자의 아들이다. 사트야카마는 시비의 아들이다. 사우르야야니는 가르가 혈통의 아들이며 카우살야는 아스발라의 아들이다. 비다르바에서 태어난 바르가바는 브리구의 순수혈통이며, 카반디는 카트야의 아들이다. 이들은 모두 브라흐만에게 헌신하였으며, 브라흐만에 집중되어 있었다. 그들은 지고의 브라흐만을 성취하기 위해 '그 모든 것을 가르쳐 줄 분이 여기에 계시리라' 하며 장작 더미를 가지고 위대한 스승 피팔라다에게 갔다.

무엇이 브라흐만인가? 그것은 영원성이며 도달되어야 하는 것이다. 그것에 도달하기 위해 마음의 안정을 도모하고 그것에 도달된 이를 찾는 것이다.

2 तात् ह स ऋषिरुवाच भूय एव तपसा
ब्रह्मचर्येण श्रद्धया संवत्सरं
संवत्स्यथ यथाकामं प्रश्नान्पृच्छथ
यदि विज्ञास्यामः सर्वं ह वो वक्ष्याम इति ।२।

타트 하 사 리쉬루바차 부야 에바 타파사
브라흐마차르예나 스라따야 삼바트사람
삼바트스야타 야타카맘 프라스난 프리차타
야디 비그야스야마흐 사르밤 하 보
바크쉬야마 이티 | 2|

탄=그들에게; 사흐=그것; 리쉬흐=지혜로운 자; 우바차=말하다; 부야흐 에바=다시; 타파사=고행; 브라흐마차르예나=금욕의 맹세; 스라따야=믿음으로; 삼바트사람=1년 동안; 삼바트스야타=함께 살다; 야타카맘=당신이 좋은 대로; 프라스난 프리차타=질문하다; 야디=만일; 비그야스야마흐=알다; 사르밤=모든 것; 바크쉬야마흐=가르치다; 이티=그러므로.

그들에게 위대한 성자는 말하였다, "1년 동안 금욕의 고행을 실천하면서 믿음을 가지고 여기에 머물라. 그런 다음 그대들이 원하는 것을 나에게 물어보라. 나는 알고자 하는 모든 것을 가르쳐 줄 것이다."

피팔라다는 리쉬이다. 리쉬는 진리를 알고 보는 이이다. 여기에서 그는 좋은 제자의 특성을 가진 이를 원하는 것이다. 자기 통제와 수행의 실천, 스승에 대한 공경, 경전의 이해도를 보는 것이다.

3 अथ कबन्धी कात्यायन उपेत्य पप्रच्छ।
भगवन् कुतो ह वा इमाः प्रजाः प्रजायन्त इति।३।

아타 카반디 카트야야나 우페트야 파프라차|
바가반 쿠토 하 바 이마흐 프라자흐 프라자얀타 이티|3|

아타=1년 후에; 카반디=카트야의 아들; 우페트야=왔다; 파프라차=질문하다; 바가반=위대한 성인; 쿠타흐=어디서부터; 하 바=실로; 프라자야=이러한 존재들; 프라자얀테=오는가?

1년이 지난 후 카트야의 아들 카반디가 위대한 성자에게 물었다. "스승이시여, 이러한 모든 존재들은 실로 어디에서부터 나온 것입니까?"

카반디는 단계적으로 현상세계로부터 초월적인 브라흐만의 세계를 향해 질문한다.

4 तस्मै स होवाच प्रजाकामो वै प्रजापतिः
स तपोऽतप्यत स तपस्तप्त्वा स मिथुनमुत्पाद्यते।
रयिं च प्राणं चेत्येतौ मे बहुधा प्रजाः करिष्यत इति।४।

타스마이 사 호바차 프라자카모 바이 프라자파티흐
사 타포아타프야타 사 타파스타프트바 사 미투나무트파다야테|
라임 차 프라남 체트예타우메 바후다 프라자흐 카리쉬야타 이티|4|

타스마이=그에게; 사흐=그는; 히=실로; 우바차=말했다; 프라자카마흐=자손을 가지기 원하는; 프라자파티흐=모든 창조물의 주인; 타파흐=고행; 아타프야타=실천한; 사=그는; 타파흐=고행; 타프트바=완전한; 미투남=2개의; 우트파다야테=창조된; 라임=음식; 차=그리고; 프라남=호흡; 예타우=이러한 두 가지; 바후다=다양하게; 프라자흐 카리쉬야타=창조된 모든 것들; 이티=그러므로.

피팔라다는 그에게 대답했다. "모든 창조물의 주인인 프라자파티는 자손을 원한다. 그는 고행을 행하였으며, 고행으로 그는 음식과 호흡 한 쌍을 창조하였다. 이러한 한 쌍으로 다양한 창조물들이 나왔도다."

프라자파티는 모든 존재의 주인이라는 뜻인데 프라자는 '창조하는'

이며, 파티는 '모든 존재의 주인'이라는 뜻이다. 프라자파티는 어떻게 창조되는가? 인도 사상에서 우주는 창조되는 것이 아니라 세밀한 계획하에 발현되는 것이다. 마치 도공이 도자기를 만들듯이 우주는 프라자파티의 계획하에 발현되어 다시 그에게로 되돌려진다. 그러나 프라자파티는 우주의 발현에 어떠한 의도도 하지 않는다. 그는 단지 그 자신에게 몰입하고 집중함으로써 이원성이 생기는 것이다. 달인 라비는 음식이며, 물기가 있음으로 모든 존재가 성장한다. 그러나 음식은 누가 먹어줘야 한다. 태양인 프라나는 먹는 이이다. 그것이 삶이다. 프라나는 세 가지의 형태를 지닌다. 태양의 불, 우리를 따뜻하게 해주는 불, 음식을 통해 몸 안을 따뜻하게 해주는 불을 말한다. 음식과 삶은 각각 서로를 유지시켜 주는 역할을 한다. 달과 태양 그 둘은 다른 이름으로 분리되어 있지만 분리된 요소들이 아니다.

5 आदित्यो ह वै प्राणो रयिरेव चन्द्रमा रयिर्वा एतत्सर्वं यन्मूर्तं चामूर्तं च तस्मान्मूर्तिरेव रयिः ।५।

아디트요 하 바이 프라노 라이레바 찬드라마
라이르바 에타트 사르밤 얀무르탐 차무르탐 차
타스만무르티레바 라이흐|4|

아디트야흐=태양; 하 바이=실로; 프라나흐=호흡; 라이흐 에바=오직 음식; 찬드라마=달; 라이흐=음식; 에타트=이것; 사르밤=모든; 야트 무르탐=형상이 있는 것, 거친; 차=그리고;

아무르탐=형상이 없는 것, 섬세한; 타스마트=그것으로부터; 무르티흐=형상; 라이흐=음식.

태양은 실로 호흡이며 양분은 실로 달이다. 형상이 있는 것이나 형상이 없는 것은 양분이다. 섬세한 상태에서 나와 거친 상태로 분리된 것은 확실한 양분이 된다.

6

अथादित्य उदयन्यत्प्राचीं दिशं प्रविशति
तेन प्राच्यान्प्राणान्रश्मिषु सन्निधत्ते ।
यद्दक्षिणां यत्प्रतीचीं यदुदीचीं यदधो यदूर्ध्वं
यदन्तरा दिशो यत्सर्वं प्रकाशयति
तेन सर्वान्प्राणान्रश्मिषु सन्निधत्ते ।६।

아타디트야 우다얀야트프라침 디샴 프라비사티
테나 프라챤 프라난 라스미슈 산니다떼 |
야뜨크쉬남 야트 프라티침 야두디침 야다도 야두르드밤
야단타라 디소 야트 사르밤 프라카사야티
테나 사르반 프라난 라스미슈 산니다떼|6|

아타=지금; 아디트야흐=태양; 우다얀=떠오르는; 야트=그것; 프라침 디샴=동쪽의 방향; 프라비사티=움직이다; 테나=그것에 의해; 프라남=호흡, 생명; 라스미슈=빛 속으로; 산니다떼=흡수되다; 다크쉬남=서쪽 방향; 아다흐=내려가는, 천저; 우르드밤=올라가는, 천정; 안타라 디사흐=사이에; 사르밤=모든; 프라카사야티=빛나는.

지금 태양이 떠오르면서 동쪽의 방향으로 들어간다. 그것에 의해 동쪽의 빛으로 모든 창조물이 흡수된다. 그것은 남쪽으로 들어가고, 그것은 서쪽으로 들어가고, 그것은 북쪽으로 들어가고, 그것은 천저와 천정으로 도달하며, 그것은 12궁도의 중심으로 들어가며, 그것은 모든 것을 비춘다. 그것에 의해 모든 생명의 존재들을 그것의 빛으로 흡수한다.

7 स एष वैश्वानरो विश्वरूपः प्राणोऽग्निरुदयते। तदेतदृचाभ्युक्तम्।७।

사 에샤 바이스바나로 비스바루파흐 프라노아그니루다야테|
타데타드리차아브육탐|7|

사흐=그는; 에샤흐=하나; 바이스바나라흐=모든 창조물로 확인된; 비스바루파흐=모든 형상을 소유한; 아그니흐=불; 우다야테=발생하다; 리차=성스러운 음에 의해; 아브육탐=불리다.

그는 호흡과 불을 일으켰으며 모든 창조물과 일체되었다. 그리고 모든 형상들을 소유하였다. 그것은 오직 성스러운 음으로 불리도록 선포되었다.

프라나는 태양이며 외부적인 불이다. 몸 안에 또한 불이 있다. 태양은 아디다이비카이다. 그것은 천상의 세계와 연결되어 있다. 몸 안의 불은 아디바우티카이다. 그것은 원소와 연결되어 있다. 이것은 또한 삶과 연결되어 있는 아드야트미카이며 삶과 불이 연결되어 있는 것이다. 그래서 모든 것을 소모시키고 드러내는 것이다.

8 विश्वरूपं हरिणं जातवेदसं परायणं ज्योतिरेकं तपन्तम्। सहस्ररश्मिः शतधा वर्तमानः प्राणः प्रजानामुदयत्येष सूर्यः।८।

비스바루팜 하리남 자타베다삼 파라야남 죠티레캄 타판탐|
사하스라라스미흐 사타다 바르타마나흐 프라나흐
프라자나무다야트예샤 수르야흐|8|

비스바루팜=모든 형상을 소유한; 하리남=빛이 가득한; 자타베다산=빛으로 나타난; 파라야남=모든 생명이 의지하는; 죠티흐=빛으로; 에캄=하나의; 타판탐=열을 내는 것; 사하스라라스미흐=천 개의 빛을 가진; 사타다 바르타나마흐=백 개로 나타난; 프라나흐=호흡; 프라자남=창조물; 우다야트=발생한.

그는 모든 형상을 소유하며 빛으로 나타났다. 모든 생명이 그를 의지하며 빛으로 가득한 그는 열을 발산한다. 그는 천 개의 광선을 가진 태양으로 떠오르며 백 개의 형상으로 나타나며 그는 모든 창조물의 생명이다.

리그 베다와 우파니샤드에 나오는 가야트리 만트라는 "지상, 영혼, 천상의 세계에서 태양빛처럼 아름답고 절대적이며 찬란하게 빛나는 신성의 그대를 명상합니다. 우리에게 지혜의 빛을 주소서"라고 하였다.

9 संवत्सरो वै प्रजापतिस्तस्यायने दक्षिणं चोत्तरं च॥
तद्ये ह वै तदिष्टापूर्ते कृतमित्युपासते।
ते चान्द्रमसमेव लोकमभिजयन्ते। त एव पुनरावर्तन्ते॥
तस्मादेत ऋषयः प्रजाकामा दक्षिणं प्रतिपद्यन्ते।
एष ह वै रयिर्यः पितृयाणः।९।

삼바트사로 바이 프라자파티스타스야야네 다크쉬남 초따람 차॥
타드예 하 바이 타디쉬타푸르테 크리타미트유파사테।
테 찬드라마사메바 로카마비자얀테।
타 에바 푸나라바르탄테॥
타스마데타 리샤야흐 프라자카마 다크쉬남 프라티파드얀테।
에샤 하 바이 라이르야흐 피트리야나흐।9।

삼바트사라흐=연, 해; 프라자파티흐=창조물의 주인; 아야네=두 과정; 다크쉬남=남쪽; 우따람=북쪽; 차=그리고; 예 하 바이=그들의; 우파사테=따라오다; 타트=그것; 이쉬타푸르테=봉헌물; 크리탐=행위의 결과; 이티=그러므로; 우파사테=헌신적인 행위를 하는; 테=그들은; 찬드라마삼=달의; 로캄=세상의; 아비자얀테=도달하다; 에바=진실로; 푸나라바르탄테=다시 돌아오다; 타스마트=그러므로; 에테=이것들은; 리샤야흐=리쉬, 보는 자; 프라자카마흐=생식의 열망; 다크쉬남=남쪽의; 프라티파드얀테=가다; 에샤흐=이것; 하 바이=실로; 라이흐=물질; 야흐=그것; 피트리야나흐=죽은 영혼의 길.

1년은 창조주인 프라자파티이며, 그의 길은 동쪽과 서쪽 2개의 길이 있나니. 그들은 신성하고 미덕의 길을 따르며 행동한다. 그들은 달의 세상을 얻고 그 후에 다시 돌아간다. 그리하여 리쉬들은 남쪽의 길에 의해 자손을 번성시키고자 한다. 물질은 실로 죽은 영혼의 길이도다.

인간의 존재는 두 종류가 있는데 하나는 진리를 원하여 수행을 하는 이이며 다른 하나는 즐기는 이들이다. 즐겁게 살다가 언젠가 죽은 후에 천국으로 가려는 이들이다.

10

अथोत्तरेण तपसा ब्रह्मचर्येण श्रद्धया
विद्ययाऽत्मानमन्विष्याऽऽदित्यमभिजयन्ते।
एतद्वै प्राणानामायतनमेतदमृतमभयमेतत्परा-
यणमेतस्मान्न पुनरावर्तन्त इत्येष निरोधः
तत् एष श्लोकः ।१०।

아토따레나 타파사 브라흐마차르예나 스라따야
비드야야아트마나만비쉬야디트야마비자얀테|
에타드바이 프라나나마야타나메타다므리타마바야메타트

파라야나메타스만나 푸나라바르탄타 이트예샤
니로다흐 타트 에샤 슬로카흐|10|

아타=다시; 우따레나=북쪽 방향의 길을 따라; 타파사=고행
으로; 브라흐마차르예나=금욕에 의해; 스라따야=믿음으로;
비드야=지식에 의해; 아트마남=아트만, 참 나; 안비쉬야=찾
은; 아디트얌=태양; 아비자얀테=도달하다; 에타트=이것; 바
이=실로; 프라나남=호흡, 에너지; 아야타남=햇볕에 말린;
에타트=이것; 암리탐=불멸의; 아바얌=두려움으로부터 벗어
난; 에탐=이것; 파라야남=지고의; 에타스마트=이것으로부
터; 푸나흐=다시; 나바르탄테=돌아가지 않는; 이티=그러므
로; 에샤흐=이것; 니로다흐=마지막; 타트=그것; 에샤흐=이
것; 슬로카흐=시 구절; 바바티=존재하다.

다시 고행, 금욕, 믿음, 명상, 지식으로 참 나를 찾은 자는 북
쪽 진로의 태양에 도달하리라. 이것은 모든 에너지의 원천이
며, 불멸하며, 두려움으로부터 자유로우며, 지고의 안식처이
다. 이곳에서부터는 다시 돌아가지 않으며, 그것은 마지막이
되나니. 다음 절은 그것에 대한 것이다.

11 पञ्चपादं पितरं द्वादशाकृतिं दिव आहुः परे अर्धे पुरीषिणम्।
अथेमे अन्य उ परे विचक्षणं सप्तचक्रे षडर आहुरर्पितमिति।११।

판차파담 피타람 드바다사크리팀 디바 아후흐 파레 아르데
푸리쉬남|

아테메 안야 우 파레 비차크샤남 사프타차크레 샤다라 아후
라르피 타미티 ǁ11ǁ

판차파담=5개 발의; 피타람=아버지; 드바다사크리팀=12개
의 형상; 디뱌흐=하늘의; 아후흐=말하다; 파레=넘어선; 아
르데=절반; 푸리쉬남=배출하다; 아타=다시; 이메=이러한 것
들; 우=진실로; 파레=다른; 비차크샤나흐=보는 자; 사프타
차케=7개의 바퀴; 샤다레=6개 바퀴살로 된; 아후흐=말하다;
아핌탐=장소; 이티=그러므로.

어떤 현자는 이르기를, 5개의 발과 12개의 얼굴을 가진 아버
지가 천상의 절반에 비를 내리게 한다고 하였다. 또 다른 현
자는 보는 자는 6개의 살이 달린 바퀴가 7개 있는 전차 위에
있다고 하였도다.

12 मासो वै प्रजापतिस्तस्य कृष्णपक्ष एव रयिः
शुक्लः प्राणस्तस्मादेते ऋषयः
शुक्ल इष्टं कुर्वन्तीतर इतरस्मिन् ǁ१२ǁ

메소 바이 프라자파티스타스야 크리쉬나파크샤 에바 라이흐
수클라흐 프라나스타스마데타 리샤야흐
수클래 이쉬탐 쿠르반티타라 이타라스민 ǁ12ǁ

사흐=달; 바이=실로; 프라자파티=창조의 주; 타스야=이것

의; 크리쉬나파크샤흐=어두운 2주일간; 에바=~이다; 라이흐=물질; 슐라흐=빛나는 2주; 프라나흐=생명력; 타스마트=그러므로; 에테=이러한 것들; 리샤야흐=리쉬들, 보는 자들; 슐래=빛나는 2주; 이쉬탐=경전에 의해 선포된 경전; 쿠르반티=형상; 이타레=다른; 이타라스민=다른.

달은 실로 프라자파티이다. 2주 동안의 그 어두움은 물질이며, 2주 동안의 밝음은 생명력이니. 어떤 리쉬들은 밝을 때 예배를 하고, 어떤 리쉬들은 밤에 예배를 하도다.

13 अहोरात्रो वै प्रजापतिस्तस्याहरेव प्राणो रात्रिरेव रयिः । प्राणं वा एते प्रस्कन्दन्ति ये दिवा रत्या संयुज्यन्ते । ब्रह्मचर्यमेव तद्यद्रात्रौ रत्या संयुज्यन्ते ९ ।१३।

아호라트로 바이 프라자파티스타스야호레바 프라노 라트리레바 라이흐|
프라남 바 에테 프라스칸단티 예 디바 라트야 삼유즈얀테|
브라흐마차르야메바 타드야드라트라우 라트야 삼유즈얀테
|13|

아호라트라흐=낮과 밤; 바이=실로; 프라자파티=프라자파티; 타스야=이것의; 아하흐=낮; 에바=실로; 프라나흐=호흡, 에너지; 라트리흐=밤; 라이흐=물질; 프라남 바=확실히; 에테=그들은; 프라스칸단티=없애다; 예=누구; 디바=낮에; 라트야

=성교; 삼유즈얀테=결합시키다; 브라흐마차르얌=금욕; 에바=실로; 타트=그것; 라트라이=밤에; 야트=언제; 삼유즈얀테=결합되다.

낮과 밤은 모든 창조주인 프라자파티이다. 프라자파티의 낮은 에너지이며, 밤은 물질이니. 낮에 성적인 결합을 한 이들은 그들의 에너지를 방출시키지만 밤에 성적인 결합을 한 이들은 감각을 제어한 것이다.

14 अन्नं वै प्रजापतिस्ततो ह वै तद्रेतस्तस्मादिमाः प्रजाः प्रजायन्त इति ।१४।

안남 바이 프라자파티스타토 하 바이 타드레타스타스마디마흐 프라자흐 프라자얀타 이티 |14|

안남=음식; 바이=~이다; 프라자파티흐=프라자파티, 창조자; 타타흐=그것으로부터; 하 바이=실로; 타트=그것; 레타흐=정액; 타스마트=그것으로부터; 이마흐=이러한 것들; 프라자흐=창조물; 프라자얀테=태어나다; 이티=그러므로.

음식은 실로 프라자파티이니. 그것으로부터 모든 창조물의 씨앗이 되었으며, 그것으로부터 모든 존재가 탄생되었도다.

15 तद्धे ह वै तत्प्रजापतिव्रतं चरन्ति ते मिथुनमुत्पादयन्ते।
तेषामेवैष ब्रह्मलोको येषां तपो ब्रह्मचर्यं येषु सत्यं प्रतिष्ठितम्।१५।

타떼 하 바이 타트파자파티브라탐 차란티 테 미투나무트파다얀테|
테샤메바이샤 브라흐말로코 예샴 타포 브라흐마차르얌 예슈 사트얌 프라티쉬티탐|15|

타트=그것; 예=그러한 것들; 하 바이=실로; 프라자파티브라탐=프라자파티의 법칙; 차란티=지키다; 테=그들은; 미투남=한 쌍; 우트파다얀테=생산하다; 테샴=그들의; 에샤흐=이것; 브라흐마로카흐=브라흐마의 세계, 브라흐마의 층; 예샴=그것들의; 타파흐=고행; 브라흐마차르얌=금욕; 예슈=누구 안에; 사트얌=진리; 프라티쉬티탐= 성취된.

이러한 존재들은 그렇게 프라자파티의 법칙을 따르게 되었나니, 그들은 아들과 딸 모두를 생산하리라. 그들이 실로 브라흐마의 세계에 있는 동안 그들은 자아를 제어하고 고행할 것이며 진리를 얻을 것이다.

16 तेषामसौ विरजोब्रह्मलोको न येषु
जिह्ममनृतं न माया चेति ।१६।

테샤마사우 비라조브라흐말로코 나 예슈
지흐만리탐 나 마야 체티 |16|

테슘=그들의 것; 아사우=그것; 비라자흐=순수한; 브라흐마로카흐=브라흐마의 세계; 나=아니다; 예슈=그들 안에; 지흐맘=속임수; 안리탐=거짓말; 나=아니다; 마야=환상; 차=그리고; 이티=그러므로.

브라흐마의 순수한 세계는 오직 거짓과 환영에 속지 않는 이들 안에 존재하도다.

삶이란 프라자파티인 프라나에서 시작되어 레이인 음식을 통해 유지되며, 진리와 고행을 통해 그들의 조상들의 세계인 찬드라로카에 도달한다.

इति प्रथमः प्रश्नः ।

이티 프라타마흐 프라스나흐|

이리하여 첫번째 질문을 마친다.

제2장

드비티야흐 프라스나흐

द्वितीयः प्रश्नः

두번째 질문

1 अथ हैनं भार्गवो वैदर्भिः पप्रच्छ ।
भगवन्कत्येव देवाः प्रजा विधारयन्ते कतर
एतत्प्रकाशयन्ते कः पुनरेषां वरिष्ठ इति ।१।

아타 하이남 바르가보 바이다르비흐 프라차|
바가반카트예바 데바흐 프라자 비다라얀테 카타라
에타트프라카사얀테 카흐 푸나레샴 바리쉬타 이티|1|

아타=그 후; 하=실로; 에남=그에게; 바르가바흐=바르가바; 바이다르비흐=비다르바의; 파프라차=물었다; 바가반=존경하는 주여; 카티=얼마나 많이; 에바=실로; 데바흐=신들; 프라잠=존재들; 비다라얀테=유지하다; 카타레=얼마나 많은; 에타트=이것; 프라카사얀테=발현되다; 카흐=이것; 카흐=누구; 푸나흐=더욱; 에샴=이러한 것들의; 바리쉬타흐=우두머리; 이티=그러므로.

그런 후, 비다르바에서 태어난 바르가바는 스승에게 물었다. "존귀한 분이여, 창조물들을 유지하기 위해 얼마나 많은 신들이 있습니까? 그들은 얼마나 자주 나타납니까? 그리고 그들 중에 최고는 누구입니까?"

신은 데바(Deva)라고 하며 그 어원은 '드러나다' 라는 의미의 디브(Div)이다. 여기에서 데바는 감각기관을 말하는 것이다. "감각기관이 우리를 얼마나 빛나게 드러나게 하는가? 이 몸을 유지하게 하기 위해서 얼마나 많은 것을 드러나게 하는가? 그 드러나는 것 중에 최고는 무엇인가?"라고 말하는 것이다.

2 तस्मै स होवाचाऽऽकाशो ह वा एष देवो वायुरग्निरापः पृथिवी वाङ्मनश्चक्षुः श्रोत्रं च। ते प्रकाश्याभिवदन्ति वयमेतद्बाणं अवष्टभ्य विधारयामः।२।

타스마이 사 호바차아카소 하 바 에샤 데보
바유라그니라파흐 프리티비 방아마나스차크슈흐 스로트람차|
테 프라카스야비바단티 바야메타드바남
아바쉬타브야 비다라야마흐|2|

타흐마이=그에게; 사흐=그는; 우바차=대답하였다; 아카사흐=창공, 에테르; 하=실로; 바=또한; 에샤흐=그것; 데바흐=신; 바유흐=공기; 아그니흐=불; 아파흐=물; 프리티비=땅; 바크=

언어; 마나흐=마음; 차크슈흐=눈; 스로트람=귀; 차=그리고; 테=그들은; 프라카스야=발현된; 아비바단티=내보이는; 바얌=우리는; 에타트=이것; 바남=육체적인 몸; 아바쉬타브야=결합된 후; 비다라야마흐=부양하다.

스승은 그에게 대답하여 주었다. "창공은 신이며, 또한 그것은 공기, 불, 물, 땅, 언어, 마음, 눈, 귀이다. 이러한 것들로 그들을 발현되며, 우리는 몸을 가지고 그것을 또한 유지시킨다."

이 몸이라는 것은 원인과 결과를 말하는 '카리야 카라나'가 만들어 내는 것이다. 그렇기 때문에 몸은 절대 그 원인을 벗어날 수가 없다. 우리의 행위인 카르마가 사라진다면 몸도 사라지는 것이다.

3 तान्वरिष्ठः प्राण उवाच।
मा मोहमापद्यथाऽहमेवैतत्पञ्चधाऽऽत्मानं
प्रविभज्यैतद्बाणमवष्टभ्य विधारयामीति
तेऽश्रद्दधाना बभूवुः।३।

타트바리쉬타흐 프라나 우바차|
마 모하마파드야타하아메바이타트판차다아트마남
프라비바즈야이타드바나마바쉬타브야 비다라야미티
테아스라따다나 바부부흐|3|

타트=그들에게; 바리쉬타흐=우두머리; 프라나흐=생명 에너지; 우바차=대답했다; 마=하지 않는다; 모함=환영; 아파드 야타=점점 모르게 빠져들다; 아함=나는; 에바=실로; 에탐= 이것; 판차다=5개의 부분들; 아트마남=나 자신; 프라비바즈 야=나뉘어져; 에타트=이것; 바남=몸; 아바쉬타브야=결합 된; 비다라야미=부양하다; 테=그들은; 아스라따다나흐=믿지 않는; 바부부흐=~이 되었다.

그러자 신들의 우두머리 프라나는 말했다. "속이지 마십시오. 나는 홀로 다섯 요소들 속에 나뉘어져, 몸을 지탱하게 합니다." 그러나 그들은 그 말을 믿지 않았다.

4 सोऽभिमानादूर्ध्वमुत्क्रमत इव तस्मिन्नुत्क्रामत्यथेतरे सर्वेवोत्क्रामन्ते तस्मिंश्च प्रतिष्ठमाने सर्व एव प्रातिछन्ते ॥ तद्यथा मक्षिका मधुकरराजानमुत्क्रामन्तं सर्वा एवोत्क्रामन्ते तस्मिनृश्च प्रतिष्ठमाने सर्वा एव प्रातिछन्त एवं वाङ्मनश्चक्षुः श्रोत्रं च ते प्रीता प्राणं स्तुन्वन्ति ।४।

소아비마나두르드바무트크라마타 이바
타스만누트크라마트야테타레 사르베보트크라만테
타스미스차 프라티쉬타마네 사르바 에바 프라티쉬탄테 ॥

타드야타 마크쉬카 마두카라라자나무트크라만탐
사르바 에보트크라만테 타스민스차 프라티쉬타마네
사르바 에바 프라티쉬탄타 에밤 방마나스차크슈흐
스토트람 차 테 프리타 프라남 스툰반티||4|

사흐=그; 아비마나트=분노로부터; 우르드밤=위로; 우트크라마테=올라가다; 이바=마치 ~처럼; 타스민=그는; 우트크라마티=나갔을 때; 아타=그러므로; 이타레=다른 것들; 사르바 에바=모든; 프라나흐=프라나; 우트크라만테=나가다; 타스민=그는; 차=그리고; 프라티쉬타마네=확고한; 사르베=모든; 에바=실로; 프라티쉬탄테=확립된; 타트 야타=오직 그것처럼; 마크쉬카흐=꿀벌들; 마두카라라자남=여왕벌; 우트크라만탐=나가면서; 사르바흐=모든; 에바=또한; 에밤=그러므로; 바크=언어; 마나흐=마음; 차크슈흐=눈; 스로트람=귀; 차=그리고; 테=그들은; 프리타흐=만족한 존재; 프라남=생명의 에너지; 스툰반티=찬양.

분노로부터 벗어난 프라나는 더 위쪽으로 올라가서 나타났다. 그리고 그가 올라간 만큼, 다른 모든 것들도 올라갔다. 그리고 그가 확립되었을 때, 다른 모든 것 또한 확립되었다. 마치 꿀벌이 여왕벌을 쫓아가서 그들의 여왕벌이 자리를 잡으면 그들도 따라 안정되듯이, 언어, 마음, 눈, 귀 이러한 것들도 그렇게 만족하였다. 그리고 그들은 프라나를 찬미하였다.

5

एषोऽग्निस्तपत्येष सूर्य एष पर्जन्यो मघवानेष वायुः।
पृथिवी रयिर्देवः सदसच्चामृतं च यत्।५।

에쇼아그니스타파트예샤 수르야 에샤 파르잔요 마가바네샤 바유흐|
프리티비 라이르데바흐 사다사참리탐 차 야트|5|

에샤흐=이것; 아그니흐=불; 타파티=불타다; 에샤흐=이것; 수르야흐=태양; 파르잔야흐=비구름; 마가반=인드라; 바유흐=바람; 에샤흐=이것; 프리티비=땅; 라이흐=물질; 데바흐=신들; 사트=있다; 아사트=없다; 차=그리고; 암리탐=불멸의; 차=그리고; 야트=무엇.

프라나는 불로서 타오르며, 그는 태양이며, 그는 구름이며, 그는 인드라이며, 그는 바람이다. 이러한 빛나는 존재는 땅이며, 물질이며, 그는 있을 때도 있고 없을 때도 있으며, 또한 그는 불멸하는 것이다.

6

अरा इव रथनाभौ प्राणे सर्वं प्रतिष्ठितम्।
ऋचो यजूंषि सामानि यज्ञः क्षत्रं ब्रह्म च।६।

아라 이바 라타나바우 프라네 사르밤 프라티쉬티탐|
리초 야줌쉬 사마니 야그야흐 크샤트람 브라흐마 차|6|

아라=말하다; 이바=~처럼; 라타나바우=바퀴의 중심 속에; 프라네=호흡으로; 사르밤=모든; 프라티쉬티탐=확립된; 리차흐=리그 베다; 야줌쉬=야주르 베다; 사마니=사마 베다; 크샤트람=크샤트리야들; 브라흐마=브라흐만들; 차=그리고.

**수레바퀴 중심에 있는 바퀴살들처럼 모든 것은 프라나로 인해 자리잡혀 있나니.
리그 베다, 야주르 베다, 사마 베다, 예배의식, 크샤트리야, 브라흐만 또한 그러하다.**

프라나 사르밤이란 모든 것을 보고 모든 것이 존재한다는 것이다. 이 모든 것은 프라나의 발현일 뿐이다.

7 प्रजापतिश्चरसि गर्भे त्वमेव प्रतिजायसे।
तुभ्यं प्राण प्रजास्तिवमा बलिं हरन्ति
यः प्राणैः प्रतितिष्ठसि ।७।

프라자파티스차라시 가르베 트바메바 프라티자야세|
투브얌 프라나 프라자스트비마 발림 하란티
야흐 프라나이흐 프라티티쉬타시|7|

프라자파티흐=창조주; 차라시=살다; 가르베=자궁 속에서; 트밤=당신; 에바=진실로; 프라티자야세=다시 태어난; 투브얌=당신에게; 프라나=오 프라나여; 이마흐=이러한 것들; 프라자흐=창조물; 트밤=당신; 발림=봉헌물들; 하란티=가져오 다; 야흐=그것; 프라나이흐=프라나와 함께; 프라티티쉬타시 =거하다.

프라자파티는 자궁 속에서 거하고 있다가 다시 태어나나니. 오 프라나여, 당신은 봉헌물을 가져오는 창조물 속에 거하도 다.

프라자파티는 프라나를 통해 다른 몸이나 다른 세대로 다시 태어난 다. 그대는 그대의 부모와 같으며 그대의 부모는 그대와 같다. 이것 이 그대를 결정하여 그대는 하나이며 반복해서 되돌아온다.

8 देवानामसि वह्नितमः पितृणां प्रथमा स्वधा। ऋषीणां चरितं सत्यमथर्वाङ्गिरसामसि ।८।

데바나마시 바흐니타마흐 피트리남 프라타마 스바다 | 리쉬남 차리탐 사트야마타르방기라사마시 |8|

데바남=신들을 위하여; 아시=~이다; 바흐니타마흐=최고의 것들을 가져다주는 이; 피트리남=영혼을 위해; 프라타마=첫 번째; 스바다=봉헌물; 리쉬남=리쉬들의, 보는 자들의; 차리 탐=결과물; 사트얌=진리; 아타르방기라삼=몸의 연결된 감 각; 아시=당신은.

당신은 신들을 위해 최고의 것들을 가져다주는 이이며, 영혼

들을 위한 첫번째 봉헌물이니. 당신은 몸의 연결된 감각을 보는 자들의 진리의 결과물이도다.

리쉬남이란 리쉬를 말하는 것이다. 리쉬는 보는 자, 즉 바로 진리를 보는 이이다. 리쉬는 진리를 경험하는 이이며, 위대한 스승이기도 하다.

9 इन्द्रस्त्वं प्राण तेजसा रुद्रोऽसिपरिरक्षिता । त्वमन्तरीक्षे चरसि सूर्यस्त्वं ज्योतिषां पतिः ।९।

인드라스트밤 프라나 테자사 루드로아시파리라크쉬탐|
트바만타리크셰 차라시 수르야스타밤 즈요티샴 파티흐|9|

인드라흐=인드라신; 트밤=당신; 프라나=오 프라나여; 테자사=용맹한; 루드라흐=루드라; 아시=~이다; 파리라크쉬타=보호자; 트밤=당신; 안타리크셰=하늘에서; 차라시=움직이다; 수르야흐=태양; 죠티샴=천상의 빛의; 파티흐=최고.

오 프라나여, 당신은 인드라이며, 용맹한 루드라이며, 보호자이다. 또한 당신은 하늘을 오가는 태양이도다. 당신은 천상의 빛의 주인이리니.

10 यदा त्वमभिवर्षस्यथेमाः प्राणते प्रजाः।
आनन्दरूपास्तिष्ठन्ति कामायान्नं भविष्यतीति।१०।

야다 트바마비바르샤스야테마흐 프라나테 프라자흐|
아난다루파스티쉬탄티 카마얀남 바비쉬야티티|10|

야다=언제; 트밤=당신; 아비바르샤시=많은 비; 타트=그것; 테=그들; 이마흐=이러한 것들; 프라나=오 프라나여; 프라자흐=창조물; 아난다루파흐=기쁨의; 티쉬탄티=~이 되다; 카마야=욕망의 성취; 안남=음식; 바비쉬야티=~이 되다; 이티=그러므로.

오 프라나여, 당신이 비를 내렸을 때, 당신의 모든 창조물들은 그들이 바라는 음식을 얻었나니. 그들은 기쁨에 넘쳤도다.

11 व्रत्यस्त्वं प्राणैकत्रऋषिरत्ता विश्वस्य सत्पतिः।
वयमाद्यस्य दातारः पिता त्वं मातरिश्व नः।११।

브라트야스트밤 프라나이카리쉬라따 비스바스야 사트파티흐|
바야마드야스야 다타라흐 피타 트밤 마타리스바 나흐|11|

브라트야흐=정의로부터 전락한 자; 트밤=당신; 프라나=오 프라나여; 에카리쉬=아타르바 베다에 나오는 인물; 아따=먹

프라스나 우파니샤드 361

는 자; 비스바스야=우주의; 사트파티흐=존재의 주; 바얌=우리는; 타바=당신의; 아드야스야=먹을 수 있는 것; 다타라흐=공급자; 피타=아버지; 트밤=당신의; 마타리스바=오 바라니스반이여.

오 프라나여, 당신은 브라트야이며 에카리쉬이며, 우주에 존재하는 모든 것의 주인이도다. 우리는 당신이 먹을 음식을 바치나니. 오 마타리스바여, 당신은 우리의 아버지이도다.

12 या ते तनूर्वाचि प्रतिष्ठिता या श्रोत्रे या च चक्षुषि।
या च मनसि संतता शिवां तां कुरु मोत्क्रमीः ।१२।

야 테 타누르바치 프라티쉬티타 야 스로트레 야 차 착슈쉬 |
야 차 마나시 삼타타 시밤 탐 쿠루 모트크라미흐 | 12 |

야=그것; 테=당신의; 타누흐=몸; 바치=언어 속에; 프라티쉬티타=성취된; 야=그것; 스로트레=귀 속에; 야=그것; 차=그리고; 착슈쉬=눈 속에; 야=그것; 차=그리고; 마나시=마음속에; 삼타타=널리 퍼지다; 시밤=은총의; 탐=그것; 쿠루=하다; 마=하지 않는다; 우트크라미흐=가다.

당신의 몸은 언어 속에, 귀 속에, 눈 속에 존재하나니, 그것을 상서롭게 하여라. 또한 당신의 몸은 마음속에 퍼져 있나니 그것은 어디에도 가지 않도다.

13 प्राणस्येदं वशे सर्वं त्रिदिवे यत् प्रतिष्ठितम् ।
मातेव पुत्रान्रक्षस्व श्रीश्च प्रज्ञां च विधेहि न इति ।१३।

프라나스예담 바소 사르밤 트리디베 야트 프라티쉬티탐|
마테바 푸트란라크샤스바 스리스차 프라그얌 차 비데히 나
이티 |13|

프라나스야=프라나의; 이담=이것; 바세=제어하에; 사르밤=
모든; 트리디베= 3개의 세상 속에; 야트=무엇이든; 프라티쉬
티탐=존재하다; 마타=어머니; 이바=~처럼; 푸트란=아들; 라
크샤스야=보호하다; 스리흐=풍요로움; 차=그리고; 프라그얌
=지혜; 비데히=주다; 나흐=우리를 위하여; 이티=그러므로.

**프라나는 3개의 세상 어디에나 존재하고 모든 것은 프라나의
제어하에 있나니. 프라나는 어머니가 아들을 보호하는 것처럼
우리를 보호하며, 풍요로움과 지혜를 주도다.**

이 프라나는 프라자파티이며 모든 것의 근원이다. 우리의 진정한 기도는 프라나에게 지혜와 행운을 달라고 하는 것이다. 이 두 가지 특성은 삶의 성취를 주는 것이다.

इति द्वितीयः प्रश्नः ।

이티 드비티야흐 프라스나흐|

이리하여 두번째 질문을 마친다.

제3장
트리티야흐 프라스나흐
तृतीयः प्रश्नः
세번째 질문

1 अथ हैनं कौसल्यश्चाश्वलायनः पप्रच्छ।
भगवन् कुत एष प्राणो जायते
कतमायात्यस्मिञ्शरीर आत्मानं
वा प्रविभज्य कथं प्रातिष्ठते केनोत्क्रमते
कथं बाह्यमभिधत्ते कथमध्यात्ममिति ।१।

아타 하이남 카우살랴스차스발야나흐 프라차|
바가반 쿠타 에샤 프라노 자야테
카타마야트야스민사리라 아트마남
바 프라비바즈야 카탐 프라티쉬타테 케노트크라마테
카탐 바흐야마비다떼 카타야드야트마미티|1|

아타=그런 다음; 하=실로; 차=그리고; 에남=그에게; 카우살 야흐=카우살야; 차=그리고; 아스발야나흐=아스발야나; 파프 라차=물었다; 바가반=존귀한 이여; 쿠타흐=어디서; 에샤흐=

이것; 프라나흐=프라나; 자야테=태어나다; 카타마=어떻게; 아야티=오다; 아스민=이것으로; 사리레=몸; 아트마남=자기 스스로; 프라비바즈야=나뉘어져; 카탐=얼마나; 프라티쉬타테=존재하다; 케나=의미로 인해; 우트크라마테=가다; 카탐=어떻게; 바흐얌=외부; 아비다떼=유지하다; 카탐=어떻게; 아드야트맘=내면; 이티=그러므로.

그런 다음 아스발라야나 카우살라가 스승에게 물었다. "존귀하신 분이여, 프라나는 어디서 생겨났습니까? 그는 어떻게 몸속에 들어왔으며, 어떻게 스스로 나뉘어져 존재합니까? 그리고 어떻게 움직이며, 어떻게 외부과 내면을 유지시킵니까?"

2 तस्मै स होवाचातिप्रश्नान्पृच्छसि। ब्रह्मिष्ठोऽसीति तस्मात्तेऽहं ब्रवीगि ।२।

타스마이 사 호바차티프라스난프리차시|
브라흐미쉬토아시티 타스마떼아함 브라비미|2|

타스마이=그에게; 사흐=그는; 우바차=대답했다; 아티프라트난=더욱 미묘한 질문; 프리차시=묻다; 브라흐미쉬타흐=브라흐만을 생각하는; 아시=~이다; 이티=그러므로; 타스마트=그러므로; 테=당신에게; 아함=나는; 브라비미=말할 것이다.

스승은 그에게 대답했다. "그대는 더욱 미묘한 것을 질문하였다. 그대는 브라흐만을 헌신하는 자이니, 나는 그대에게 대답하겠노라."

3 आत्मन एष प्राणो जायते।
यथैषा पुरुषे छायैतस्मिन्नेतदाततं
मनोकृतेनाऽऽयात्यस्मिञ्शरीरे ।३।

아트만 에샤 프라노 자야테|
야타이샤 푸루셰 차야이타스민네타다타탐
마노크리테나야트야스민사리레|3|

아트마나흐=아트만으로부터; 에샤흐=이것; 프라나흐=프라나; 자야테=태어나다; 야타=~처럼; 에샤흐=이것; 푸루셰=인간에; 차야=그림자; 에타스민=이것에; 에타트=이것; 아트탐=밖으로 퍼지는; 마노크리테나=마음의 행동에 의해; 아야티=오다; 아스민=이것에; 사리레=몸.

아트만으로부터 프라나는 태어났도다. 인간의 몸에 그림자가 붙어 있는 것처럼, 프라나는 그렇게 퍼져 있다. 그리고 마음의 행위에 의해 몸으로 들어오나니.

4 यथा सम्राडेवाधिकृतान्विनियुङ्क्ते ।
एतान् ग्रामानेतान्ग्रामानधितिष्ठस्वेत्येमेवैष
प्राणः इतरान् प्राणान् पृथक्पृथगेव सन्निधत्ते ।४।

야타 삼라네바디크리탄비니윰크테|
에탄 그라마네탄그라마나디티쉬타스베트예바메바이샤
프라나흐 이타란 프라난 프리타크프리타게바 산니다떼|4|

야타=오직 ~처럼; 삼란=제왕; 에바=실제로; 아디크리탄=부하; 비니윰크테=명령하다; 에탄=이러한 것들; 그라만=마을; 에탄=이러한 것들; 아디티쉬타스바=지배하다; 이티=그러므로; 에탐=그렇게; 에바=실로; 에샤흐=실로; 프라나흐=프라나; 이타라=다른; 프라난=프라나; 프리타크프리타크=개별적으로; 에샤=실로; 산니다떼=명령하다.

마치 제왕이 그의 부하에게 "너희들은 이 마을에 거하며 다스리라"라고 명령한 것처럼, 그렇게 최고의 프라나가 다른 프라나들에게 개별적으로 명령한 것이다.

프라스나 우파니샤드

5 पायूपस्थेऽपानं चक्षुःश्रोत्रे मुखनासिकाभ्यां
प्राणः स्वयं प्रातिष्ठते मध्ये तु समानः।
एष ह्येतद्धुतमन्नं समं नयति तस्मादेताः
सप्तार्चिषो भवन्ति।५।

파유파스테아파남 착슈흐스로트레 무카나시카브얌
프라나흐 스바얌 프라티쉬타테 마드예 투 사마나흐|
에샤 흐예타뚜타만남 사맘 나야티 타스마데타흐
사프타르치쇼 바반티|5|

파유파스테=배설기관과 생식기관 속에; 아파남=아파나; 착슈흐=눈 속에; 스로트레=귀 속에; 무카나시카브얌=입과 눈 사이에; 프라나흐=프라나; 스바얌=자신 스스로; 프라티쉬타테=존재하다; 마드예=중간 속에; 투=그리고; 사마나흐=사마나; 에샤=이것; 히=~것처럼; 에타트=이것; 후타마=제공된; 아남=음식; 나야티=나누어 주다; 타스마트=그것으로부터; 사프타르치샤흐=7개의 불꽃; 바반티=~이 되다.

아파나는 배설기관과 생식기관 속에 존재하며, 눈과 귀, 입과 코 속에 존재한다. 프라나는 그 스스로 존재하며 그 중간에 사마나가 있다. 그 사마나는 공급된 음식을 각 부분들에 모두 분배한다. 그것으로부터 7개의 불꽃이 나타났도다.

6 हृदि ह्येष आत्मा। अत्रैतदेकशतं नाडीनां
तासां शतं शतमेकैकस्यां द्वासप्ततिर्द्वासप्ततिः
पतिशाखानाडीसहस्राणि भवन्त्यासु व्यानश्चरति।६।

흐리디 흐예샤 아트마| 아트레이타데카사탐 나디남
타삼 사탐 사타메카이카스얌 드바사프타티르드바사프타티흐
파티사카나디사하스트라니 바반트야수 브야나스차라티|6|

흐리티=가슴속에; 히=~처럼; 에샤흐=이것; 아트마=아트만; 아트라=가슴속에; 에타트=이것; 에카사탐=101개; 나디남=신경들의; 타삼=그것들의; 사탐사탐=각각 100개; 에카이카스얌=각각의; 드바사프타티흐드바사프타티흐=각각 72개; 프라티사카나디사하트라니=각각 천 개이 신경들이 있는; 바반티=~이다; 아수=이러한 것들 속에; 브야나흐=브야나; 차라티=움직이다.

가슴속에는 아트만이 거하나니. 거기에는 101의 신경들이 있으며, 각각의 신경들마다 100개의 신경들이 있고, 그 신경들마다 7만 2천 개의 신경들이 있다. 이 모든 것을 통하여 브야나가 움직인다.

7 अथैकयोध्␣ उदानः पुण्येन पुण्यं लोकं नयति। पापेन पापमुभाभ्यामेव मनुष्यलोकम्।७।

아타이카요르드바 우다나흐 푼예나 푼얌 로캄 나야티|
파페나 파파무바브야메바 마누쉬얄로캄|7|

아타=그런 다음; 에카야=하나에 의해; 우르드바흐=위쪽으로; 우다나=우다나; 푼예나=덕행; 푼얌=덕망; 로캄=세상; 나야티=옮기다; 파페나=악행; 파팜=악의 세상; 우바브얌=양쪽 모두에 의해; 마누쉬야 로카=인간의 세상; 에바=실로.

그런 다음, 그 하나를 통하여, 우다나는 덕행에 의해 덕이 있는 세상으로, 악행에 의하여는 악의 세상으로 영혼을 옮긴다. 그리고 그 양쪽 모두에 실로 인간의 세상이 있도다.

8 आदित्यो ह वै बाह्यः प्राण उदयत्येष ह्येनं चाक्षुषं प्राणमनुगृह्णानः। पृथिव्यां या देवता सैषा पुरुषस्यापानमवष्टभ्यान्तरा यदाकाशः स समानो वायुर्व्यानः।८।

아디트요 하 바이 바흐야흐 프라나 우다야트예샤
흐예남 착슈샴 프라마누그리흐나나흐| 프리티브얌 야

데바타 사이샤 푸루샤스야파나마바쉬타브얀타라
야다카사흐 사 사마노 바유르브야나흐 |8|

아디뜨야흐=태양; 하 바이=실로; 바흐야흐=외부의; 프라나
흐=프라나; 우다야티=떠오르다; 에샤흐=그것; 히=때문에;
에남=이것; 착슈샴=눈 속에; 프라남=프라나; 아누그리흐나
나흐=영광을 주는; 프리티브얌=땅의; 야=그것; 데바타=신;
사=그것; 에샤=이것; 푸루샤스야=인간의; 아파남=아파나;
아바쉬타브야=제어된; 안타라=중간에서; 야트=그것; 아카사
흐=공간, 에테르; 사=그것; 사마나흐=사마나; 바유흐=공기;
브야나흐=브야나.

태양은 실로 외부적인 프라나이니, 태양은 눈 안에 있는 프라
나에게 영광을 주기 때문이다. 땅에 있는 신들은 인간의 아파
나를 제어하도다. 공간 속에 있는 에테르는 사마나이며, 공기
는 브야나이다.

9 तेजो ह वाव उदानस्तस्मादुपशान्ततेजाः।
पुनर्भवमिन्द्रियैर्मनसि संपद्यमानैः ।९।

테조 하 바바 우다나스타스마두파산타테자흐|
푸나르바민드리야이르마나시 삼파드야마나이흐|9|

테자흐=불; 하 바바=실로; 우다나흐=우다나; 타스마트=그러
므로; 우파산타테자흐=에너지가 소모되는 것들; 푸나르바밤

=다시 태어남; 인드리야이흐=감각으로; 마나시=마음속에; 삼파드야마나흐=흡수된.

불은 실로 우다나이니, 마음속에 흡수된 감각을 가지고 다시 태어나기 위해 불에 타 소멸되도다.

10 यच्चित्तस्तेनैष प्राणमायाति प्राणस्तेजसा युक्तः। सहात्मना यथासङ्कल्पितं लोकं नयति ।१०।

야치따스테나이샤 프라나마야티 프라나스테자사 육타흐|
사하트마나 야타상칼피탐 로캄 나야티|10|

야치따흐=마음속에 있는 것; 테나=그것과 함께; 에샤흐=이 것; 프라남=프라나; 아야티=오다; 프라나흐=프라나; 테자사=불과 함께; 육타흐=합일된; 사하=~과 함께; 아트마나=아트만; 야타상칼피탐=바란 대로; 로캄=세상; 나야티=이끌다.

무슨 생각을 하든지 그 생각을 가지고 프라나에게로 오라. 프라나는 불과 함께 합일되어 아트만과 함께 바라던 세상으로 이끌리라.

11 य एवं विद्वान् प्राणं वेद न हास्य प्रजा
हीयतेऽमृतो भवति तदेषः श्लोकः ।११।

야 에밤 비드반 프라남 베다 나 하스야 프라자
히야테암리토 바바티 타데샤흐 슬로카흐|11|

야흐=누구; 에밤=그러한 것; 비드만=아는 자; 프라남=프라나; 베다=알다; 나 하=아니다; 아스야=그의; 프라자흐=자손; 히야테=멸망하다; 암리타흐=불멸의; 바바티=~이 되다; 타트=그러므로; 에샤흐=이것; 슬로카흐=신성한 구절.

프라나는 절대로 소멸되지 않는다는 것을 아는 현명한 자의 자손들은 불멸함을 얻을 것이다. 여기에 그것에 대한 신성한 구절이 있나니.

12 उत्पत्तिमायतिं स्थानं विभुत्वं चैव पञ्चधा
अध्यात्मं चैव प्राणस्य विज्ञायामृतमश्नुते ।
विज्ञायामृतमश्नुत इति ।१२।

우트파띠마야탐 스타남 비부트밤 차이바 판차다
아드야트맘 차이바 프라나스야 비그야얌리타마스누테|
비그야얌리타마스누타 이티|12|

프라스나 우파니샤드 373

우트파띰=발현, 기원; 아야팀=오다; 스타남=공간; 비부트밤=모든 곳에 퍼져 있는; 차 에바=그리고 또한; 판차다=5개의 층; 아드야트맘=내부의 모습; 아사누테=도달하다; 비그야야=아는 것; 암리탐=불멸함; 아사누테=도달하다; 이티=그러므로.

프라나의 기원, 프라나가 나타나는 곳을 아는 자, 프라나가 모든 곳에 퍼져 있고, 5개의 층으로 나뉘어져 있다는 것을 알며, 또한 프라나 내부의 양상을 아는 자는 불멸함을 얻으리라.

इति तृतीयः प्रश्नः।

이티 트리티야흐 프라스나흐|

이리하여 세번째 질문을 마친다.

제4장
차투르타흐 프라스나흐
चतुर्थः प्रश्नः
네번째 질문

1 अथ हैनं सौर्यायणी गार्ग्यः पप्रच्छ।
भगवन्नेतस्मिन् पुरुषे कानि स्वपन्ति
कान्यस्मिञ्जाग्रति कतर एष देवः
स्वप्नान् पश्यति कस्यैतत्सुखं भवति कस्मिन्नु
सर्वे संप्रतिष्ठिता भवन्तीति ।१।

아타 하이남 사우르야야니 가르그야흐 파프라차|
바가반네타스민 푸루셰 카니 스바판티
칸야스민자그라티 카타라 에샤 데바흐
스바프난 파스야티 카스야이타트수캄 바바티 카스민누
사르베 삼프라티쉬티타 바반티티 ||1|

아타=그런 다음; 하=실로; 에남=그에게; 사우르야야니=수르야의 손자; 가르그야흐=가르가의 일가; 파프라차=물었다; 바가반=존경하는 이여; 에타스민=이것 안에; 푸루셰=인간; 카니=무엇; 스바판티=잠자다; 아스민=그 안에; 자그라티=깨어 있다; 카타라=그것; 에샤흐=이러한 것들; 데바흐=신; 스바프난=꿈; 파스야티=보다; 카스야=누구의; 에타트=이것; 수캄=행복; 바바티=~이다; 카스민= 그것 위에; 투=진실로; 사르베=모든; 삼프라티쉬티타흐=확고하게 합일된; 바바티=~이다; 이티=그러므로.

가르그야 사우르야야닌은 스승에게 물었다. "오 바가반이여, 인간을 잠자게 하는 것은 무엇입니까? 그리고 무엇이 다시 깨어나게 하나요? 그리고 어떤 신들이 꿈을 보나요? 이런 행복은 누구의 것입니까? 무엇으로 모든 것이 확립되나요?"

진정으로 훌륭한 사람들은 살아 있을 때에나 죽을 때에도 옴(OM)을 행하는 이이다. 어떻게 그렇게 할 수 있을까? 먼저 외부세계로부터 마음을 돌려 옴에 고정시킨다. 옴은 브라만의 상징이기 때문이다. 그런 다음 마음은 집중되어 하나로 모이게 된다. 이것은 방해받지 않는 의식과 사랑의 흐름이며, 행복하고 아름다운 것이다.

2

तस्मै स होवाच।
यथा गार्ग्य मरीचयोऽर्कस्यास्तं गच्छतः
सर्वा एतस्मिन्तेजोमण्डल एकीभवन्ति।
ताः पुनः पुनरुदयतः प्रचरन्त्येवं ह वै
तत्सर्वं परे देवे मनस्येकीभवति।
तेन तर्ह्येष पुरुषो न शृणोति न पश्यति न
जिघ्रति न रसयते न स्पृशते नाभिवदते
नादत्ते नानन्दयते न विसृजते नेयायते
स्वपितीत्या चक्षते।२।

타스마이 사 호바차|
야타 가르그야 마리차요아르카스야스탐 가차타흐
사르바 에타스민스테조만달라 에키바반티|
타흐 푸나흐 푸나루다야타흐 프라차란트예밤 하 바이
타트사르밤 파레 데베 마나스예키바바티|
테나 타르흐예샤 푸루쇼 나 스리노티 나 파스야티 나 지그라티
나 라사야테 나 스프리사테 나비바다테 나다떼 나 난다야테
나 비스리자테 네야야테 스바피티트야 차크샤테|2|

타스마이=그에게; 사흐=그는; 우바차=대답했다; 야타=~처럼; 가르그야=오 가르그야여; 마리차야흐=광선; 아르카스얌

=태양의; 아스탐 가차타흐=보이지 않게 되는; 사르바흐=모든 것; 에타스민=이것 속에서; 테조만달레=빛으로 가득 찬; 에키바반티=하나가 되다; 타흐=그러한 것들; 푸나흐=다시; 우다야타흐=떠오르는; 프라찬티=퍼지다; 에밤=이러한 것으로; 하=사실; 타트=그것; 사르바=모든; 파레=지고의; 데베=신들 속에; 마나시=마음속에; 에키바바티=하나가 되다; 테나=그러므로; 타르히=그런 다음; 푸루샤흐=존재, 나 스리노티=듣지 않는다; 나 파스야티=보지 않는다; 나 지그라티=냄새 맡지 않는다; 나 라사야테=맛보지 않는다; 나 스프리사테=접촉하지 않는다; 나 아다떼=말하지 않는다; 나 아난다야테=기뻐하지 않는다; 나 비스리자테=배설하지 않는다; 나 이야야테=움직이지 않는다; 스바피티=잠자다; 이티=그러므로; 아차크샤테=말하다.

스승은 그들에게 말했다. "오 가르그야여, 그것은 태양이 질 때 그 광선이 태양과 하나가 되는 것과 같다. 반대로 태양이 다시 떠오르면 빛은 퍼져 나간다. 마찬가지로 모든 것은 지고의 신 안에서 마음은 하나가 되나니. 이때 인간은 듣지 않고, 보지 않으며, 냄새 맡지 않고, 맛보지 않으며, 느끼지 않고, 말하지 않고, 즐거워하지 않고, 배설하지 않고, 움직이지 않는다. 그리고 '잠잔다' 라고 말하노라."

3 प्राणाग्नय एवैतस्मिन्पुरे जाग्रति।
गार्हपत्यो ह वा एषोऽपानो व्यानोऽन्वाहार्यपचनो
यद्गार्हपत्यात् प्रणीयते प्रणयनादाहवनीयः प्राणः।३।

프라나그나야 에바이타스민파레 자그라티|
가르하파트요 하 바 에쇼아파노 브야노안바하르야파차노
야드가르하파트야트 프라노야테 프라나야나다하바니야흐 프
라나흐|3|

프라나그나야흐=프라나의 불; 에바=홀로; 에타스민=이것 속으로; 푸레=인간의 몸; 자그라티=깨어 있다; 가르하파트야흐=가장이 관리하는 불; 하 바=실로; 에샤흐=이것; 아파나흐=아파나; 브야나흐=브야나; 아바하르야파차나흐=영혼을 위해 봉헌하는 불; 야트=~때문에; 가르하파트야트=가르하파트야의 불로부터; 프라니야테=받다; 프라나야나트=받은 것으로부터; 아하바니야흐=천상에 바치는 불; 프라나=프라나.

프라나의 불은 홀로 인간의 몸 안에 남아 있나니. 아파나는 가장이 관리하는 가르하파트야 불이며, 브야나는 영혼을 위해 봉헌하는 안바하르야파차나 불이다. 또한 프라나는 가르하파트야 불에서 얻어진 천상에 바치는 아하바니야 불이도다.

4

यदुच्छ्वासनिःश्वासावेतावाहुती समं नयतीति स समानः ।
मनो ह वाव यजमान इष्टफलमेवोदानः ।
स एनं यजमान महरहर्ब्रह्म गमयति ।४।

야두츠바사니흐스바사베타바후티 사맘 나야티티 사 사마나흐|
마노 하 바바 야자마나흐| 이쉬타팔라메보다나흐|
사 에남 야자마나 마하라하르브라흐마 가마야티|4|

야트=그것; 우츠바사니흐스바사우=들이쉼과 내쉼; 에타이=이러한 것들; 아후티=2개의 봉헌물; 사맘=동일하게; 나야티=이끌다; 이티=그러므로; 사흐=그는; 사마나흐=마음; 하=실로; 바바=실로; 야자마나흐=희생자; 이쉬타팔람=희생의 열매; 에바=실로; 우다나흐=우다나; 사흐=그는; 에남=이것; 야자마남=희생자; 아하흐 아하흐=매일매일; 브라흐마=브라흐만; 가마야티=취하다.

숨을 들이쉬고 내쉬는 두 가지의 봉헌물을 동일하게 이끄는 것처럼 사마나는 의식을 행하는 자이다. 마음은 실로 희생하는 자이며 우다나는 희생의 열매이니. 매일매일 브라흐만에게 희생하는 자는 그것을 얻으리라.

5 अत्रैष देवः स्वप्ने महिमानमनुभवति । यद्दृष्टं दृष्टमनुपश्यति
श्रुतं श्रुतमेवार्थमनुशृणोति देशदिगन्तरैश्च प्रत्यनुभूतं
पुनः पुनः प्रत्यनुभवति । दृष्टं चादृष्टं च श्रुतं चाश्रुतं
चानुभूतं चाननुभूतं च सच्चासच्च सर्वं पश्यति सर्वः पश्यति ।५।

아트라이샤 데바흐 스바프네 마히마나마누바바티|
야드드리쉬탐 드리쉬타마누파스야티
스루탐 스루타메바르타마누스리노티
데사디간타라이스바 프라트야누부탐
푸나흐 푸나흐 프라트야누바바티|
드리쉬탐 차드리쉬탐 차 스루탐
차스루탐 차누바탐 차나누부탐 차
스차사차 사르밤 파스야티 사르바흐 파스야티|5|

아트라=여기; 에샤흐=이것; 데바흐=마음; 스바프네=꿈에서; 마하마남=위대함; 아누바바티=경험; 야트=무엇; 드리쉬탐 드리쉬탐=보여지는 것마다; 아누파스야티=다시 보다; 스루탐 스루탐 에바=들리는 것마다; 아르타=대상; 아누스티노티=다시 듣다; 데사디간타라이흐=다른 위치와 장소에서; 차=또한; 프라트야누부탐=경험된; 푸나흐 푸나흐=반복적으로; 프라트야누바바티=경험되다; 드리쉬탐=보여지는 것마다; 차=그리고; 아드리쉬탐=보이지 않는것; 스루탐=들리는 것; 차=그리고; 아스루탐=들리지 않는 것; 아누부탐=경험된 것; 차=그리고; 아나누부탐=경험되지 않은 것; 차=그리고; 사트=실재하는 것; 차=그리고; 아사트=실재하지 않는 것; 차=그리고; 사르밤=모든; 파스야티=보다; 사르바흐=모든 것; 파스야티=보다.

여기 이러한 상태에서 신들은 꿈의 위대함을 경험하리니. 이전에 보았던 것들을 다시 보며, 이전에 들었던 것을 다시 들으며, 다른 장소와 위치에서 즐거웠던 것들을 다시 즐기리라. 이것은 보지 못했던 것을 보게 되는 것이며, 듣지 못했던 것을 듣게 되는 것이며, 인식하지 못했던 것을 인식하게 되는 것이며, 실재하지 않았던 것이 실재하게 되는 것이도다.

6 स यदा तेजसाऽभिभूतो भवति। अत्रैष देवः स्वप्नान् न पश्यत्यथ तदैतस्मिञ्छरीरे एतत्सुखं भवति।६।

사 야다 테자사아비부토 바바티 |
아트라이샤 데바흐 스바프난 나 파스야트야타
타다이타스민차리레 에타트수캄 바바티 |6|

사흐=그는; 야다=어디라도; 테자사=힘으로; 아비부타흐=압도하다; 바바티=~이 되다; 아트라=여기; 에샤흐=이것; 데바흐=자기 자신의; 스바프난=꿈; 나 파스야티=보지 않는다; 아타=그런 후에; 타다=그런 다음; 에타스만 사리레=몸속에; 에타트=이것; 수캄=기쁨; 바바티=~이 되다.

마음이 힘을 제압하면 신은 꿈을 꾸지 않는다. 그런 다음 몸은 기쁨을 얻게 되리라.

7 स यथा सोम्य वयांसि वासोवृक्षं संप्रतिष्ठन्ते एवं ह वै तत्सर्वं पर आत्मनि संप्रतिष्ठते ।७।

사 야타 솜야 바얌시 바소브릭샴 삼프라티쉬탄테
에밤 하 바이 타트사르밤 파라 아트마니 삼프라티쉬타테|7|

야타=~처럼; 헤 솜야=오 아름다운 친구여; 바얌시=새; 바소브릭샴=그의 장소에 있는 나무; 삼프라티쉬탄테=날아가라; 에바=그렇게; 하=~라고 한다; 바=실로; 타트=그것; 사르바=모든 것; 파레=지고의 것 안에; 아트마니=아트만 속에; 삼프라쉬타테=가다.

오, 새와 같이 아름다운 친구여! 보금자리를 찾아 나무로 날아가라. 이러한 모든 것은 그렇게 지고의 아트만 안으로 날아가도다.

8 पृथिवी च पृथिवीमात्रा चाऽपश्चापोमात्रा च तेजश्च तेजोमात्रा च वायुश्च वायूमात्रा चाकाशश्चाकाशमात्रा च चक्षुश्च द्रष्टव्यं च श्रोत्रं च श्रोतव्यं च घ्राणं च घ्रातव्यं च रसश्च रसयितव्यं च त्वक्च स्पर्शयितव्यं च वाक्च वक्तव्यं च हस्तौ चादातव्यं चोपस्थश्चानन्दयितव्यं च पायुश्च विसर्जयितव्यं च पादौ च गन्तव्यं च मनश्च मन्तव्यं च बुद्धिश्च बोद्धव्यं चाहंकारश्चाहंकर्तव्यं च चित्तं च चेतयितव्यं च तेजश्च विद्योतयितव्यं च प्राणश्च विधारयितव्य च ।८।

프리티비 차 프리티비마트라 차아파스차아포마트라
차 테자스차 테조마트라 차 바유스차 바유마트라
차카사스차카사마트라 차 차크슈스차
드라쉬타브얌 차 스로트람 차 스로타브얌 차 그라남 차
그라타브얌 차 라사스차 라사이타브얌 차
트바크차 스파르사이타브얌 차 바크차 바크타브얌 차

하스타우 차아다타브얌 초파스타스차난다이타브얌 차
파유스차 비사르자이타브얌 차 파다우 차
간타브얌 차 마나스차 만타브얌 차 부띠스차
보따브얌 차함카라스차함카르타브얌 차 치땀 차
체타이타브얌 차 테자스차 비드요타이타브얌 차
프라나스차 비다라이타브얌 차 |8|

프리티비=땅; 차=또한; 프리티비마트라=땅의 섬세한 요소; 아파흐 차=그리고 물; 아포마트라 차=그리고 물의 섬세한 요소; 테자흐=빛; 차=그리고; 테조마트라=빛의 섬세한 요소; 차=그리고; 바유흐=공기; 바유마트라=공기의 섬세한 요소; 아카샤흐=땅; 아카사마트라=땅의 섬세한 요소; 차크슈흐=눈; 드리쉬타브얌=보는 것의 대상; 스로트람=귀; 스로타브얌=듣는 것의 대상; 그라남=냄새; 그라타브얌=냄새의 대상; 라사흐=맛; 라사이타브얌=맛의 대상; 트바크=접촉; 스파르사이타브얌=접촉의 대상; 바크=언어; 비브얌=언어의 대상; 하스타우=2개의 손; 아다타브얌; 잡을 수 있는 것; 우파스타흐=생식의 기관; 아난다이타브얌=즐거움의 대상; 파유흐=배설의 기관; 비사르자이타브얌=배설의 대상; 파다우=2개의 발; 간타브얌=걸을 수 있는 것; 마나흐=마음; 만타브얌=생각의 대상; 부띠=지성; 보따브얌=지성의 대상; 아함카라흐=에고; 아함카르타브얌=에고의 대상; 치따=기억; 체타이타브얌=기억의 대상; 테자=빛; 비또타이타브얌=빛나는 것; 프라나흐=프라나; 비다라이타브얌=유지될 수 있는 것; 차=그리고.

땅과 그것의 미세한 요소, 물과 그것의 미세한 요소, 빛과 그것의 미세한 요소, 공간과 그것의 미세한 요소, 눈과 보여지는 것, 냄새와 냄새가 나는 것, 맛과 맛을 가지고 있는 것, 접촉과 만질 수 있는 것, 언어의 기관과 말로 할 수 있는 것, 손과 잡혀지는 것, 생식기관과 그것을 즐길 수 있는 대상, 배설 기관과 배설되어지는 것, 발과 걸음을 걸을 수 있는 곳, 마음과 생각될 수 있는 것, 지성과 이해될 수 있는 것, 에고와 에고의 대상, 기억과 그것의 대상, 빛과 빛날 수 있는 것, 프라나와 유지될 수 있는 것, 이 모든 것들은 지고의 아트만 안에 머무르도다.

9 एष हि द्रष्टा स्प्रष्टा श्रोता घ्राता रसयिता मन्ता बोद्धा कर्ता विज्ञानात्मा पुरुषः। स परेऽक्षर आत्मनि संप्रतिष्ठते।९।

에샤 히 드라쉬타 스프라쉬타 스로타 그라타 라사이타 만타 보따 카르타
비그야나트마 푸루샤흐| 사 파레아크샤라 아트마니 삼프라티쉬타테|9|

에샤흐=그는; 히=실로; 드라쉬타=보는 이; 스프라쉬타=느끼는 자; 스로타=듣는 자; 그라타=냄새 맡는 자; 라사이타=맛보는 자; 만타=생각하는 자; 보따=아는 자; 카르타=행하는 자; 비그야나트마=지혜의 근원; 푸루샤흐=인간; 사흐=그는; 파레=지고의; 아크샤레=파괴되지 않는; 아트마니=아트만 속에; 삼프라티쉬타테=확립된.

그는 보고, 느끼고, 듣고, 냄새 맡고, 맛보며, 생각하며, 아는

이이다. 그는 행위자이며, 지혜의 영혼이며, 푸루샤이니. 그는 불변하는 지고의 아트만 안에 확립되도다.

10 परमेवाक्षरं प्रतिपद्यते स यो ह वै
तदच्छायमशरीरमलोहितं शुभ्रमक्षरं वेदयते।
यस्तु सोम्य। स सर्वज्ञः सर्वो भवति।
तदेष श्लोकः।१०।

파라메바크샤람 프라티파드야테 사 요 하 바이
타다차야마사리라말로히탐 수브라마크샤람 데바야테|
야스투 솜야| 사 사르바그야흐 사르바 바바티|
타데샤 슬로카흐|10|

사흐=그는; 하 바이=실로; 타트=그것; 파람=지고의 것; 아크샤람=불멸의 것; 프라티파드야테=얻다; 야흐=누구; 아차얌=그림자가 없는; 아사리람=몸이 없는; 알로히탐=색깔이 없는; 수브라마=순수한; 데바야테=알다; 야흐=누구라도; 투=~이 있다; 솜야=친구여; 사흐=그는; 사르바그야흐=알고 있는 모든 것; 사르바흐=모든; 바바티=~이 되다; 타트=그것; 에샤흐=이것; 슬로카흐=신성한 구절.

그림자가 없으며, 몸이 없으며, 색깔이 없으며, 순수하며, 불멸하는 것을 아는 이는 실로 지고의 불멸하는 존재를 얻으리라. 오 사랑하는 친구여, 그는 모든 것이며 전지전능하나니.

다음은 그것에 대한 구절들이다.

11

विज्ञानात्मा सह देवैश्च सर्वैः
प्राणा भूतानि संप्रतिष्ठन्ति यत्र ।
तदक्षरं वेद्यते यस्तु सोम्य स सर्वज्ञः
सवमेवाविवेशेति ।११।

비그야나트마 사하 데바이스차 사르바이흐
프라나 부타니 삼프라티쉬탄티 야트라|
타다크샤람 베다야테 야스투 솜야 사 사르바그야흐
사바메바비베세티|11|

비그야나트마=지혜로움; 사하=~와 함께; 데바이흐=감각들; 사르바흐=모든; 프라나흐=생명의 공기; 부타니=거친 요소들; 삼프라티쉬탄티=용해되다; 야트라=어디에; 타트=그것; 아크샤람=불멸하는; 베다야테=알다; 야흐 투=그는 다시 하다; 솜야=온화한 존재; 사흐=그는; 사르바그야흐=알고 있는 모든 것; 에바=진실로; 아비베사=들어가다; 이티=그러므로.

나의 사랑하는 친구여, 마음과 감각과 프라나에 거하는 불멸함을 아는 이는 실로 전지전능하나니. 모두에 스며들어 있도다.

इति चतुर्थः प्रश्नः।

이티 차투르타흐 프라스나흐|

이리하여 네번째 질문을 마친다.

제5장
프란차마흐 프라스나흐
पञ्चमः प्रश्न
다섯번째 질문

1 अथ हैनं शैब्यः सत्यकामः पप्रच्छ।
स यो ह वै तद्भगवन्मनुष्येषु
प्रायणान्तमोंकारमाभिध्यायीत ॥
कतमं वाव स तेन लोकं जयतीति
तस्मै स हो वाच।१।

야타 하이남 사이브야흐 사트야카마흐 프라차|
사 요 하 바이 타다바가반마투쉬예슈
프라야난타몸카라마비드야이타 ‖
카트맘 바바 사 테날 로캄 자야티티|
타스야이 사 호바차|1|

야타=그런 다음; 하이남=진실로; 사이브야흐=시비의 아들;
사트야카마흐=사트야카마; 프라차=대답했다; 사흐=그는; 야
흐=누구; 하 바이=실로; 타트=그것; 바가반=존경하는 이; 마

누쉬예슈=사람들 사이에; 프라야난탐=죽을 때까지; 옴카람=옴; 아비브야이타=명상하다; 카타맘=그것; 바바=실제로; 사흐=그는; 테나=그것에 의해; 로캄=세상; 자야티=얻다; 이티=그러므로; 타스마이=그에게; 하=실로; 우바차=말했다.

그런 후 사트야카마와 시비의 아들 사이브야흐가 스승에게 물었다. "존귀하신 분이여, 인간들 사이에서 죽음에 이르기까지 옴에 명상하는 이가 얻는 것은 어떤 세상입니까?

그 전의 질문은 아파라 비드야, 즉 낮은 수준의 지식에 대한 것이다. 그것은 몸과 세계에 대하여 말한 것인데 자연스러운 것이지만 그것으로는 부족하다. 더욱 중요한 것은 영적인 지혜인 파라 비드야이다.

2 एतद्वै सत्यकाम परं चापरं च ब्रह्म यदोङ्कारः। तस्माद्विद्वानेतेनैवायतनेनैकतरमन्वेति ।२।

에타드바이 사트야마카 파람 차파람 차 브라흐마 야동카라흐|
타스마드비드바네테나이바야타네나이카타라만베티|2|

에타트=이것; 바이=실로; 사트야카마=오 사트야카마여; 파람 차=그리고 높은 존재; 아파람 차=그리고 가장 낮은; 브라흐마=브라흐만; 야트=무엇; 옴카라흐=옴; 타스마트=그러므로; 비드반=아는 자; 에테나=이것에 의해; 에바=오직; 아야타네나=방법; 에카타람=두 가지 중 하나; 안베티=도달하다.

오 사트야카마여, 옴은 실로 가장 높은 브라흐만과 가장 낮은 브라흐만이니. 이러한 것을 아는 자는 이 방법에 의해 그 둘 중 하나에 도달하리라.

브라흐만은 어떠한 것으로도 형상화될 수 없다. 브라흐만은 모든 특성으로부터 넘어서 있으며 인지능력을 넘어서 있다. 그것은 형상과 이름으로부터 파악되지 않는다. 옴은 신의 이미지이며 명상과 헌신을 통해 체득된다. 이것이 경전에서 말하는 것이다.

3 स यद्येकमात्रमभिध्यायीत स तेनैव संवेदितस्तूर्णमेव जगत्यामभिसंपद्यते। तमृचो मनुष्यलोकमुपनयन्ते स तत्र तपसा ब्रह्मचर्येण श्रद्धया संपन्नो महिमानमनुभवति।३।

사 야드베카마트라마비드야야티 사 테나이바
삼베디타스투르나메바 자가트야마비삼파드야테|
탐리초 마누쉬얄로카무파나얀테 사 타트라 타파사
브라흐마차르야나 스라따야 삼판노 마히마나마누바바티|3|

사흐=그는; 야디=만일; 에카마트람=하나의 음절; 아비드야이타=명상하다; 사흐=그는; 테나=그것에 의해; 삼베디타흐=지혜를 가진 존재; 투르남=빠른; 에바=진실로; 자가트야마=이러한 세상에; 아비삼파드야테=돌아오다; 탐=그에게; 리차흐=리크 만트라; 우파나얀테=인도하다; 사흐=그는; 타트라=

거기에; 타파사=고행에 의해; 브라흐마차르야나=금욕에 의해; 스라따야=믿음에 의해; 삼판나흐=부여하다; 마히마남=위대함; 아누바바티=경험.

하나의 음절에 명상하는 자는 지혜를 가진 존재가 되어 이 세상에 아주 빠르게 다시 태어난다. 리크 만트라는 그를 인간의 세상으로 이끌어 고행과 금욕과 믿음으로 부여하나니. 그는 최고의 위대함을 얻으리라.

4 अथ यदि द्विमात्रेण मनसि संपद्यते सोऽन्तरिक्षं यजुर्भिरुन्नीयते सोमलोकम्। स सोमलोके विभूतिमनुभूय पुनरावर्तते ।४।

아타 야디 드비마트레나 마나시 삼파드야테
소안타리크샴 야주르비룬니야테 소말로캄 |
사 소말로케 비부티마누부야 푸나라바르타테 |4|

아타=그런 다음; 야디=만일; 드비마트레나=두 가지 음절에 의해; 마나시=마음의; 삼파드야테=얻다; 사흐=그는; 안타리크샴=천상의; 야주르비흐=야주르에 의해; 운니야테=이끌다; 소말로캄=달의 세계; 사흐=그는; 소말로케=달의 세계 속에; 비부팀=숭고함; 아누부야=즐거움; 푸나흐=다시; 아바르타테=돌아오다.

그 다음, 2개의 음절에 명상하는 자는 마음과 합일되리니. 야주르 만트라는 그를 천상에 있는 달의 세계로 이끈다. 그는 달의 세계에서 숭고한 희열을 얻고 다시 이 세상에 돌아오리라.

5 यः पुनरेतं त्रिमात्रेणौमित्येतेनैवाक्षरेण परं
पुरुषमभिध्यायीत स तेजसि सूर्ये संपन्नः ।
यथा पादोदरस्त्वचा विनिर्मुच्यत एवं
ह वै स पाप्मना विनिर्मुक्तः स सामभिरुन्नीयते
ब्रह्मलोकं स एतस्माज्जीवघनात्परात्परं
पुरिशयं पुरुषमीक्षते । तदेतौ श्लोकौ भवतः ।५।

야흐 푸나레탐 트리마트레나우미트예테나이바크샤레나 파람
푸루샤마비드야이타 사 테자시 수르예 삼판나흐|
야타 파도다라스트바차 비니르무챠테 에밤
하 바이 사 팜마나 비니르무크타흐 사 사미비룬니야테
브라흐말로캄 사 에타스마찌바그나트파로트파람
푸리사얌 푸루샤미크샤테| 타데타우 슬로카우 바바타흐|5|

야흐=누구; 푸나흐=그러나; 에탐=이것; 트리마트레나=세 가지의 음절과; 옴=옴; 이티=그러므로; 에테나=이것에 의해; 에바=실로; 아크샤레나=문자; 파람=지고의 것; 푸루샤=푸루샤; 아비드야이타=명상하다; 사흐=그는; 테자시=빛 속에서; 수르예=태양 속에서; 삼판나흐=흡수되다; 야타=~처럼; 파도다라=뱀; 트바차=허물로부터; 비니르무챠테=자유로운; 에밤=같은 방법으로; 하 바이=실로; 사흐=그는; 파프마나=죄로부터; 비니르무크타흐=자유; 사흐=그는; 사마비흐; 사마의 찬송으로; 운니야테=들어올리는; 브라흐말로캄=브라흐마의 세상; 사흐=그는; 에타스마트=이것으로부터; 지바그나트=히란야가르바; 파라트파람=지고의 것; 푸리사얌=가슴속에 누워 있는; 푸루샴=푸루샤; 이크샤테=보다; 타트=그것; 에타우=이러한 것들; 슬로카우; 2개의 구절; 바바타흐=~이다.

그 다음, 세 가지 모음으로 구성된 옴을 가지고 지고의 푸루샤에 명상하는 자는 광휘의 태양과 합일되나니. 그는 허물을 벗어난 뱀처럼 모든 죄로부터 자유롭도다. 그는 사마의 만트라에 의해 브라흐마의 세상을 얻으며, 히란야가르바로부터 가슴에 거하는 지고의 푸루샤를 얻는다. 다음 2개의 구절은 그것에 대한 것이다.

6 तिस्रो मात्रा मृत्युमत्यः प्रयुक्ता
अन्योन्य सा अनविप्रयुा ः।
क्रियासु बाह्याभ्यन्तरमध्यमासु
सम्यक्प्रयुासु न कम्पते ज्ञः ।६।

티스로 마트라 므리트유마트야흐 프라육타
안욘야사 아나비프라유흐|
크리야수 바흐야브얀타라마드야마수

삼야크프라수수 나 캄파테 그야흐 |6|

티스라흐=세 가지의; 마트라흐=음절; 에카이카사흐=하나씩 분리되어; 므리트유마트야흐=필멸의; 프라육타흐=익숙한; 안욘야사흐=서로 집착할 때; 안나비프라유흐=그릇되게 사용되지 않는; 크리야수=행동하다; 바흐야브얀타라마드야마수=외면과 내면과 그 중간에서; 삼야크=완전히; 프라유크타수=익숙할 때; 나 캄파테=두려움 없는; 그야흐=지혜로운 존재.

세 가지의 만트라가 분리되었을 때 그것은 죽은 것이다. 그러나 그것들이 서로 연결되었을 때 그것은 그릇되지 않으리니. 그것들은 내면과 외면과 그 중간에서 모두 완전하게 사용될 것이다. 이것을 아는 이는 두려움이 없도다.

7 ऋग्भिरेतं यजुर्भिरन्तरिक्षं स सामभिर्यत्तत्कवयो वेदयन्ते। तमोङ्कारेणैवायतनेनान्वेति विद्वान् यत्तच्छान्तमजरममृतमभयं परं चेति ।७।

리그비레탐 야주르비란타리크샴 사 사마비르야따트카바요 베다얀테| 타몽카레나이바야타네난베티
비드반 야따찬타마자라맘리타마바얌 파람 체티|7|

리그비흐=리그 베다에 의해; 에탐=이것; 야주르비흐=야주르 베다에 의해; 안타리크샴=달의 세계; 사흐=그는; 사마비흐=

사마 베다에 의해; 야트=무엇; 카바야흐=현명한 이들; 베다 얀테=실현하다; 탐=그것; 오마카레나=옴에 의해; 에바=실로; 아야타네나=방법들; 안베티=얻다; 비드반=아는 자; 야트=무엇; 찬타람=고요한; 아자람=줄어들지 않는; 암리탐=불멸의; 아바얌=모든 두려움으로부터 자유로운; 파람=지고의 것; 차=그리고; 이티=그러므로.

리그 베다의 만트라에 의해 이 세상을 얻으며, 야주르의 만트라에 의해 천상을 얻으며, 사마의 만트라에 의해 지혜를 얻나니. 옴을 통하여 평화와 영원한 불멸함에 도달하고 모든 두려움으로부터 벗어나 지고의 것을 아는 지혜로운 자가 되도다.

इति पञ्चमः प्रश्नः।

이티 판차마ḥ 프라스나ḥ |

이리하여 다섯번째 질문을 마친다.

제6장
샤쉬타흐 프라스나
षष्ठः प्रश्न
여섯번째 질문

1. अथ हैनं सुकेशा भारद्वाजः पप्रच्छ।
भगवान हिरण्यनाभः कौसल्यो राजपुत्रो मामुपेत्यैतं
प्रश्नमपृच्छत। षोडशकलं भारद्वाज पुरुषं वेत्थ।
तमहं कुमारमब्रुवं नाहमिमं वेद। यद्यहमिममवेदिषं
कथं ते नावक्ष्यमिति। समूलो वा एष परिशुष्यति
योऽनृतमभिवदति। तस्मान्नार्हाम्यनृतं वक्तुम्।
स तूष्णीं रथमारुह्य प्रवव्राज।
तं त्वा पृच्छामि क्वासौ पुरुष इति।१।

아타 하이남 수케사 바라드바자흐 파프라차│
바가반 히란야나바흐 카우살요 라자푸트로 마무페트야이탐
프라스나마프리차타│ 쇼다사칼람 바라드바자 푸루샴 베트타│
타마함 쿠마라마브루밤 나하미맘 베다│

야드야하미마마베디샴 카탐 테 나바크쉬미티 |
사믈로 바 에샤 파리수쉬야티 요아나타마비바다티 |
타스만나르함얀리탐 바크툼 |
사 투쉬님 라타마루흐야 프라바브라자 |
탐 트바 프리차미 크바사우 푸루샤 이티 |1|

아타=다음; 에남=그에게; 수케사호=수케사; 바라드바자흐=바라드바자의 자손; 파프라차=경건하게 물었다; 바가반=존경하는 이여; 히란야나바흐=히란야나바; 카우살야흐=카우살야; 라자푸트라흐=왕자; 맘=나에게; 우페트야=나에게 오는; 에탐=이것; 프라스남=질문; 아프리차타=대답했다; 쇼다사칼람=16개 부분의; 푸루샴=푸루샤; 베트타=알다; 탐=그것; 아함=나는; 쿠마람=왕자; 아브루밤=대답했다; 아함=나는; 이맘=이것; 나 베다= 알지 못하다; 야디=만일; 아함=나는; 이맘=이것; 아베디샴=알았다; 카탐=왜; 테=당신에게; 나=아니디; 이비그쉬암-말할 수 없다; 이티-그러므로, 사믈라흐=뿌리로부터; 바=진실로; 에샤=이것 하나; 파리수쉬야티=시들다; 야흐=누구; 안리탐=거짓말; 바다티=말하다; 타스마트=그러므로; 안리탐=거짓말; 사흐=그는; 투쉬님=고요하게; 라탐=전차; 아루흐야=들어오는; 프라바브라자=분리된; 탐=그것; 트바=당신에게; 프리차미=묻다; 아사우=이것; 푸루샤흐=푸루샤; 크바=어디에; 이티=그러므로.

그런 다음, 바라드바자의 자손 수케사가 스승에게 물었다. "오 바가반이여, 코살라의 왕자 히란야나바가 나에게 와서 질문한 것이 있었습니다. 그는 저에게 '당신은 16개 부분의 푸루샤를 압니까?' 라고 하였지요. 나는 히란야나바에게 '나는 그것을 모릅니다. 내가 그것을 안다면 왜 그대에게 말할 수 없겠습니까? 거짓말을 하는 자는 근원부터 모든 것이 사라집 니다. 그러니 내게 거짓말을 시키지 마세요' 라고 말했고, 그 는 전차를 타고 떠났습니다. 그리하여 나는 당신께 묻나니 푸 루샤가 어디에 있습니까?"

전체 우주인 사마스탐 자가트(Samastam Jagat)는 원인과 결과의 조화이다. 깊은 잠에 들었을 때 나는 어디로 가는가? 깨어 있을 때 나는 주의 환경 속에 있다. 내가 잠이 들어 꿈을 꿀 때는 나는 꿈의 세계에 있다. 내가 깊은 잠에 들어 있을 때 내 몸과 마음은 마치 죽은 것처럼 움직여지지 않는다. 내가 깨어 있고 깊은 잠이 들어 있는 동안 나는 어디에 있는 것인가? 나에게 어떤 일이 일어나는가? 모든 것은 그 근원으로 돌아간다. 무엇이 근원인가? 푸루샤인 참 나이다. 참 나는 지혜와 의식 그 자체이다. 참 나는 모든 상대세계를 접촉한다. 참 나는 마음을 통해서 인지한다. 참 나는 모든 것의 근원이며, 모든 것에 드러나 있다. 그 자체로 우주적인 마음인 히란야가르바이며, 우주적인 몸인 비라트이다. 참 나는 들어오고 나가는 것이 아니다. 어떤 것도 독립된 본질을 가지고 있지 않다. 상대세계가 사라지면 참 나는 드러난다.

2 तस्मै स होवाच । इहैवान्तः शरीरे सोम्य स पुरुषो यस्मिन्नैताः षोडशकलाः प्रभवन्तीति ।२।

타스마이 사 호바차 | 이하이반타흐 사리레 솜야 사
푸루쇼 야스민나이타흐 쇼다사칼라흐 프라바반티티 |2|
타스마이=그에게; 사흐=그는; 하=진실로; 우바차=말했다;

이하=여기; 안타라 사리레=이 몸 안에; 솜야=온화한 존재; 사흐=그는; 푸루샤흐=푸루샤; 야스민=그것에; 에타흐=이러한 것들; 쇼다사칼라흐=16개의 부분들; 프라바반티=태어나다; 이티=그러므로.

스승은 그에게 대답했다. "내 친구여, 푸루샤는 내 몸에 존재하나니. 그 몸속에서 16개의 부분들이 생겨나도다."

브라흐만의 특성은 결코 변하지 않는다. 브라흐만은 형태나 특성이 아닌 브라흐만으로 남는다.

3 स ईक्षांचक्रे । कस्मिन्नहमुत्क्रान्त उत्क्रान्तो भविष्यामि कस्मिन्वा प्रतिष्ठिते प्रतिष्ठास्यामिति ।३।

사 이크샴차크레| 카르민나하무트크란타 우트크란토 바비쉬야미 카스민바 프라티쉬티테 프라티쉬타스야미티|3|

사흐=그는; 이크샴차크레=생각; 카스민나 우트크란테=나가는 존재; 아함=나는; 바비쉬야미=~이 될 것이다; 카스민바 프라티쉬티테=확립된 존재; 프라티쉬타스야미=확립될 것이다; 이티=그러므로.

수케사는 '무엇이 나가는 대로 내가 나가고, 무엇이 확립되는 대로 내가 확립되는 것일까?' 라고 생각했다.

4 स प्राणमसृजत प्राणाच्छूद्धां खं वायुर्ज्योतिरापः
पृथिवीन्द्रियं मनः। अन्नमन्नाद्वीर्यं तपो मन्त्राः
कर्म लोकाः लोकेषु च नाम च।४।

사 프라나마스리자타 프라나츠리땀 캄 바유르죠티라파흐
프리티빈드라얌 마나흐| 안나만나드비르얌 타포 만트라흐
카르마 로카흐 로케슈 차 마나 차|4|

사흐=푸루샤; 프라남=히란야가르바; 아스리자타=창조하였다; 프라나트=그에게로부터; 스라땀=믿음; 캄=장소; 바유흐=공기; 죠티흐=불; 아파흐=물; 프리티비=땅; 인드리얌=감각기관; 마나흐=마음; 안남=음식; 안나트=음식으로부터; 비르얌=활력; 타파흐=고행; 만트라흐=신성한 음절; 카르마=모든 행위; 로카흐=세상; 로케슈=세상 속에서; 나마=이름; 차=그리고.

푸루샤로부터 푸라나는 창조되었나니. 푸라나로부터 믿음이 나왔으며, 창공, 공기, 불, 물, 땅, 감각, 마음, 음식이 나왔도다. 음식으로부터 힘, 고행, 만트라, 행위, 세상이 나왔으며, 세상 속에서 다시 이름이 생겨났다.

5 स यथेमा नद्यः स्यन्दमानाः समुद्रायणाः
समुद्रं प्राप्यास्तं गच्छन्ति भिद्येते तासां
नामरूपे समुद्र इत्येवं प्रोच्यते।
एवमेवास्य परिद्रष्टुरिमाः षोडशकलाः
पुरुषायणाः पुरुषं प्राप्यास्तं गच्छन्ति
भिद्येते तासां नामरूपे पुरुष इत्येवं प्रोच्यते।
स एषोऽकलोऽमृतो भवति तदेष श्लोकः ।५।

사 야테마 나드야흐 스얀다마나흐 사무드라야나흐
사무드람 프란야스탐 가찬티 비드예테 타삼
나마루페 사무드라 이트예밤 프로챠테|
에바메바스야 파리드라쉬타리마흐 쇼다사 칼라흐
푸루샤야나흐 푸루샴 프란야스탐 가찬티
비드예테 타삼 나마루페 푸루샤 이트예밤 프로챠테|
사 에쇼아칼로암리토 바바티 타데샤 슬로카흐|5|

사흐=그것; 야타=~처럼; 이마흐=이러한 것들; 나드야흐=강; 스얀다마나흐=흐르는; 사무드라야나흐=바다를 얻기 위해; 사무드람=바다; 프란야=도달한 후에; 아스탐 가찬티=사라지다; 비드예테=없애다; 타삼=그들의; 나마루페=이름과 형상; 사무드라흐=바다; 이티=그러므로; 에탐=홀로; 프로챠테=선포하다; 에바=실로; 아스야=이것의; 푸루샤스야=푸루

프라스나 우파니샤드 403

샤의; 파리드라쉬타흐=아는 자; 이마흐=이러한 것들; 쇼다 사칼라흐=16개의 부분; 푸루샤야나흐=푸루샤 안에의 휴식; 푸루샴=푸루샤; 프란야=도달한 후에; 아스탐가찬티=사라지다; 비드예테=파괴되다; 타삼=이러한 것들의; 나마루페=이름과 형상; 푸루샤흐=푸루샤; 이티=그러므로; 에샴=홀로; 프로챠테=선포되다; 사흐=그것; 에샤흐=이것; 아칼라흐=시간에서 벗어난; 암리타흐=불멸의; 바바티=~이 되다; 타트=그것; 에샤흐=이것; 슬로카흐=신성한 구절.

강물이 바다를 향해 가는 것처럼, 모든 것들의 이름과 형상은 그 바다에 융합하여 도달한 후 사라지도다. 그리고 이것을 아는 자는 오직 바다에 대하여 16개의 부분들은 푸루샤 안에 거하며 푸루샤에 도달한 후에 사라지며 이름과 형상 또한 사라진다고 이르렀나니. 오직 푸루샤만을 말하도다. 이것은 시간으로부터 벗어나 불멸함에 이르른 것이니. 다음은 그것에 대한 구절이다.

6 अरा इव रथनाभौ कला यस्मिनप्रतिष्ठिताः।
तं वेद्यं पुरुषं वेद् यथा मा वो मृत्युः
परिव्यथा इति ।६।

아라 이바 라타나바우 로카 야스민프라티쉬티타흐|
탐 베드옘 푸루샤 베다 야타 마 보 므리트유흐
파리브야타 이티 |6|

아라흐=말했다; 이바=~처럼; 라타나바우=전차바퀴의 중앙; 칼로흐; 부분들; 야스민=누구에게; 프라티쉬티타흐=굳게 고정된; 탐=그것; 베드옘=아는 것의 가치; 푸루샴=푸루샤; 베다=알다; 야타=그래서; 마=아니다; 바흐=당신; 므리트유흐=죽음; 파리브야타흐=괴롭힘당하지 않는다; 이티=그러므로.

시간은 전차바퀴 안쪽에 고정된 바퀴살과 같은 것이니. 푸루샤를 알라. 그것을 아는 자는 죽음으로부터 괴롭힘당하지 않으리라.

7 तान् होवाचैतावदेवाहमेतत् परं ब्रह्म वेद।
नातः परमस्तीति ।७।

탄 호바차이타바데바하메타트 파람 브라흐마 베다|
나타흐 파라마스티티|7|

탄=그들에게; 하=실로; 우바차=말했다; 에타바트=이것에; 에바=진실로; 아함=나는; 에타트=이것; 파람=높은 것; 브라흐마=브라흐만; 베다=알다; 나=아니다; 아타흐=이것; 아스티=~이 있다; 이티=그러므로.

스승은 그들에게 말하였다. "나는 실로 브라흐만은 아나니. 그것보다 더 높은 것은 없도다."

8 ते तमर्चयन्तस्त्वं हि नः पिता योऽस्माकमविद्यायाः परं पारं तारयसीति । नमः परमऋषिभ्यो नमः परमऋषिभ्यः ।८।

테 타마르차얀타스트밤 히 나흐 피타 요아스마카마비드야야흐
파람 파람 타라야시티 | 나마흐 파라마리쉬브요
나마흐 파라마리쉬브야흐 |8|

테=그들은; 탐=그에게; 아르찬타흐=예배드린 후; 트밤 히= 당신은 진실로 ~이다; 나흐=우리의; 피타=아버지; 야흐=누구; 아스마캄=우리에게; 아비드야야흐=무지의; 파람=지고의 것; 타라야시=얻은; 이티=그럼므로; 나마흐=귀의하다; 리쉬브야흐=지고의 리쉬들에게.

그들은 스승에게 예배드린 후 말하였다. "당신은 실로 우리의 아버지입니다. 당신은 무지를 넘어 초월의 상태를 얻게 하였나니. 지고의 리쉬들에게 귀의합니다. 지고의 리쉬들에게 귀의합니다."

इति षष्ठः प्रश्नः ।

이티 샤쉬타흐 프라스나흐|

그리하여 여섯번째 질문을 마친다.

इति प्रश्नोपनिषद् समाप्ता ॥

이티 프라스노파니샤드 사마프타 ॥

이제 프라스나 우파니샤드를 마친다.

카타 우파니샤드

कठ उपनिषद्

카타 우파니샤드는 크리쉬나 야주르 베다의 카타 삭카에 속한 브라흐마나의 부분에 속해 있으며 사마 베다와 아타르바 베다에 포함되어 있다.

카타 우파니샤드는 총명한 소년 나치케타가 아버지의 요구로 인해 죽음의 신 야마에게로 가서 초월적인 지혜를 나눈다는 고대 아리아 인들의 설화이다. 또한 태아 이전의 상태로 넘어서는 것에 대하여 말하고, 죽음을 심오하게 설명하는 리그 베다의 경전이기도 하다.

이 경전은 죽음이란 다만 시공과 인과관계를 넘어 참 나의 영원 불변의 존재함을 깨닫지 못하고 개별적인 자아가 전부라고 생각하여 자신과 동일시하여 집착하기 때문에 빚어지는 일일 뿐이며, 본래 죽음이란 없다는 것을 말하고 있다. 이 우파니샤드는 삼크야의 단계적인 과정과 바로 직시하여 깨닫는 베단타의 가르침, 그 두 가지가 동시에 이야기식으로 쉽게 포함되어 있다

ॐ सह नाववतु । सह नौ भुनक्तु । सह वीर्यं करवावहै ।
तेजस्विनावधीतमस्तु । मा विद्विषावहै ॥
ॐ शान्तिः शान्तिः शान्तिः ॥

옴 사하 나바바투| 사하나우 부나크투|
사하 비르얌 카라바바하이|
테자스비나바디타마스투| 마 비드비샤바하이|
옴 산티흐 산티흐 산티흐 ||

옴=옴; 사하=함께; 나우=우리의 양면에; 아바투=보호하다; 나우=우리의 양면에; 부나크투=자양분을 주다; 비르얌=활기 있는; 카라바바하이=만들다; 테자스비=용맹한; 나우=우리에게; 아디탐=배우는 것; 아스투=~할 것이다; 마=아니다; 비드바샤바하이=서로 다투다; 산티흐=평화.

그는 우리의 절대와 상대를 보호하도다. 그는 우리의 절대와 상대에 자양분을 주도다. 우리는 위대한 힘으로 행동할 것이며, 우리의 배움은 완전해지고 열매를 맺으리니. 우리가 서로 미워하지 않지 않게 하소서.
옴, 평화 평화 평화.

이 우파니샤드에 나오는 이 구절은 식사 전이나 명상 전에 즐겨 암송하는 구절이다. 기도문인 동시에 수행자의 마음의 자세를 보여주며, 이타적인 생각과 행위를 북돋워 준다.

제I부
프라타모아드야야흐
प्रथमोऽध्यायः

제1장
프라타마 발리
प्रथमा वल्ली

1 ॐ उशन् ह वै वाजश्रवसः सर्ववेदसं ददौ।
तस्य ह नचिकेता नाम पुत्र आस ॥१॥

옴 우산 하 바이 바자스라바사흐 사르바베다삼 다다우|
타스야 하 나치케타 나마 푸트라 아사 ‖ 1 ‖

옴=옴; 우산=천상의 보답을 바라는; 하=실로; 바이=진실로; 바자스라바사흐=바자스라바사; 사르바베다삼=소유한 모든 것; 다다우=포기하다; 타스야=그에게; 하=말하자면; 나치케타흐=나치케타; 나마=이름; 푸트라흐=아들; 아사=가졌다.

바자스라바사는 천상의 은총을 열망하여, 자신이 소유한 모든 것을 봉헌하였다. 그런 그에게는 나치케타라고 하는 아들이 있었다.

2 तं ह कुमारं सन्तं दक्षिणासु नीयमानासु श्रद्धाऽऽविवेश ष सोऽमन्यत ॥२॥

탐 하 쿠마람 산탐 다크쉬나수 니야마나수
스라따아비베사 샤 소아만야타 ‖ 2 ‖

탐=그에게로; 히=실로; 쿠마람=젊은이; 산탐=존재하는; 다크쉬나수=마지막 봉헌물; 니야마나수=가져왔을 때; 스라따=믿음; 아비베사=몰입되다; 사흐=그는; 아만야타=생각하였다.

마지막 봉헌물을 가져왔을 때, 아직 나이 어린 나치케타는 믿음으로 가득 찼다. 그는 생각하였다.

확고한 믿음인 스라따는 영적인 삶을 발전시키는 가장 기본적인 가치이다. 죽음의 신 야마는 나치케타에게 가장 높은 영적인 신비한 가르침을 준다.

3 पीतोदका जग्धतृणा दुग्धदोहा निरिन्द्रियाः।
अनन्दा नाम ते लोकास्तान् स गच्छति ता ददत्॥ ३॥

피토다카 자그다트리나 두그다도하 니린드리야흐|
아난다 나마 테 로카스탄 사 가차티 타 다다트 ‖ 3 ‖

파토다카흐=물을 다 마신; 자그다트리나흐=풀을 다 먹은; 두그다도하흐=우유를 준; 니린드리야흐=기능하는 기관들이 없는; 아난다흐=희열; 나마=실로; 테=그들은; 로카흐=세상들; 탄=그들에게; 사흐=그는; 가차티=도달하다; 타흐=그들에게; 다다트=베푸는 존재.

희열이란, 실로 그들이 도달한 세상이다. 그들은 더 이상 물을 마실 수도, 건초를 먹을 수도, 젖을 짜낼 수도, 새끼를 낳을 수도 없는 그런 소에게 은총을 베푸는 이이다.

4 स होवाच पितरं तत् कस्मै मां दास्यसीति।
द्वितीयं तृतीयं तं होवाच मृत्यवे त्वा ददामीति॥४॥

사 호바차 피타람 타트 카스마이 맘 다스야시티|
드비티얌 트리티얌 탐 호바차 므리트야베 트바 다다미티
‖ 4 ‖

삼=그는; 하=놀랍도다!; 우바차=말하다; 피타람=그의 아버지; 타타=오 아버지여!; 카스마이=누구에게; 맘=나에게; 다스야시=당신이 줄; 이티=그러므로; 드비티얌=두 번의; 트리티얌=세 번의; 탐=그에게; 하=그렇게; 우바차=말하다; 므리트야베=죽음에게; 트밤=당신; 다다미=나는 줄 것이다; 이티=그러므로.

나치케타는 아버지에게 물었다, "아버지, 나에게 주실 것은 무엇인가요?" 아버지에게 아무런 대답이 없자, 나치케타는 두 번, 세 번을 반복하여 물었다. 그의 아버지는 대답했다, "나는 너를 죽음인 야마에게로 보내 줄 것이다."

5 बहूनामेमि प्रथमो बहूनामेमि मध्यमः। किं स्विद् यमस्य कर्तव्यं यन्मयाद्य करिष्यति ॥५॥

브후나메미 프라타모 바후나메미 마드야마흐 |
킴 스비드 야마스야 카르타브얌 얀마야드야 카리쉬야티
‖ 5 ‖

브후나메미=많은 것 중에; 프라타마흐=첫번째; 마드야마흐=중심; 킴 스비트=할 수 있게 된 것; 야마스야=야마의; 카르타브얌=의무, 작동; 야트=그것; 마야=나에 의해; 아드야=지금; 카리쉬야티=성취될 것이다.

(나치케타가 말했다)

나는 많은 것들 중에 첫번째이며, 많은 것들 중에 중심입니다. 내가 야마에게로 가 죽음의 의무로 성취되어져야 할 것은 무엇입니까?

6 अनुपश्ययथा पूर्वे प्रतिपश्य तथापरे।
सस्यमिव मर्त्यः पच्यते सस्यमिवाजायते पुनः ॥ ६ ॥

아누파샤야타 푸르베 프라티파샤 타타파레 |
사스야미바 마르트야흐 파츠야테 사스야미바자야테 푸나흐
‖ 6 ‖

아누파샤=보다; 야타=같은 수단으로; 푸르베=이전에; 프라티파샤=비교하다; 타타파레=또한 다른 사람들; 사스얌=옥수수; 이바=~같은; 마르트야흐=필멸하는 것들; 파츠야테=익다; 아자야테=태어난; 푸나흐=다시.

(바자스라바사는 말했다)

과거의 조상들이 어떻게 행했는지 기억하라. 또한 지금의 사람들이 어떻게 행하는지 알라.
옥수수가 익으면 낱알이 땅에 떨어져 다시 싹을 틔우는 것처럼 사람도 그러하다.

나치케타의 아버지인 바자스라바사는 진리의 삶으로 볼 때 하루살이같이 짧은 인간의 육체의 시간으로부터 벗어나 지혜를 얻게 하기 위해 죽음의 신인 야마에게 나치케타를 보낸다.

옥수수를 비유한 것은 삶과 죽음의 반복되는 카르마의 법칙인 윤회를 말하는 것이다.

7 वैश्वानरः प्रविशत्यतिथिब्राह्मणो गृहान्।
तस्यैतां शान्तिं कुर्वन्ति हर वैवस्वतोदकम् ॥७॥

바이스바나라흐 프라비사트야티티브라흐마노 그리한|
타스야이탐 산팀 쿠르반티 하라 바이바스바토다캄 ‖ 7 ‖

바이스바나라흐=불의 신처럼; 프라비샤티=들어가다; 아티티흐=손님; 브라흐마나흐=성스러운 자, 여기에서는 나치케타를 말함; 그리한=말; 타스야=그의; 산팀=평온의; 쿠르반티=~하다; 하라=데리고 오다; 바이바스바타=오 태양의 아들이여!; 우다캄=물.

(나치케타의 아버지가 나치케타를 죽음의 신 야마에게로 보냈을 때, 야마는 마침 집을 비운 상태였다. 나치케타는 3일 동안을 아무런 음식도 먹지 않고 야마를 기다렸다. 야마가 집에 돌아오자 나치케타는 불의 신 아그니처럼 야마의 집으로 들어갔다.)

불의 신처럼 브라흐마나가 손님으로 집에 들어갔다. 그들은 평화의 예배로 그를 맞이하였다. 나치케타는 "오 태양의 아들, 바이바스바타여! 물을 가져다 주오"라고 하였다.

마누 스므리티라는 경전 제3장 99-118절을 보면, 힌두 사회에서는 고대로부터 손님을 신의 화신으로 보고 접대하는 습관을 가지고 있는 것이 나타나 있다. 손님이 오면 처음에 물을 대접하고 자리를 깔아 준 다음, 꽃과 물과 쌀과 북극성의 신인 두르바를 가지고 예배하는 아르그얌의식을 한다. 그리고는 음식과 선물을 대접한다.

8 आशाप्रतीक्षे सङ्गतं सूनृतां चेष्टापूर्ते पुत्रपशूंश्च सर्वान्।
एतद् वृङ्क्ते पुरुषस्याल्पमेधसो यस्या नश्नन् वसति ब्राह्मणो गृहे ॥८॥

아사프라티크셰 상가탐 순리탐 체쉬타푸르테 푸트라파슘스 차 사르반|
에타드 브링크타 푸루샤스얄마메다소 야스야 나스난 바사티 브라마노 그리헤 ∥ 8 ∥

아사프라티크셰=희망과 기대; 상가탐=덕 있는 회합의 은혜로움; 순리탐=덕 있는 말의 은혜로움; 차=그리고; 이쉬타푸라테=경전을 낭송하는 예배로부터 일어나는 은혜로움; 푸트라파슘스차=자손과 부; 사르반=모든 것; 에타드=이러한 것들; 브링크테=파괴되다; 푸루샤스야=인간; 알파메다사흐=우둔한 지성의; 야스야=누구의; 아나스난=굶주린; 바스티=머물다; 브라흐마나흐=브라흐마나, 성스러운 자; 그리헤=집 안으로.

(나치케타가 말했다)

브라흐마나가 누군가의 집에 머물 때, 그에게 음식을 대접하지 않는 자는 어리석나니. 그의 희망과 기대는 땅에 떨어질 것이며, 의로운 자들과 관계의 결실을 맺지 못하고, 신성함과 덕망 있는 행위, 예배와 경전 말씀의 은혜로움이 사라지며, 자신의 부와 모든 자녀들이 파멸될 것이다.

상가탐이란 덕 있는 회합의 결과이며 다른 해석으로는 신에 대한 명상의 의미이며 명상으로부터 나온 결과를 말한다.

9 तिस्रो रात्रीर्यदवात्सीर्गृहे मेऽनश्नन् ब्रह्मन्नतिथिर्नमस्यः। नमस्तेऽस्तु ब्रह्मन् स्वस्ति मेऽस्तु तस्मात् प्रति त्रीन् वरान् वृणीष्व ॥९॥

티스로 라트리르야다바트시르그리헤 메아나스난 브라흐만나 티티르나마스야흐 |
나마스테아스투 브라흐만 스바스티 메아스투 타스마트 프라티 트린 바란 브리니쉬바 ‖ 9 ‖

티사흐=셋의; 라트리흐=밤; 야트=~처럼; 아바트시흐=머문; 그리헤=집 안에서; 메=나의; 아나스난=음식없이; 브라흐만=오 브라흐마나여; 아티티흐=손님; 나마스야흐=경배하게 되다; 나마스테=당신에게 절하다; 아스투=있게 하다; 브라흐만=오 거룩한 존재여; 스바스티=행복; 메=나에게; 타스마트=그러므로; 트린=3개의; 바란=요청; 브리나쉬바=선택하다.

(야마가 말했다)

오 브라흐마나여, 당신은 나의 손님이며, 나의 고귀한 존재이다. 존귀하신 당신께 머리를 숙여 경배하나니, 오 거룩한 존재여, 당신은 아무런 음식을 취하지 않고 3일을 나의 집에서 머물렀다. 그러니 나에게 세 가지의 바람을 택하여 청하고 나에게 은총을 내려 주기를!

10 शान्तसङ्कल्पः सुमना यथा स्याद् वीतमन्युगौतमो माभि मृत्यो। त्वत्प्रसृष्टं माभिवदेत् प्रतीत एतत् त्रयाणां प्रथमं वरं वृणे ॥१०॥

산타상칼파흐 수마나 야타 스야드 비타만유르가우타모 마비 므리트요 |
트바트프라스리쉬탐 마비바데트 프라티타 에타트 트라야남 프라타맘 바람 브리네 ‖ 10 ‖

산타상칼파흐=평화로운 성향으로; 수마나흐=마음의 행복한 토대의; 야타 스야트=아마도; 비타만유흐=근심으로부터 자유; 가우타마흐=가우타마(나치케타의 아버지); 마 아비=나에게로; 므리트요=오 죽음이여! 트바트=당신으로부터; 프라스티쉬탐=다시 보내진; 마=나에게; 아비바데트=환영할 것이다; 프라티타흐=인식하는; 에타트=이것; 트라야남=세 가지의; 프라타맘=첫번째; 바람=요구; 브리네=나는 선택하였다.

(나치케타가 말했다)

오 죽음이여! 세 가지의 바라는 것 중에 첫번째는 내 아버지

가우타마가 행복하고, 근심에서 벗어나 평화롭게 되는 것이다. 그러면 그대로 인해 내가 집으로 보내졌을 때, 아버지는 나를 알아보고 환영할 것이다.

11 यथा पुरस्ताद् भविता प्रतीत औद्दालकिरारुणिर्मत्प्रसृष्टः।
सुखं रात्रीः शयिता वीतमन्युस्त्वां दृष्टिशिवान् मृत्युमुखात् प्रमुम् ॥११॥

야타 푸라스타드 바비타 프라티타 아우드달라키라루니르마트프라스리쉬타흐|
수캄 라트리흐 사이타 비타만야스트밤 다드라시반 므리트유무카트 프라뭄 ‖ 11 ‖

야타=~처럼; 푸라스타드=과거에; 바바티=~될 것이다; 프라티타흐=인식하는 자; 아우달라키라루니흐=아루나의 아들, 아우달라키; 마트프라스리쉬타흐=나의 명령에 의해; 수캄=행복하게; 라트리흐=밤; 사이타=잠들 것이다; 비타만유흐=분노 없이; 트밤=당신; 다드라시반=죽음의 파도로부터; 프라뭄=자유롭게 되는.

(야마가 말했다)

나의 명령에 의해, 당신의 아버지 아우달라키 아루니는 당신을 알아보고 이전처럼 다시 당신에게로 갈 것이다. 죽음의 파도로부터 당신은 자유롭나니, 이 밤 평화롭게 지내기를.

12 स्वर्गे लोके न भयं किञ्चनास्ति न तत्र त्वं न जरया बिभेति।
उभे तीर्त्वाऽशनायापिपासे शोकातिगो मोदते स्वर्गलोके ॥१२॥

스바르게 로케 나 바얌 킨차나스티 나 타트라 트밤 나 자라야 비베티|
우베 티르트바아사나야피파세 소카티고 모다테 스바르갈로코 ‖ 12 ‖

스바르게=천상에서; 로케=세상; 나=아니다; 바얌=두려움; 킨차나=무엇이든지; 아스티=~이다; 나=아니다; 타트라=거기에; 트밤=당신; 나=아니다; 자라야=많은 나이 때문에; 비베티=두려워하다; 우베=양쪽; 티르트바=극복하는; 아사나야피파세=목마름과 굶주림; 소카티가흐=슬픔을 넘어서는; 모다테=기쁨; 스바르가 로케=천상에서.

(나치케타가 말했다)

천상에는 두려움이 없다. 거기에는 그대가 없나니 누구도 늙음으로 두려워하지 않는다. 천상의 존재들은 배고픔과 목마름으로부터 벗어나 모든 고통을 넘어서 있다.

13 स त्वमग्निं स्वर्ग्यमध्येषि मृत्यो प्रब्रूहि तं श्रद्दधानाय मह्यम्।
स्वर्गलोका अमृतत्वं भजन्त एतद् द्वितीयेन वृणे वरेण ॥१३॥

사 트바마그님 스바르그야마드예쉬 므리트요 프라브루히 탐 스라따다나야 마흐얌|
스바르가로카 암리타트밤 바잔타 에타드 드비티예나 브리네 바레나 ‖ 13 ‖

사흐=그것; 트밤=당신; 아그님=불; 스바르그얌=천상으로 이끄는; 아드예쉬=알다; 므리트요=죽음; 프라브루히=설명하라; 탐=그것; 스라따다나야=믿음으로 가득한; 마흐얌=나에게; 스바르가로카=천상을 보는 자; 암리타트밤=불멸함; 바잔테=도달하다; 에타트=이것; 드비티예나=두번째에 의해; 브리네=나는 열망하다; 바레나=요청.

오 죽음이여, 그대는 천상으로 이끄는 불에 대하여 알고 있나니, 믿음으로 가득 찬 나에게 그것을 말해 달라. 천상을 보는 이는 불멸함을 얻으리니. 이것이 내가 선택한 두번째 바람이다.

14 प्र ते प्रब्रवीमि तदु मे निबोध स्वर्ग्यमग्निं नचिकेतः प्रजानन्।
अनन्तलोकाप्तिमथो प्रतिष्ठां विद्धि त्वमेतं निहितं गुहायाम्॥१४॥

프라 테 프라브라비미 타두 메 니보다 스바르그야마그님 나치케타흐 프라자난 |
아난타로카프티마테 프라티쉬탐 비띠 트바메탐 니히탐 구하얌 ‖ 14 ‖

테=당신에게; 프라브라비미=나는 말하였다; 타두=그것은 진실로; 메=나에게로부터; 니보다=조심스럽게 듣다; 스바르그야마그님=천상으로 이끄는 불; 나치케타흐=오 나치케타여; 프라자난=잘 알려진; 아난타로카프팀=영원한 천상에 도달하는 수단; 아타흐=이제; 프라티쉬탐=부양; 비띠=알다; 트밤=당신; 니히탐=있는; 구하얌=동굴에.

(야마가 말했다)

나는 그 천상으로 이끄는 그 불을 잘 알도다, 오 나치케타여, 나는 당신께 그것에 대해 말할 것이니 잘 들어보시라. 영원한 천상을 얻는 수단과 세상을 부양하는 자를 알아야 하나니. 이제부터 내가 말하는 것을 가슴속 깊은 곳에 두길.

15

लोकादिमग्निं तमुवाच तस्मै या इष्टका यावतीर्वा यथा वा ।
स चापि तत् प्रत्यवदद्यथोमथास्य मृत्युः पुनरेवाह तुष्टः ॥१५॥

로카디마그님 타무바차 타스마이 야 이쉬타카 야바티르바 야타 바|
사 차피 타트 프라트야바다드야토마타스야 므리트유흐 푸나레바하 투쉬타흐 ‖ 15 ‖

로카딤= 세상의 근원; 아그님=불; 탐=그것; 우바차=대답하다; 타스마이=그에게; 야흐=형식; 이쉬타카흐=벽돌; 야바티흐=얼마나 많이; 바=또한; 야타=어떻게; 바=또한; 사흐=그는; 차=그리고; 아피=또한; 타트=그것; 프라트야바다트=반복된; 야토=말한 대로; 야타=그런 다음; 아스야=이것에; 므리트유흐=야마; 푸나레바하=다시 말했다; 투쉬타흐=기뻐하는 존재.

죽음인 야마는 그에게 그 불에 대하여 말했다. 그것은 세상의 근원이며, 축조재의 모든 것이며, 많은 사람들의 구하는 것이라고 말하였다. 그리고 나치케타는 야마가 자신에게 말한 것 모두를 반복하여 말했다. 그러자 야마는 기뻐하며 다시 말하였다.

16 तमब्रवीत् प्रीयमाणो महात्मा वरं तवेहाद्य ददामि भूयः।
तवैव नाम्ना भवितायमग्निः सृङ्कां चेमामनेकरूपां गृहाण ॥१६॥

타마브라비트 프라야마노 마하트마 바람 타베하드야 다다미 부야흐|
타바이바 나므나 바비타야마그니흐 스링캄 체마마네카루팜 그리하나 ‖ 16 ‖

타마브리비트=그에게 말했다; 프리야마나흐=기뻐한; 마하트마=위대한; 바람=은총; 타바=당신에게; 이하=여기에; 아드야=이제; 다다미=나는 주었다; 부야흐=다시; 타바이바=실로 당신에 의해; 나므나=이름; 바바티=~될 것이다; 아야마그니흐=이러한 불; 스링캄=화환; 차 이맘=그리고 이것; 아네카루팜-다채로운 색으로; 그리히나=받아들이다.

위대한 야마는 매우 만족스러워하면서 "이제 하나만 더 하면 세 가지 모두를 당신께 드리게 된다. 앞으로 이 불은 당신의 이름으로 명명될 것이니, 다채로운 색의 화려한 이 화환목걸이를 받으시오"라고 하였다.

17 त्रिणाचिकेतस्त्रिभिरेत्य सन्धिं त्रिकर्मकृत् तरति जन्ममृत्यू।
ब्रह्मजज्ञं देवमीड्यं विदित्वा निचाय्येमां शान्तिमत्यन्तमेति ॥१७॥

트리나치케타스트리비레트야 산딤 트리카르마크리트 타라티 잔맘리트유 |
브라흐마자그얌 데바미드얌 비디트바 니차이예맘 산티마트얀타메티 ‖ 17 ‖

트리나치케타흐=나치케타의 불의 예배를 세 번 실천하는 자; 트리비흐=3개로; 에트야=도달하는; 산딤=유일함; 트리카르마크리트=3개의 의무를 즐기며 행하는 자; 타라티=넘어서다; 잔맘리트유=탄생과 죽음의 순환; 브라흐마자그얌=브라흐만으로부터 발현된 것을 아는 자; 데바미드얌=빛의 존재를 숭배하는 자; 비디트바=알려진; 니차이얌=실현되는; 이맘=이것; 산팀=평화; 아트얀탐=지고의; 에티=도달하다.

나치케타의 불의 예배를 세 번 행하는 자, 당신과 합일되는 자, 그리고 세 가지의 의무를 행하는 자는 태어남과 죽음의 굴레로부터 벗어날 것이다. 또한 전지전능한 빛의 존재를 알고 실현하는 자는 브라흐만으로 발현되는 것을 아는 자이니, 그는 지고의 평화에 도달하도다.

불의 예배, 즉 나치케타의 예배를 세 번 행한다는 것은 올바른 지식을 듣고, 연구하고, 실천한다는 것이다.

18 त्रिणाचिकेतस्त्रयमेतद् विदित्वा य एवं विद्वांश्चिनुते नाचिकेतम् ।
स मृत्युपाशान् पुरतः प्रणोद्य शोकातिगो मोदते स्वर्गलोके ॥१८॥

트리나치케타스트라야메타드 비디트바 야 에밤 비드밤스치누테 나치케탐 ǀ
사 므리트유파산 푸라타흐 프라노드야 소카티고 모다테 스바르가로케 ǁ 18 ǁ

트리나치케타흐=나치케타 예배를 세 번 행하는 자; 트라야메타드=이러한 세 가지; 비디트바=아는 것; 야흐=그는; 에밤=그러므로; 비드반=아는 자; 치누테=행위자; 나치케탐=나치케타의 불; 사흐=그는; 므리트유파산=죽음의 사슬; 푸라타흐=이전에; 프라노드야=사라지는; 소카티고=슬픔을 넘어서; 모다테=기쁨; 스바르가로케=천상의 세계

나치케타의 예배를 세 번 행하는 현명한 자는 이 세 가지를 알고, 실천하는 것이니. 그는 육신을 떠나기 전에 죽음의 사슬을 끊고 모든 슬픔을 넘어서 천상의 즐거움을 맛보리라.

19 एष तेऽग्निर्नचिकेतः स्वर्ग्यो यमवृणीथा द्वितीयेन वरेण ǀ
एतमग्निं तवैव प्रवक्ष्यन्ति जनासस्तृतीयं वरं नचिकेतो वृणीष्व ॥१९॥

에샤 테아그니르나치케타흐 스바그르요 야마브리니타 드비

카타 우파니샤드 431

티예나 바레나 |
에타마그님 타바이바 프라박쉬얀티 자나사스트리티얌 바람 나치케토 브리니쉬바 || 19 ||

에샤흐=이것; 테=당신의; 아그니흐=불; 나치케타흐=오 나치케타여!; 스바르그야흐=천상으로 이끄는 것; 얌=그것; 아브리니타흐=당신은 선택하다; 드비티예나=두번째로; 바레나=은총; 에타마그님=이러한 불; 타바이바=오직 당신의 이름으로; 프라박쉬얀타=선포할 것이다; 자나사흐=사람들; 트리티얌=세번째의; 바람=은총; 나치케토=오 나치케타여; 브리니쉬바=선택하다.

이것은 천상으로 이끄는 당신의 불이니, 오 나치케타여, 당신의 두번째로 이것을 선택하였다. 이 불은 오직 당신의 이름으로 사람들에게 선포될 것이다. 오 나치케타여, 이제 당신이 세번째로 선택한 것을 구하라.

천상의 세계란 자신의 자아인 보편적인 희열의식을 말한다. 그러한 의식의 삶을 느끼는 세계를 말한다.

20

예얌 프레테 비치키트사 마누쉬예아스티트예케 나야마스티티 차이케 |

에타드비드야마누시쉬타스트바야아함 바라나메샤 바라스트리티야흐 ‖ 20 ‖

예얌=이것; 프레테=죽는; 비치키트사=의심; 마누쉬예=인간으로; 아스티=존재하다; 이티=그러므로; 에케=어떤; 나 아얌 아시 이티=이것은 존재하지 않는다; 차=그리고; 에케=어떤; 비드얌=아는 것; 아누시쉬타흐=가르친; 트바야=그대에 의해; 아함=나는; 바라나메샤흐=은혜에 의해; 바라스트리티야흐=세번째의 바람.

(나치케타가 말했다)

사람이 죽었을 때, 어떤 사람들은 "그는 계속 존재한다"고 말하고, 어떤 사람은 "그는 이제 존재하지 않는다"라고 말한다. 나는 그것에 대해 의구심이 있나니, 나에게 그것을 가르쳐 달라. 이것이 내가 세번째로 선택한 것이다.

나치케타는 몸이 죽었을 때, 육체와 영혼과의 연관관계에 대하여 알기를 원하는 것이다.

21 देवैरत्रापि विचिकित्सितं पुरा न हि सुज्ञेयमणुरेष धर्मः। अन्यं वरं नचिकेतो वृणीष्व मा मोपरोत्सीरिति मा सृजैनम्॥२१॥

데바이라트라피 비치키트시탐 푸라 나 히 수그예야마누레샤 다르마흐|

안얌 바람 나치케토 브리니쉬바 마 모파로트시라티 마 스리
자이남 ‖ 21 ‖

데바이트라피=데바에게까지; 비치키트시탐=의심이 있는; 푸
라=이전에; 나=아닌; 히=실로; 수그예얌=쉽게 이해하는; 아
누레샤흐=이런 섬세한; 다르마흐=주관; 안얌=다른 것; 바람
=은총; 나치케타흐=오 나치케타여!; 브리니쉬바=선택하다;
마=나를; 모파로트시흐=압박하지 않는; 아티스리자=풀다;
에남=이것.

(야마가 말했다)

이전부터 신들조차도 이것에 대하여서는 확실치 않게 여겼
다. 매우 미세하고 미묘한 것들은 주관적이며 실로 이해하기
어려운 것이니, 오 나치케타여! 다른 것을 선택하라. 나에게
이것에 대하여 다루게 하지 말라. 그 의무로부터 나를 구해
주기를!

22 देवैरत्रापि विचिकित्सितं किल त्वं च मृत्यो यन्न सुज्ञेयमात्थ ।
वक्ता चास्य त्वादृगन्यो न लभ्यो नान्यो वरस्तुल्य एतस्य कश्चित् ॥२२॥

데바이라트라피 비치키트시탐 킬라 트밤 차 므리트요 얀나
수그예야마따 ǀ
박타 차스야 트바드리간요 나 라브요 난요 바라스툴야 에타
스야 카스치트 ‖ 22 ‖

데바이라트라피=신들에 의해서도; 비치키트시탐=의심한; 킬라=실로; 트밤=당신; 차=또한; 므리트요=오 죽음이여!; 야트=그것; 나 수그예얌=쉽게 이해하지 못하는; 아따=말하다; 박타=가르치는; 차 아스야=그리고 이것을 위해; 트바드리간요=당신과 다른; 나=아닌; 라브야흐=얻을 수 있는; 난야흐=다른 것이 아닌; 바라스툴야흐=~같은 은총; 에타스야=이것; 카르치트=어떤.

(나치케타가 말했다)

신들조차도 알 수 없었던 것을 오 야마여, 실로 그대는 그것을 이해하기 쉽지 않다고 말하고 있다. 이것에 대해서는 누구도 그대처럼 깊이 있게 가르칠 수 없나니. 나는 이것만큼 원하는 다른 것은 없도다.

죽음이 신인 야마는 인간이 궁극적인 수명을 통제한다. 여기에는 비밀이 있다는 것을 야마는 내포하고 있는 것이다. 죽음에 대한 명상은 육체적인 삶의 한계로부터 진정한 존재의 영역에 도달되게 하는 데 도움을 준다.

23 शतायुषः पुत्रपौत्रान् वृणीष्व बहून् पशून् हस्तिहिरण्यमश्वान्। भूमेर्महदायतनं वृणीष्व स्वयं च जीव शरदो यावदिच्छसि ॥२३॥

사타유샤흐 푸트라파우트란 브리니쉬바 바훈 파순 하스티히란야마스반।

부메르마하다야타남 브리니쉬바 스바얌차 지바 사라도 야바
디차시 ‖ 23 ‖

사타유샤흐=100년의 삶; 푸트라파우트란=아들과 손자; 브
리니쉬바=선택하다; 바훈=많이; 파순=가축; 하스티=코끼
리; 히란얌=황금; 아스반=말; 부메흐=땅의; 마하다야타남=
광대한 영토; 브리니쉬바=선택하다; 스바얌 차=또한 당신 스
스로; 지바=살다; 사라다흐=많은 세월 동안; 야바디차시=당
신이 원한 만큼.

(야마가 말했다)

100년 동안 살아갈 수 있는 아들과 손자들을 택하라. 코끼리
와 말 같은 가축무리, 수많은 황금을 구하라. 광대한 대지를
택한다면, 당신이 원하는 만큼 오랫동안 거기에서 살아갈 수
있을 것이다.

24 एतत् तुल्यं यदि मन्यसे वरं वृणीष्व वित्तं चिरजीविकां च।
महाभूमौ नचिकेतस्त्वमेधि कामानां त्वा कामभाजं करोमि ॥२४॥

에타트 툴얌 야디 만야세 바람 브리니쉬바 비땀 치라지비캄
차 |
마하부마우 나치케타스트바메디 카마남 트바 카마바잠 카로
미 ‖ 24 ‖

436 우파니샤드

에타트=이것에; 툴얌=같은; 야디=만일; 만야세=당신은 생각하다; 바람=은총; 브리니쉬바=청하다; 비땀=부유함; 치라지바캄=오랜 삶; 차=그리고; 마하부마우=거대한 왕조의; 나치케타스트바메디=오 나의 주인 나치케타여!; 카마남=모든 욕망의; 트바=당신의; 카마바잠=즐기는 자; 카로미=만들 것이다.

부유함과 오랜 삶, 그리고 당신이 생각했던 다른 것을 구하기를, 오 나치케타, 광활한 대지를 가진 이여! 나는 당신이 원하는 모든 욕망을 즐길 수 있는 이로 만들 것이다.

25

ये ये कामा दुर्लभा मर्त्यलोके सर्वान् कामांश्छन्दतः प्रार्थयस्व ।
इमा रामाः सरथाः सतूर्या नहीदृशा लम्भनीया मनुष्यैः ।
आभिर्मत्प्रत्ताभिः परिचारयस्व नचिकेतो मरणं माऽनुप्राक्षीः ॥२५॥

예 예 카마 둘라바 마르트야로케 사르반 카맘스찬다타흐 프라르타야스바 |
이마 라마흐 사라타흐 사투르야 나히드리사 람바니야 마누쉬야이흐 |
아비르마트프라따비흐 파리차라야스바 나치케토 마라남 마 아누프라크쉬흐 ‖ 25 ‖

예 예=무엇이나; 카마흐=욕망의 대상; 둘라바흐=도달의 어려움; 마르트야로케=필멸의 세상에서; 사르반=모든 것들; 카만=욕망; 찬다타흐=그대의 소망으로; 프라르타야스바=찾다;

이마흐=이러한 것들; 라마흐=아름다운 소녀들; 사라타흐=전차로; 사투르야흐=악기들로; 나히=결코; 이드리사흐=그러한; 람바니야흐=얻을 만한; 마누쉬야이흐=인간에 의해; 아비흐=이러한 것들에 의해; 마트프라따비흐=나에 의해 수여된; 파리차라야스바=즐겁게 된; 나치케타흐=오 나치케타여!; 마라남=죽음에 의해; 마아누프라크쉬흐=다시 묻지 않는.

이 한정된 세상에서는 바라는 것을 모두 얻기 어렵나니, 당신은 이 세상에서 바라는 모든 것을 내게 구하라. 오, 전차를 타고 악기를 연주하는 아름다운 여인들과 함께하기를! 이런 것은 실로 인간이 구할 수 없는 것이니, 당신이 원하기만 한다면 나는 그 모든 것을 드릴 것이다. 그러니 나치케타여, 죽음에 대해서는 어떤 것도 다시 묻지 말아 달라.

26 श्वोभावा मर्त्यस्य यदन्तकैतत् सर्वेन्द्रियाणां जरयन्ति तेजः। अपि सर्वं जीवितमल्पमेव तवैव वाहास्तव नृत्यगीते ॥२६॥

스보바바 마르트야스야 야단타카이타트 사르벤드라야남 자라얀티 테자흐|
아피 사르밤 지비타말파메바 타바이바 바하스타바 느리트야기테 ‖ 26 ‖

스보바바흐=내일이 없는; 마르트야스야=필멸의; 야트=무엇; 안타카=오 죽음이여!; 에타트=이것; 사르벤드리야남=모든 감각들의; 자라얀티=닳다; 테자흐=활력; 아피=또한; 사르밤=

모든; 지비탐=삶; 알파메바=실로 짧은; 타바이바=그대 스스로를 위해; 바하흐=탈것; 트바=당신의; 나리트야기테=춤과 노래.

(나치케타는 말했다)

야마여, 그 모든 것들은 덧없는 것이다. 그것들은 인간의 모든 감각의 활력을 잃게 하나니. 삶의 모든 순환은 짧은 것이다. 그러니 그대는 그대의 말에 올라, 자신을 위하여 춤추고 노래를 불러라.

삶은 덧없는 것이며, 누구나 절대적인 삶을 의식적으로나 무의식적으로 갈구한다. 나치케타는 야마를 통하여 한계로부터 벗어나 한계없는 실체에 도달하기를 열망하는 것이다.

27 न वित्तेनतर्पणीयो मनुष्यो लप्स्यामहे वित्तमद्राक्ष्म चेत्त्वा। जीविष्यामो यावदीशिष्यसि त्वं वरस्तु मे वरणीयः स एव ॥२७॥

나 비떼나타르파니요 마누쉬요 라프스야마헤 비따마드라크쉬마 체뜨바 |
지비쉬야모 야바디시쉬야시 트밤 바라스투 메 바라니야흐 사 에바 ‖ 27 ‖

나 비떼나=부유함에 의하지 않은; 타르파니야흐=충족된; 마누쉬야흐=인간; 라프스야마헤=우리는 얻을 것이다; 비땀=풍요로움; 아드라크쉬마=본; 체트=만일; 트밤=당신은; 지비쉬야마흐=우리는 살 것이다; 야바트=오랜; 이시쉬야시 트밤=당신은 지배하다; 바라흐투=원한 것; 메=내것의; 바라니야흐=선택된; 사흐=그것; 에바=홀로.

인간은 결코 부유함으로 만족될 수 없다. 우리가 그대를 알았을 때, 우리는 그대가 정한 대로 생명을 얻고, 부를 얻는다. 그러나 내가 죽음 후의 존재들에 대하여 알고자 하는 것은 오직 내 자신의 선택에 의한 것이다.

나치케타는 죽음의 신 야마로부터 축복받아 장수와 부를 얻지만 그 이상을 원한다.

28 अजीर्यताममृतानामुपेत्य जीर्यन् मर्त्यः क्वधःस्थः प्रजानन्। अभिध्यायन् वर्णरतिप्रमोदानतिदीर्घे जीविते को रमेत ॥२८॥

아지르야타맘리타나무페트야 지르얀 마르트야흐 크바다흐스타흐 프라자난|
아비드야얀 바르나라티프라모다나티디르게 지비테 코 라메타 ‖ 28 ‖

아지르야탐=영원히 사라지지 않는; 암리타남=영원한 존재; 우페트야=도달한; 지르얀=필멸의 존재; 마르트야흐=인간; 크바다흐스타흐=세상; 프라자난=인식; 아비드야얀=지식, 조사하는; 바르나라티프라모단=흥분과 가무를 즐기는 것; 아티디르케=오랫동안; 지비테=삶에서; 카흐=누구; 라메타=기뻐하다.

영원히 죽지 않는 것과 불멸하는 존재들에 도달하고, 죽게 마련인 것과 필멸의 자기 자신이 흥분과 가무의 즐거움이 덧없음을 알고 난 후에, 어떤 이가 오랫동안 삶을 살면서 쾌락만을 추구하겠는가?

이 절은 필멸의 현상뿐만 아니라 불멸의 삶인 참 나의 도달을 강조한다.

29 यस्मिन्निदं विचिकित्सन्ति मृत्यो यत् साम्पराये महति ब्रूहि नस्तत्।
योऽयं वरो गूढमनुप्रविष्टो नान्यं तस्मान्नचिकेता वृणीते ॥२९॥

야스민니담 비치키트산티 므리트요 야트 삼파라예 마하티 부루히 나스타트|
요아얌 바로 구다마누프라비쉬토 난얌 타스만나치케타 브리니테 ‖ 29 ‖

야스민=그것에; 이담=이것; 비치키트산티=비축해두다; 므리트요=오 죽음이여!; 야트=무엇; 삼파라예=죽음 후의 삶; 마하티=위대한; 브루히=말하다; 나흐=우리에게; 타트=그것; 요아얌=이것; 바라흐=은총; 구담=신비한; 아누프라비쉬타흐=들어간; 난얌 타스마트=그것과 다른 것은 없는; 나치케타=나치케타; 브리니테=선택하다.

오 죽음이여, 내게 말하라, 죽음 후 지고의 삶에 대하여! 사람들이 알지 못하는 그것에 대하여 말하라. 나치케타는 불가해한 존재들을 아는 것 외에 어떤 것도 선택하지 않을 것이다.

나치케타는 진정한 우파니샤드의 가르침인 초월적인 지혜 '파라비드야'를 말하는 것이다. 그 지혜의 첫번째는 변하는 것으로부터 영원을 분별하는 것이며, 두번째는 이승과 저승의 모든 즐거움으로부터의 자유이며, 세번째는 여섯 가지의 덕목인 마음의 통제, 외부기관의 통제, 대상을 추구하는 외부기관의 끊임없는 통제, 인내, 마음의 평온, 믿음이며, 네번째는 변하는 자연의 구속으로부터의 해탈이다. 나치케타는 22절에서 29절까지 죽음을 넘어서는 진리를 자각하는 '아트마비드야'를 가르치고 있다.

제2장
드비티야흐 발리
द्वितीयः वल्लि

1 अन्यच्छ्रेयोऽन्यदुतैव प्रेयस्ते उभे नानार्थे पुरुषँ सिनीतः।
तयोः श्रेय आददानस्य साधु भवति हीयतेऽर्थाच्च उ प्रेयो वृणीते ॥१॥

안야츠레요안야두타이바 프레야스테 우베 나나르테 푸루샴 시니타흐|
타요흐 스레야 아다다나스야 사두 바바티 히야테아르타드야 우 프레요 브리니테 ‖1‖

안야트=다른; 스레야흐=미덕; 안야트=다른; 우타이바=실로; 프레야흐=쾌락; 테 우베=양쪽 모두; 나나르테=목적이 다른 것의; 푸루샴=참 나; 시니타흐=묶다; 타요흐=그들의; 스레야흐=미덕; 아다다나스야=받아들이는 자; 사두=이로운; 바바티=~이 되다; 히야테아르타트=목적으로부터 벗어난; 우=그리고; 프레야흐=쾌락; 브리니테=선택하다.

(야마가 말했다)

2개의 양면이 존재하나니. 한 가지는 미덕이며, 실로 그것과 완전히 다른 것은 쾌락이다. 다른 요구가 존재함으로써 그 양면은 참 나를 묶는다. 미덕은 미덕을 따르는 사람에게 속하게 되지만, 쾌락을 따르는 사람은 그 목적을 잃는다.

참 나인 아트만은 언제나 자유롭다. 그러나 그 자신의 추구와 욕망이나 환상에 따라 모든 것은 규정지워질 뿐이다. 자유에 대한 열망은 환상적인 것으로부터 벗어나게 할 것이며 욕망은 궁극적으로 허무하게 할 것이다.

2 श्रेयश्च प्रेयश्च मनुष्यमेतस्तौ सम्परीत्य विविनक्ति धीरः। श्रेयो हि धीरोऽभिप्रेयसो वृणीते प्रेयो मन्दो योगक्षेमाद् वृणीते ॥२॥

스레야스차 프레야스차 마누쉬야메타스타우 삼파리트야 비비낙티 디라흐|
스레요 히 디로아비프레야소 브리니테 프레요 만도 요가크세마드 브리니테 ‖ 2 ‖

스레야흐=미덕; 차=그리고; 프레야흐=쾌락; 차=그리고; 마누쉬야메타흐=인간에게 다가가는; 타우=이러한 두 가지; 삼파리트야=존경받는; 비비낙티=분별함; 디라흐=현명한 자; 히=오직; 아비프레야사흐=쾌락을 넘어선; 브리니테=선택하다; 프레야흐=쾌락; 만다흐=우둔한 자; 요가크세마트=세상적인 행복의 갈망과 일치된.

미덕과 쾌락은 인간에게 다가간다. 현명한 존재는 그 두 가지를 분별하나니. 그러므로 현명한 자는 쾌락을 넘어서 미덕을 택하지만, 어리석은 자는 쾌락을 따라 탐욕에 고착된다.

3 स त्वं प्रियान् प्रियरूपांश्च कामानभिध्यायन् नचिकेतोऽत्यस्राक्षीः। नैतां सृङ्कां वित्तमयीमवाप्तो यस्यां मज्जन्ति बहवो मनुष्याः ॥३॥

사 트밤 프리얀 프리야루팜스차 카마나비드야얀 나치케토아 트야스라크쉬흐|
나이탐 스링캄 비따마이마바프토 야스얌 마짠티 바하보 마누 쉬야흐 ‖ 3 ‖

사흐=그것; 트밤=당신; 프리얀=소중한; 프리야루판=보여지는 즐거움; 차=그리고; 카만=욕망; 아비드야얀=계속적으로 생각하는; 나치케타흐=오 나치케타여!; 아트야스라크쉬=벗어난; 나=아닌; 에탐=이것; 스링캄=길; 비따마임=풍요로움의; 아바프타흐=도달할 수 없는; 야스얌=그것의; 마짠티=빠지다; 바하바흐=많이; 마누쉬야흐=인간.

그러니, 오 나치케타여, 즐거움을 얻을 수 있는 모든 대상과 보여지는 쾌락을 놓아 버리고, 그것들을 넘어서 생각하라. 그대는 많은 인간들이 따라가는 부의 길로 가지 않을 것이니.

세상 사람들은 부에 목말라 있다. 세상적인 부의 추구에서 나치케타는 현명하게 그들이 가지 않는 길을 가게 하려 한다.

4 दूरमेते विपरीते विषूची अविद्या या च विद्येति ज्ञाता।
विद्याभीप्सिनं नचिकेतसं मन्ये न त्वा कामा बह्वोऽलोलुपन्त ॥४॥

두라메테 비파리테 비슈치 아비드야 야 차 비드예티 그야타 |
비드야비프시남 나치케타삼 만예 나 트바 카마 바하보아롤루
판타 ‖ 4 ‖

두라메테=이렇게 광대하게; 비파리테=떨어져; 비슈치=다른 운명으로; 아비드야=무지; 야=무엇; 차=그리고; 비드야=지혜; 이티=그러므로; 그야타=알려진; 비드야비프시남=지혜의 열망; 나치케타삼=나치케타; 만예=나는 생각하다; 나=아닌; 트밤=당신; 카마흐=욕망의 대상; 바하바흐=많이; 아롤루판타=꾀다.

너무나 동떨어지고 다른 결말로 이끄는 2개의 길이 있다. 그것은 무지와 지혜라고 알려진 것들이다. 나는 나치케타 그대는 지혜를 열망한다고 생각한다. 왜냐하면 욕망이 당신을 흔들지 않았기 때문에.

5 अविद्यायामन्तरे वर्तमानाः स्वयं धीराः पण्डितंमन्यमानाः।
दन्द्रम्यमाणाः परियन्ति मूढा अन्धेनैव नीयमाना यथान्धाः ॥५॥

아비드야야만타레 바르타마나흐 스바얌 디라흐 판디탐만야

마나흐|
단드람야마나흐 파리얀티 무다 안데나이바 니야마나 야탄다
흐 ‖ 5 ‖

아비드야야만타레=환영 가운데; 바르타마나흐=말하는 것;
스바얌=그들 스스로; 디라흐=현명한; 판디탐=깨달은; 만야
마나흐=상상하는; 단드람야마나흐=헤매는; 파리얀티=순환
속으로 가는; 무다흐=현혹하는 자; 안데나이바=눈먼 자에 의
해; 나야마나흐=이끌리다; 야탄다흐=눈먼 사람처럼.

무지함의 한가운데 있는 어리석은 자들은 스스로 현명함과
깨달음을 얻었다는 헛된 상상을 하나니. 마치 그들은 장님이
장님에게 이끌려 가듯이 이쪽저쪽을 헤매고 또 헤맨다.

6 न साम्परायः प्रतिभाति बालं प्रमाद्यन्तं वित्तमोहेन मूढम्।
अयं लोको नास्ति पर इति मानी पुनः पुनर्वशमापद्यते मे ॥६॥

나 삼파라야흐 프라티바티 발람 프라마드얀탐 비따모헤나 무
담|
아얌 로코 나스티 파라 이티 마니 푸나흐 푸나르바사마파드
야테 메 ‖ 6 ‖

나=아닌; 삼파라야흐=내세에; 프라티바티=드러나다; 발람=
어린아이가 된; 프라마드얀탐=부주의한; 비따모헤나=부의
현혹에 의해; 무담=어리석은; 아얌=이것; 로카흐=세상; 나

스티=존재하지 않는; 파라흐=다른 것이 아닌; 이티=그러므로; 마니=생각하는 그는; 푸나흐 푸나흐=다시 또다시; 바샴=지배; 아파드야테=빠지다; 메=나의.

조심성이 없는 어린아이처럼 어리석은 이는 부의 미망에 속임을 당하고, 그 미래의 방향을 찾을 수 없게 되니, 이것이 바로 다름 아닌 이 세상이다. 그리하여 계속해서 사람들은 죽음인 나의 지배를 받고 있다고 생각한다.

7 श्रवणायापि बहुभिर्यो न लभ्यः शृण्वन्तोऽपि बहवो यं न विद्युः। आश्चर्यो वक्ता कुशलोऽस्य लब्धाऽऽश्चर्यो ज्ञाता कुशलानुशिष्टः॥७॥

스라바나야피 바후비르예 나 라브야흐 스린반토아피 바하보 얌 나 비드유흐|
아스차르요 바크타 쿠살로아스야 라브다아스차르요 그야타 쿠살라누시쉬타흐 ‖ 7 ‖

스라바나야피=듣는 것조차; 바후비흐=많은 사람들; 야흐=누구; 나 라브야흐=유용하지 않는; 스린반토아피=들었던; 바하바흐=많이; 얌=누구에게; 나 비드유흐=알 수 없는; 아스차르야=놀라운; 바크타=스승; 쿠살라흐=영리한; 아스야=그것의; 라브다=제자; 아스차르야흐=놀라운; 그야타=아는 자; 쿠살라누시쉬타흐=스승에 의해 가르친.

많은 이들이 이러한 것을 듣는다 해도 그것은 아무 소용이 없으며, 심지어 들었다 해도 이해하지 못한다. 놀라운 것은 그것을 아는 스승과 영리한 제자이니, 현명한 스승이 가르침을 주었을 때 그것을 이해한다는 것은 실로 놀라운 일이로다.

8 न नरेणावरेण प्रोक्त एष सुविज्ञेयो बहुधा चिन्त्यमानः । अनन्यप्रोक्ते गतिरत्र नास्त्यणीयान् ह्यतर्क्यमणुप्रमाणात् ॥८॥

나 나레나바레나 프로크타 에샤 수비그예요 바후다 친트야마나흐 |
아난야프로크테 가티라트라 나스트야니얀 흐야타르크야마누프라마나트 ‖ 8 ‖

나=아닌; 나레나바레나=낮은 의무의 인간에 의해; 프로크타흐=말했다; 에샤흐=이것; 수비그예야흐=잘 이해되지 않는; 바후다=다른 길로; 친트야마나흐=숙고하다; 아난야프로크테=만일 다른 사람이 가르치지 않는다면; 가티라트라=그것에 이르는 길; 나스티=아니다; 아니얀=더욱 미묘한; 히=~때문에; 아타르크얌=분쟁을 넘어선; 아누프라마나트=가장 미묘한.

이러한 것은 실로 옳게 이해하기 어려운 것이다. 낮은 자의 가르침은 사람들을 생각에 빠지게 하니, 지고의 스승의 가르침을 주는 것 외에는 방법이 없도다. 미묘한 것은 그보다 더 미묘한 것을 논할 수 없고, 더 미묘한 것은 가장 미묘한 것을 논할 수 없기 때문이다.

9 नैषा तर्केण मतिरापनेया प्रोक्तान्येनैव सुज्ञानाय प्रेष्ठ।
यां त्वमापः सत्यधृतिर्बतासि त्वादृङ् नो भूयान्नचिकेतः प्रष्टा ॥९॥

나이샤 타르케나 마티라파네야 프록탄예나이바 수그야나야 프레쉬타|
얌 트바마파흐 사트야드리티르바타시 트바드링 노 부얀나치케타흐 프라쉬타 ‖ 9 ‖

나이샤=이것이 아닌; 타르케나=논쟁에 의해; 마티라파네야=도달할 수 있는; 프록타=말했다; 안예나이바=다른 것에 의해; 수그야나야=이해하기 쉬운; 프레쉬타=오 친애하는 이여; 얌=그것; 트바마파흐=당신은 얻었다; 사트야드리티흐=진리에 확립된; 바타시=진실로 당신은; 트바드링=당신과 같은; 나흐=우리에게; 부야트=거기에 있을 것이다; 나치케타흐=오 나치케타여; 프라쉬타=깨달은 이.

당신이 얻은 이 지식은 단순히 논쟁으로 얻어지는 것이 아니다. 그것은 실로 쉽게 이해되는 것이니, 오 친애하는 이여! 현명한 스승에게 가르침을 얻을 때, 당신은 실로 진리에 확립될 것이다. 우리를 당신 같은 구도자가 되게 하소서, 오 깨달은 이, 나치케타여!

실체를 이해하고 깨닫는 것은 의식 수준이 확장되고 각성됨으로써이다. 직관적인 지각을 통하여 참 나의 진리는 이해된다.

10

जानाम्यहं शेवधिरित्यनित्यं न ह्याध्रुवैः
प्राप्यते हि ध्रुवं तत् ।
ततो मया नाचिकेतश्चितोऽग्निरनित्यैर्द्रव्यैः
प्राप्तवानस्मि नित्यम् ॥१०॥

자남야함 세바디리트야니트얌 나 흐야브루바이흐
프란야테 히 드루밤 타트 |
타토 마야 나치케타스치토아그니라니트야이르드라브야이흐
프라프타바나스미 니트얌 ‖ 10 ‖

자남야함=나는 인식하다; 세바디=보물; 이티 아니트얌=변하는 것이다; 나=아닌; 히=실로; 아드루바이흐=영원하지 않은 것에 의해; 프라야테=도달된; 드루밤=영원한 것; 타트=그것; 타타흐=아직; 마야=나에 의해; 나치케타흐=나치케타; 치토 아그니흐=불의 의식이 행해졌다; 아니트야이흐=일시적인; 드라브야이흐=대상에 의해; 프라프타바나스미=도달된; 니트얌=영원한 것.

나는 세상의 모든 재물들이 무상하다는 것을 안다. 영원한 것은 실로 영원하지 않은 것으로부터 얻어지는 것이 아니다. 그러나 이제 나로 인하여 무상한 대상들로서 나치케타의 불의 의식이 행해졌으니, 나는 영원함에 도달하였다.

나치케타는 현명하게 야마에게로부터 영원하지 않는 무상한 것을 깨닫고 불의식을 통하여 야마의 유혹으로부터 벗어나고자 하였다. 이 절에서 영원하다고 말하는 것은 참 나의 절대적인 상태를 말하고자 하는 것이 아니라, 상대적으로 지상의 삶을 비교하기 위해서이다.

11 कामस्याप्तिं जगतः प्रतिष्ठां क्रतोरानन्त्यमभयस्य पारम्। स्तोमं महदुरुगायं प्रतिष्ठां दृष्ट्वा धृत्या धीरो नचिकेतोऽत्यस्राक्षीः ॥११॥

카마스야프팀 자가타흐 프라티쉬탐 크라토라난트야마바야스야 파람 |
스토맘 마하두루가얌 프라티쉬탐 드리쉬트바 드리트야 디로 나치케토아트야스라크쉬흐 ‖ 11 ‖

카마스야프팀=욕망의 성취; 자가타흐=우주의; 프라티쉬탐=근원; 크라토라난트얌=예배의 영원한 열매; 아바야스야=두려움으로부터 자유; 파람=바다; 스토맘=존귀한; 마하트=위대한; 우루가얌=광대한 의지; 프라티쉬탐=근원; 드리쉬트바=아는; 드리트야=확고한 의지로; 디라흐=현명한; 나치케타흐=오 나치케타여; 아트야스라크쉬흐=거절된.

현명한 존재 나치케타여! 당신은 모든 욕망의 성취, 우주의 근원, 모든 예배에 대한 끝없는 은총, 두려움으로부터의 자유로운 상태, 가장 존귀하고 위대한 것, 고결한 의지, 삶의 근원, 이 모든 것에 대해 알고 있으면서도 확고한 의지로 그 각각의 것들을 모두 거절하였다.

나치케타는 천상의 세계나 황금빛 세계인 '브라흐마로카,' 또는 '히란야가르바'의 세계의 높은 경지의 삶을 살 수 있음에도 불구하고 그것을 거절한 위대한 희생의 행위를 하였다. 세상의 창조나 정의는 이러한 위대한 행위에 의해 유지되어 간다.

12 तं दुर्दर्शं गूढमनुप्रविष्टं गुहाहितं गह्वरेष्ठं पुराणम्। अध्यात्मयोगाधिगमेन देवं मत्वा धीरो हर्षशोकौ जहाति ॥१२॥

탐 두르다르샴 구다마나프라비쉬탐 구하히탐 가흐바레쉬탐 푸라남|
아드야트마요가디가메나 데밤 마트바 디로 하르샤소카우 자하티 ‖ 12 ‖

탐=그것; 두르다르샴=알기 어려운; 구담=숨겨져 있는; 아누프라비쉬탐=내재하는; 구하히탐=마음의 동굴에 앉아; 가흐바레쉬탐=몸에 거하는; 푸라남=이전의; 아드야트마요가디가메나=자아에 대한 명상으로; 데밤=빛나는 존재; 마트바=실현하는; 디라흐=현명한 존재; 하르샤소카우=기쁨과 슬픔; 자하티=넘어선.

현명한 이는 숨겨져 드러나지 않으며, 내재적이며, 가슴속에 앉아 있으며, 몸에 거하는 광휘에 찬 지고의 존재 아트만에 내면으로 명상함으로써 기쁨과 슬픔으로부터 자유롭도다.

참 나를 실현하는 것은 모든 상대세계를 넘어서 있는 것에 도달하는 것이다.

13 एतच्छ्रुत्वा सम्परिगृह्य मर्त्यः प्रवृह्य धर्म्यमणुमेतमाप्य।
स मोदते मोदनीयं हि लब्ध्वा विवृतं सद्म नचिकेतसं मन्ये ॥१३॥

에타츠루트바 삼파리그리흐야 마르트야흐 프라브리흐야 다름야마누메타마프야|
사 모다테 모다니얌 히 라브드바 비브리탐 사드마 나치케타삼 만예 ‖ 13 ‖

에타트=이것; 스루트바=들은; 삼파리그리흐야=이해한; 마르트야흐=필멸의; 프라브리흐야=구별하는; 다름얌=정의의; 아눔=섬세한; 에탐=이것; 아프야=실현한; 사흐=그는; 모다테=기뻐하다; 모다니얌=즐거운; 히=실로; 라브드바=얻은; 비브리탐=발견한; 사드마=집; 나치케타삼=나치케타에게; 만예=나는 생각하다.

그것을 구별하고, 미묘하고 섬세한 섭리와 다르마를 이해한 이 세상의 사람은 브라흐만에 도달하리니. 그는 실로 즐거워할 것을 얻어 진정 즐거움을 맛보리라. 나는 생각하나니, 당신 나치케타를 위해 브라흐만의 집이 열려 있도다!

14 अन्यत्र धर्मादन्यत्राधर्मादन्यत्रास्मात् कृताकृतात् ।
अन्यत्र भूताच्च भव्याच्च यत्तत्पश्यसि तद् वद ॥१४॥

안야트라 다르마단야트라다르마단야트라스마트 크리타크리타트 |
안야트라 부타차 바브야차 야따트파스야시 타드 바다 ‖ 14 ‖

안야트라=다른; 다르마드=다르마로부터; 안야트라=다른; 아다르마트=아다르마로부터; 아스마트=이것으로부터; 크리타크리타트=결과와 원인으로부터; 안야트=다른; 부타차=과거로부터; 바브야트=미래; 차=그리고; 야트 파스야시=당신이 보는 것; 타트 바다=그것을 말하다.

(나치케타가 말했다)

그대는 정의와 정의가 아닌 것의 차이에 대하여, 원인과 결과의 차이에 대하여, 일어난 일과 일어날 일들에 대하여 알고 있다. 나에게 그것에 대해 말해 달라.

15 सर्वे वेदा यत् पदमामनन्ति तपांसि सर्वाणि च यद् वदन्ति।
यदिच्छन्तो ब्रह्मचर्यं चरन्ति तत् ते पदं
सङ्ग्रहेण ब्रवीम्योमित्येतत् ॥१५॥

사르베 베다 야트 파다마마난티 타팜시 사르바니 차 야드 바단티 |
야디찬토 브라흐마차르얌 차란티 타트 테 파담
상그라헤나 브라빔요미트예타트 ‖ 15 ‖

사르베=모든; 베다흐=경전; 야트=그것; 파담=목적; 아마난티=선언하다; 타팜시=고행; 사르바니=모든; 차=그리고; 야트=그것; 바단티=선포하다; 야디찬토=그것을 열망하다; 브라흐마차르얌=지식에 헌신하고 금욕으로 제어된 삶; 차란티=몰두된; 타트=그것; 테=당신에게; 파담=목적; 상그라헤나=간단하게; 브라비미=나는 말한다; 옴=옴; 이티=~이다; 에타트=이것은.

(야마가 말했다)

모든 베다가 말하는 것, 모든 고행이 말하는 것, 그리고 지식과 금욕에 헌신한 삶으로 이끌기를 열망하는 것에 대하여, 나는 단순하게 말하나니, 그것은 "옴"이다.

옴이란 절대인 브라흐만의 소리이며, 상징인 사브다 브라흐만이다.

이것은 모든 소리의 근원이며, 어떠한 사상이나 이름이나 소리와 연결되어 있지 않는 발현된 상징이다. 만두캬 우파니샤드에 나와 있는 소리 아, 우, 음은 옴의 초월적이며 상징적인 표현이다.

16 एतद्ध्येवाफरं ब्रह्म एतद्ध्येवाफरं परम्।
एतद्ध्येवाफरं फात्वा यो यदिच्छति तस्य तत्॥१६॥

에타드예바팔람 브라흐마 에타드예바파람 파람|
에타드예바팔람 파트바 요 야디차티 타스야 타트 ‖ 16 ‖

에타트=이것; 히=실로; 에바=홀로; 아팔람=음절; 브라흐마=브라흐만; 에타트=그것; 히=실로; 에바=홀로; 아파람=음절; 파람=지고의; 에타트=이것; 히=실로; 에바=홀로; 아팔람=음절; 파트바=아는; 야흐=누구; 야디차티=욕망하다; 타스야=그것; 타트=그것.

이 음은 브라흐만이며, 가장 높은 지고의 것이니, 이 음을 알고 있는 이는 무엇을 바라던지 그것을 얻을 것이다.

옴을 발성 및 발현하는 것은 브라흐만을 표현하는 것이다. 다만 정확한 스승에게 배워야 한다.

17 एतदालम्बनं श्रेष्ठमेतदालम्बनं परम्।
एतदालम्बनं ज्ञात्वा ब्रह्मलोके महीयते ॥१७॥

에타달람바남 스레쉬타메타달람바남 파람 │
에타달람바남 그야트바 브라흐마로케 마히야테 ∥ 17 ∥

에타트=이것; 알람바남=부양하다; 스레쉬탐=최고의; 에타트
=이것; 파람=지고의; 그야트바=아는; 브라흐마로케=브라흐
마의 세계; 마히야테=경배받는.

이것은 최고에 이르는 길이며, 이것은 지고의 상태에 이르는 길이니, 이것이 이르는 것을 아는 이는 브라흐만의 세상에서 경배받으리라.

18 न जायते म्रियते वा विपश्चिन्नायं कुतश्चिन्न बभूव कश्चित्।
अजो नित्यः शाश्वतोऽयं पुराणो न हन्यते हन्यमाने शरीरे ॥१८॥

나 자야테 므리야테 바 비파스친나얌 쿠타스친나 바부바 카
스치트│
아조 니트야흐 사스바토아얌 푸라노 나 한야테 한야마네 사
리레 ∥ 18 ∥

나=아니다; 자야테=태어나지 않는; 므리야테 바=죽는 것 또

한 아닌; 비파스치트=알고 있는 의식, 자아; 아얌=이것; 쿠타스치트=어떤 것으로부터; 나 바부바=발현되지 않는; 카스치트=어떤 것도 아닌; 아조=태어나지 않는; 니트야흐=영원한; 사스바타흐=영속적인; 아얌=이것은 ~이다; 푸라나흐=태고의; 나 한야테=파괴되지 않는; 한야마네=파괴되는 때; 사리레=몸.

참 나는 태어나지도 죽지도 않으며, 어떤 것으로부터 발현되지 않으며, 어떤 것도 그것으로부터 나오지 않는다. 이 태어나지 않으며, 영원하며, 영속적인 지고의 존재는 몸이 사라진다고 해도 사라지지 않는다.

야마가 말한 옴은 바로 참 나의 실현을 말하는 것이다.

19 हन्ता चेन्मन्यते हन्तु हतश्चेन्मन्यते हतम्।
उभौ तौ न विजानीतो नायं हन्ति न हन्यते ॥१९॥

한타 첸만야테 한툼 하타스첸만야테 하탐|
우바우 타우 나 비자니토 나얌 한티 나 한야테 ‖ 19 ‖

한타=죽이는 자; 체트=만일; 만야테=생각하다; 한툼=죽인 것; 하타흐=죽은 자; 하탐=죽은; 우바우=양쪽 모두; 타우=그들은; 나 비자니타흐=알지 못한다; 나얌 한티=죽지 않는 것; 나 한야테=또한 죽게 되지 않는.

만일 살인자가 어떤 이를 죽이겠다고 생각하고, 죽은 이는 죽임을 당했다고 생각한다면, 그들은 모두 알지 못하는 것이다. 참 나는 죽이지도 않으며 죽임을 당하지도 않으니.

20 अणोरणीयान् महतो महीयानात्मास्य जन्तोर्निहितो गुहायाम्। तमक्रतुः पश्यति वीतशोको धातुप्रसादान्महिमानमात्मनः ॥२०॥

아노라니얀 마하토 마히야나트마스야 잔토르니히토 구하얌|
타마크라투흐 파샤티 비타소코 다투프라사단마히마나마트마나흐 ‖ 20 ‖

아노흐=가장 작은 것보다 더; 아니얀=더 작은; 마하토=가장 큰 것보다 더; 마히얀=더 큰 것; 아트마=아트만; 아스야=이것; 잔토흐=창조물의; 니히타흐=거하고 있는; 구하얌=가슴속에; 탐=그것; 아크라투흐=욕망 없이; 파샨티=실현하다; 비타소카흐=슬픔으로부터 자유로운; 다투프라사다트=마음의 정화를 통해; 마히마남=영광; 아트마나흐=아트만의.

가장 작은 것보다 더 작으며, 가장 큰 것보다 더 큰 참 나인 아트만은 창조물의 가슴속에 거하도다. 욕망이 없는 존재는 슬픔으로부터 자유로우며, 감각과 마음의 순수함을 통하여 아트만의 영광을 실현한다.

이사 우파니샤드 제1장 5절에서 "참 나인 아트만은 움직이기도 움직이지 않기도 하며, 멀리 있기도 가까이 있기도 하며, 모든 것 안에도 모든 것의 바깥에도 존재한다"라고 하였다. '다투프라사다트'에서 '다투'는 마음을 지지하고 몸을 지지한다는 뜻이다. 그러할 때 부정적인 것으로부터 벗어나 고요해지는 것이다. 마음의 안정이 될 때 참 나인 아트만에 도달한다.

21 आसीनो दूरं व्रजति शयानो याति सर्वतः।
कस्तं मदामदं देवं मदन्यो ज्ञातुमर्हति ॥२१॥

아시노 두람 브라자티 사야노 야티 사르바타흐 |
카스탐 마다마담 데밤 마단요 그야투마르하티 ‖ 21 ‖

아시나흐=앉아 있는; 두람=먼; 브라자티=여행; 사야노=누운; 야티=가다; 사르바타흐=모든 것을 넘어; 카흐=누구; 탐=그에게; 마다마단=기쁨과 기쁨이 없는; 데반=빛나는 존재; 마단야흐=내 옆에서; 그야툼=아는 것; 아르하티=자격이 있는.

가만히 앉아 있더라도 그는 아주 멀리 여행하며, 누워 있더라도 그는 어디든지 간다. 그는 기쁨이 있는 것이며 기쁨이 없는 것, 그 두 가지 모두이다. 누가 내 옆에서 그것을 알 수 있겠는가?

22
अशरीरं शरीरेष्वनवस्थेष्ववस्थितम् ।
महान्तं विभुमात्मानं मत्वा धीरो न शोचति ॥२२॥

아사리람 사리레쉬바나바스테쉬바스티탐।
마한탐 비부마트마남 마트바 디로 나 소차티 ॥ 22 ॥

아사리람=몸 없이; 사리레슈=몸 안에서; 아나바스테슈=영속적이지 않은; 아바스타탐=존재하는; 마한탐=지고의 것; 비붐=모든 것에 스며 있는; 아트마남=아트만; 마트바=아는; 디라흐=현명한 존재; 나 소차티=슬픔이 없는.

현명한 존재는 슬퍼하지 않으며, 몸이 없고, 모든 것에 스며 있는 지고의 아트만이 영속적이지 않는 육신에 거한다는 것을 안다.

23
नायमात्मा प्रवचनेन लभ्यो न मेधया न बहुना श्रुतेन ।
यमेवैष वृणुते तेन लभ्यस्तस्यैष आत्मा विवृणुते तनूं स्वाम् ॥२३॥

나야마트마 프라바차네나 라브요 나 메다야 나 바후나 스루테나।
야메바이샤 브리누테 테나 라브야스타스야이샤 아트마 비브리누테 타눔 스밤 ॥ 23 ॥

나=아닌; 아얌=이것; 아트마=아트만; 프라바차네나=경전을 공부함으로써; 라브야흐=얻을 만한; 나 메다야=이지적인 분석에 의한 것도 아닌; 나 바후나 스루테나=많은 배움에 의한 것도 아닌; 야메바=홀로; 에샤흐=이것; 브리누테=선택하다; 테나=그에 의해; 라브야흐=실현할 만한; 타스야=그의; 에샤흐=이것; 아트마=아트만; 비브리누테=드러나다; 타눔=형상; 스밤=소유한.

아트만은 베다를 공부한다고 해서 도달되는 것이 아니며, 이지적인 힘으로도 도달되는 것이 아니며, 많이 배운다 해서 도달되는 것도 아니다. 그것은 스스로 자신의 아트만을 선택한 이가 자신의 형상으로 드러나는 것이다.

아트만은 불이일원론적인 아드바이타에 도달할 때, 신이 선택한 그 홀로 스스로 존재하는 경지에 이른다.

24 नाविरतो दुश्चरितान्नाशान्तो नासमाहितः।
नाशान्तमानसो वापि प्रज्ञानेनैनमाप्नुयात् ॥२४॥

나비라토 두스차리탄나산토 나사마히타흐 |
나산타마나소 바피 프라그야네나이나마프누야트 ‖ 24 ‖

나비라타흐=억제되지 않은 사람도 아닌; 두스차리타트=사악함으로부터; 나산타흐=삼가지 않은 사람도 아닌; 나사마히타흐=명상적이지 않은 것도 아닌; 나산타마나사흐 바=마음의 고요함이 없는 존재도 아닌; 아피=심지어; 프라그야네나=지혜에 의해; 에남=이것; 아프누야트=도달할 수 있는.

사악함으로부터 억제되지 않는 사람도 아니지만 사악함을 제어하는 사람도 아니며, 명상적이지 않은 것도 아니지만 마음의 고요함은 없는 그런 사람들은 지혜에 의해서도 아트만에 도달될 수 없다.

25 यस्य ब्रह्म च क्षत्रं च उभे भवत ओदनः।
मृत्युर्यस्योपसेचनं क इत्था वेद यत्र सः ॥२५॥

야스야 브라흐마 차 크샤트람 차 우베 바바타 오다나흐|
므리트유르야스요파세차남 카 이따 베다 야트라 사흐 ‖ 25 ‖

야스야=누구의; 브라흐마=브라흐만; 차=그리고; 크샤트람=크샤트리야; 우베=양쪽 모두; 바바타=~이 되다; 오다나흐=음식; 므리트유흐=죽음; 야스야=누구의; 우파세차남=조미료, 양념; 카흐=누구; 이따=그러므로; 베다=알다; 야트라=어디에; 사흐=그는.

그러므로 그가 어디에 있는지 진정으로 아는 이는 누구인가? 그에게 음식은 브라흐만과 크샤트리야이며, 양념은 죽음이다.

제3장
트리티야흐 발리
तृतीयः वल्ली

1 ऋतं पिबन्तौ सुकृतस्य लोके गुहां प्रविष्टौ परमे परार्धे ।
छायातपौ ब्रह्मविदो वदन्ति पञ्चाग्नयो ये च त्रिणाचिकेताः ॥१॥

리탐 피반타우 수크리타스야 로케 구함 프라비쉬타우 파라메 파라르데|
차야타파우 브라흐마비도 바단티 판차그나요 야 차 트리나치 케타흐 ‖ 1 ‖

리탐=진리; 피반타우=경험하는; 수크리타스야=선; 로케=이 세상; 구함=이지의; 프라비쉬타우=들어간 두 사람; 파라메=지고의 것에; 파라르데=가슴의 한 곳에서; 차야타파우=빛과 그림자와 같이; 브라흐마비다흐=브라흐만을 아는 자; 바단티=말하다; 판차그나야흐=다섯 가지 불을 유지하는 가장; 예=누구; 차=마찬가지로; 트리나치케타흐=나치케타의 예배를 세 번 행하는 자.

세상에는 지고의 가슴속 동굴에 있는 진리로 들어간 자와 그들의 미덕의 결과를 즐기는 자, 그렇게 두 가지의 존재가 있다. 브라흐만을 아는 자는 그것을 빛과 그림자라고 부르나니, 나치케타의 예배를 세 번 행하며 5개의 불을 지키는 가장들도 그렇게 말하도다.

지고의 참 나인 '파라 아트만'은 진리인 리탐과 개인의 자아인 '지바 아트만'의 행위의 결과를 즐긴다. 빛과 그림자로 불린다는 것은 지고의 참 나와 개인의 자아와의 빛과 그림자처럼 한계 없는 것과 한계를 표현하는 것이다. 5개의 불을 유지하는 가장 또는 그러한 이를 '판차그나야흐'라고 하며, 그 다섯 가지의 불은 다크쉬나, 가르하파트야, 아하바니야, 사트야, 아바사트야이다.

2 यः सेतुरीजानानामक्षरं ब्रह्मयत् परम्। अभयं तितीर्षतां पारं नाचिकेतं शकेमहि ॥२॥

야흐 세투리자나나마크샤람 브라흐마야트 파람 |
아바얌 티티르샤탐 파람 나치케탐 사케마히 ‖ 2 ‖

야흐=그것; 세투흐=다리; 이자나남=희생의 행위를 위해; 아크샤람=불멸의; 브라흐마=브라흐만; 야트=그것; 파람=초월적인, 지고의 것; 아바얌=두려움으로부터 자유; 티티르샤탐=건너가려는 자, 구속으로부터 벗어나려는 자; 파람=바다; 나치케탐=나치케타의 불; 사케마히=알 수 있는.

우리는 자유롭기 원하는 사람들에게 두려움으로부터 벗어나게 하는 불멸의 지고의 브라흐만과 연결하는 다리가 되는 나치케타의 불의 예배를 행할 수 있나니.

나치케타의 불의 의식은 한계 있는 필멸의 세계를 넘어 불멸의 브라흐만의 세계를 연결시키는 '다리'라고 표현하고 있다. 그것은 의식의 상승을 말하는 것이다.

3 आत्मानं रथिनं विद्धि शरीरं रथमेव तु।
बुद्धिं तु सारथिं विद्धि मनः प्रग्रहमेव च ॥३॥

아트마남 라티남 비띠 사리람 라타메바 투 |
부띰 투 사라팀 비띠 마나흐 프라그라하메바 차 ‖ 3 ‖

아트마남=아트만, 참 나; 라티남=전차장; 비띠=알게 된; 사리람=몸; 라타메바=전차; 투=다시; 부띰=이지; 사라팀=마부; 마나흐=마음; 프라그라함=고삐; 에바=실로; 차=그리고.

몸이 전차라면, 참 나는 전차를 타고 있는 주인과 같다. 실로 이지(理智)는 전차를 모는 마부와 같으며, 마음은 전차를 제어하는 고삐와 같다는 것을 알라.

4 इन्द्रियाणि हयानाहुर्विषयांस्तेषु गोचरान्।
आत्मेन्द्रियमनोयुं भोक्त्याहुर्मनीषिणः ॥४॥

인드리야니 하야나푸르비샤얌스테슈 고차란|
아트멘드리야마노얌 보크타트야후르마니쉬나흐 ‖ 4 ‖

인드리야니=감각기관; 하얀=말; 아후흐=말하다; 비샤야=감각의 대상; 테슈=그들은; 고차란=길; 아트마=몸; 인드리야=감각; 마나흐=마음; 얌=연결된; 보크타=즐거워하는 자; 이티=그러므로; 아후흐=말하다; 마니쉬나흐=현명한 자.

말이 감각이라면, 말이 달리는 길은 감각의 대상이다. 그러므로 현명한 이는 몸과 감각과 마음이 합일되어 즐거워하는 자라고 말한다.

영혼의 본질인 순수지성인 아트만은 모든 행위의 결과를 즐기는 자이다. 베단타 용어로는 '이타레타라 아드야사'이며, 이것은 "서로를 포함하다"라고 표현된다. 참 나인 아트만은 몸과 마음을 포함하는 것이다.

5 यस्त्वविज्ञानवान् भवत्ययुक्तेन मनसा सदा ।
तस्येन्द्रियाण्यवश्यानि दुष्टाश्वा इव सारथेः ॥५॥

야스트바비그야나반 바바트야유크테나 마나사 사다 |
타스옌드리야야바스야니 두쉬타스바 이바 사라테흐 ‖ 5 ‖

야흐=누구; 타=다시; 아비그야나반=올바른 분별이 아닌; 바바티=~이다; 아유크테나=확립되지 않은; 마나사=마음으로; 사다=항상; 타스야=그의; 인드리야니=감각; 아바스야니=제어될 수 없는; 두쉬타스바흐=길들이지 않은 말; 이바=~처럼; 사라테흐=마부의.

만일 누군가의 마음이 언제나 확립되지 않고, 올바르게 분별하지 못한다면, 그의 감각은 길들여지지 않은 마부이 말처럼 제어될 수 없게 될 것이다.

6 यस्तु विज्ञानवान्भवति युक्तेन मनसा सदा ।
तस्येन्द्रियाणि वश्यानि सदश्वा इव सारथेः ॥६॥

야스투 비그야나반바바티 육테나 마나사 사다 |
타스야인드리야니 바스야니 사다스바 이바 사라테흐 ‖ 6 ‖

야흐=누구; 투=다시; 비그야나반=올바른 분별의; 바바티=~

카타 우파니샤드 469

이다; 육테나=확립된; 마나사=마음으로; 사다=항상; 타스야=그의; 인드리야니=감각; 바스야니=제어된; 사다스바흐 이바=길이 잘든 말과 같이; 사라테흐=마부의.

그러나 언제나 확립된 마음을 가지고 올바르게 분별하는 이라면, 그의 감각은 길이 잘든 마부의 말처럼 제어될 것이다.

7 यस्त्वविज्ञानवान् भवत्यमनस्कः सदाऽशुचिः। न स तत् पदमाप्नोति संसारं चाधिगच्छति ॥७॥

야스트바비그야나반 바바트야마나스카흐 사다아수치흐|
나 사 타트 프다마프노티 삼사람 차디가차티 ‖7‖

야흐=누구; 투=그러나; 아비그야나반=올바른 분별이 아닌; 바바티=~이다; 아마나스카흐=생각이 없는; 사다=항상; 아수치흐=비순수한; 나=아니다; 사흐=그는; 타트=그것; 파담=목적; 아프노티=도달하다; 삼사람=삶과 죽음의 순환; 차=그리고; 아디가차티=들어가다.

또한 옳은 분별을 회피하고 생각이 없이 언제나 비순수한 이는 결코 목적에 다다를 수 없나니, 삶과 죽음의 순환 속에 헤어나지 못한다.

8 यस्तु विज्ञानवान् भवति समनस्कः सदा शुचिः।
स तु तत् पदमाप्नोति यस्माद् भूयो न जायते ॥८॥

야스투 비그야나반 바바티 사마나스카흐 사다 수치흐|
사 투 타트 파다마프노티 야스마드 부요 나 자야테 ‖ 8 ‖

야흐=누구; 투=그러나; 비그야나반=분별하는; 바바티=~이
다; 사마나스카흐=제어된 마음으로; 사다=항상; 수치흐=순
수한; 사흐 투=그 홀로; 타트=그것; 파담=목적; 아프노티=
도달하다; 야스마트=언제나; 부야흐=다시; 나 자야테=태어
나지 않는.

그러나 언제나 순수하고 제어된 마음으로 분별하는 이는 실
로 그 목적에 도달하나니, 다시는 태어나지 않으리라.

9 विज्ञानसारथिर्यस्तु मनःप्रग्रहवान् नरः।
सोऽध्वनः पारमाप्नोति तद् विष्णोः परमं पदम् ॥९॥

비그야나사라티르야스투 마나흐프라그라하반 나라흐|
소아드바나흐 파라마프노티 타드 비쉬노흐 파라맘 파담
‖ 9 ‖

비그야나=이지; 사라테흐=마부의; 야흐=누구; 투=그러나;

마나흐프라그라하반=제어된 마음을 가진; 나라흐=인간; 사흐=그는; 아드바나흐=여행의; 파람=끝; 아프노티=도달하다; 타트=그것; 비쉬노흐=비쉬누의; 파람=지고의; 파담=거하는.

마부의 분별력과 제어된 고삐처럼 확립된 마음을 가진 이는 여행의 종착지에 도달하나니, 그곳은 비쉬누의 지고의 공간이다.

몸 안에 있는 나는 모든 것에 편재하는 참 나인 비쉬누의 불멸의 상태에 이르게 되어 삶의 궁극적인 목표가 도달된다.

10 इन्द्रियेभ्यः परा ह्यर्था अर्थेभ्यश्च परं मनः। मनसस्तु परा बुद्धिर्बुद्धेरात्मा महान् परः ॥१०॥

인드리예브야흐 파라 흐야르타 아르테브야스차 파람 마나흐 |
마나사스투 파라 부띠르부떼라트마 마한 파라흐 ‖ 10 ‖

인드리예브야흐=감각기관보다; 파라=최고의; 히=실로; 아르타흐=감각의 대상; 아르테브야흐=대상보다 더한; 차=그리고; 파람=지고의; 마나흐=마음; 마나사흐 투=실로 마음보다 더한; 파라=위대한; 부띠흐=이지; 부떼흐=이지보다 더한; 아트마=아트만; 마한=위대함; 파라흐=최고의.

대상은 감각보다 위에 있으며, 마음은 대상보다 위에 있다. 이

지는 마음보다 위에 있으며, 위대한 아트만은 이지보다 위에 존재한다.

11 महतः परमव्यमव्यात् पुरुषः परः।
पुरुषान्न परं किञ्चित् सा काष्ठा सा परा गतिः ॥११॥

마하타흐 파라마브야마브야트 푸루샤흐 파라흐|
푸루샨나 파람 킨치트 사 카쉬타 사 파라 가티흐 ‖ 11 ‖

마하타흐=마하트보다 더; 파람=높은; 아브얌=드러나지 않은; 아브야트=드러나지 않은 것보다 더한; 푸루샤흐=푸루샤; 파라흐=지고의; 푸루샤트=푸루샤보다 더한; 나 파람=높지 않은; 사=그것; 카쉬타=끝; 사=그것; 파라 가티흐=지고의 목적.

발현되지 않는 것은 높은 이성인 마하트보다 더 위에 있으며, 푸루샤는 발현되지 않는 것 위에 존재한다. 푸루샤보다 높이 존재하는 것은 아무것도 없나니, 그것이 끝이며, 그것이 지고의 목적이다.

삼크야 철학에서는 푸루샤 밑에 높은 이성인 마하트가 있으며, 그 다음으로 이지인 부띠, 나라는 존재인 아함카라, 마음인 마나스, 감각인 인드리야스가 존재한다. 푸루샤는 절대이며, 진정한 영혼이며, 참나이며, 근원으로서 가장 높이 존재한다.

12 एष सर्वेषु भूतेषु गूढोऽऽत्मा न प्रकाशते।
दृश्यते त्वग्र्यया बुद्ध्या सूक्ष्मया सूक्ष्मदर्शिभिः ॥१२॥

에샤 사르베슈 부테슈 구도아트마 나 프라카사테 |
드리샤테 트바그르야야 부뜨야 수크쉬마야 숙쉬마다르시비흐 ॥ 12 ॥

에샤흐=이것; 사르베슈=모든; 부테슈=존재하는; 구다흐=숨겨진; 아트마=참 나, 아트만; 나 프라카사테=스스로 드러나지 않은; 드리샤테=보여지는; 투=그러나; 아그르야야=날카로운; 부뜨야=이지; 수크쉬마야=섬세한; 숙쉬마다르시비흐=섬세한 것을 보는 자에 의해.

모든 존재 속에 숨어 있는 참 나인 아트만은 드러나지 않지만 날카롭고 섬세한 이지를 통하여 그것을 보는 자에 의해 보여진다.

13 यच्छेद् वाङ् मनसी प्राज्ञस्तद् यच्छेज्ज्ञान आत्मनि।
ज्ञानमात्मनि महति नियच्छेत् तद् यच्छेच्छान्त आत्मनि ॥ १३ ॥

야체드 방 마나시 프라그야스타드 야체즈그야나 아트마니 |
그야나마트마니 마하티 니야체트 타드 야체찬타 아트마니
॥ 13 ॥

야체트=용해시키다; 방=말하다; 마나시=마음속에; 프라그야
흐=지혜로운 자들; 타트=그것; 야체트=용해시키다; 그야나
아트마니=이지 속에; 아트마니 마하티=위대한 참 나 속에서;
니야체트=잠기게 하다; 타트=그것; 야체트=녹아들다; 산타
아트마니=평화의 참 나 속에.

지혜로운 자는 언어를 마음속에 녹아들게 하고, 마음을 이지 속에 녹아들게 하며, 이지를 위대한 참 나 속에 녹아들게 하고, 위대한 자아를 평화의 참 나 속에 녹아들게 한다.

언어나 말을 마음으로 녹아들게 한다는 것은 요가수트라의 삼야마의 수행이다. 모든 언어는 의식 수준에 따라 모든 감각과 마음과 이지와 참 나의 상태가 형성되고, 자기 분별과 자각을 일으킨다. 자신의 참 나에 스며들어 융해될 때 산타 아트만, 즉 진정한 평온이 오는 것이다.

14 उत्तिष्ठ जाग्रत प्राप्य वरान् निबोधत।
क्षुरस्य धारा निशिता दुरत्यया दुर्गं
पथस्तत् कवयो वदन्ति ॥१४॥

우띠쉬타 자그라타 프라프야 바란 니보다타|
크슈라스야 다라 니시타 두라트야야 두르가
파타스타트 카바요 바단티 ‖ 14 ‖

우띠쉬타=일어나다; 자그라타=깨어나다; 프라프야=도달된; 바란=최고의; 니보다타=실현하다; 크슈라스야=면도칼의; 다라=끝의; 니시타=날카로운; 두라트야야=가로지르기 어려운; 두르가=진행하기 어려운; 파타흐=길; 타트=그것의; 카바야흐=멀리 보는 사람들; 바단티=선포하다.

깨어나라! 최고의 스승에게 다가가 아트만을 실현하라. 현명한 자는 말한다. 그 길은 끝이 날카로운 면도날과 같아서 걸어가기도 어렵고, 가로질러 가기도 어렵다.

자아실현을 위해서 가장 중요한 말을 하고 있다. 언제나 깨어 있으며 좋은 스승에게 다가가 참 나를 실현하라. 그 길은 섬세하고 미세하고 예리하기 때문에 뛰어넘어 갈 수가 없다.

15 अशब्दमस्पर्शमरूपमव्ययं तथाऽरसं नित्यमगन्धवच्च यत्।
अनाद्यनन्तं महतः परं ध्रुवं निचाय्य तन्मृत्युमुखात् प्रमुच्यते ॥१५॥

아사브다마스파르사마루파마브야얌 타타아라삼 니트야마간다바차 야트|
아나드야난탐 마하타흐 파람 드루밤 니차이야 탄므리트유무카트 프라무챠테 ‖ 15 ‖

아사브담=소리가 없는; 아스파르삼=감촉이 없는; 아루팜=형상이 없는; 아브야얌=쇠퇴하지 않는; 타타=또한 그렇게; 아라삼=맛이 없는; 니트얌=영원한; 아간다바트=냄새가 없는;

차=그리고; 야트=그것; 아나드야난탐=시작과 끝이 없는; 마하타흐=높은 이지, 마하트; 파람=~을 넘어서; 드루밤=불변하는; 니차이야=실현된; 타트=그것; 므리트유무카트=죽음의 파도로부터; 프라무챠테=벗어난 존재.

참 나인 아트만은 소리도 없으며, 감촉도 없으며, 형상도 없으며, 영원히 사라지지 않는다. 또한 맛도, 냄새도 없이 영원하며, 시작도 끝도 없으며, 높은 이지를 넘어, 죽음의 파도로부터 벗어난 불변의 존재이다.

16 नाचिकेतमुपाख्यानं मृत्युप्रों सनातनम्।
उक्त्वा श्रुत्वा च मेधावी ब्रह्मलोके महीयते ॥१६॥

나치케타무파크야남 므리트유프롬 사나타남।
우크트바 스루트바 차 메다비 브라흐마로케 마히야테 ‖ 16 ‖

나치케타무파크야남=나치케타의 이야기; 므리트유프롬=죽음의 신이 말한; 사나타남=고대의; 우크트바=말한; 스루트바 차=그리고 조심스럽게 들은; 메다비=현명한 존재; 브라흐마로케=브라흐만의 세상에서; 마히야테=녹아들어 영광된.

나치케타의 오래된 이야기를 듣고 이야기하는 현명한 이는 죽음은 브라흐만의 세계에서 영광스럽게 된다고 말한다.

17 य इमं परमं गुह्यं श्रावयेत् ब्रह्मसंसदि ।
प्रयतः श्राद्धकाले वा तदानन्त्याय कल्पते
तदानन्त्याय कल्पत इति ॥१७॥

야 이맘 파라맘 구흐얌 스라바예트 브라흐마삼사디 |
프라야타흐 스라따칼레 바 타다난트야야 칼파테
타다난트야야 칼파타 이티 ∥ 17 ∥

야흐=누구; 이맘=이것; 파라맘 구흐얌=고도로 신비로운; 스라바예트=다른 이들이 듣게 하다; 브라흐마삼사디=성스러운 것들의 모임 속에서; 프라야타흐=헌신으로; 스라따칼레 바=또한 스라따 믿음의 제례의식의 시간에; 타트=그것; 아난트야야=무한함을 위해; 칼파테=들어맞다; 타트=그것; 아난트야야=무한함을 위해; 칼파타 이티=실로 적합해지다.

브라흐만 사제들의 회합 속에서나 스라따 믿음의 제례를 행하는 때에, 위대한 헌신으로 지고의 신비한 이야기를 하는 사람은 그것에 의해 무한한 보상을 얻는다.

제II부
드비티요아드야야흐
द्वितीयो ऽध्यायः

제4장
차투르타흐 발리
चतुर्थः वल्ली

1 पराञ्चि खानि व्यतृणत् स्वयम्भूस्तस्मात् पराङ् पश्यति नान्तरात्मन्।
कश्चिद् धीरः प्रत्यगात्मानमैक्षदावृत्तचक्षुरमृतत्वमिच्छन्॥१॥

파란치 카니 브야트리나트 스바얌부스타스마트 파란 파스야티 난타라트만|
카스치드 디라흐 프라트야가트마나메이크샤다브리따차크슈람리타트바미찬‖1‖

파란치=빠져나가는; 카니=감각; 브야트리나트=불완전하게 창조된; 스바얌부흐=스스로 존재하는 신; 타스마트=따라서;

카타 우파니샤드 479

파란=외면적인 것들; 파스야티=보다; 나 안타라트만=내면의 자아가 아닌; 카스치트=어떤; 디라흐=현명한 사람; 프라트야가트마남=내면의 자아; 에크샤트=보았다; 아브리따차크슈흐=내면으로 눈을 되돌려; 암리타트밤=불멸함; 이찬=욕망.

스스로 존재하는 신은 감각이 밖으로 향하도록 불완전하게 만들었다. 그리하여 인간은 외부적인 것을 보고 내면의 자아를 보지 않는다. 어떤 현명한 이는 불멸함에 대한 열망으로 그의 눈을 안으로 되돌려 내면의 참 나인 아트만을 보았다.

내면의 사람은 성스럽다. 외부적인 모든 감각을 내면으로 되돌리게 하는 일은 성스럽다.

2 पराचः कामाननुयन्ति बालास्ते मृत्योर्यन्ति विततस्य पाशम्। अथ धीरा अमृतत्वं विदित्वा ध्रुवमध्रुवेष्विह न प्रार्थयन्ते ॥२॥

파라차흐 카마나누얀티 발라스테 므리트요르얀티 비타타스야 파삼|
아타 디라 암리타트밤 비디트바 드루바마드루베쉬비하 나 프라르타얀테 ‖ 2 ‖

파라차흐=외면적인; 카만=쾌락; 아누얀티=쫓다; 발라흐=어린애 같은; 테=그들은; 므리트요흐=죽음의; 얀티=들어가다; 비타타스야=퍼지다; 파삼=그물; 아타=그렇게; 디라흐=현명한 자; 암리타트밤=불멸함; 비디트바=아는; 드루밤=영원함;

아드루베슈=영원하지 않은 것에 둘러싸인; 이하=여기에; 나 프라르타얀테=보이지 않는.

어린애 같은 사람들은 외부적인 즐거움을 추구하여 거대한 죽음의 바다로 빠져 버린다. 그러나 현명한 이들은 이 세상의 어떤 것에도 욕망이 없으며, 영원하지 않은 것 중에서 영원히 불멸하는 것이 무엇인지 알고 있다.

3 येन रूपं रसं गन्धं शब्दान् स्पर्शांश्च मैथुनान्।
एतेनैव विजानाति किमत्र परिशिष्यते। एतद् वै तत्॥३॥

예나 루팜 라삼 간담 사브단 스파르샴스차 메이투난|
에테나이바 비자나티 키마트라 파리시쉬야테|| 에타드 바이 타트 || 3 ||

예나=그것에 의해; 루팜=형상; 라삼=맛; 간담=냄새; 사브단=소리; 스파르샨=접촉; 차=그리고; 메이투난=성적인; 에테나이바=오직 이것에 의해; 비자나티=알다; 키마트라=여기 이외의 어떤 곳; 파리시쉬야테=남다; 에타트=이것; 바이=실로; 타트=그것.

지혜 그 자체이며 참 나인 아트만은 형상, 맛, 냄새, 소리, 감촉, 성적인 접촉에 대해 알고 있다. 이 세상에서 참 나인 아트만이 모를 만한 것은 무엇이겠는가? 그것은 바로 참 나인 아트만 그것이다.

4 स्वप्नान्तं जागरितान्तं चोभौ येनानुपश्यति।
महान्तं विभुमात्मानं मत्वा धीरो न शोचति ॥४॥

스바프난탐 자가리탄탐 초바우 예나누파스야티|
마한탐 비부마트마남 마트바 디로 나 소차티 ‖ 4 ‖

스바프란탐=꿈의 대상; 자가리탄탐=깨어 있는 상태의 대상; 차=그리고; 우바우=양쪽; 예나=그것에 의해; 아누파스야티=보다; 마한탐=위대한; 비붐=모든 것에 스며 있는 것; 아트마남=아트만; 마트바=실현된; 디라흐=현명한 자; 나 소차티=슬픔이 없는.

슬퍼하지 않는 현명한 이는 깨어 있을 때나 꿈꿀 때에도 모든 대상을 인식함으로써 모든 것에 스며 있는 위대한 참 나인 아트만을 실현한 이이다.

참 나인 아트만은 잠자는 상태에서나 꿈꾸는 상태에서도 깨어 있다.

5 य इमं मध्वदं वेद आत्मानं जीवमन्तिकात्।
ईशानं भूतभव्यस्य न ततो विजुगुप्सते। एतद् वै तत् ॥५॥

야 이맘 마드바담 베다 아트마남 지바만티카트|
이사남 부타바브야스야 나 타토 비주구프사테| 에타드 바이

타트 ‖ 5 ‖

야흐=누구; 이맘=이것; 마드바담=꿀을 즐기는 자; 베다=알다; 아트마남=아트만; 지밤=삶을 유지하는 자; 안티카트=아주 가까운; 이사남=주인; 부타바브야스야=과거와 미래의; 나=아닌; 타타=그런 다음; 비주구프사테=그는 두려워하다; 에타트=이것; 바이=실로; 타트=그것.

이러한 아트만을 아는 이는 꿀맛을 즐기는 이이며, 삶을 부양하는 이이며, 과거와 미래의 주인이며, 아주 가까이에서 아트만을 찾으며, 더 이상 두려움이 없나니. 이것이 바로 아트만이다.

마드바담이란 꿀을 즐기는 자이다. 그것은 행위의 업보인 카르마의 연속성을 일으키는 것을 지켜보는 이를 말하며, 과거와 미래를 통제하는 자이다. 가깝다는 것은 몸 안에 존재하는 참 나이기 때문이다.

6 यः पूर्वं तपसो जातमद्भ्यः पूर्वमजायत ।
गुहां प्रविश्य तिष्ठन्तं यो भूतेभिर्व्यपश्यत । एतद् वै तत् ‖६‖

야흐 푸르밤 타파소 자타마드브야흐 푸르바마자야타|
구함 프라비스야 티쉬탄탐 요 부테비르브야파스야타| 에타드 바이 타트 ‖ 6 ‖

야흐=누구; 푸르밤=시작함에; 타파사흐=고행의; 자탐=태어

나다; 아드브야흐=물보다; 푸르밤=이전의; 아자야타=탄생
한; 구함=마음의 동굴에; 프라비스야=들어가는; 티쉬탄탐=
거하는; 야흐=누구; 부테비흐=요소들로; 브야파스야타=실현
된다; 에타트 바이 타트=이것은 실로 그것이다.

**태초에 지혜를 가지고 태어난 자이며, 물보다 먼저 존재하였
던 자, 요소들과 함께 거하며 보는 자, 가슴속으로 들어간 자,
이것이 바로 아트만이다.**

브라흐만에는 거시적인 영역과 미시적인 영역 두 가지가 존재한다. 거시적인 영역은 '사마스티' 또는 우주적인 자궁인 '히란야가르바'이며, 미시적인 영역은 '브야스티' 또는 개인적인 자아인 '지바는 브라흐만' 이다. 문다카 우파니샤드에서는 수행과 고행의 타파스야에 의해 브라흐만의 이름과 형태와 물질이 태어난다고 하였다. 참 나인 아트만은 다섯 요소들의 안에 머물고, 마음의 동굴에 거하는 이이다.

7 या प्राणेन संभवत्यदितिर्देवतामयी।
गुहां प्रविश्य तिष्ठन्ती या भूतेभिर्व्यजायत। एतद् वै तत्॥७॥

야 프라네나 삼바바트야디티르데바타마이|
구함 프라비스야 티쉬탄티 야 부테비르브야자야타| 에타드
바이 타트 ‖ 7 ‖

야=누구; 프라네나=프라나로부터; 삼바바티=발현되다; 아디
티흐 아디티=스스로 즐기는 이; 데바타마이=신들의 영혼; 구

함=가슴의 동굴; 프라비스야=들어간; 티쉬탄팀=존재하는; 야=누구; 부테비흐=요소들로; 브야자야타=창조된; 에타트 바이 타트=이것이 진실로 그것이다.

신들의 영혼인 아디티는 프라나의 형상으로 발현되고, 요소들과 더불어 창조되었으며, 가슴으로 들어가서 거한다. 이것이 실로 참 나인 아트만이다.

리그 베다에 나오는 참 존재인 '프라자파티'로부터 태어난 '아디티'는 신들의 어머니이며, 전 우주에서 스스로 존재하고 즐기는 이이다. 아디티는 먹는 자이며 소모하는 자이다. 이것은 물질과 에너지를 동시에 말하는 것이다.

8 अरण्योर्निहितो जातवेदा गर्भ इव सुभृतो गर्भिणीभिः।
दिवे दिवे ईड्यो जागृवद्भिर्हविष्मद्भिर्मनुष्येभिरग्निः।
एतद् वै तत्॥८॥

아란요르니히토 자타베다 가르바 이바 수브리토 가르비니비흐│
디베 디베 이드요 자그리바드비르하비쉬마드비르마누쉬예비라그니흐│
에타드 바이 타트 ‖ 8 ‖

아란요흐=2개의 불막대기 속에; 니르히타흐=숨어 있는; 자타베다흐=태어나서부터 알고 있는; 가르바흐=태아; 이바=~처럼; 수브리타흐=잘 보존된; 가르비니비흐=임신한 여인에 의해; 디베 디베=매일매일; 이드야흐=숭배하는; 자그리바드비흐=깨어 있는 자들에 의해; 하비쉬마드비흐=봉헌물을 바치는 자; 마누쉬예비흐=사람들에 의해; 아그니흐=불의 신; 에타트 바이 타트=이것은 실로 그것이다.

배 속의 태아가 수태한 어머니에 의해 잘 보호되듯이, 불막대기 속에 숨어 있는 전능한 불의 신 아그니는 매일매일 깨어 있는 자들과 봉헌물을 바치는 이들에 의해 숭배받는다. 이것이 실로 아트만 그것이다.

브라흐만은 희생인 '야그야'를 통해 재가자로부터 아그니의 불의 의식으로 예배되며, 출가자로부터는 인격적인 신이며 절대 신이기도 한 '이스바라'로 섬겨진다. 베다의 의식은 2개의 특수한 막대기를 통하여 단계적으로 행해진다.

9 यतश्वोदेति सूर्योऽस्तं यत्र च गच्छति।
तं देवाः सर्वे अर्पितास्तदु नात्येति कश्चन। एतद् वै तत्।।९।।

야타스체데티 수르요아스탐 야트라 차 가차티|
탐 데바흐 사르베 아르피타스타두 나트예티 카스치나| 에타드 바이 타트 || 9 ||

야타흐=그것으로부터; 우데티=일어나다; 수르야흐=태양; 아스탐 가차티=스며들다; 야트라=그것 안에; 차=그리고; 탐=그것 안에; 데바흐=신들; 사르베=모든; 아르피타흐=맞추어지다; 타타 우=실로 그것은; 나트예티=초월하지 않는; 카스치나=오직 하나; 에타트 바이 타트=이것은 진실로 그것이다.

태양이 떠오르고 다시 지는 것, 그것은 모든 신들에 의해 조정되는 것이다. 그리고 누구도 그것을 초월할 수 없나니. 이것이 실로 아트만 그것이다.

10 यदेवेह तदमुत्र यदमुत्र तदन्विह।
मृत्योः स मृत्युमाप्नोति य इह नानेव पश्यति ॥१०॥

야데베하 타다무트라 야다무트라 타단비하|
므리트요흐 사 므리트유마프노티 야 이하 나네바 파스야티
‖ 10 ‖

야트=무엇; 에바=실로; 이하=여기; 타트=그것; 아무트라=거기에; 야트=무엇; 아무트라=거기에; 타트=그것; 아누=그러므로; 이하=여기; 므리트요흐=죽음 후에; 사흐=그는; 므리트윰=죽음; 아프노티=도달하다; 야흐=누구; 이하=여기; 나나 이바=다르듯이; 파스야티=보다.

여기에 있는 것은 거기에도 있으며, 거기에 있는 것은 마찬가지로 여기에도 있다. 이러한 것을 다른 것으로 보는 이는 거듭하여 죽음에 이른다.

존재에는 두 가지의 상태, 즉 절대와 상대가 있다. 이것은 마치 다른 것으로 보이는 것 같지만 실제로는 다른 것이 아니다. 바람이 부는 대로 파도가 일렁이는 거친 바다 위와, 어둡고 고요한 깊은 바다 속은 서로 다른 상태로 보이지만, 위나 아래나 모두 같은 바다인 것과 마찬가지인 것이다. 진정한 실체를 모르는 무지에 의해 다양한 죽음과 탄생은 계속해서 반복된다.

11 मनसैवेदमाप्तव्यं नेह नानास्ति किञ्चन।
मृत्योः स मृत्युं गच्छति य इह नानेव पश्यति ॥११॥

마누사이베다마프타브얌 네하 나나스티 킨차나|
므리트요흐 사 므리트윰 가차티 야 이하 나네바 파스야티
‖ 11 ‖

마나사=마음에 의해; 에바=홀로; 이담=이것; 우프타브얌=얻게 되다; 나=아니다; 이하=여기; 나나=차이; 아스티=~이다; 킨차나=무엇이든; 므리트요흐=죽음으로부터; 사흐=그는; 므리트윰=죽음에까지; 가차티=가다; 야흐=누구; 이하=여기; 나 나 이바=다른 것처럼; 파스야티=보다.

오직 마음으로 인한 이것은 실현되며, 여기에는 다름이 없다. 죽음으로부터 죽음에 이르는 사람은 여기에서 다른 것을 본다.

순수한 마음으로 브라흐만을 실현한 사람이 우주를 인식하게 되면,

표현되고 인식된 브라흐만도 그것과 다르지 않다. 그러나 그렇지 않을 때는 무지에 쌓여 윤회의 생을 반복하게 되는 것이다.

12 अङ्गुष्ठमात्रः पुरुषो मध्य आत्मनि तिष्ठति।
ईशानो भूतभव्यस्य न ततो विजुगुप्सते। एतद् वै तत्॥१२॥

앙구쉬타마트라흐 푸루쇼 마드야 아트마니 티쉬타티|
이사노 부타바브야스야 나 타토 비주구프사테| 에타드 바이 타트 ‖ 12 ‖

앙구쉬타마트라흐=엄지손가락 크기의; 푸루샤흐=푸루샤; 마드예=~안에; 아트마니=몸; 티쉬타티=거하다; 이사나흐=주인; 부타바브야스야=과거와 미래의; 나=아니다; 타타흐=그 때부터; 비주구프사테=두려워하다; 에타트 바이 타트=이것이 진실로 그것이다.

엄지손가락 크기의 푸루샤는 몸 안에 거한다. 그는 과거와 미래의 주인이며, 또한 그렇게 된 이후부터는 어떤 두려움이 없나니. 이것이 실로 아트만 그것이다.

참 나인 아트만은 푸루샤로 불린다. 왜냐하면 몸 안에 도시인 푸리가 있으며, 그것을 꽉 채운 것이 생기인 푸라나이기 때문이다. 참 나인 아트만은 "가슴의 연꽃"으로 불린다. 참 나의 크기는 시간과 공간으로부터 넘어서 있으며, 명상으로서 파악하기 힘들며, 언어로서 이해하기 어렵다.

13 अङ्गुष्ठमात्रः पुरुषो ज्योतिरिवाधूमकः।
ईशानो भूतभव्यस्य स एवाद्य स उ श्वः। एतद् वै तत्॥१३॥

앙구쉬타마트라흐 푸루쇼 죠티리바두마카흐|
이사노 부타바브야스야 사 에바드야 사 우 스바흐| 에타드 바이 타트 ‖ 13 ‖

앙구쉬타마트라흐=엄지손가락 크기의; 푸루샤흐=푸루샤; 죠티흐=불꽃; 이바=~처럼; 아두마카흐=연기가 없는; 이사나흐=주인; 부타바브야스야=과거와 미래의; 사흐=그는; 에바=진실로; 아드야=오늘; 사흐=그는; 스바흐=내일; 에타드 바이 타트=이것은 그것이다.

과거와 미래의 주인인 엄지손가락 크기의 푸루샤는 연기가 일지 않는 빛과 같다. 그는 실로 오늘이며 내일이나니. 이것이 실로 아트만 그것이다.

참 나인 푸루샤는 육체적인 눈으로 볼 수는 없다. 연기가 일지 않는 빛이란 어떠한 것도 개입되지 않은 순수한 마음이며, 순수의식이며 참 나인 아트만을 말한다. 그는 과거, 현재, 미래의 시간을 지배한다.

14 यथोदकं दुर्गे वृष्टं पर्वतेषु विधावति।
एवं धर्मान् पृथक् पश्यंस्तानेवानुविधावति ॥१४॥

야토다캄 두르게 브리쉬탐 파르바테슈 비다바티।
에밤 다르만 프리타크 파스얌스타네바누비다바티 ॥ 14 ॥

야타=~처럼; 우다캄=물; 두르게=꼭대기에서; 브리쉬탐=비가 온; 파르바테슈=언덕비탈; 비다바티=여러 물줄기; 에밤=같은 길에서; 다르만=원인; 프리타크=다른; 파스얀=보다; 탄=그들에게; 에바=실로; 아누비다바티=뒤따라 달리다.

빗물이 산꼭대기에서부터 여러 갈래의 산허리로 흘러내려듯이, 원인을 여러 가지로 다양하게 보는 사람은 실로 그것들을 쫓아가기 바쁘다.

궁극적으로 같은 것이고, 하나이며, 참 나인 아트만을 이해하지 못하면 다르게 표현된 많은 것들에게 종속되어 삶을 다르게 본다. 개인적인 나는 우주적인 나와 하나가 되는 것이다. 그렇지 않을 때 사람들은 괴로움을 겪게 되며, 생과 생을 거듭하여 태어난다.

15 यथोदकं शुद्धे शुद्धमासिं तादृगेव भवति।
एवं मुनेर्विजानत आत्मा भवति गौतम ॥१५॥

야토다캄 수떼 수따마심 타드리게바 바바티 |
에밤 무네르비자나타 아트마 바바티 가우타마 ‖ 15 ‖

야타=~처럼; 우다캄=물; 수떼=순수함으로; 수땀=순수함;
아심=넘치다; 타드리게바=같은 것; 바바티=~이 되다; 에밤
=그러므로; 무네흐=성스러운 이; 비자나타흐=아는 자; 아트
마=참 나; 바바티=~이 되다; 가우타마=오 가우타마여.

**순수한 물이 아무리 흘러넘쳐도 그 안에는 순수한 물이 남듯
이, 진리를 아는 성스러운 이는 또한 그렇게 되도다, 오 참
나를 아는, 가우타마여!**

나치케타를 가우타마의 가문에 속해 있다는 것을 강조하여, 개인적
인 자아인 지바아트만의 강이 우주적인 참 나인 파라아트만의 바다에
도달한다는 것을 비유적으로 말하는 것이다.

제5장
판차마흐 발리
पञ्चमः वल्ली

1 पुरमेकादशद्वारमजस्यावक्रचेतसः।
अनुष्ठाय न शोचति विमुक्श्च विमुच्यते। एतद् वै तत्॥१॥

푸라메카다사드바라마자스야바크라체타사흐|
아누쉬타야 나 소차티 비무스차 비무츠야테| 에타드 바이 타
트 ‖1‖

푸람=도시; 에카다사=11; 드바람=입구; 아자스야=태어나지 않는 것들; 아바크라체타사흐=변하지 않는 지식의; 아누쉬타야=~에 명상하는; 나 소차티=슬프지 않다; 비무흐=해방된; 차=그리고; 비무츠야테=자유롭게 되다; 에타트 베타트=이것이 진실로 그것이다.

태어나지 않고 언제나 변하지 않는 지식이 거하는 도시에는 11개의 입구가 있다. 그곳에 명상하는 존재는 더 이상 슬픔이 없으며, 모든 구속들로부터 벗어나 자유를 얻으리라. 이것이 실로 아트만 그것이다.

11개의 입구라는 것은 정수리의 구멍, 2개의 눈, 2개의 귓구멍, 2개의 콧구멍, 하나의 입과 배꼽과 생식기와 항문을 말한다. 변하는 개인적인 자아인 지바는 변하지 않는 참 나인 아트만이 될 때 자유를 얻게 된다.

2 हंसः शुचिषद् वसुरन्तरिक्षसद् होता वेदिषदतिथिर्द्रोणसत्।
नृषद् वरसद्ऋतसद् व्योमसदब्जा गोजा ऋतजा अद्रिजा ऋतं बृहत्॥२॥

함사흐 수치샤드 바수란타리크샤사드 호타 베디샤다티티르 드로나사트|
느리샤드 바라사드리타사드 브요마사다브자고자 리타자 아드리자 리탐 브리하트 ‖ 2 ‖

함사흐=태양; 수치샤드=천상에 거하는; 바수흐=공기; 안타리크샤사드=창공에; 호타=불; 베디샤드=신성한 제단에; 아티티흐=손님; 두로나사트=단지에 거하는; 느리샤드=인간에 거하는; 바라사드=신들에 거하는; 리타사드=봉헌물에; 브요마사드=공간에 거하는; 아브자=물속에 태어난; 고자=대지에 태어난; 리타자=봉헌물로 태어난; 아드리자=산 위에 태어난; 리탐=진리; 브리하트=위대함.

그는 천상에 있는 태양이며, 하늘의 공기이며, 제단에서의 불이다. 그는 손님이며, 봉헌물 안에 있으며, 하늘에 거한다. 그는 물속에서도 태어나며, 땅 위에도 태어난다. 그는 또한 봉헌물에서도 탄생하며, 산 위에서도 탄생하도다. 그는 진리이

며, 위대함이다.

참 나는 모든 곳에 존재한다. 참 나는 천상의 빛인 태양이며, 천상과 땅의 중간인 하늘의 공간에 존재하는 공기이며, 땅에서는 제례의식의 제단의 불에 존재한다.

3 ऊर्ध्वं प्राणमुन्नयत्यपानं प्रत्यगस्यति।
मध्ये वामनमासीनं विश्वेदेवा उपासते ॥३॥

우르드밤 프라나문나야트야파남 프라트야가스야티 |
마드예 바마나마시남 비스베데바 우파사테 ‖ 3 ‖

우르드밤=위로; 프라남=프라나; 운나야티=보내다; 아파남=아파나; 프라트야7=아래로; 아스야티=던지다; 마드예=중간에; 바마남=숭배하는; 아시남=앉은; 비스베데바흐=모든 신들; 우파사테=예배.

그는 프라나를 위로 보내고 아래로 떨어뜨린다. 모든 신들은 중간에 앉아 있는 존귀한 존재에게 예배한다.

몸의 에너지의 흐름에서 프라나는 공기의 근원이며, 아파나는 내려가는 것을 담당한다. 사마나는 공기의 평등화이며, 우다나는 공기의 상승이며, 브야나는 스며드는 공기이다. 참 나는 가장 중심에서 모든 신들을 지배한다.

4

अस्य विस्रंसमानस्य शरीरस्थस्य देहिनः।
देहाद् विमुच्यमानस्य किमत्र परिशिष्यते। एतद् वै तत्॥४॥

아스야 비스남사마나스야 사리라스타스야 데히나흐|
데하드 비무츠야마나스야 키마트라 파리시쉬야테| 에타드
바이 타트 ‖ 4 ‖

아스야=이것의; 비스남사마나스야=분리된 존재; 사리라스타스야=몸에 존재하는; 데히나흐=영혼의 소유자의; 비무츠야마나스야=자유롭게 된 자의; 킴=무엇; 아트라=여기; 파리시쉬야테=남다; 에타트 바이 타트=이것은 실로 그것이다.

몸으로부터 벗어나 자유롭게 되었을 때, 그 몸을 소유한 자에게 남는 것은 무엇인가? 그것은 아트만 바로 그것이다.

참 나인 아트만은 몸 안의 모든 것을 통제한다. 몸을 도시로 본다면 참 나는 통치자이다.

5

न प्राणेन नापानेन मर्त्यो जीवति कश्चन ।
इतरेण तु जीवन्ति यस्मिन्नेतावुपाश्रितौ ॥५॥

나 프라네나 나파네나 마르트요 지바티 카스차나|
이타레나 투 지반티 야스민네타부파스리타우 ‖ 5 ‖

나 프라네나=프라나에 의하지 않은; 나 아파네나=아파나에 의하지 않은; 마트르야흐=인간; 지바티=살다; 카스차나=어떤; 이타레나=다른 어떤 것에 의해; 투=그러나; 지반티=그들은 살다; 에타우=이러한 것들; 야스민=누구에; 우파스리타우=의지하다.

인간은 프라나, 또는 아파나로 영원히 살 수 없지만, 프라나와 아파나는 그들이 의지하는 다른 어떤 것에 의해 산다.

6 हन्त ते इदं प्रवक्ष्यामि गुह्यं ब्रह्म सनातनम्।
यथा च मरणं प्राप्य आत्मा भवति गौतम ॥६॥

한타 테 이담 프라바크쉬야미 구흐얌 브라흐마 사나타남∣
야타 차 마라남 프라프야 아트마 바바티 가우타마 ∥ 6 ∥

한타=조심히 듣다; 테=당신에게; 이담=이것; 프라바크쉬야미=나는 말할 것이다; 구흐얌=비밀; 브라흐마=브라흐마, 브라흐만의 신분을 호칭; 사나타남=영원한; 야타=무엇; 차=그리고; 마라남=죽음; 프라프야=만나는 것; 아트마=자아; 바바티=~이 되다; 가우타마=오 가우타마여.

오 영원한 브라흐만, 가우타마여, 이제 나는 죽음을 맞이한 후 일어날 일들에 대한 비밀을 그대에게 말할 것이다.

죽음의 신인 야마가 가우타마라고 부른 것은 그의 집안의 의무를 상기시키기 위함이며 야마는 계속해서 절대인 브라흐만의 본성과 어떻게 그것에 도달하는지와 죽음 후에 대해서 말하고 있다. 브라흐만은 신비에 쌓여 있으며 많은 사람들이 도달될 수 있는 것은 아니고 소수의 사람만이 브라흐만을 이해할 수 있다. 그래서 이것을 비밀이라고 말하는 것이다. 사람들이 브라흐만을 알든 모르든 브라흐만은 영원하다.

7 योनिमन्ये प्रपद्यन्ते शरीरत्वाय देहिनः। स्थाणुमन्येऽनुसंयन्ति यथाकर्म यथाश्रुतम्॥७॥

요니만예 프라파드얀테 사리라트바야 데히나흐|
스타누만예아누삼얀티 야타카르마 야타스루탐 ‖ 7 ‖

요님=자궁; 안예=다른; 프라파드얀테=들어가다; 사리라트바야=육체적인 몸을 위해; 데히나흐=영혼; 스타눔=식물; 안예=다른 것들; 아누삼얀티=~로 가다; 야타 카르마=행위에 따라; 야타 스루탐=지식에 따라.

오직 자신의 행위에 의해 그리고 자신의 지식에 따라, 어떤 영혼은 몸을 갖기 위해 자궁으로 들어가고, 어떤 영혼은 식물이 된다.

행위인 카르마의 법칙에 따라 삶의 윤회를 분명하게 설명하는 것이다. 윤회의 영역이 신의 영역에서부터 식물의 영역이 될 수 있다는 것을 말하고 있다.

8 य एष सुप्तेषु जागर्ति कामं कामं पुरुषो निर्मिमाणः।
तदेव शुक्रं तद् ब्रह्म तदेवामृतमुच्यते।
तस्मिँल्लोकाः श्रिताः सर्वे तदु नात्येति कश्चन। एतद् वै तत्।।८।।

야 에샤 수프테슈 자가르티 카맘 카맘 푸루쇼 니르미마나흐|
타데바 수크람 타드 브라흐마 타데밤리타무챠테|
타스밈로카흐 스리타흐 사르베 타두 나트예티 카스차나|
에타드 바이 타트 ‖ 8 ‖

야흐=누구; 에샤흐=이것; 수프테슈=잠자는 동안; 자가르티=깨어 있는 채로; 카맘 카맘=다른 욕망; 푸루샤=푸루샤; 니르미마나흐=모양이 되는; 타트 에바=그것이 진실로; 수크람=순수한; 타트-그것; 브라흐마-브라흐만; 타트-그것; 에바=실로; 암리탐=불멸의; 우챠테=~로 알려진; 타스민=그것에; 로카흐=세상들; 스리타흐=휴식; 사르베=모든; 타타 우=진실로 그것; 나 아트예티=초월하지 않은; 카스차나=어떤 한 가지; 에타트 바이 타트=이것은 실로 그것이다.

우리가 잠들었을 때에도 욕망의 대상의 모습으로 깨어 있는 채 남아 있는 푸루샤, 그것이 바로 순수함이며, 브라흐만이다. 또한 그것을 불멸함이라고 한다. 모든 세상들이 그것 안에서 휴식을 갖으며, 그 무엇도 그것을 초월할 수 없다. 이것이 아트만 바로 그것이다.

9 अग्निर्यथैको भुवनं प्रविष्टो रूपं रूपं प्रतिरूपो बभूव ।
एकस्तथा सर्वभूतान्तरात्मा रूपं रूपं प्रतिरूपो बहिश्च ॥९॥

아그니르야타이코 부바남 프라비쉬토 루팜 루팜 프라티루포 바부바|
에카스타타 사르바부탄타라트마 루팜 루팜 프라티루포 바히스차 ‖ 9 ‖

아그니흐=불; 야타=~처럼; 에카흐=하나의; 부바남=세상; 프라비쉬타흐=들어간; 루팜 루팜=모든 형상에; 프라티루파흐=형상과 같은; 바부바=~이 되다; 에카흐=하나의; 타타=그렇게; 사르바부탄타라트마=존재하는 모든 형상에 스며 있는 아트만; 루팜 루팜=모든 형상에; 바히흐 차=또한 ~넘어.

하나뿐인 불의 신 아그니는 대상에 따라 다른 형상을 취한다. 마찬가지로 실재하는 모든 것에 거하는 아트만은 대상마다 다른 형상으로 나타나며, 그것들을 넘어서 존재한다.

10 वायुर्यथैको भुवनं प्रविष्टो रूपं रूपं प्रतिरूपो बभूव ।
एकस्तथा सर्वभूतान्तरात्मा रूपं रूपं प्रतिरूपो बहिश्च ॥१०॥

바유르야타이코 부바남 프라비쉬토 루팜 루팜 프라티루포 바부바|

에카스타타 사르바부탄타라트마 루팜 루팜 프라티루포 바히 스차 ∥ 10 ∥

바유흐=바람; 야타=~처럼; 에카흐=하나의; 부바남=세상; 프라비쉬타흐=들어간; 루팜 루팜=다른 형상; 프라티루파흐=형상과 같은; 바부바=~이 되다; 에카흐=하나의; 타타=그렇게; 사르바부탄타라트마=모든 것에 스며 있는 아트만; 루팜 루팜=다른 형상에; 프라티루파흐=형상과 같은; 바히흐 차=그리고 ~넘어서.

하나뿐인 바람의 신 바유는 대상에 따라 다른 형상을 취한다. 마찬가지로 존재하는 모든 것에 거하는 아트만은 대상마다 다른 형상으로 나타나며, 그것들을 넘어서 존재한다.

11 सूर्यो यथा सर्वलोकस्य चक्षुर्न लिप्यते चाक्षुषैर्बाह्यदोषैः । एकस्तथा सर्वभूतान्तरात्मा न लिप्यते लोकदुःखेन बाह्यः ॥११॥

사르요 야타 사르바로카스야 착슈르나리프야테 차크슈샤이르바흐야도샤이흐|
에카스타타 사르바부탄타라트마 나 리프야테 로카두흐케나 바흐야흐 ∥ 11 ∥

사르야흐=태양; 야타=~처럼; 사르바로카스야=모든 세상의; 착슈흐=눈; 나 리프야테=더럽혀지지 않는; 차크슈샤이흐=눈에 의해; 바흐야도샤이흐=외부적인 비순수함; 에카흐=하나의; 타타=그렇게; 사르바부탄타라트마=모든 존재의 본성인 아트만; 나 리프야테=접촉하지 않는; 로카두흐케나=세상의 비참함에; 바흐야흐=넘어선.

전체 세상을 보는 눈은, 마치 태양과 같이 외부적으로 비순수한 시각으로 더럽혀지지 않는다. 마찬가지로 모든 존재들에 거하는 아트만은 결코 세상의 고통과 닿지 않으며 그것을 넘어선다.

태양빛은 모든 곳을 비추지만 더러워지지 않는 것처럼, 초월적인 참 나인 아트만은 고통의 세계에서는 영향을 받지 않지만 무지하고 비참한 존재들에게는 좋은 영향을 준다.

12 एको वशी सर्वभूतान्तरात्मा एकं रूपं बहुधा यः करोति।
तमात्मस्थं येऽनुपश्यन्ति धीरास्तेषां सुखं शाश्वतं नेतरेषाम्॥१२॥

에코 바시 사르부탄타라트마 에캄 루팜 바후다 야흐 카로티 |
타마트마스탐 예아누파샨티 디라스테샴 수캄 사스바탐 네타레샴 ‖ 12 ‖

에카흐=하나의; 바시=통제자; 사르바부탄타라트마=모든 존재의 내면의 존재; 에캄=하나의; 루팜=형상; 바후다=다양한; 야흐 카로티=발현된 자; 탐=그를; 아트마샴=자아에 존재하는; 예=그들의; 아누파샨티=실현하다; 디라흐=현명한 자; 테샴=그들의; 수캄=행복; 사스바탐=영원한; 나=아니다;

이타레샴=다른 것들.

모든 존재들의 정신을 통제하는 하나의 존재는 자신의 형상을 여러 면으로 발현한다. 자신의 자아로 그를 실현한 현명한 이는 영원한 행복에 속하여 있을 뿐, 다른 것이 아니다.

참 나는 모든 것의 나로 된다. 참 나는 보편적인 나인 브라흐만이며 순수한 의식이다. 그것은 한 그루의 꽃나무가 꽃과 줄기, 뿌리, 잎 등 다른 모양으로 나뉘어져 보이지만, 그 꽃나무의 어느 부분에나 모두 같은 수액이 들어 있는 것과 마찬가지인 것이다.

13

नित्योऽनित्यानां चेतनश्चेतनानामेको बहूनां यो विदधाति कामान्।
तमात्मस्थं येऽनुपश्यन्ति धीरास्तेषां शान्तिः शाश्वती नेतरेषाम्॥१३॥

니트요아니트야남 체타나스체타나나메코 바후남 요 비다다티 카만|
타마트마스탐 예아누파스얀티 디라스테샴 산티흐 사스바티 네타레샴 || 13 ||

니트야흐=영원한; 안티야남=영원하지 않은 것 중에; 체타나흐=의식; 체타나남=의식을 가진 이들 중에서; 에카흐=하나의; 바후남=많은 것의; 야흐=누구; 비다다티=실현되다; 카만=욕망; 탐=그에게; 아트마스탐=자아 안에 존재하는; 예=그를; 아누파스얀티=인식하다; 디라흐=현명한 존재들; 테샴=그들의; 산티흐=평화; 사스바티=영원한; 나 이타레샴=다른 것이 아닌.

그는 영원하지 않은 것들 중에 영원함이며, 의식을 가진 이들 중에 의식이며, 홀로 많은 욕망을 성취한 존재이니. 스스로 내면에 존재하는 아트만을 아는 지혜로운 이는, 다른 것이 아닌, 영원한 평화를 얻으리라.

14 तदेतदिति मन्यन्तेऽनिर्देश्यं परमं सुखम्।
कथं नु तद्विजानीयां किमु भाति विभाति वा ॥१४॥

타데타디티 만얀테아니르데샴 파라맘 수캄|
카탐 누 타드비자니얌 키무 바티 비바티 바 ‖ 14 ‖

타트=그것; 에타트=이것; 이티=그러므로; 만얀테=인지하다; 아니르데샴=정의를 내릴 수 없는; 파라맘=최고의; 수캄=기쁨; 카탐 누=어떻게; 타트=그것; 비자니얌=나는 알 수 있을까?; 킴=~인지 아닌지; 우 바티=스스로 빛나는; 비바티 바=다른 빛으로 빛나다.

그러므로 지혜로운 자는 누군가 "이것은 그것이다"라고 말하였을 때, 그것은 정의를 내릴 수 없는 지고의 기쁨이라는 것을 아나니. 그것을 나는 어떻게 알 수 있을까? 그것이 스스로 빛나는 것인지, 아니면 다른 빛을 통해 빛나는 것인지.

어떻게 욕망이 없는 참 나와 지복을 얻을 수 있을까? 그것은 스스로 빛나는 이가 되는 영적인 수련에 의해 가능하다.

15 न तत्र सूर्यो भाति न चन्द्रतारकं नेमा विद्युतो भान्ति कुतोऽयमग्निः।
तमेव भान्तमनुभाति सर्वं तस्य भासा सर्वमिदं विभाति ॥१५॥

나 타트라 수르요 바티 나 찬드라타라캄 네마 비드유토 반티 쿠토아야마그니흐|
타메바 반타마누바티 사르밤 타스야 바사 사르바미담 비바티
‖ 15 ‖

나=아니다; 타트라=거기에; 수르야흐=태양; 바티=빛나다; 나 찬드라타라캄=달도 별도 아닌; 나=아니다; 이마흐=이러한 것들; 비드유타흐=번개; 반티=빛나다; 쿠타흐=어떻게; 아얌=이것; 아그니흐=불; 타메바=오직 그것; 반탐=빛나는; 아누바티=빛나고 나서; 사르밤=모든; 타스야=이것의; 바사=빛에 의해; 사르바미담=이 모든 것; 비바티=빛나다.

거기에는 태양도 빛나지 않으며, 달도 별도 빛나지 않으며, 번갯불도 아주 작은 불씨조차도 없나니. 오직 그것이 빛날 때, 비로소 모든 것이 빛나게 되도다. 그 빛에 의해 모든 것이 빛나게 되도다.

이전의 절들에서 참 나인 아트만은 모든 곳에 현존하는 지복 또는 희열이라고 하였다. 이 절에서는 참 나는 모든 빛의 근원적인 빛이라고 덧붙여 말하고 있다.

제6장
샤쉬타흐 발리
षष्ठः वल्लि

1 ऊर्ध्वमूलोऽवाक्शाख एषोऽश्वत्थः सनातनः।
तदेव शुक्रं तद् ब्रह्म तदेवामृतमुच्यते।
तस्मिँल्लोकाः श्रिताः सर्वे तद् नात्येति कश्चन।
एतद् वै तत्॥१॥

우르드바물로아바크사카 에쇼아스바타흐 사나타나흐|
타데바 수크람 타드 브라흐마 타데바암리타무챠테|
타스밀로카흐 스리타흐 사르베 타두 나트예티 카스차나|
에타드 바이 타트 ‖ 1 ‖

우르드바물라흐=위로 향하는 뿌리; 아바크사카흐=아래로 향하는 가지; 에샤흐=이것; 아스바타흐=아스바타나무, 반얀나무, 피팔나무, 보리수나무; 사나타나흐=무한한; 타타 에바=실로 그것; 수크람=순수한 것들; 타트=그것; 브라흐마=브라흐만; 타트 에바=그것 또한; 암리탐=영원함; 우챠테=~라고 불리다; 타스민=그것 안에; 로카흐=세상들; 스리타흐=쉬다; 사르베=모든 것; 타타 우=실로 그것; 나 아트예티=넘어서지

않는; 카스차나=어떤 것; 에타트 바이 타트=이것이 실로 그
것이다.

이것은 오래 전 뿌리는 위를 향하고 가지는 아래로 향하는 반
얀나무이다. 그것은 실로 순수함이며, 또한 브라흐만이다.
우리는 그것을 불멸함이라고 한다. 모든 세상이 그것 속에서
휴식을 가지며, 어떤 것도 그것을 초월할 수 없다. 이것이 실
로 그것이다.

절대인 브라흐만은 드러나지 않지만 모든 곳에 드러난다고 한다.

2 यदिदं किञ्च जगत् सर्वं प्राण एजति निःसृतम्।
महद्भयं वज्रमुद्यतं य एतद् विदुरमृतास्ते भवन्ति ॥२॥

야디담 킨차 자가트 사르밤 프라나 에자티 니흐스리탐 |
마하드바얌 바즈라무드야탐 야 에타드 비두람리타스테 바반
티 ‖ 2 ‖

야타 이담=이러한 것; 킨차=어떤; 자가트=우주; 사르밤=모
든; 프라네=프라나에; 에자티=진동하다; 니흐스리탐=발현되
는; 마하트 바얌=거대한 두려움; 바즈람=번개; 우드야탐=일
어난; 예=누구; 에타트=이것; 비두흐=알다; 암리타흐=불멸
하는; 테=그들은; 바반티=~이 되다.

전 우주에 존재하는 프라나는 그에게로부터 나왔으며, 그 안

에서 진동한다. 그는 번개가 일어나는 것처럼 거대한 두려움이다. 이것을 아는 이는 불멸함을 얻는다.

3 भयादस्याग्निस्तपति भयात्तपति सूर्यः ।
भयादिन्द्रश्च वायुश्च मृत्युर्धावति पञ्चमः ॥३॥

바야다스야그니스타파티 바야따파티 수르야흐 |
바야딘드라스차 바유스차 므리트유르다바티 판차마흐 ‖ 3 ‖

바야트=두려움으로부터; 아스야=그에게; 아그니흐=불; 타파티=불타다; 바야트=두려움으로부터; 타파티=빛나다; 수르야흐=태양; 바야트=두려움으로부터; 인드라흐 차=인드라 그리고; 바유흐 차=바유 그리고; 므리트유흐=죽음; 다바티=의무를 행하는; 판차마흐=다섯번째.

그에 대한 두려움 때문에 불은 타오르고, 그에 대한 두려움으로 태양은 빛난다. 그에 대한 두려움으로 인드라, 바유, 그리고 다섯번째 죽음의 신 므리트유는 그 의무를 다한다.

4 इह चेदशकद् बोद्धुं प्राक् शरीरस्य विस्रसः ।
ततः सर्गेषु लोकेषु शरीरत्वाय कल्पते ॥४॥

이하 체다사카드 보둠 프라크 사리라스야 비스라사흐 |

타타흐 사르게슈 로케슈 사리라트바야 칼파테 || 4 ||

이하=이 세상에; 체트=만일; 아사카트=할 만한; 보둠=실현되는; 프라크=~이전에; 사리라스야=육체적인 몸의; 비스라사흐=떨어지다; 타타흐=그런 다음; 사르게슈=창조의; 로케슈=세상 속에; 사리라트바야=몸을 얻는; 칼파테=~하게 되는.

몸을 떠나기 전에 이 세상에서 브라흐만을 실현하라. 그렇지 않으면 이 세상 속에서 계속하여 몸을 가지고 태어날 것이다.

삶의 목표에서 브라흐만을 실현한다는 것은 무엇인가? 그것은 모든 곳과 모든 것에서 브라흐만을 보게 되는 것이다. 그렇지 않으면 계속해서 죽음과 삶을 반복하는 삶을 살게 된다고 하는 것이다.

5 यथादर्शे तथात्मनि यथा स्वप्ने तथा पितृलोके ।
यथाप्सु परीव ददृशे तथा गन्धर्वलोके छायातपयोरिव ब्रह्मलोके ॥५॥

야타다르세 타타트마니 야타 스바프네 타타 피트리로케|
야타프수 파리바 다드리세 타타 간다르바로케 차야타파요리바 브라흐마로케 || 5 ||

야타=~처럼; 아다르세=거울 속에; 타타=그렇게; 아트마니=참 나 속에; 야타=~처럼; 스바프네=꿈속에서; 타타=그렇게; 피트리로케=죽은 영혼 세상에서; 야타=비슷한; 아프수=물속에서; 파리바 다드리세=~인 것처럼 보이는; 타타=그렇게; 간다르바=음악의 신; 로케=세상, 음악의 신; 차야타파요리바= 빛과 그림자처럼; 브라흐마로케=브라흐만의 세상.

거울 속에 자신을 보듯이 참 나를 보라. 마치 꿈인 것처럼 필멸하는 세상을 보라. 물 속에 반사된 것을 보듯이 간다르바의 세상을 보라. 빛과 그림자가 같이 있는 것처럼 브라흐만의 세상도 그러하다.

6 इन्द्रियाणां पृथग्भावमुदयास्तमयौ च यत् ।
पृथगुत्पद्यमानानां मत्वा धीरो न शोचति ॥६॥

인드리야남 프리타그바바무다야스타마야우 차 야트 |
프리타구트파드야마나남 마트바 디로 나 소차티 ‖ 6 ‖

인드리야남=감각기관의; 프리타크=분리되다; 바밤=존재; 우다야=일어나는; 아스타마야우=안정된; 차 야트=그리고 그것; 프리타크=분리되다; 우타파드야마나남=원래 분리되는 것의; 마트바=아는; 디라흐=현명한 존재; 나 소차티=괴로움이 없는.

감각기관은 깨어났다가 잠잠해지는 것이며, 원래부터 개별적으로 분리되어 생겨난다. 이러한 감각의 각기 다른 본성을 아는 현명한 이는 더 이상 괴로움이 없다.

감각은 원래 사라졌다가 일어나는 것이다. 태양이 빛나는 하늘에 구름이 나타났다가 사라지는 것처럼, 괴로움도 일어났다 사라지는 것일 뿐이다.

7 इन्द्रियेभ्यः परं मनो मनसः सत्वमुत्तमम् । सत्वादधि महानात्मा महतोऽव्यमुत्तमम् ॥७॥

인드리예브야흐 파람 마노 마나사흐 사트바무따맘 |
사트바다디 마한아트마 마하토아브야무따맘 ‖ 7 ‖

인드리예브야흐=감각보다; 파람=~넘어; 마나흐=마음; 마나사흐=마음보다; 사트밤=이지; 우따맘=지고의; 사트바트=이지보다; 아디=~넘어; 마한아트마=위대한 아트만; 마하타흐=위대한 아트만보다; 아브얌=드러나지 않는 것들; 우따맘=지고의.

감각을 넘어서는 것은 마음이며, 마음을 넘어서는 것은 이지이며, 이지를 넘어서는 것은 위대한 아트만이다. 위대한 아트만보다 더 높은 것은 드러나지 않는 것들이다.

이 절은 삼크야 철학을 다시 반복하여 말하고 있다. 감각인 인드리야스를 넘어서면 마음인 마나스이며, 마나스를 넘어서면 이시인 부띠 또는 마한 아트만이며, 그것을 넘어설 때 비로소 참 나인 아트만이 드러나는 것이다.

8 अव्यात् तु परः पुरुषो व्यापकोऽलिङ्ग एव च।
यं ज्ञात्वा मुच्यते जन्तुरमृतत्वं च गच्छति ॥८॥

아브야트 투 파라흐 푸루쇼 브야파코알링가 에바 차|
얌 그야트바 무챠테 잔투람리타트밤 차 가챠티 ‖ 8 ‖

아브야트=발현되지 않는 것들보다; 투=또한; 파라흐=~넘어; 푸루샤흐=푸루샤; 브야파카흐=모든 것에 스며 있는; 알링가흐=구별되어 드러난 것 없는; 에바 차=그리고 진실로; 얌=누구에게; 그야트바=실현되는; 무챠테=해방된; 잔투흐=창조; 암리타트바=불멸하는 것; 차=그리고; 가챠티=도달하다.

그리고 실로 드러나지 않는 것들을 넘어서는 것은 형상으로 구별되지 않으니, 그것은 모든 것에 스며 있는 푸루샤이다. 이것을 아는 창조물은 해방되어 불멸함을 얻는다.

9 न सन्दृशे तिष्ठति रूपमस्य न चक्षुषा पश्यति कश्चनैनम्।
हृदा मनीषा मनसाभिक्लृप्तो य एतद् विदुरमृतास्ते भवन्ति ॥९॥

나 산드리소 티쉬타티 루파마스야 나 착슈샤 파스야티 카스차나이남|
흐리다 마니샤 마나사비클리프토 야 에타드 비두람리타스테 바반티 ‖ 9 ‖

나=아니다; 산드리소=보이는 것 안에; 티쉬타티=오다; 루팜
=형상; 나=아닌; 착슈샤=눈으로; 파스야티=볼 수 있다; 카
스차나=어떤 것; 에남=그에게; 흐리다=가슴속에; 마니샤=이
지에 의한; 마나사=직관에 의해; 아비클리프타흐=드러난;
예=누구; 에타트=그에게; 비두흐=알다; 암리타흐=불멸의;
테=그들은; 바반티=~이 되다.

그의 형상은 눈으로 볼 수 있는 것이 아니다. 누구도 그를 눈으로 볼 수 없다. 그는 가슴과 제어된 마음으로 이루어진 이지의 직관에 의해 드러난다. 그를 아는 이는 불멸함을 얻는다.

10 यदा पञ्चावतिष्ठन्ते ज्ञानानि मनसा सह ।
बुद्धिश्च न विचेष्टति तामाहुः परमां गतिम् ॥१०॥

야다 판차바티쉬탄테 그야나니 마나사 사하|
부띠스차 나 비체쉬타티 타마후흐 파라맘 가팀 ‖ 10 ‖

야다=언제; 판차=다섯; 아바티쉬탄테=남아 있다; 그야나니=
감각; 마나사 사하=마음으로; 부띠흐차=이지 또한; 나 비체
쉬타테=일하지 않는; 탐=그것; 아후흐=말하다; 파라맘=지고
의 것; 가팀=상태.

이지의 다섯 원소가 마음에 고요히 있을 때, 심지어 이지 또한 작동하지 않을 때, 그것을 지고의 상태라고 말한다.

11 तां योगमिति मन्यन्ते स्थिरामिन्द्रियधारणाम् ।
अप्रमत्तस्तदा भवति योगो हि प्रभवाप्ययौ ॥११॥

탐 요가미티 만얀테 스티라민드리야다라남 |
아프라마따스타다 바바티 요고 히 프라바바프야야이우
‖ 11 ‖

탐=그것; 요감=요가; 이티=그러므로; 만얀테=그들은 숙고하다; 스티람=확고한; 인드라야 다라남=감각의 제어; 아프라마따흐=마음의 흔들림으로부터 벗어난; 타다=그런 다음; 바바티=~이 되다; 요가흐=요가; 히=~때문에; 프라바바프야야우=얻고 잃을 수 있는.

감각을 확고히 제어하는 것을 요가라고 한다. 그런 다음 요가 수행자는 마음의 모든 흔들림으로부터 자유롭게 된다. 요가로 인해 도달되며, 요가로 인해 없애는 만큼 얻는 것이다.

절대이며 불멸이며 참 나인 그것이 바로 브라흐만이며 아트만이며 푸루샤이다. 또한 그것에 도달하는 방법론이 바로 요가 수행이다. 요가의 수행을 통하여 감각과 마음을 통제하고 참 나와 하나 되는 요가의 경지에 도달하는 것이다.

12 नैव वाचा न मनसा प्राप्तुं शक्यो न चक्षुषा ।
अस्तीति ब्रुवतोऽन्यत्र कथं तदुपलभ्यते ॥१२॥

나이바 바차 나 마나사 프라프툼 샤쿄 나 착슈샤|
아스티티 브루바토안야트라 카탐 타두팔라브야테 ‖ 12 ‖

나 에바=실로 아니다; 바차=말에 의해; 나 마나사=마음에 의한 것이 아닌; 프라프툼=도달한; 샤캬흐=할 만한; 나 착슈샤=눈에 의하지 않고; 아스티 이티=그러므로; 브루바타흐=말한 이들로부터; 안야트라=옆에 있는; 카탐=얼마나; 타트=그것; 우팔라브야테=이해된.

아트만은 말로서도 도달할 수 없으며, 눈으로 보는 것으로도, 마음으로도 도달할 수 없다. 그러나 그것이 존재하는 것이라고 말할 수 없다면 어떻게 그것을 실현할 수 있겠는가?

수르티 경전에서는 감각과 마음을 넘어서는 진리를 구하기 위한 방법을 제시한다. 그것은 참 나에 도달된 스승인 구루에게 믿음을 가지고 그 가르침을 배우라는 것이다. 즉 베단타 철학에서는 어떤 것으로도 드러나지 않은 순수한 형이상학을 배우기 위해서는 참 나를 실현한 스승에게 다가가 배우라고 말하는 것이다.

13 अस्तीत्येवोपलब्धव्यस्तत्वभावेन चोभयोः।
अस्तीत्येवोपलब्धस्य तत्वभावः प्रसीदति ॥१३॥

아스티트예보팔라브다브야스타트바바베나 초바요흐ㅣ
아스티트예보팔라브다스야 타트바바바흐 프라시다티 ‖ 13 ‖

아스티=존재하다; 이티=그러므로; 에바=오직; 우팔라브다브야흐=실현된; 타트바바베나=현실과 같이; 차=그리고; 우바요흐=2개의; 아스티=존재하다; 이티 에바=그러므로 오직; 우팔라브다스야=실현한 그의; 타트바바바흐=진리의 자연; 프라시다티=드러나다.

그러므로 오직 2개의 존재는 실재함으로 실현되는 것이다. 그는 오직 진리를 드러내며, 존재를 실현한다.

드러나지 않은 절대와 드러난 상대, 그 2개의 존재는 언제나 같이 있다. 진리인 그 둘을 실현하라고 하는 것이다.

14 यदा सर्वे प्रमुच्यन्ते कामा येऽस्य हृदि श्रिताः।
अथ मर्त्योऽमृतो भवत्यत्र ब्रह्म समश्नुते ॥१४॥

야다 사르베 프라무챤테 카마 예아스야 흐리디 스리타흐ㅣ
야타 마르트요암리토 바바트야트라 브라흐마 사마스누테

‖ 14 ‖

야다=언제; 사르베=모든; 프라무츠얀테=자유롭게 된; 예=그것; 아스야=그의; 흐리디=가슴; 스리타흐=거하는; 아타=그런 다음; 마르트야흐=필멸의; 암리타흐=불멸의; 바바티=~이되다; 아트라=여기에; 브라흐마=브라흐만; 사마스누테=도달하다.

가슴에 있는 모든 욕망이 사라지고 나서야, 사라지는 것들은 불멸함을 얻으며, 이 세상에서 브라흐만에 도달한다.

15 यदा सर्वे प्रभिद्यन्ते हृदयस्येह ग्रन्थयः।
अथ मर्त्योऽमृतो भवत्येतावत् हि अनुशासनम्॥१५॥

야다 사르베 프라비드얀테 흐리다야스예하 그란타야흐 |
야타 마르트요암리토 바바트예타바트 히 아누사사남 ‖ 15 ‖

야다=언제; 사르베=모든; 프라비드얀테=갈기갈기 찢긴; 흐리다야스야=가슴의; 이하=여기에; 그란타야흐=매듭; 야타=그런 다음; 마르트야흐=필멸하는 것; 암리타흐=불멸의; 바바티=~이 되다; 이티=그러므로; 에타바트=이것에까지; 히=실로; 아누사사남=선포.

이 세상에서 가슴에 있는 모든 매듭들이 헤어져 흩어지면, 사라지는 것들은 불멸함을 얻는다. 그러므로 실로 이것을 선포함에까지 이르나니.

16 शतं चैका च हृदयस्य नाड्यस्तासां मूर्धानमभिनिःसृतैका। तयोर्ध्वमायन्नमृतत्वमेति विष्वङ्ङन्या उत्क्रमणे भवन्ति ॥१६॥

사탐 차이카 차 흐리다야스야 나드야스타삼 무르다나마비니흐스리타이카|
타요르드바마얀남리타트바메티 비쉬방난야 우트크라마네 바반티 ‖ 16 ‖

사탐 차이카 차=100과 1; 흐리다야스야=가슴의; 나드야흐=신경의; 타삼=그들에게; 무르다남=머리 꼭대기 쪽으로; 아비 니흐스리타=넓어진; 에카=하나의; 타야=그것에 의해; 우르드밤=위쪽으로; 아얀=가버린; 암리타트밤=불멸함; 에티=도달하다; 비쉬바크=다른; 안야흐=다른 것; 우트크라마네=~로 떠나는; 바바티=~이 되다.

인간의 가슴에는 100개와 1개의 신경이 있다. 그 신경들 중 하나는 머리의 꼭대기 쪽으로 향하여 확장된다. 그것을 따라 위로 올라가는 사람은 불멸함에 도달한다. 그러나 다른 것들은 다른 방향으로 이끈다.

브라흐만과 하나가 된 이는 죽음과 탄생의 윤회로부터 자유롭다. 인간의 몸에 신경체를 나디라고 하며 그 관을 수슘나라고 한다. 가슴으로부터 연결된 그 관을 통해 머리 정수리에 천 개의 연꽃의 세계가 존재한다.

17 अङ्गुष्ठमात्रः पुरुषोऽन्तरात्मा सदा जनानां हृदये सन्निविष्टः। तं स्वाच्छरीरात् प्रवृहेन्मुञ्जादिवेषीकां धैर्येण। तं विद्याच्छुक्रममृतं तं विद्याच्छुक्रममृतमिति ॥१७॥

앙가쉬타마트라흐 푸루쇼안타라트마 사다 자나남 흐리다예 산니비쉬타흐|
탐 스바차리라트 프라브리헨문자디베쉬캄 다이르예나|
탐 비드야추크라맘리탐 탐 비드야 추크라맘리타미티 ‖ 17 ‖

앙가쉬타마트라흐=엄지손가락 크기의; 푸루샤흐=푸루샤; 안타라트마=내면의 존재; 사다=언제나; 자나남=존재들이; 흐리다예=가슴속에; 산니비쉬타흐=거하는; 탐=그에게; 스바차리라트=소유한 것으로부터; 프라브리헤트=분리된; 문조트=풀잎으로부터; 이쉬캄=가운데 줄기; 이바=~처럼; 다이르예나=인내를 가지고; 탐=그에게; 비드야트=알다; 수크람=순수한; 암리탐=불멸의; 탐 비드야트=그를 알다; 수크람=순수한; 암리탐=불멸의; 이티=그러므로.

내면의 영혼, 엄지손가락 크기의 푸루샤는 언제나 존재하는 것들의 내면에 거한다. 잎파리의 가운데 줄기가 구분되는 것처럼 아트만은 몸으로부터 분리된다. 순수한 그를 알라. 불멸하는 그를 알라.

참 나는 모든 것에 가득 차 있는 순수한 내면의 불멸의 영혼인 푸루샤를 자각함으로써 분리된 죽음에서도 분리되지 않는 그를 알라고 한다.

18 मृत्युप्रोक्तां नचिकेतोऽथ लब्ध्वा विद्यामेतां योगविधिं च कृत्स्नम् । ब्रह्मप्राप्तो विरजोऽभूद् विमृत्युरन्योऽप्येवं यो विद्ध्यात्ममेवम् ॥१८॥

므리트유프로크탐 나치케토아타 라브드바 비드야메탐 요가비딤 차 크리트스남 |
브라흐마프라프토 비라조아부드 빔리트유란요아프예밤 요 비다드야트마메밤 ‖ 18 ‖

므리트유프로크탐=죽음에 의해 설명된; 나치케타흐=나치케타; 아타=그런 다음; 라브드바=도달된; 비드야=지식; 에탐=이것; 요가비딤 차=그리고 요가의 과정; 크리트스남=가득; 브라흐마프라프타흐=브라흐만을 아는 자; 비라자흐=비순수함으로부터 벗어난; 아부트=~이 되다; 빔리트유=죽음으로부터 벗어난; 안야흐=어떤 것; 아피 에밤=그러므로 또한; 야흐=누구; 비트=알다; 아드야트맘=내면의 자아; 에밤=그러므로.

나치케타는 죽음의 신으로부터 브라흐만의 지식과 요가의 전체의 과정을 배우고, 모든 비순수한 것들과 죽음으로부터 벗어나게 되었다. 그러므로 어떤 이라도 내면의 자아를 아는 이는 비순수한 것들과 죽음으로부터 벗어나리라.

나치케타와 죽음의 신 야마의 이야기로 전해지는 카타 우파니샤드는 참 나의 지혜에 대한 가르침에 대해 무엇보다 현실감 있고 진지하게 전해 줄 수 있는 매우 드문 경전이다.

ॐ सह नाववतु । सह नौ भुनक्तु । सह वीर्यं करवावहै ।
तेजस्विनावधीतमस्तु मा विद्विषावहै ॥
ॐ शान्तिः । शान्तिः । शान्तिः ॥

옴 사하 나바바투| 사하 나우 부나크투| 사하 비르얌 카라바바하이|
테자스비나바디타마스투 마 비드비샤바하이 ||
옴 산티흐| 산티흐| 산티흐 ||

그는 우리의 양면을 보호하도다. 그는 우리의 양면에 자양분을 주도다. 우리는 위대한 힘으로 행동할 것이며, 우리의 배움은 완전해지고 열매를 맺으리니. 우리는 결코 서로 미워하지 않을 것이다.
옴, 평온 평온 평온.

스베타스바타라 우파니샤드
श्वेताश्वतरोपनिषद्

스베타스바타라 우파니샤드는 크리쉬나 야주르 베다인 흑 야주르 베다에 속해 있으며, 산스크리트어 어원으로 '스베타'는 희다는 뜻이며, '아스바타라'는 말, 또는 노새를 뜻하는 것이다. 즉 흰색 말, 또는 백마를 말하는 것인데, 다른 뜻으로 스베타는 순수하다, 아스바타라는 감각이라고도 하여 '순수한 감각'을 표현하는 것이기도 하다. 또한 제6장 2절에는 성현이자 리쉬로 스베타스바타라의 이름이 언급되기도 한다.

　스베타스바타라 우파니샤드의 핵심 사상은 절대를 파악하는 베단타 철학 체계의 근본적인 바탕을 이루게 되는데, 제3장 16절의 내용은 브라흐마 수트라의 제3장 제2편 13절과 제3장 제3편 34-35절에 직접적으로 인용되었으며, 요가의 실천적인 체계와 삼크야 철학의 정립에도 큰 영향을 미쳤다. 그러한 관점은 세 가지로 구분된다. 첫번째는 샴카라의 불이일원론인 아드바이타 사상으로 실재와 비실재 주관과 객관, 마야, 브라만과 아트만, 속박과 해탈 등을 공부하는 것이며, 두번째는 라마누자가 설파한 제한적불 이론인 비시스타다바타 베단타로 브라만과 아트만, 마야, 신, 속박과 해탈 등을 공부하는 것이며, 세번째는 마드흐바가 설파한 베단타 드바이타 베단타, 즉 이원론으로 실재에 대한 이론, 신, 해탈 등을 공부하는 것이다. 스베타스바타라 우파니샤드는 그 셋을 다 포함한다.

　이 우파니샤드의 메시지는 무엇이 이 우주의 근원이며 누가 이 우주를 창조하였는가? 어디로부터 와서 어디로 갈 것인가? 누가 이것을 통제하며 왜 어떤 때는 기쁘고 어떤 때는 행복하지 않는가?라는 질문을 던짐으로써, 우리에게 브라흐만은 우주의 근원이며, 궁극적인 실체이며, 초월적인 참 나인 파라아트만이며, 이름과 형태로부터 벗어나 있다는 것을 전하는 것이다.

  삼카라는 스베타스바타라 우파니샤드를 절대인 브라흐만의 이해를 하는 데 가장 쉬운 경전이라고 말하였다.

제1장
프라타모아드야야흐
प्रथमोऽध्यायः

1. हरिः ॐ ॥ ब्रह्मवादिनो वदन्ति ।
किं कारणं ब्रह्म कुतः स्म जाता जीवाम केन क्व च सम्प्रतिष्ठ ।
अधिष्ठिताः केन सुखेतरेषु वर्तामहे ब्रह्मविदो व्यवस्थाम् ॥१॥

하리옴| 브라흐마바디노 바단티|
킴 카라남 브라흐마 쿠타흐 스마 자타지밤 케나 크바 차 삼프라티쉬타|
아디쉬티타흐 케나 수케타레슈 바르타마헤 브라흐마비도 브야바스탐 ‖ 1 ‖

하리 옴=신을 찬미하다; 브라흐마바디나흐=브라흐만을 보는 자; 바단티=논하다; 킴=무엇; 카라남=원인; 브라흐마=브라흐만; 쿠타흐=어디서; 자타흐 스마흐=태어난; 지밤=우리는 살고 있다; 케나=그것에 의해; 크바=어디에; 차=그리고; 삼프라티쉬타=운명; 아디쉬티타흐=제어된; 케나=누구에 의해; 케타레슈=행복과 그 반대의; 바르타마헤=우리는 머물다; 브라흐마비디도=브라흐만을 실현한 자; 브야바스탐=체계.

하리 옴! 브라흐만에 대해 생각하는 이들은 논하였다. 브라흐만의 본성과 근원은 무엇인가? 우리는 어디로부터 나온 것인가? 우리는 어떻게 삶을 유지하며 그 끝은 어디인가? 브라흐만을 아는 이여, 우리는 누구의 지배를 받기에 행복과 그 반대의 것에 대한 법칙을 따르는가?

카타 우파니샤드 제1장 제2편 18절에는 "참 나는 태어나지도 죽지도 않으며, 어떤 것으로부터 발현되지도 않으며, 어떤 것도 그것으로부터 나오지 않는다"라고 하였으며, 찬도갸 우파니샤드 제6장 제11편 3절에서는 "개인의 영혼은 필멸하는 것이지만 참 나는 결코 죽지 않는다"라고 하였으며, 브리하드 아란야카 우파니샤드 제4장 제5편 14절에서는 "참 나는 부동이며 부숴지지 않는다"라고 하였다. 또한 스므리티 경전에서는 "태어나지 않는 불멸의 하나는 태어나는 것의 화신이다"라고 하였다.

2 कालः स्वभावो नियतिर्यदृच्छा भूतानि योनिः पुरुष इति चिन्त्या। संयोग एषां नत्वात्मभावा दात्माप्यनीशः सुखदुःखहेतोः ॥२॥

칼라흐 스바바보 니야티르야드리차 부타니 요니흐 푸루샤 이티 친트야|
얌 요가 에샴 나트바트마바바 다트마프야니샤흐 수카두흐카 헤토흐 ‖ 2 ‖

칼라흐=시간; 스바바바흐=본성; 니야티흐=연결성, 원인과 결과의 연결성; 야드리차=우연성, 예기치 않은; 부타니=요소들, 물질; 요니흐=힘; 푸루샤흐=자아; 이티=그러므로; 친트야=겪을 수 없는; 삼요가흐=결합; 에샴=이러한 것들의; 나 투=심지어 ~아닌; 아트마바바트=태어나고 존재하는 동일성 때문에; 아트마=개인적인 자아; 아피=또한; 아니샤흐=자신의 주인이 아닌; 수카두흐카헤토흐=즐거움과 비참함 때문에;

시간, 원래의 본성, 연결성, 우연성, 요소들, 에너지, 자아 같은 것들이 우주의 근원인가 생각한다면 우주의 본질은 그러한 것들의 결합이 아니다. 그것들은 개인적인 자아를 위해 존재하기 때문이다. 또한 개인적인 자아도 기쁨과 슬픔에 대해 독립적이지 않다.

칼라란 시간이자 변하는 것의 상징이며 스바바바흐는 시간이 흘러도 변하지 않는 자연의 본성이며 니야티흐는 어떠한 본성도 원인과 결과가 연결되어 일어나는 것이며 야드리차는 예기치 않게 우연히 일어나는 것이며 부타니는 다섯 가지의 요소인 땅, 불, 물, 바람, 공간요소이며 요니흐는 어머니 자궁처럼 힘과 에너지의 근원지이다. 이 절에서 말하는 푸루샤는 삼크야 철학에서 말하는 궁극적인 참 나인 푸루샤라기보다는 자아로 표현된 것이며, 이 절에서의 아트만 또한 참 나로 표현되기보다는 개인적인 자아로 표현된다. 하지만 이 절에서 말하는 푸루샤나 아트만은 지바아트마인 개인적인 자아와는 구별되는 것이다. 왜 개인적인 자아는 독립적이지 않는가? 개인적인 자아는 삼계의 창조, 유지, 소멸로부터 독립적이지 않기 때문이다.

3 ते ध्यानयोगानुगता अपश्यन् देवात्मशक्तिं स्वगुणैर्निगूढाम् ।
यः कारणानि निखिलानि तानि कालात्मयुक्तान्यधितिष्ठत्येकः ॥३॥

테 드야나요가누가타 아파스얀 데바트마삭팀 스바구나이르 니구담 |
야흐 카라나니 니킬라니 타니 칼라트마육타야디티쉬타트예 카흐 ‖ 3 ‖

테=그들은; 드야나요가누가타흐=명상을 실천하는; 아파샨=경험한; 데바트마삭팀=그 자체의 신성한 참나의 힘; 스바구나이흐=자신의 한계 때문에; 니르구담=숨겨진; 야흐=누구; 카라나니=원인; 니킬라니=모든; 타니=그것들의; 칼라트마육타니=시간과 자아가 연관된; 아디티쉬티티=제어하다; 에카=하나의.

명상요가를 실천한 현명한 이들은 신들의 힘을 실현하나니, 그것의 영향으로 감추어진 원인은 스스로 시간과 개인적인 자아 같은 것과 연관된 모든 것들을 지배한다.

명상은 마음의 집중을 의미한다. 아누가타라는 것은 명상과 마음의 집중을 실천하는 것을 말한다. 내면의 힘은 신성하며, 그것은 시간과 개인적인 나의 모든 것을 지배하는 힘을 지닌다. 브라흐마 푸라나에서는 "상대적인 자연의 가장 근원인 마야는 24개의 범주를 가지고 있는데 그것은 절대인 그로부터 솟아나온다"라고 하였다.

4 तमेकनेमिं त्रिवृतं षोडशान्तं शताधारं विंशतिप्रत्यराभिः।
अष्टकैः षड्भिर्विश्वरूपैकपाशं त्रिमार्गभेदं द्विनिमित्तैकमोहम्॥४॥

타메카네밈 트리브리탐 쇼다산탐 사타르다람 빔사티프라트야라비흐|
아쉬타카이흐 샤드비르비스바루파이카파샴 트리마르가베담 드비니미따이카모함 ‖ 4 ‖

탐=그에게; 에카네밈=하나의 바퀴테두리로; 트리브리탐=3개의 층으로 덮인; 쇼다간탐=16개의 끝선; 사타르다람=50개의 바퀴살; 빔사티프라트야라비흐=20개의 보조 바퀴살; 아쉬타카이흐 샤드비흐=8개로 된 6개의 조; 비스바루파이카파샴=수많은 모양으로 된 하나의 띠; 트리마르가베담=3개의 다른 통로; 드비니미따이카모함=2개의 원인이 되는 하나의 환영.

우리는 하나의 테두리와 3개의 층으로 덮인, 16개의 끝선으로, 50개의 바퀴살로, 20개의 보조 바퀴살, 여덟 가지로 이루어진 6개의 지지대, 수많은 모양으로 된 하나의 띠, 3개의 다른 길, 기쁨과 고통의 원인인 하나의 환영으로 그를 본다.

하나의 테두리는 창조의 환영인 마야, 프라크리티, 샥티 등의 미발현을 말하며, 3개의 테두리는 3개의 특성인 라자스, 타마스, 사트바스를 말하며, 시간, 공간, 원인을 말한다. 16개의 끝선은 삼크야 철학에서 11개의 감각기관 중에 5개의 물질인 땅, 물, 불, 바람, 공간과 5개의 감각기관인 눈, 귀, 코, 혀, 피부와 5개 행위기관인 손, 발, 목청, 생식기, 항문과 마음을 말한다. 50개의 바퀴살은 바퀴를 돌리는 원동력을 말하는데, 거기에는 5개의 잘못된 지식인 비파르야야로 무지, 오만, 맹목, 분노, 공포가 있으며, 28개의 장애인 아삭티가 있다. 그것은 11개의 감각장애와 17개의 인지장애로 나뉜다. 그리고 9개의 안주함인 투스티와 8개의 성취인 시띠가 포함된다. 이것은 요가수트라 제1장 8절, 삼크야 수트라 제3장 37절, 삼크야카리카 47절, 브라흐마 수트라에도 표현되어 있다. 그리고 20개의 보조 바퀴살은 10개의 감각과 10개의 대상을 말한다. 여덟 가지로 이루어진 6개의 지지대 중에 첫번째는 다섯 요소와 마음, 이지, '나'라고 하는 마음이며, 두번째는 피부의 외피, 내피, 살, 피, 근육, 지방, 골수, 정액이며, 세번째는 8개의 초능력으로서 원자처럼 작아지는 것, 거대해지는 것, 가벼워지는 것, 무거워지는 것, 지배하는 힘, 의지의 자유, 모든 것을 지배, 모든 것을 정복하는 힘 등이다. 네번째는 8개의 마음의 상태로서 올바른 삶인 다르마와 그렇지 않은 아다르마, 지혜, 무지, 집착, 무집착, 초능력을 원하는 것, 초능력을 말한다. 다섯번째는 영적인 또는 신적인 존재로서 브라흐마, 프라자파티, 신인 데바, 천상의 음악의 신인 간다르바, 약샤스, 악마인 락샤스, 조상인 피트르, 귀신인 피스타이다. 여섯번째는 선함을 말하는데 그것은 동정심, 인내, 질투하지 않음, 순수성, 피로하지 않음, 용서, 궁핍으로부터 자유, 욕망에 매달리지 않음이다. 수많은 모양으로 된 하나의 띠는 바로 욕망이다. 3개의 다른 길은 올바른 삶인 다르마, 그렇지 않은 아다르마, 지혜의 길인 그야나 마르가이다. 기쁨과 고통의 원인인 하나의 환영(幻影)은 산스크리트어로 '모하'인데 '마야'와 같은 뜻을 지니며, 무지나 무명인 아비드야를 말한다. 고통은 이중성으로부터 오는 것이며, 그것을 넘어서는 것이 고통으로부터 자유로워지는 것이다.

5 पञ्चस्रोतोम्बुं पञ्चयोन्युग्रवक्रां पञ्चप्राणोर्मिं पञ्चबुद्ध्यादिमूलाम् ।
पञ्चावर्तां पञ्चदुःखौघवेगां पञ्चाशद्भेदां पञ्चपर्वामधीमः ॥५॥

판차스로톰붐 판차욘유그라바크람 판차프라노르밈 판차부뜨야디물람 |
판차바르탐 판차두흐카이다베감 판차사드베담 판차파르바마디마흐 ॥ 5 ॥

판차트로톰붐=5개의 지류의 강으로; 판차욘유그라바캄=5개의 굽이쳐 흐르는; 판차프라노르밈=파도와 같은 5개의 프라나로; 판차부뜨야디물람=기원으로 마음과 5개의 층을 가진; 판차바르탐=5개의 소용돌이로; 판차두흐카우다베감=흐르는 물처럼 5개 겹의 슬픔으로; 판차사드베담=50개의 다른 양상; 판차파르밤=5개의 가지; 아디마흐=우리는 명상한다.

우리는 5개의 물의 흐름을 아나니, 그 물길은 5개의 요소들에 의해 거칠게 휘어졌으며, 행동의 다섯 가지 형태로 파도를 만들고, 마음으로 그 기원을 가진다. 또한 5개의 이지에 뿌리를 두었으며, 5개의 소용돌이를 가졌다. 그 물의 크기는 5개의 슬픔으로 이루어졌으며, 50개의 물줄기와 5개의 층이 있다.

판차스로톰붐은 5개의 물의 흐름인 다섯 감각기관의 인지능력과 그 행위를 말하는 것이며, 판차요니는 5개의 요소의 흐름인 땅, 물, 불, 바람, 공간을 말하는 것이며, 판차 프라나 우르밈은 5개의 물의 흐름인 생명의 기운으로 프라나, 아파나, 브야나, 우다나, 사마나를 말하는 것이다. 판차 부뜨야디물람은 다섯 감각기관의 뿌리인 마음이며, 판차바르탐이란 다섯 가지의 소용돌이, 즉 감각의 대상인 소리, 형태, 맛, 냄새, 접촉을 말한다. 판차두카는 다섯 고통의 흐름으로 어머니의 자궁에서부터 태어나 늙고 병들고 죽는 과정을 말하는 것이다. 판차파르밤은 5개 속박의 원인인 무지, 집착, 허무, 탐욕, 갈취를 말하는 것이며, 판차사드베담이란 전 절의 50개의 바퀴살을 말한다.

6 सर्वाजीवे सर्वसंस्थे बृहन्ते अस्मिन् हंसो भ्राम्यते ब्रह्मचक्रे । पृथगात्मानं प्रेरितारं च मत्वा जुष्टस्ततस्तेनामृतत्वमेति ॥६॥

사르바지베 사르바삼스테 브리한테 아스민 함소 브람야테 브라흐마차크레|
프리타가트마남 프레리타람 차 마트바 주쉬타스타타스테남 리타트바메티 ‖ 6 ‖

사르바지베=모든 것이 사는 곳; 사르바삼스테=모든 것이 쉬는 곳; 브리한테=순환하다; 아스민=이것에; 함사흐=개인적인 자아, 보는 자; 브람야테=순환 속으로 가다; 브라흐마차크레=브라흐만의 바퀴 속으로; 프리타크=분리되다; 마트바=생각하는; 프레리타람=통제자처럼; 주쉬타흐=영광으로 부양된; 타타흐=그런 다음; 테나=그에 의해; 암리타트밤=불멸; 에티=도달하다.

우주적인 자아와 개인적인 자아가 다르다고 생각하는 이는, 모든 것이 유지되고 모든 것이 흡수되는 브라흐만의 거대한

바퀴 속에 휘말리게 되나니. 한 자아가 우주적인 자아를 열망할 때, 그는 불멸함에 도달한다.

함사는 개인적인 자아인 지바아트만을 말하며 백조로도 표현된다. 그것은 여행한다는 뜻도 있는데 계속해서 변하는 것을 말한다. 개인적인 자아와 우주적인 자아가 다르다고 생각하는 이는 변화의 흐름에 휘말리는 것이다. 마트바는 그렇게 생각한다는 것인데, 그것을 극복하는 길은 바로 개인적인 자아의 우주적인 세계로의 여행이라고 말하는 것이기도 하다. 그런 후에 여행의 끝에서 "내가 브라흐만이다"라는 불멸의 해탈에 도달할 때까지 전진해 나가는 것이다. 암리타는 달콤함이나 불멸성을 말하는 단어이다.

7 उद्गीतमेतत्परमं तु ब्रह्म तस्मिंस्त्रयं सुप्रतिष्ठाऽक्षरं च।
अत्रान्तरं ब्रह्मविदो विदित्वा लीना ब्रह्मणि तत्पराः योनिमुक्ताः ॥७॥

우드기타메타트파라맘 투 브라흐마 타스밈스트라얌 수프라티쉬타아크샤람 차|
아트라난트람 브라흐마비도 비디트바 리나 브라흐마니 타트파라흐 요니묵타흐 ‖7‖

우드기탐=큰 소리로 표현된; 에타트=이것; 파라맘=지고의; 투=실로; 우 브라흐마=브라흐만; 타스민=그것에; 트라얌=3개의; 수프라티쉬타=뿌리를 내린; 아크샤람=불멸하는; 차=그리고; 아트라=여기에; 안타람=근본적인 본성; 브라흐마비다흐=브라흐만을 아는 자, 베다를 이해하는 자; 비디트바=실현하는; 리나=흡수된; 브라흐마니=브라흐만에; 타트파라흐=헌신적인; 요니묵타흐=탄생의 순환으로부터 벗어난.

브라흐만은 실로 지고의 존재로 선포되었나니. 그것은 세 가지로 존재하며, 그것은 모든 존재의 근원이며, 그것은 불멸함이다. 브라흐만이 모든 존재의 깊은 내면에 거한다는 것을 아는 이는 실로 브라흐만에 녹아들어 더 이상 윤회의 순환을 겪지 않는다.

브리하드아란야카 우파니샤드의 성자 야즈나발캬는 브라흐만에 몰입하는 것을 표현하여 "브라흐만은 둘이 아니며, 스스로 빛나며, 모든 것의 근원이며, 지복, 불멸, 영원하며, 모든 존재 안에 거한다. 흔들리는 개인적인 자아가 집중되어 참 나를 실현하는 것이 바로 삼매이며 자기의 초월의식이다. 이때 개인적인 것은 참 나에 녹아들어 변하는 윤회의 굴레를 벗고 브라흐만에 도달한다"라고 하였다.

8 संयुक्तमेतत् क्षरमक्षरं च व्यक्ताव्यक्तं भरते विश्वमीशः। अनीशश्चात्मा बध्यते भोक्तृभावाज्ज्ञात्वा देवं मुच्यते सर्वपाशैः॥८॥

삼육타메타트 크샤라마크샤람 차 브약타브약탐 바라테 비스바미사흐|
아니사스차트마 바드야테 보크트리바바즈그야트바 데밤 무챠테 사르바파사우흐 ‖ 8 ‖

삼육탐=함께 묶인; 에타트=이것; 크샤람=쇠퇴하는; 아크샤람=쇠퇴하지 않는; 차=그리고; 브얌=발현하다; 아브얌=발현하지 않는; 바라테=지탱하다; 비스밤=우주; 이사흐=신; 아니샤흐=신의 실현 없이; 차=그리고; 아트마=자아; 바드야테=속박 속에 머무는; 보크트리바바트=즐기는 자의 감각 때문에; 그야트바=실현하는; 데밤=신; 무챠테=실현된; 사르바파사우흐=모든 속박으로부터.

사라지는 것과 사라지지 않는 것, 발현되는 것과 발현되지 않는 것, 이러한 양면은 서로 떨어진 것이 아니니, 신(이샤)이 그것들을 유지시킨다. 실로, 신이 온 세상을 유지하는 것이니, 이러한 신성함을 모르는 자는 쾌락의 즐거움을 알며, 결국 속박에 얽매인다. 그러나 그러한 자일지라도 참 나인 아트만을 실현한다면 모든 것으로부터 자유를 얻으리라.

성자 슈크 데바의 제자인 가우다파다가 만두캬 카리라 제3장 5절에서 말하기를 "한정된 공간에 있는 여러 항아리들 중에 어떤 한 항아리가 먼지나 연기로 더럽혀진다 하여도, 다른 항아리까지 더러워지지는 않는다"라고 하였다. 신성한 존재에 도달된 참 나의 안과 밖은 한계된 속박으로부터 자유롭다.

9 ज्ञाज्ञौ द्वावजावीशनीशावजा ह्येका भोक्तृभोग्यार्थयुक्ता।
अनन्तश्चात्मा विश्वरूपो ह्यकर्ता त्रयं यदा विन्दते ब्रह्ममेतत्॥९॥

그야그야우 드바바자비사니사바자 흐레카 보크트리보그야르타육타|

아난타스차트마 비스바루포 흐야카르타 트라얌 야다 빈다테
브라흐마메타트 ‖ 9 ‖

그야그야우=아는 것과 무지한 것; 드바우=이러한 두 가지; 아자우=탄생하지 않는; 이사니사우=신과 나약한 자; 아자=태어나지 않는; 히=또한; 에카=또 다른 것, 자연, 프라크리티, 마야; 보크트리보그야르타육타=즐기는 자와 즐거움의 대상을 연결하는 자; 아난타흐=무한한; 차=그리고; 아트마=아트만; 비스바루파흐=모든 형상을 가진; 히=실로; 아카르타=행하지 않는; 트라얌=이러한 세 가지; 야다=언제; 빈다테=실현하다; 브라흐맘=브라흐만처럼; 에타트=이것.

모든 것을 아는 신(이사)과 무지하고 나약한 자, 이 둘은 모두 태어나지 않는다. 자연(프라크리티)은 개인적인 자아가 즐기는 대상을 만들어 내며, 한계 없는 우주적인 자아는 그것을 목격한다. 즐기는 자와 즐거움의 대상, 즐거움 그 자체, 이 세 가지는 자연이며, 신은 브라흐만과 같다. 이것을 아는 자는 속박으로부터 자유롭다.

드바우란 신과 개인적인 영혼 둘 다를 말한다. 즉 신으로서 모든 것을 아는 이와 무지한 자 모두를 말하는 것이다. 또한 브라흐만은 모든 것을 아는 부동의 신과 개인적인 영혼 둘 다를 말한다. 세 가지는 즐기는 자, 즐기는 대상인 마야, 즐거움 그 자체를 통제하는 이사이며, 그 세 가지 전체를 브라흐만이라고 하였다. 모든 것으로 자유로운 브라흐만을 아는 것이 삶의 목표이다.

10 क्षरं प्रधानममृताक्षरं हरः क्षरात्मानावीशते देव एकः ।
तस्याभिध्यानाद्योजनात्तत्त्व भावात् भूयश्चान्ते विश्वमायानिवृत्तिः ॥१०॥

크샤람 프라다나맘리타크샤람 하라흐 크샤라트마나비사테 데바 에카흐ㅣ
타스야비드야나드요자나따트바 바바트 부야스찬테 비스바마야니브리띠흐 ‖ 10 ‖

크샤람=변하는 것, 자연, 프라크리티; 프라다남=물질; 암리타크샤람=불멸함과 불변함; 하라흐=신, 지고의 존재; 크샤라트마나우=변하는 것과 개인적인 자아; 이사테=통제하다; 데바흐=신; 에카흐=하나의; 타스야=그의; 아비드야나트=명상을 한다면; 요자나트=합일함으로써; 타트바 바바트=그것과의 동일성이 실현되는; 부야흐=다시; 차=그리고; 안테=끝으로; 비스바마야니브리띠흐=세상에 대한 무지함이 제거된.

자연은 변하는 것이며, 지고의 존재는 변하지 않으며, 불멸한다. 하나의 신성한 존재는 현상적인 세계와 개인적인 자아를 통제한다. 우주적인 자아이며 신과 합일되어 명상을 하는 이는 브라흐만과의 동일성을 실현한다. 그럼으로써 모든 현상세계의 무지함은 사라지게 된다.

자연인 크샤람은 변하며 지고의 신인 하라흐는 변하지 않고 불멸한다. 우주적인 자아이며 신인 데바와 하나되어 명상한다면 "내가 브라흐만이다"라는 동일성을 실현하고 현상세계인 마야가 사라진다.

11 ज्ञात्वा देवं सर्वपाशापहानिः क्षीणैः क्लेशैर्जन्ममृत्युप्रहाणिः । तस्याभिध्यानात्तृतीयं देहभेदे विश्वैश्वर्यं केवल आप्तकामः ॥११॥

그야트바 데밤 사르바파사파하니흐 크쉬나이흐 클레사이르
잔맘리트유트라하니흐ㅣ
타스야비드야니뜨리티얌 데하베데 비스바이스바르얌 케발라
아프타카마흐 ‖ 11 ‖

그야트바=실현하는; 데밤=신; 사르바파사파하니흐=모든 속박이 사라진; 크쉬나이흐=약하게 하는; 클레사이흐=무지의; 잔맘리트유트라하니흐=생과 사의 순환의 끝; 타스야=그의; 아비드야나트=명상에 의해; 트리티얌=세번째 단계; 데하베데=몸의 초월; 비스바이스바르얌=절대적 지배력; 케발라흐=오직 홀로; 아프타카마흐=모든 욕망이 충족된.

참 나의 신성을 실현함으로써 모든 구속은 사라지며, 무지의 속박으로부터 벗어나고, 생과 사의 순환으로부터 자유롭게 된다. 참 나를 명상한다면 몸을 벗어난 후에, 절대적인 세번째의 상태에 도달한다. 그 상태는 모든 욕망으로부터 완전히 충족된 지고의 상태이다.

참 나 또는 신에 대한 명상을 하게 된다면 어떤 일이 일어나는가? 브라흐만은 드러난 상태인 사구나의 상태와 드러나지 않는 니르구나의 세 가지 상태가 있는데 첫번째 단계는 거친 상태인 브리하트이며, 두번째 단계인 자신의 특성을 지닌 이스바라이며, 세번째는 자유로운 케발라의 상태, 즉 니르구나 브라흐만의 상태이다.

12 एतज्ज्ञेयं नित्यमेवात्मसंस्थं नातः परं वेदितव्यं हि किञ्चित्।
भोक्ता भोग्यं प्रेरितारं च मत्वा सर्वं प्रोक्तं त्रिविधं ब्रह्ममेतत्॥१२॥

에타즈그예얌 니트야메바트마삼스탐 나타흐 파람 베디타브
얌 히 킨치트|
보크타 보그얌 프레리타람 차 마트바 사르밤 프록탐 트리비
담 브라흐마메타트 ‖ 12 ‖

에타트=이것; 그야얌=아는 것의 미덕; 니트얌=언제나; 에바
=홀로; 아트마삼스탐=자아에 존재하는; 나=아닌; 아타흐 파
람=이것 넘어; 베디타브얌=알려지기 위해 남아 있는; 히=실
로; 킨치트=어떤 것; 부크타=즐기는 자; 보그얌=즐거움의
대상; 프레리타람=지휘하는 자; 차=그리고; 마트바=실현된;
사르바=모든; 프록탐=선포하다; 트리비담=3개의 겹; 브라흐
마=브라흐만; 에타트=이것.

브라흐만은 언제나 자아의 내면에 존재한다는 것을 알라. 실
로 이 지식보다 더 높은 지식은 없나니. 즐기는 자와 즐거움의
대상, 그리고 내면의 통제자, 이 세 가지는 모두 브라흐만이
라고 선포되었다.

13 वह्निर्यथा योनिगतस्य मूर्तिर्न दृश्यते नैव च लिङ्गनाशः। स भूय एवेन्धनयोनिगृह्य स्तद्वोभयं वै प्रणवेन देहे ॥१३॥

바흐니르야타 요니가타스야 부르티르니 드리스야테 나이바 차 링가나사흐 |
사 부야 에벤다나요니그리흐야 스타드보바얌 바이 프라나베나 데헤 ‖ 13 ‖

바흐니흐=불의; 야타=오직 ~처럼; 요니가타스야=그것의 근원 속에 숨어 있는; 부르티=발현; 나 드리스야테=보이지 않는; 나이바 차=그러나 없는 것이 아닌; 링가나사흐=그것의 근원이 파괴된; 사흐=그는; 부야흐=다시; 에바=확실히; 인다나요니그리흐야=나무조각들이 서로 문질러졌을 때 보여지는; 스타트바=마찬가지로; 우바얌=이러한 두 가지; 바이=실로; 프라나베나=프라나바의 상징을 통하여; 데헤=안으로.

불의 근원이 숨어 있을 때 불의 형상은 보이지 않는다. 나무 조각이 서로 마찰되었을 때 우리는 불이 타오르는 것을 볼 수 있지만, 불의 형상이 드러나지 않는다 해도 불의 존재가 사라진 것은 아니다. 마찬가지로 자아는 언제나 우리의 내면에 있나니. 우리는 프라나바의 상징인 '옴'을 명상함으로써 자아를 실현한다.

브라흐만은 그대의 몸 안에 존재하지만 그대는 볼 수가 없다. 그러나 옴에 대한 명상을 통하여 브라흐만을 보는 것은 바로 가능해진다.

우파니샤드에서는 몸을 나뭇가지에 비벼서 불을 일으키는 것처럼 옴은 상징적인 음이라고 말하고 있다. 다만 좋은 스승에게 그 정확한 음과 명상을 전수받는 것이 중요하다.

14 स्वदेहमरणिं कृत्वा प्रणवं चोत्तरारणिम्।
ध्याननिर्मथनाभ्यासाद्देवं पश्येन्निगूढवत्॥१४॥

스바데하마라님 크리트바 프라나밤 체따라라님 |
드야나니르마타나브야사떼밤 파스옌니구다바트 ‖ 14 ‖

스바데함=자신의 몸; 아라님=불막대기; 크리트바=유지하는; 프라나밤=옴이라는 상징; 차=그리고; 우따라라님=또 다른 불막대기; 드야나니르마타나브야사트=마찰하는 것 같은 명상이 실천에 의해; 데바=브라흐만; 파스예트=실현됨; 니구다바트=숨겨진 것.

자신의 몸이 하나의 불막대기라면 프라나바의 상징인 '옴'은 다른 불막대기이다. 이 2개의 나무토막이 비비면서 마찰되듯이 옴에 명상하라. 그러면 나무토막에 숨겨진 불이 드러나듯이 찬란한 자아를 실현할 것이다.

15 तिलेषु तैलं दधिनीव सर्पिरापः स्रोतःस्वरणीषु चाग्निः। एवमात्माऽत्मनि गृह्यतेऽसौ सत्येनैनं तपसा योऽनुपश्यति ॥१५॥

틸레슈 타일람 다디니바 사르피라파흐 스로타흐스바라니슈 차그니흐|
에바마트마아트마니 그리흐야테아사우 사트예나우남 타파사 요아누파스야티 ‖ 15 ‖

틸레슈=참깨 씨 속에서; 타일람=기름; 다디니=응유; 사르피흐=액체버터; 아피흐=물; 스로타흐수=강바닥; 아라니슈=불 막대기로; 차=그리고; 아그니흐=불; 에밤=마찬가지로; 아트마=자아; 아트마니=자아 속에; 그리흐야테=꽉 쥐어진; 아사우=이것으로; 사트예나=진리에 의해; 타파사=고행에 의해; 야흐=누구; 아누파스야티=자신을 아트만으로 실현한 자.

참깨를 짜면 기름을 얻고, 응유를 휘저어 버터를 얻으며, 강바닥을 통해 물이 흐르고, 하나의 막대기가 다른 막대기에 비벼져 불이 생겨난다. 마찬가지로 우리가 진리와 고행을 통하여 참 나인 아트만에 명상하면, 자기 자신은 참 나를 실현할 것이다.

마하바라타 산티푸르바 제250장 4절에서 "진리는 사람들에게 이로움을 주며, 가장 높은 고행은 몸과 마음을 집중하게 한다"라고 하였다. 참 나는 자신의 진리에 대한 부단한 갈망과 노력에 의해 실현된다.

16 सर्वव्यापिनमात्मानं क्षीरे सर्पिरिवार्पितम् ।
आत्मविद्यातपोमूलं तद्ब्रह्मोपनिषत् परम् ॥१६॥

사르바브야피마트마남 크쉬레 사르피리바르피탐|
아트마비드야타포물람 타드브라흐모파니샤트 파람 ‖ 16 ‖

사르바브야피남=모든 것에 스며 있는 아트만; 아트마남=그; 브라흐만; 크쉬레=우유 속에; 사르피흐 이바=버터처럼; 아르피탐=타고난; 아트마비드야타포물람=아트만에 대한 지혜와 고행으로 확립된; 타트=그것; 브라흐마=브라흐만; 우파니샤트=고통을 파괴하는 자; 파람=지고의.

우유 속에 버터가 스며들어 있듯이, 아트만은 모든 것에 스며들어 있다. 우리는 고행과 아트만의 지혜를 실천함으로써 브라흐만에 도달할 수 있다. 그 브라흐만은 가장 높은 우파니샤드이다.

아트마 비드야 타포물람이란 참 나인 아트만에 대한 지혜와 고행으로 확립되었다는 것이다. 카우쉬타키 우파니샤드 제3장 8절에서 말했듯이, "이 하나로 확립된 참으로 가장 좋은 행위이다"라는 것이다.

제2장
드비티요아드야야흐
द्वितीयोऽध्यायः

1 युञ्जानः प्रथमं मनस्तत्त्वाय सविता धियः।
अग्नेर्ज्योतिर्निचाय्य पृथिव्या अध्याभरत्॥१॥

윤자나흐 프라타맘 마나스타뜨바야 사비타 디야흐|
아그네죠티르니차이야 프리타브야 아드야바라트 ‖ 1 ‖

윤자나흐=통솔할 수 있도록; 프라타맘=맨 먼저; 마나흐=마음; 타트바야=진리를 알기 위해; 사비타=태양; 디야흐=마음; 아그네흐=불의; 죠티흐=빛; 니차이야=찾은; 프리티브야흐=대지 위에, 이 몸 안에; 아드야바라트=집중하다.

진리를 구하나니, 태양이여, 불의 빛으로 나의 마음과 감각기관을 모두 통솔하고 내 몸 안의 참 나를 실현하게 하소서.

사비타는 태양을 의미한다. 태양의 신인 아디트야와 불의 신인 아그니는 태양과 빛의 신으로 같은 의미를 지닌다. 많은 사람들에게 알려져 있는 리그 베다에 나오는 가야트리 만트라의 사비트리 또한 빛의 여신이다. 진리는 우리를 외부적인 대상으로부터 내면으로 되돌려

진리의 빛이 자신의 몸과 몸의 모든 대상들을 통제하고 참 나인 아트만을 실현하게 하여 준다.

2 युक्तेन मनसा वयं देवस्य सवितुः सवे। सुवर्गेयाय शक्त्या ॥२॥

육테나 마나사 바얌 데바스야 사비투흐 사베|
수바르게야야 사크트야 ‖ 2 ‖

육테나=확립된; 마나사=마음으로; 바얌=우리는; 데바스야=빛의; 사비투흐=태양; 사베=성취한; 수바르게야야=명상을 행함으로, 아트만에 도달하기 위한 행위; 사크트야=최고의 능력으로 집중하는.

광휘에 찬 태양의 신의 영광으로 우리의 마음은 확립되나니. 지고의 상태에 도달하기 위해 모든 힘을 다하여 명상한다.

수바르게야야에서 수바르가는 지고의 지복을 의미하며, 수바르가의 어원은 스바르가, 즉 천상이란 뜻에서 온 것이다. 그러나 천상이라 하더라도 변하지 않는 것이 아니다. 참 나를 알면 우리의 본성을 알게 되며 지고의 지복을 체득한다.

3 युक्त्वाय मनसा देवान् सुवर्यतो धिया दिवम्।
बृहज्ज्योतिः करिष्यतः सविता प्रसुवाति तान्॥३॥

육트바야 마나사 데반 수바르야토 디야 디밤|
브리하죠티흐 카리쉬야타흐 사비타 프라수바티 탄 ‖ 3 ‖

육트바야=합일된; 마나사=마음에 의해; 데반=감각기관; 수바르야토=기쁨; 디야=분별의 힘에 의해; 디밤=내면의 빛; 브리하죠티흐=무한한 빛; 카리쉬야타흐=발현한; 사비타=태양; 프라수바티=은총을 내리다; 탄=그들에게.

태양이여, 내 마음이 지고의 존재와 합일되게 하소서! 나의 모든 감각기관은 확고히 제어되었나니. 광휘로 빛나는 자아를 실현할 수 있는 분별의 힘을 얻으리라.

수바르야야테는 감각의 대상으로부터 철수하여 참 나로 전환한다. 수바흐는 참 나인 아트만을 말하며 야타흐는 '들어가다' 라는 뜻이다.

4 युञ्जते मन उत युञ्जते धियो विप्रा विप्रस्य बृहतो विपश्चितः।
वि होत्रा दधे वयुनाविदेक इन्महि देवस्य सवितुः परिष्टुतिः॥४॥

윤자테 마나 우타 윤자테 디요 비프라 비프라스야 브리하토 비파스치타흐|

비 호트라 다데 바유나비데카 인마히 데바스야 사비투흐 파리쉬투티흐 ‖ 4 ‖

윤자테=합일되다; 마나=마음; 우타=그리고; 디야흐=감각기관; 비프라흐=현명한 자; 비프라스야=모든 것에 스며 있는; 브리하타흐=위대한; 비파스치타흐=모든 것을 알고 있는; 호트라 비다테=모든 행위를 제어하는; 바유나비다=아는 존재; 에카흐=하나의; 이트=홀로; 마히=위대한; 데바스야=신들의; 사비투흐=태양; 파리쉬투티흐=영광.

마음과 감각기관이 브라흐만과 합일되는 현명한 자는, 모든 것에 스며 있으며, 위대하며, 모든 것을 알고 있는 광휘의 존재가 될 것이다. 이 영광스런 광휘의 존재는 지혜이며, 둘이 아닌 하나이며, 일어나는 모든 일들에 영감을 주는 존재이다.

5 युजे वां ब्रह्म पूर्व्यं नमोभिर्विश्लोक एतु पथ्येव सूरेः ।
श्रृण्वन्तु विश्वे अमृतस्य पुत्रा आ ये धामानि दिव्यानि तस्थुः ॥५॥

유제 밤 브라흐마 유르브얌 나모비르비슬로카 에투 파트예바 수레흐।
스린반투 비스베 암리타스야 푸트라 아 예 다마니 디브야니 타스투흐 ‖ 5 ‖

유제=나는 귀의하다; 밤=2개의 당신; 브라흐마=브라흐만; 유르브얌=시작이 없는 것; 니모비흐=명상에 의해; 비슬로카흐=천상의 영역; 에투=드러내다; 파티=제한된 길로; 에바=홀로; 수레흐=현명한 이들의; 스린반투=듣다; 비스베=모든 것; 암리타스야=불멸의; 푸트라=아들; 예=누구; 디마니=하나의 세계; 디브야니=천상의; 아타스유흐=차지하다.

나는 영원한 브라흐만에 귀의하나니, 찬미의 노래가 현명한 이들의 길 위에 퍼지리라! 천상의 영역 넘어에 있는 브라흐만의 모든 자손들은 들으라!

6 अग्निर्यत्राभिमथ्यते वायुर्यत्राधिरुध्यते ।
सोमो यत्रातिरिच्यते तत्र सञ्जायते मनः ॥६॥

아그니르야트라비마트야테 바유르야트라디루드야테 |
소모 야트라티리챠테 타트라 산자야테 마나흐 ‖ 6 ‖

아그니흐=불; 야트라=어디에; 아비마트야테=만드는; 바유흐=바람; 야트라=어디에; 아디루드야테=제거된; 소마흐=신성의 음료, 신성한 감로수; 야트라티리챠테=흘러넘치다; 타트라=거기에; 산자야테=도달하다; 마나흐=마음.

불이 마찰로 인해 생겨났을 때, 바람은 불지 않았고, 단지는 소마 감로수로 흘러넘쳤나니. 거기에 마음이 몰입되었다.

이 절에서 불은 참 나인 파라아트만을 상징한다. 불은 무엇을 태우는가? 바로 무지이다. 처음에 불을 말한 것은 욕망을 달성하기 위한 불의 제례 행위를 하는 것이며, 두번째 바람이 불지 않는다는 것은 호흡을 통제하는 것이며, 세번째 소마의 감로수는 마음과 감각을 통제하여 신과 브라흐만을 체득하는 초월의식인 삼매를 말하는 것이다. 인도에서는 베다 시대부터 내려온 불의 제례의식을 행하며, 소마라고 하여 인간의 정신을 각성시키는 약초를 일컫는데 이것은 리그 베다에 나오는 상징적인 액체로서 정신적인 의식 수준에 따라 체험되는 상태를 말한다.

7 सवित्रा प्रसवेन जुषेत ब्रह्म पूर्व्यम्।
तत्र योनिं कृणवसे न हि ते पूर्तमक्षिपत्॥७॥

사비트라 프라사베나 주셰타 브라흐마 푸르브얌|
타트라 요님 크리나바세 나 히 테 푸르타마크쉬파트 ‖7‖

사비트라=태양에 의해; 프라사베나=최고의 원인을 통하여; 주셰타=예배하다; 브라흐마=브라흐만; 푸르브얌=시작이 없는 것; 타트라=어디에; 요님=근원, 확립되다; 크리나바세=당신은 파멸하다; 나 히=~이 아니다; 테=그들은; 푸르탐=선행 행위의 결과; 아크쉬파트=속박.

구도자는 모든 세상의 근원인 태양의 영광을 찾고 영원한 브라흐만에 명상해야 한다. 이것은 선한 행위의 결과에 빠지지 않게 하며, 세상적인 속박으로부터 벗어나게 한다.

태양과 빛의 여신인 사비트라에 대해 명상하는 것은 리그 베다 제3장 제62편 10절에 나오는 구절로 '가야트리 만트라'라고 한다. 이 가야트리 만트라는 인도의 수행자들에게 가장 유명한 수행방법 중의 하나이기도 한데, 브라흐만에 확고하게 확립되어 세상적인 속박으로부터 벗어나라고 말하는 것이다. 또한 바가바드기타의 제4장 37절은 "지혜의 불길은 모든 행위를 재로 만들어 버리느니라"라고 말하여 지혜의 불길을 통하여 모든 무지나 속박으로부터 자유롭게 되라고 하였다.

8 त्रिरुन्नतं स्थाप्य समं शरीरं हृदीन्द्रियाणि मनसा सन्निवेश्य। ब्रह्मोडुपेन प्रतरेत विद्वान् स्रोतांसि सर्वाणि भयानकानि ॥८॥

트리룬나탐 스타프야 사맘 사리람 흐리딘드리야니 마나사 산니베샤|
브라흐모두페나 프라타레타 비드반 스로탐시 사르바니 바야나카니 ‖ 8 ‖

트리룬나탐=세 부분으로; 스타프야=유지하는; 사맘=서 있는; 사리람=몸; 이디=마음으로; 흐리디=가슴속에; 인드리야니=감각; 마나사=마음; 산니베샤=억제하는; 브라흐모두페나=브라흐만을 뗏목으로 하여; 프라타레타=여울을 건너야 하는; 비드반=알고 있는 존재; 스로탐시=물; 사르바니=모든; 바야나카니=두려움.

세 부분으로 나뉜 몸을 곧게 세워 안정되게 유지하라. 현명한 자는 마음의 도움을 받아 모든 감각을 가슴속으로 제어하고 브라흐만을 뗏목으로 하여 삶의 강물에 흐르는 모든 두려움을 건너리라.

세 부분이란 가슴, 목, 머리 부분을 말하는 것으로서, 이 세 부분으로 나뉜 몸을 바로 세우라는 것은 명상의 자세를 뜻하는 것이다. 명상은 마음의 과정이지만 몸을 곧게 세움으로써 마음을 통제하기가 쉽게 된다. 바가바드기타 제6장 13절에 "차분하게 몸통과 목을 바로 세워 정지시키고, 그 눈길을 코끝에다 두고 어느 쪽도 바라봄이 없이"라고 말한 것과 같다. 그것은 감각들을 가슴속으로 몰입하게 하는 것, 즉 내면으로 몰입하게 하는 것이다. 이 절에서는 브라흐만을 강물을 건너는 뗏목이라고 하였다. 그 뗏목으로 두려움과 무지와 윤회, 즉 '삼사라'를 건너는 것이다. 삶의 목표는 절대인 브라흐만과 하나가 되는 것이다. 문다캬 우파니샤드 제3장 제2편 9절에서 "지고의 브라흐만을 아는 자는 진정 브라흐만이 된다"라고 하였다.

9 प्रणान् प्रपीड्येह संयुक्तचेष्टः क्षीणे प्राणे नासिकयोच्छ्वसीत् । दुष्टाश्वयुक्तमिन नाहमेनं विद्वान् मनो धारयेताप्रमत्तः ॥९॥

프라난 프라피드예하 삼육타체쉬타흐 크쉬네 프라네 나시카요츠바시타 |
두쉬타스바육타미바 바하메남 비드반 마노 다라예타프라마따흐 ‖ 9 ‖

프라난=호흡; 프라피드야=억누르는; 이하=이 몸 안에서; 삼육타체쉬타흐=행동이 제어된 자; 크쉬네=연약하게 되는; 프라네=호흡; 나시카야=콧구멍을 통하여; 우츠바시타=숨을 내쉬는; 두쉬타스바육탐=제어할 수 없는; 이바=~처럼; 바함=고삐; 에남=이것; 비드반=아는 자; 마노=마음; 다라예타=유지해야 한다; 아프라마따흐=환영에서 벗어난 이.

행위가 제어된 자는 또한 몸 안에서 호흡이 제어되어야 하며, 몸의 활동력이 약해질 때에 코로 숨을 내쉴 수가 있다. 마음은 고삐 풀린 말과 같으니, 전차장이 말을 다루듯이 현명한 자는 마음을 제어한다.

앞절과 이 절은 마음을 다스리는 중요한 방법론과 단서에 대해 매우 실천적으로 그 방향을 제시하고 있다. 바가바드기타 제6장 16절에서는 "활동에서 절제를 알고"라고 하였으며, 마찬가지로 기타의 제6장 34절에는 "생각한다면 마음을 통제하기란 바람을 통제하는 것처럼 몹시 어렵습니다"라고 말하고 있다. 이것은 호흡의 들이쉬고 내쉬고 멈추는 것과 마음을 자연스럽게 통제한다는 것은 매우 세밀한 과정이라는 것을 나타내는 것이다. 이것에 대한 실질적인 방식은 반드시 올바른 스승 아래 전수받는 것이 이상적이다.

10 समे शुचौ शर्करावह्निवालुका विवर्जिते शब्दजलाश्रयादिभिः ।
मनोनुकूले न तु चक्षुपीडने गुहानिवाताश्रयणे प्रयोजयेत् ॥१०॥

사메수차우 사르카라비흐나발루카 비바르지테 사브다잘라스라야디비흐|
마노누쿨레 나 투 차크슈피다네 구하니바타스라야네 프라요자예트 ∥ 10 ∥

사메=평평한; 수차우=깨끗한; 사르카라비흐나발루카=자갈,

불, 먼지; 비바르지테=~없이; 사브다잘라스라야디비호=소음과 습기를 방지하는; 마노누쿨레=마음과 부합되는; 나=아닌; 투=그러나; 차크슈피다테=보기에 불쾌한; 구하니비타스라야네=동굴, 안식처 곳; 프라요자예트=마음을 제어하는 데 몰입되어야 하는.

바람을 피할 수 있는 동굴 같은 안식처에서 마음을 제어하라. 그곳은 평평하고, 깨끗하며, 자갈이나 불, 먼지를 피할 수 있어야 하며, 소음과 습기가 없어야 하며, 사람들에게 드러나지 않는 곳이어야 하며, 마음이 편안하며, 주변 경관이 보기에 불쾌하지 않아야 한다.

11 नीहारधूमार्कानिलानलानां खद्योतविद्युत्स्फटिकशशीनाम् । एतानि रूपाणि पुरःसराणि ब्रह्मण्यभिव्यक्तिकराणि योगे ॥११॥

니하라두마르카닐라날라남 카드요타비두트스파티카사시남 ।
에타니 루파니 푸라흐사라니 브라흐만야비브야크티카라니
요게 ॥ 11 ॥

니하라=안개 같은 것, 눈; 두마=연기; 아르카=태양; 아닐라=바람, 공기; 아날라남=불; 카드요타=개똥벌레; 비드유트=불꽃; 스파티카=수정; 사시=달; 에타니=이러한 것들; 루파니=형상; 푸라흐사라니=먼저 나타나다; 브라흐마니=브라흐만의; 아비브야크티카라니=드러나다; 요게=요가의 실천으로.

안개, 연기, 태양, 바람, 불, 개똥벌레, 불꽃, 수정, 달, 이러한 형상들은 요가의 실천으로 브라흐만이 드러날 때 초반에 앞서 나타나는 것들이다.

명상을 실천하게 되면 처음에는 외부적인 다양한 현상이 일어난다. 나중에는 그것이 사라지고 내면으로 몰입하게 된다.

12 पृथिव्यप्तेजोऽनिलखे समुत्थिते पञ्चात्मके योगगुणे प्रवृत्ते। न तस्य रोगो न जरा न मृत्युः प्राप्तस्य योगाग्निमयं शरीरम् ॥१२॥

프리티브야프테조아닐라케 사무티테 판차트마케 요가구네 프라브리떼|
나 타스야 로고 나 자라 나 므리트유흐 프라프타스야 요가그니마얌 사리람 ‖ 12 ‖

프리티브야프레조아닐라케=지, 수, 화, 풍, 공간; 사무티테=발생하는; 판차트마케=다섯 가지의 성질; 요가구네=요기의 힘; 프라브리떼=이루어지는 때; 나=아닌; 타스야=그를 위해; 레가흐=질병; 나=아닌; 자라=늙음; 므리트유흐=죽음; 프라프타스야=도달되는; 요가그니마얌=요요가의 불로 달구어진, 요가의 수행으로; 사리람=육체적인 몸.

대지, 물, 불, 공기, 공간이 존재의 안으로 들어오고, 다섯 가지 성질이 나타났을 때, 요가수행의 힘으로 이루어진 몸에 도달한 자는 늙고 병들고 죽는 것에서 벗어난다.

13

लघुत्वमारोग्यमलोलुपत्वं वर्णप्रसादः स्वरसौष्ठवं च।
गन्धः शुभो मूत्रपुरीषमल्पं योगप्रवृत्तिं प्रथमां वदन्ति ॥१३॥

라구트바마로그야말로루파트밤 바르나프라사다흐 스바라사우쉬타밤 차ㅣ
간다흐 수보 무트라푸리샤말팜 요가프라브리띰 프라타맘 바단티 ‖ 13 ‖

라구트밤=몸의 가벼움; 아로그야=병이 없는; 알로루파트밤=욕망이 없는; 바르나프라사다흐=깨끗한 피부; 스바라사우쉬타밤=아름다운 목소리; 차=그리고; 간다흐=향기; 수보=즐거운; 무트라푸리샤말팜=적은 배설물; 요가프라브리띰=성공적인 요가의 실천에 대한 첫번째 증표; 프라타맘=일찍; 바단티=~이 되다.

몸의 가벼움, 건강함, 욕망이 사라짐, 깨끗한 피부, 듣기 좋은 음성, 그윽한 체취, 적은 양의 배설물, 이러한 것들은 요가를 실천하였을 때 일어나는 첫번째 징조이다.

이 절에서 말하는 이러한 과정들은 브라흐만으로 가는 올바른 목표이다. 전통적으로 요가와 명상을 실천함으로써 수행자들은 그들의 몸과 행위가 다섯 요소들의 영향으로부터 보다 자유로워지는 것이다.

14 यथैव बिम्बं मृदयोपलिप्तं तेजोमयं भ्राजते तत् सुधान्तम्।
तद्वाऽऽत्मतत्वं प्रसमीक्ष्य देही एकः कृतार्थो भवते वीतशोकः ॥१४॥

야타이바 빔밤 므리다요팔리프탐 테조마얌 브라자테 타트 수단탐।
타드바아트마타트밤 프라사미크샤 데히 에카흐 크리타르토 바바테 비타소카흐 ॥ 14 ॥

야타이바=오직; 빔밤=금으로 된 것; 므리다야=먼지 같은; 우팔리프탐=덮여진; 테조마얌=밝게; 브리자테=빛나다; 타트=그것; 수단탐=깨끗해졌을 때; 타드바=마찬가지로; 아트마타트밤=아트만의 진리; 프라사미크쉬야=보는; 데히=영혼; 에카흐=하나의; 크리타르타흐=욕망의 끝을 성취한; 바바테=얻다; 비트 소카흐=고통이 제거되는.

먼지로 가득 덮인 황금접시를 깨끗이 닦아서 그 빛을 발하게 하듯이, 아트만의 진리를 성취한 이는 이원성으로부터 벗어나 모든 욕망을 성취하고 고통을 넘어선다.

15 यदात्मतत्त्वेन तु ब्रह्मतत्त्वं दीपोपमेनेह युः प्रपश्येत्।
अजं ध्रुवं सर्वतत्त्वैर्विशुद्धं ज्ञात्वा देवं मुच्यते सर्वपापैः ॥१५॥

야다트마타뜨베나 투 브라흐마타뜨밤 디포파메네하 유흐 프

라파스예트|
아잠 드루밤 사르바타뜨바이르비수땀 그야트바 데밤 무챠테 사르바파파이흐 || 15 ||

야다=~때; 아트마타뜨베나=내면의 자아를 실현함으로써; 투=실로; 브라흐마타뜨밤=궁극적인 원리의 실현; 디포파메나=등불과 같은 빛; 이하=여기에서, 이 삶에서; 유흐=요가를 실천하는 자; 프라파스야테=실현하다; 아잠=태어남이 없는; 드루밤=불변의; 사르바타뜨바이흐 비수땀=모든 비순수함으로부터 벗어난; 그야트바=실현하는; 데밤=자아의 실현; 무챠테=제거하다; 사르바파파이흐=모든 사악함과 고통.

요가를 실천한 이가 스스로 등불 같은 빛을 경험하고 브라흐만의 존재를 실현하였을 때, 그는 태어남과 죽음을 넘어서고, 변하는 모든 것을 넘어선다.

16 एष ह देवः प्रदिशोऽनु सर्वाः पूर्वो ह जातः स उ गर्भे अन्तः।
स एव जातः स जनिष्यमाणः प्रत्यङ् जनास्तिष्ठति सर्वतोमुखः॥१६॥

에샤 하 데바흐 프라디소아누 사르바흐 푸르보 하 자타흐 사 우 가르베 안타흐|
사 에바 자타흐 사 자니쉬야마나흐 프라트얀 자나스티쉬타티 사르바토무카흐 || 16 ||

에샤흐=이것; 하=실로; 데바흐=빛나는 존재; 프라디사흐=방향; 아누=전체적으로; 사르바=모든; 푸르바흐=처음으로; 하=실로; 자타흐=태어나다; 사흐=그는; 우=실로; 가르베 안타흐=자궁을 통하여; 사흐=그는; 에바=홀로; 자타흐=태어난; 사=그는; 자니쉬야마나흐=미래에 태어날; 프라트얀 자나흐=모든 존재 속에; 티쉬타티=내재하는; 사르바토무카흐=모든 곳에 얼굴이 있는.

지고의 신은 어느 방향, 어느 곳에나 전체적으로 존재한다. 그는 가장 최초로 태어난 이이며, 또다시 자궁을 통하여 태어나는 이이니, 실로 그는 태어나고, 다시 태어나는 이이다. 그는 모든 존재들 속에 존재하나니, 세상의 모든 곳에 그의 얼굴이 있다.

17 यो देवो अग्नौ योऽप्सु यो विश्वं भुवनमाविवेश।
य ओषधीषु यो वनस्पतिषु तस्मै देवाय नमो नमः ॥१७॥

요 데보 아그나우 요아프수 요 비스밤 부바나마비베사|
야 오샤디슈 요 바나스파티슈 타스마이 데바야 나모 나마흐 ‖ 17 ‖

요흐=그것; 데바흐=신; 아그나우=불 속에; 요아프수=물속에 있는; 야흐=누구; 비스밤=전체; 부바남=우주; 아비베사=들어간; 야흐=누구; 오샤디슈=식물 속에 있는; 야흐=누구; 바나스파티슈=나무 속에 있는; 타스마이=그것에; 데바야=신; 나마흐=경배하다.

신은 불과 물, 식물과 나무 속에 있으며, 모든 우주 전체에 스며 있나니. 그 신의 존재를 경배하고 경배하노라.

이 절에서 나오는 데바는 신으로 번역되었다. 스베타스바타라 우파니샤드에서 언급한 데바, 즉 신은 참 나인 푸루샤와 아트만와 절대인 브라흐만과 다르지 않다는 것이다.

제3장
트리티요아드야야흐
तृतीयोऽध्यायः

1 य एको जालवानीशत ईशनीभिः सर्वाँल्लोकानीशत ईशनीभिः ।
य एवैक उद्भवे सम्भवे च य एतद् विदुरमृतास्ते भवन्ति ॥१॥

야 에코 잘라바니사타 이사니비흐 사르밤로카니사타 이사니비흐|
야 에바이카 우드바베 삼바베 차 야 에타드 비두람리타스테 바반티 ‖ 1 ‖

야흐=누구; 에카흐=오직 하나의; 잘라반=환영의 그물을 가진 이; 사르밤로칸=모든 세계; 이사니비흐=제어자로서 행동하는; 이사니비흐=그의 힘으로; 야흐=누구; 에바흐 에카흐=오직 하나의; 우드바베=창조의 시간에; 삼바베=융합의 시간에; 차=그리고; 야흐=누구; 에타트=이것; 비두흐=이것을 아는 자; 암리타흐=불멸의; 바반티=~이 되다.

이중성을 넘어선 존재여, 환영의 그물을 가진 이여, 당신의 신성한 힘에 의해 모든 세계가 유지되며, 그 힘으로 모든 세계는 창조되고 소멸되나니. 이러한 진리를 아는 이는 불멸함을

얻으리라.

이 절에서 잘라반은 환영(幻影)인 마야의 그물을 말한다. 바가바드 기타 제7장 14절에서 "성스러운 마야의 환영은 넘어서기 어렵다. 그러나 내 안에서 안식을 취하는 자는 이러한 환영을 넘어선다"라고 하였다. 우드바베는 성스러운 힘이 작용하는 시간이며 창조이고, 삼바베는 그것이 발현되는 것이다. 그러한 것을 알 때 불멸인 암리탐을 획득한다.

2 एको हि रुद्रो न द्वितीयाय तस्थुर्य इमांल्लोकानीशत ईशनीभिः। प्रत्यङ् जनास्तिष्ठति सञ्चुकोचान्तकाले संसृज्य विश्वा भुवनानि गोपाः ॥२॥

에코 히 루드로 나 드비티야야 타스투르야 이맘로카니사타 이사니비흐|
프라트야 자나스티쉬타티 산추쿠찬타칸레 삼스리쟈 비스바 부바나니 고파흐 ॥ 2 ॥

에카흐=하나의; 히=실로; 루드라흐=루드라; 나=아니다; 드비티야야=두번째로; 타스투흐=서다; 야흐=누구; 이맘로카=이러한 세상들; 이사테=통제하다; 이사니비흐=그의 힘으로; 자나흐=인간; 니쉬타티=그는 서다; 산추코차=파괴한다; 안타칼레=(우주의) 마지막 시간에 다다르는 때; 삼스리쟈=창조하는; 비스바=모든; 부바나니=세상들; 고파흐=유지하는.

루드라가 존재한 이후부터 브라흐만을 아는 이는 다른 어떤 신을 알지 못한다. 루드라는 그의 힘으로 모든 세계를 통제한

다. 그는 모든 이들의 가장 내면에 존재하나니. 이 우주를 창조하고, 유지하며, 종국에는 소멸의 상태로 이끈다.

루드라는 리그 베다에 나오는 신이다. 루드라는 번개나 폭풍을 몰고 다니며, 그 이름은 '울리는 자'라는 뜻이다. 루드라는 왜 울게 하는 신일까? 그것은 파괴하는 공포의 대상이기 때문이다. 그러나 루드라는 창조도 하고 유지도 하는 신이기도 하다. 그것은 동시에 하나인 것이다.

3 विश्वतश्चक्षुरुत विश्वतोमुखो विश्वतोबाहुरुत विश्वतस्पात् ।
सं बाहुभ्यां धमति संपतत्रैद्यावाभूमी जनयन् देव एकः ॥३॥

비스바타스착슈루타 비스바토무코 비스바토바후루타 비스바타스파트 |
삼 바후브얌 다마티 삼파타트라이드야바부미 자나얀 데바 에카흐 ‖ 3 ‖

비스바타스착슈흐=그의 눈은 어디에나 있다; 우타=그리고; 비스바토무카흐=그의 얼굴은 어디에나 있다; 비스바토바후흐=그의 손은 어디에나 있다; 우타=그리고; 비스바타스파트=그의 발은 어디에나 있다; 다마티=결합하다; 바후브얌=2개의 손을; 삼파타트라이흐=날개를; 드야바부미=천상과 지상; 자나얀=창조하는; 데바=신; 에카흐=오직 하나의.

그의 눈은 어디에나 있으며, 그의 얼굴도 어디에나 있다. 그의 손은 어디에나 있으며, 그의 발 또한 어디에나 있다. 그는 천상과 지상을 창조할 때, 인간에게는 2개의 손을, 새에게는 2개의 날개를 주었다.

4 यो देवानां प्रभवश्चोद्भवश्च विश्वाधिपो रुद्रो महर्षिः।
हिरण्यगर्भं जनयामास पूर्वं स नो बुद्ध्या शुभया संयुनक्तु ॥४॥

요 데바남 프라바바스초드바바스차 비스바디포 루드로 마하르쉬흐|
히란야가르바 자나야마사 푸르밤 사 노 부뜨야 수바야 삼유나크투 ‖ 4 ‖

야흐=누구; 데바남=신들의; 프라바흐=기원; 우드바바흐 차=그리고 부양하는 자; 비스바디파흐=우주의 주인; 루드라흐=루드라; 마하르쉬흐=위대한 보는 자; 히란야가르바=첫번째의 존재, 내면의 근원; 자나야마사=창조한; 푸르밤=최초의; 사흐=그는; 나흐=우리에게; 부뜨야=지성으로; 수바야=상서로운; 삼유나크투=베풀다.

루드라, 그는 신들의 근원이며, 전 우주의 주인이며, 위대한 보는 자이며, 최초에 히란야가르바를 창조하였다. 그는 우리에게 상서로운 이지를 베풀도다.

이 절의 히란야가르바에서 '히란야'는 황금빛을 의미하며, '가르바'는 자궁을 뜻한다. 그것은 브라흐만의 첫번째 발현, 즉 순수한 지혜의 근원을 가리키는 것이다.

5 या ते रुद्र शिवा तनूरघोराऽपापकाशिनी। तया नस्तनुवा शन्तमया गिरिशन्ताभिचाकशीहि ॥५॥

야 테 루드라 시바 타누라고라아파파카시니 |
타야 나스타누바 산타마야 기리산타비차카시히 ‖ 5 ‖

야=무엇; 테=그들의; 루드라=오 루드라여; 시바=상서로운; 타누흐=몸 또는 자아; 아고라=두려움이 없는; 아파파카시니=미덕이 드러남; 타야=그것에 의해; 나흐=우리에게; 타누바=자아에 의해; 산타마야=은총의; 기리산타=산 위에 사는 이여!; 아비차카시히=우리를 내려다보다.

오 루드라여, 당신이 존재함으로써 두려움은 물러나고, 미덕은 드러나나니. 오 히말라야의 꼭대기에 사는 기리산타여! 당신은 은총으로 가득한 모습으로 우리를 내려다보도다.

원래 루드라는 시바신을 뜻하기도 하는데, 이 절에 나오는 '시바'는 그것과 다르다. 이 절의 시바는 시바신이 아닌 자비로운, 상서로운, 복을 주는 이로 해석된다. 또한 '기리산타'는 히말라야에 사는 성스러운 힘을 지닌 존재로서, 여러 히말라야로부터 발원된 강들의 시원이라고도 한다.

6 यामिषुं गिरिशन्त हस्ते विभर्ष्यस्तवे।
शिवां गिरित्र तां कुरु मा हिंसीः पुरुषं जगत्॥६॥

야미슘 기리산타 하스테 비바르쉬야스타베|
시밤 기리트라 탐 쿠루 마 힘시흐 푸루샴 자가트 ‖ 6 ‖

야미슘=화살, 천둥번개; 기리산타=히말라야에 사는 성스러운 존재, 베다를 드러내는 이; 하스테=당신의 손으로; 비바르쉬=잡다; 아스타베=쏘기 위해; 시밤=상서로운; 탐=그것; 쿠루=만들다; 마=하지 않는다; 힘시흐=상처 입히다; 푸루샴=인간; 자가트=세상.

오 기리산타여, 당신이 쏘기 위해 손으로 잡은 화살은 상서로움을 가져오는 것이니. 인간과 세상을 해치지 않으리라.

웅장하고 장엄하며 갑자기 비바람이 몰아치는 히말라야 산 깊숙이 머무는 기리산타는 인간에 상서로운 기운을 주고 복을 준다.

7 ततः परं ब्रह्म परं बृहन्तं यथानिकायं सर्वभूतेषु गूढम्।
विश्वस्यैकं परिवेष्टितारमीशं तं ज्ञात्वाऽमृता भवन्ति॥७॥

타타흐 파람 브라흐마 파람 브리한탐 야타니카얌 사르바부테슈 구담|

비스바스야이캄 파리베쉬티타라미삼 탐 그야트바암리타 바
반티 ‖ 7 ‖

타타흐=~넘어; 파람=위대한, 초월적인; 브라흐마=브라흐
만; 파람=지고의; 브리한탐=무한한, 히란야가르바; 야타니
카얌=몸을 지닌, 형상이 있는; 사르바부테슈=모든 존재 속에;
구담=숨겨진; 비스바스야=모든 세상의; 에캄=오직 하나의;
파리베쉬티타람=둘러싸는 것; 이삼=신; 탐=그에게; 그야트
바=아는; 암리타흐=불멸의; 바반티=~이 되다.

그는 모든 세상을 넘어서 가장 위대하며, 지고의 높은 존재
이다. 그는 형상을 가진 모든 존재 속에 숨겨져 있으며, 우주
전체를 둘러싸고 있다. 이러한 그를 아는 이는 실로 불멸함을
얻으리라.

"타타흐 파람 브라흐만 파람," 즉 "그는 모든 세상을 넘어서 가장
위대하며, 지고의 높은 존재이다"라고 말하고 있다. 그는 무한한 우주
의 황금빛 자궁이며, 근원이며, 모든 존재 안에 감추어진 순수한 지
성이라는 것이다. 그를 아는 이는 암리탐, 즉 불멸함을 얻는다.

8 वेदाहमेतं पुरुषं महान्त मादित्यवर्णं तमसः परस्तात् ।
तमेव विदित्वाऽतिमृत्युमेति नान्यः पन्था विद्यतेऽयनाय ॥८॥

데바하메탐 푸루샴 마한타 마디트야바르남 타마사흐 파라스
타트 |

타메바 비디트바아팀리트유메티 난야흐 판타 비드야테아야 나야 ‖ 8 ‖

데바=알다; 아함=나는; 에탐=이것; 푸루샴=지고의 존재; 마한타=위대한; 아디트야바르남=태양과 같이 빛나는; 타마사흐=어둠, 무지; 파라스타트=~넘어; 타메바=오직 그에게; 비디트바=알고 있는; 아팀리트윰=죽음을 넘어; 에티=가다; 나 안야=다른 것이 아닌; 판타=벗어난; 비드야테=존재하다; 아야나야=방법.

나는 어둠 너머에 태양처럼 빛나는 위대한 지고의 존재인 푸루샤가 존재한다는 것을 안다. 오직 그를 앎으로써만이 죽음을 넘어서나니. 그것 말고는 다른 길이 없다.

9 यस्मात् परं नापरमस्ति किंचिद्यस्मान्नणीयो न ज्यायोऽस्ति कश्चित्। वृक्ष इव स्तब्धो दिवि तिष्ठत्येक स्तेनेदं पूर्णं पुरुषेण सर्वम् ‖९‖

야스마트 파람 나파라마스티 킴치드야스만나니요 나 즈야요 아스티 카스치트 |
브리크샤 이바 스타브도 디비 티쉬타트예카 스테네담 푸르남 푸루셰나 사르밤 ‖ 9 ‖

야스마트=보다 다른 것들; 파람=가장 높은; 나=아닌; 아파람=다른; 아스티=~이다; 킴치트=어떤 것; 야스마트=~보다 다른 것; 아니야흐=미세한; 나=아니다; 즈야야흐=위대한;

아스티=~이다; 키스치트=어떤 한 가지; 브리크샤흐=나무; 이바=~처럼; 스타브다흐=움직임이 없는; 디비=그의 영광 속에; 티쉬타티=머물다; 에카흐=모든 것이 홀로; 테나=~에 의해; 이담=이것; 푸르남=채워진; 푸루셰나=지고의 존재; 사르밤=모든 것.

어떤 것도 푸루샤보다 더 높거나 더 낮은 것이 없으며, 그보다 더 크거나 더 작은 것도 없다. 푸루샤는 마치 움직이지 않는 한 그루의 나무처럼 존재하나니, 오직 그 자체의 영광으로서 모든 우주는 채워지도다.

카타 우파니샤드 제1장 제2편 20절에는 "가장 작은 것보다 더 작으며, 가장 큰 것보다 더 큰 참 나인 아트만은 창조물의 가슴속에 거하도다"라고 하였다. 이사 우파니샤드 제2장 4절에는 "참 나는 하나이며, 움직이지 않지만 마음보다도 더 빠르다. 데바 즉 감각기관도 이미 가 있는 참 나를 붙잡지 못하며, 움직이지 않지만 움직이는 어떤 것보다도 더 빠르다"라고 하였다.

10 ततो यदुत्तरतरं तद्रूपमनामयम्।
य एतद्विदुरमृतास्ते भवन्ति अथेतरे दुःखमेवापियन्ति ॥१०॥

타토 야두따라타람 타다루파마나마얌|
야 에타드비두람리타스테 바반티 아테타레 두흐카메바피얀티 ∥ 10 ∥

타타흐=그것보다; 야트=그것; 우따라타람=최고의; 타드=그
것; 아루팜=형상이 없는; 아나마얌=고통으로부터 자유로운;
예=누구; 에타트=이것; 비두흐=알다; 암리타흐=불멸의; 테=
그들은; 바반티=~이 되다; 아타=그러나; 이타레=다른 것들;
두흐카메바=슬픔만; 아피얀티=도달하다.

그것보다 더한 근원은 없나니, 그것은 형상도 없으며, 고통도 없다. 이러한 푸루샤를 아는 이는 불멸함을 얻으리니, 그렇지 않은 이들은 오직 슬픔 속에 머물리라.

'우따라'는 최고라는 뜻인데, 동시에 '모든 것의 근원'이라는 뜻의 산스크리트어 '카라나'의 의미를 가지기도 한다.

11 सर्वाननशिरोग्रीवः सर्वभूतगुहाशयः।
सर्वव्यापी स भगवांस्तस्मात् सर्वगतः शिवः ॥११॥

사르바나나시로그니바흐 사르바부타구하사야흐 |
사르브야피 사 바가밤스타스마트 사르가타흐 시바흐 || 11 ||

사르바나나시로그니바흐=모든 머리와 얼굴과 목을 가진; 사르바부타구하사야흐=모든 존재의 가슴속에 거하는; 사르바브야피=모든 것을 감싸는; 사흐=그는; 바가반=신성한 존재; 타스마트=그러므로; 사르바가타흐=모든 것에 충만한, 전지전능한; 시바흐=시바신.

그는 모든 얼굴과, 모든 머리와, 모든 목을 가졌으며, 모든 존재의 이지에 거하며, 모든 것에 스며 있으며, 우주의 주인일지니. 그는 즉 전지전능한 시바이다.

비쉬누 푸라나 제6장 제5편 74절에는 "바가반의 이름은 성스러운 능력, 선함, 명예의 아름다움, 권능, 지혜, 초탈함, 이 여섯 가지를 말한다"라고 하였다. 시바신은 모든 것에 충만하고 전지전능한 신을 말한다.

12 महान् प्रभुर्वै पुरुषः सत्त्वस्यैष प्रवर्तकः सुनिर्मलामिमां प्राप्तिमीशानो ज्योतिरव्ययः ॥१२॥

마한 프라부르바이 푸루샤흐 사뜨바스야이샤 프라바르타카흐|
수니르말라미맘 프라프티미사노 죠티라브야야흐 ‖ 12 ‖

마한=위대한; 프라부호=주인; 바이=실로; 푸루샤흐=푸루샤, 지고의 존재; 사트바스야=내면의; 에샤흐=그의; 프라바르타카흐=그는; 수니르말람=최고로 순수한; 이맘=이것; 프라프팀=성취; 이사나흐=제어자; 죠티흐=빛; 아브야야흐=변하지 않는.

푸루샤는 실로 위대한 주인일지니, 그는 절대의 순수함으로 이끄는 내면의 길잡이이며, 그는 위대한 통치자이며, 빛이며 영원히 변하지 않는 자이다.

13 अङ्गुष्ठमात्रः पुरुषोऽन्तरात्मा सदा जनानां हृदये सन्निविष्टः। हृदा मन्वीशो मनसाभिक्लृप्तो य एतद् विदुरमृतास्ते भवन्ति ॥१३॥

앙구쉬타마트라흐 푸루쇼안타라트마 사다 자나남 흐리다예 산니비쉬타흐 |
흐리다 만비소 마나사비클프토 야 에타드 비두람리타스테 바반티 ‖ 13 ‖

앙구쉬타마트라흐=엄지손가락 크기를 한; 푸루샤흐=무한한 존재; 안타라트마=안에 거하는; 사다=언제나; 자나남=인간의; 흐리다예=마음의 동굴 속으로; 산니비쉬타흐=거하다; 흐리다=가슴에 의해; 만비소=지식을 주는 이; 마나사=마음에 의해; 아비클파타흐=크기의 한계가 있는; 예=누구; 에타트=그것; 비두흐=알고 있는; 암리타흐=불멸의; 테=그들은; 바반티=~이 되다.

자아의 내면에 거하는 엄지손가락만한 푸루샤는 인간의 가슴 속에 앉아 있다. 지혜의 주인은 가슴속의 마음에 숨겨져 있나니. 이것을 아는 자들은 불멸함을 얻으리라.

14 सहस्रशीर्षा पुरुषः सहस्राक्षः सहस्रपात् ।
स भूमिं विश्वतो वृत्वा अत्यतिष्ठद्दशाङ्गुलम् ॥१४॥

사하스라시르샤 푸루샤흐 사하스락샤흐 사하스라파트 |
사 부밈 비스바토 브리트바 아트야티쉬타다샹굴람 ‖ 14 ‖

사하스라시르샤=천 개의 머리; 푸루샤흐=푸루샤, 지고의 존재; 사하스락샤흐=천 개의 눈; 사하스라파트=천 개의 발; 사=그는; 부빔=우주; 비스바테=어디에나; 브리트바=감싸다; 아트야티쉬타트=그것을 넘어서는; 다샹굴람=열 손가락의 폭.

푸루샤는 천 개의 머리와 천 개의 눈과 천 개의 발을 가졌다. 전 우주를 감싸고 있는 그는 열 손가락의 폭으로 그것을 넘어서도다.

이 절은 리그 베다의 제10부 제7장 제90편 1절 푸루샤 숙탐의 첫절에 "푸루샤는 천 개의 머리와 눈과 발을 가졌으며, 열 손가락의 폭 안에 지상의 모든 부분을 담당한다"라고 하였다. 참 나인 푸루샤의 10개의 손가락의 폭은 "아난탐 아파람"이라고 하며, 이것은 "무한하고 한계가 없다"라는 의미인 것이다.

15 पुरुष एवेदं सर्वं यद् भूतं यच्च भव्यम्।
उतामृतत्वस्येशानो यदन्नेनातिरोहति ॥१५॥

푸루샤 에베담 야드 부탐 야차 바드얌|
우탐리타트바스예사노 야단네나티로하티 ‖ 15 ‖

푸루샤=최고의 존재; 에바=홀로; 이담=이것; 사르밤=모든 것; 야트=그것; 부탐=~이었다; 야트=그리고 그것; 바브얌=~이 될 것이다; 우타=또한; 암리타트바스야=불멸함의; 이사나흐=주인; 야트=그것; 안네나=음식에 의해; 아티로하티=자라다.

푸루샤는 실로 음식으로 자라는 모든 것이니, 전에도 그러했고 이후에도 그러할 것이다. 또한 그는 불멸함을 주는 이이다.

16 सर्वतः पाणिपादं तत् सर्वतोऽक्षिशिरोमुखम्।
सर्वतः श्रुतिमल्लोके सर्वमावृत्य तिष्ठति ॥१६॥

사르바타흐 파니파담 타트 사르바토아크쉬시로무캄|
사르바타흐 스루티말로케 사르바마브리트야 티쉬타티 ‖ 16 ‖

사르바타흐=어느 곳이나; 파니파담=손과 발; 타트=그것; 사르바타흐=어느 곳이나; 아크쉬시로무캄=눈, 머리, 입; 스루티마트=귀; 로케=우주의; 사르바마브리트야=모든 것에 스며 있는; 티쉬타티=서다.

푸루샤는 어디에서나 손과 발이 있으며, 어디에서나 눈과 머리와 얼굴이 있으며, 어디에서나 귀를 가지고 있나니, 모든 창조물 사이에 존재하며 모든 것에 스며들어 있도다.

17 सर्वेन्द्रियगुणाभासं सर्वेन्द्रियविवर्जितम्।
सर्वस्य प्रभुमीशानं सर्वस्य शरणं बृहत् ॥१७॥

사르벤드리야구나바삼 사르벤드리야비바르지탐|
사르바스야 프라부미사남 사르바스야 사라남 브리하트 ‖ 17 ‖

사르벤드리야구나바삼=모든 감각의 기능에 의해 발현하는; 사르벤드리야비바르지탐=모든 감각기관이 없는; 사르바스야=모든 것의; 프라부미사남=주인과 통치자; 사르바스야=모든 것의; 사라남=은신처; 브리하트=위대한.

푸루샤는 모든 감각기관의 성질을 가지고 있지만 모든 감각기관을 가지고 있지 않는다. 푸루샤는 모든 것의 주인이며 통치자이니, 모든 것의 위대한 은신처이다.

푸루샤에 대해 카타 우파니샤드 제1장 제3편 3-4절에서는 "몸은 전차이고, 참 나는 전차를 타고 있는 주인과 같다. 실로 이지는 전차를 모는 마부와 같으며, 마음은 전차를 제어하는 고삐와 같다는 것을 알

라. 말은 감각이며, 그 길은 감각의 대상이다. 그러므로 현명한 이는 몸과 감각과 마음이 합일되어 즐거워하는 자라고 말한다"라고 하였다.

18 नवद्वारे पुरे देही हंसो लेलायते बहिः।
वशी सर्वस्य लोकस्य स्थावरस्य चरस्य च ॥१८॥

나바드바레 푸레 데히 함소 렐라야테 바히흐|
바소 사르바스야 로카스야 스타바라스야 차라스야 차 ‖ 18 ‖

나바드바레=9개의 문; 푸레=도시에; 데히=구현된 자아; 함사흐=참 나, 푸루샤; 렐라야테=움직이다; 바히흐=외관의; 바시=통치자; 사르바스야=모든 것의; 로카스야=세상; 스타바라스야=움직이지 않는 것; 라스야=움직일 수 있는 것; 차=그리고.

움직이는 것과 움직이지 않는 것으로 만들어진 이 세상 전체의 주인 푸루샤는, 9개의 문이 있는 도시로 발현되어 외부의 것을 움직이게 한다.

'함사'는 참 나이며 푸루샤이다. 함사는 절대의 세계로 이끄는 백조라고도 하며, 다른 말로는 '한티'라고도 하는데 죽이고 소멸한다는 뜻이 있다. 그것은 무지를 소멸한다는 뜻이기도 하다.

19 अपाणिपादो जवनो ग्रहीता पश्यत्यचक्षुः स शृणोत्यकर्णः।
स वेत्ति वेद्यं न च तस्यास्ति वेत्ता तमाहुरग्र्यं पुरुषं महान्तम् ॥१९॥

아파니파도 자바노 그라히타 파샤트야착슈흐 사 스리노트야카르나흐|
사 베띠 베드얌 나 차 타스야스티 베따 타마후라그르얌 푸루샴 마한탐 ‖ 19 ‖

아파니파다흐=손과 발이 없는; 자바나흐=이동하다; 그라히타=잡다; 파샤트야착슈흐=눈 없이 보는; 사흐=그는; 스리노트야카르나흐=귀 없이 듣는; 사흐=그는; 베띠=알다; 베드얌=알려진 것; 나=아니다; 차=그리고; 타스야=그의; 아스티=존재하다; 베따=아는 자; 타마후라그르얌=그들은 그를 첫번째라고 부른다; 푸루샴=푸루샤; 마한탐=위대한.

그는 손과 발이 없지만 어디든지 갈 수 있고, 무엇이든 잡을 수 있으며, 눈 없이도 보며, 귀 없이도 듣는다. 그는 모든 것을 알지만 그에 대해 아는 자는 없나니. 사람들은 그를 근원이며, 푸루샤이며, 위대한 존재라고 부른다.

푸루샤에 대해 브리하드아란야카 우파니샤드 제3장 제7편 23절에서는 "오직 그에 의해서만 확인될 뿐"이라고 하였다. 그리고 푸루샤는 두 가지의 뜻이 있는데 하나는 '가장 깊숙한 영혼에 머문다'는 것이고 다른 하나는 '가득 차 있다'는 것이다. 이것은 그가 존재하지 않는 곳은 없다는 것이다.

20

अणोरणीयान् महतो महीयानात्मा गुहायां निहितोऽस्य जन्तोः।
तमक्रतुं पश्यति वीतशोको धातुः प्रसादान्महिमानमीशम् ॥२०॥

아노라니얀 마하토 마히야나트마 구하얌 니히토아스야 잔토흐 |
타마크라툼 파샤티 비타소코 다투흐 프라사단마히마나미삼 ‖ 20 ‖

아노라니얀=미세한 것보다 더 미세한 것; 마하타흐=위대한 것보다 더; 마히얀=더 위대한; 아트마=아트만; 구하얌=가슴 속의 동굴; 니히타흐=놓여진; 아스야=이것의; 잔토=창조물; 탐=그에게; 아크라투흐=욕망으로터 벗어남; 파샤티=알다; 비타소카흐=슬픔으로부터 자유; 다투흐=창조자의; 프라사다트-신이 은총에 의해; 마하마남=아트만의 영광; 이샴=신.

어떤 미세한 것보다 더욱 미세하고, 어떤 위대한 것보다 더욱 위대한 참 나인 아트만은 창조물의 가슴속에 숨어 있다. 신의 은총으로 욕망에서 벗어나 아트만을 알고, 아트만 영광을 신으로 보는 이는 슬픔으로부터 자유로우리라.

21 वेदाहमेतमजरं पुराणं सर्वात्मानं सर्वगतं विभुत्वात्।
जन्मनिरोधं प्रवदन्ति यस्य ब्रह्मवादिनो हि प्रवदन्ति नित्यम्॥२१॥

베다하메타마자람 푸라남 사르바 트마남 사르바가탐 비부트바트|
잔마니로담 프라바단티 야스야 브라흐마바디노 히 프라바단티 니트얌‖21‖

베다=알다; 아함=나는; 에탐=그에게; 아자람=늙음으로부터 벗어난; 푸라남=지고의 존재, 푸루샤; 사르바트마남=모든 것의 참나, 아트만; 사르바가탐=어디에나 존재하는; 비부트바트=그는 모든 것에 스며 있기 때문에; 잔마니로담=태어남의 순환이 제거된; 프라바단티=말하다; 야스야=누구의; 브라흐마바디나흐=브라흐만을 아는 자; 히=실로; 프라바단티=말하다; 니트얌=영원한.

나는 노쇠함으로부터 벗어난 지고의 존재, 푸루샤를 아노라. 그는 모든 것의 참 나이며, 모든 것에 스며들어 어디에나 존재하나니. 브라흐만을 아는 이는 그에 대하여 탄생의 순환이 제거되었다고 말하며, 영원하다고 말하도다.

제4장
차투르토아드야야흐
चतुर्थोऽध्यायः

1 य एकोऽवर्णो बहुधा शक्तियोगाद् वर्णाननेकान् निहितार्थो दधाति ।
वि चैति चान्ते विश्वमादौ च देवः स नो बुद्ध्या शुभया संयुनक्तु ॥१॥

야 에코아바르노 바후다 삭티요가드 바르나네칸 니히타르토 다다티 |
비 차이티 찬테 비스바마다우 차 데바흐 사 노 부뜨야 수바야 삼유낙투 ‖ 1 ‖

야흐=누구; 에카흐=하나의; 아바르나흐=모든 신분부터 벗어난; 아후다=각각; 삭티요가드=그의 힘에 의해; 바르나네칸=많은 신분들로; 니히타르타흐=측량할 수 없는 목적을 위해; 다다티=창조하다; 비에티=용해하다; 차=그리고; 차 안테=그리고 마지막으로; 비스밤=우주; 아다우=최초에; 차=그리고; 데바흐=빛나는 존재, 신; 사흐=그는; 나흐=우리에게; 부뜨야=이지로; 수바야=상서로운; 삼유낙투=부여하다.

신은 둘이 아닌 하나이며, 모든 신분으로부터 벗어났으며, 측량할 수 없는 목적을 가진 존재이도다. 그의 위대한 힘으로 태초에 많은 신분들이 생겨났고, 그들 속에 세상은 종국에 융해되나니, 그는 우리에게 순수한 지식을 주리라.

'바르나'는 신분을 말하는 것으로, '아바르나'는 즉 신분으로부터 벗어났다는 것이다. 이것은 브라흐만은 궁극적으로 다르지 않으며 한계가 없다는 것이다.

2 तदेवाग्निस्तदादित्यस्तद्वायुस्तदु चन्द्रमाः।
तदेव शुक्रं तद् ब्रह्म तदापस्तत् प्रजापतिः ॥२॥

타데바그니스타다디트야스타드바유스타두 찬드라마흐|
타데바 수크람 타드 브라흐마 타다파스타트 프라자파티흐
‖ 2 ‖

타데바 아그니흐=그것은 불이다; 타다디트야흐=그것은 태양이다; 타드바유흐=그것은 공기이다; 타두 찬드라마흐=그것은 달이다; 타데바 수크람=그것은 순수함이다; 타드 브라흐마=그것은 브라흐마이다; 타다파흐=그것은 물이다; 타드 프라자파티흐=그것은 프라자파티이다.

그것은 실로 불이며, 그것은 태양이며, 그것은 공기이며, 그것은 달이며, 그것은 실로 순수함이며, 그것은 브라흐마이며, 그것은 물이며, 그것은 프라자파티이다.

이 절에서 말하는 브라흐마는 창조주를 의미하는 것이며, 초월적인 파라브라흐마의 브라흐마를 말하는 것은 아니다. 즉 우주적인 자궁이며 우주적인 섬세한 몸인 '히란야가르바'와 우주적인 거친 몸인 '비라트,' 즉 '프라자파티'에 대하여 설명하는 것이다. 브라흐만은 거친 몸과 섬세한 몸 둘 다이며, 그 스스로 전체인 것이다.

3 त्वं स्त्री त्वं पुमानसि त्वं कुमार उत वा कुमारी।
त्वं जीर्णो दण्डेन वञ्चसि त्वं जातो भवसि विश्वतोमुखः ॥३॥

트밤 스트리 트밤 푸마나시 트밤 쿠마라 우타 바 쿠마리 |
트밤 지르노 단데나 반차시 트밤 자토 바바시 비스바토무카흐 ‖ 3 ‖

트밤=당신; 스트리=여인이다; 푸만 아시=남성이다; 쿠마라흐=소년; 우타=그리고; 바=또한; 쿠마리=소녀; 지르나흐=노인; 단데나=걸어다니는 막대기로; 반차시=기우뚱대는; 자타흐=태어난; 바바시=~이 되다; 비스바토무카흐=모든 형상으로.

당신은 여성이며, 당신은 남성이며, 당신은 소년이며, 당신은 소녀이다. 당신은 단장에 몸을 기대어 걷는 노인이다. 당신은 탄생하는 것이니, 당신의 형상은 어디에나 있도다.

4 नीलः पतङ्गो हरितो लोहिताक्ष स्तडिद्गर्भ ऋतवः समुद्राः ।
अनादिमत् त्वं विभुत्वेन वर्तसे यतो जातानि भुवनानि विश्वा ॥४॥

닐라흐 파탕고 하리노 로히탁샤 스타디드가르바 리타바 사무드라흐 |
아나디마트 트밤 비부트베나 바르타세 야토 자타니 부바나니 비스바 ‖ 4 ‖

닐라흐=파란색; 파탕고흐=꿀벌; 하리타흐=녹색 앵무새; 로히탁샤흐=붉은 눈; 타디드가르바흐=번개구름; 리타바흐=계절; 사무드라흐=대양; 아나디마트=시작이 없는; 트밤=당신; 비무트베나=모든 것에 스며 있는 본성; 바르타세=존재하다; 야타흐=누구로부터; 자타니=태어난; 부바나니=세상; 비스바=모든.

당신은 실로 푸른색의 꿀벌이며, 당신은 붉은 눈을 가진 녹색 앵무새이다. 당신은 실로 번개를 몰고오는 구름이며, 당신은 계절이며, 바다이다. 당신은 실로 시작이 없으며, 동시에 어디든지 존재하나니, 당신으로부터 모든 세상은 창조되었다.

5 अजामेकां लोहितशुक्लकृष्णां बह्वीः प्रजाः सृजमानां सरूपाः। अजो ह्येको जुषमाणोऽनुशेते जहात्येनां भुक्तभोगामजोऽन्यः ॥५॥

아자메캄 로히타수클라크리쉬남 바흐비흐 프라자흐 스리자마남 사루파흐|
아조 흐예코 주샤마노아누세테 자하트예남 북타보가마조안야흐 ‖ 5 ‖

아잠=태어나지 않는; 에캄=하나의; 로히타수클라크리쉬남=붉은색, 흰색, 검정색; 바흐비흐=셀 수 없는; 프라자흐=시작; 스리자마남=창조하는; 사루파흐=비슷한 형상; 아자흐=태어나지 않는; 흐예카흐=실로 오직 하나의; 주샤마나흐=집착하는; 아누세테=그의 옆에 눕다; 자하티=포기하다; 에남=그녀의; 북타보감=경험한 후에; 아자ㅎ=태어나지 않은; 안야ㅎ=또 다른.

자연은 붉은색, 흰색, 검정색들로 자신과 같은 많은 창조물을 창조한다. 무지한 개인적인 자아는 이러한 감각적인 세상으로 끌려가 그것을 즐기며, 그렇지 않은 개인적인 자아는 그것을 분별하게 되니. 그들은 경험을 통해 감각적인 현상 세계의 덧없음을 알고 그것으로부터 벗어난다.

삼크야 철학은 자연인 프라크리티의 세 가지 색상에 대해 말하고 있다. 또한 이 세 가지의 색상은 자연의 세 가지 요소를 의미하는 것이기도 하다. 첫번째 붉은색은 산스크리트어로 '로히타'이며, 자연의 세 가지 요소 중에 동성(動性)인 '라자스'이다. 흰색은 '수클라'이며 진성(眞性)인 '사트바스'를 말하고, 검정색은 '크리쉬남'이며, 암성(暗性)인 '타마스'를 말한다. '안야흐'란 그것과 다른 무지를 없애는 분별과 자각의 가르침을 통하여 그 자연의 속성들로부터 벗어나는 것이다.

6 द्वासुपर्णा सयुजा सखाया समानं वृक्षं परिषस्वजाते। तयोरन्यः पिप्पलं स्वाद्वत्यनश्नन्नन्यो अभिचाकशीति ॥६॥

드바수파르나 사유자 사카야 사마남 브릭샴 파리샤스바자테 |
타요란야흐 피빨람 스바드바트야나스난난요 아비차카시티
‖ 6 ‖

드바 수파르나=두 마리의 새; 사유자=나눌 수 없는; 사카야=친구; 사마남=같은 것; 브릭샴=나무; 파리샤스바자테=매달려 있다; 타요흐=그들에게; 안야흐=존재; 피빨람=열매, 기쁨과 슬픔의 열매, 행위의 열매; 스바드바띠=즐거움을 먹는; 아나스난=먹는 것 없이; 안야흐=다른 것들; 아비차카시티=보다.

영원히 같을 수 없는 같은 이름의 두 마리 새가 한 나무 위에 앉아 있다. 이 두 마리 중 한 마리는 행위의 열매를 먹이로 삼지만, 다른 한 마리는 먹지 않고 그것을 즐긴다.

두 마리의 새가 한 나무에 같이 앉아 있다. 여기에서 나무는 몸이며, 한 마리의 새는 개인적인 나이며, 또 다른 새는 참 나인 아트만이다. 다른 한 마리의 새는 '먹지 않고 즐긴다'라고 한 것은 행위에 휘말리지 않고 독립적으로 관조하는 것이다.

7 समाने वृक्षे पुरुषो निमग्नोऽनीशया शोचति मुह्यमानः।
जुष्टं यदा पश्यत्यन्यमीशमस्य महिमानमिति वीतशोकः॥७॥

사마네 브릭셰 푸루쇼 니마그노아니사야 소차티 무흐야마나
흐 |
주쉬탐 야다 파샤트얀야미사마스야 마히마나미티 비타소카
흐 ‖ 7 ‖

사마네=같은; 브릭셰=나무 위에; 푸루샤흐=개인적인 자아; 니마그나흐=생각에 빠지다; 아니사야=힘없는 존재; 소차티=슬퍼하다; 무흐야마나흐=어리석은 존재; 주쉬탐=경배받는 자; 야다=~하는 때; 파샤티=보다; 아야트=~이 없는; 이샴=신, 브라흐만; 아스야=그의; 마히마나미티=그의 위대함으로; 비타소카흐=슬픔으로부터 벗어난.

같은 나무 위에 개인적인 자아는 미혹된 자신이 힘없는 존재이기 때문에 슬퍼한다. 그러나 경배받는 신과 그의 영광을 실현하였을 때, 슬픔으로부터 벗어나게 된다.

8 ऋचो अक्षरे परमे व्योमन् यस्मिन्देवा अधि विश्वे निषेदुः।
यस्तं न वेद किमृचा करिष्यति य इत्तद्विदुस्त इमे समासते ॥८॥

리초 악샤레 파라메 브요만 야스민데바 아디 비스베 니셰두흐 |
야스탐 타 베다 킴리차 카리쉬야티 야 이따드비두스타 이메 사마사테 ॥ 8 ॥

리차흐=베다; 아크샤레=사라지지 않는; 파라메=가장 높은; 브요만=하늘과 같은; 야스민=그것에; 데바흐=신들; 아디니셰두흐=보호받는, 거하는; 아스탐=그에게; 나=아니다; 베다=알다; 킴리차=베다와 함께; 카리쉬야티=할 것이다; 야=누구; 이트=오직; 타트=그것; 비두흐=알다; 테 이메=이러한 것들; 사마사테=충족된 자아로 남다.

베다는 모든 신들이 거하는 불멸하는 지고의 공간에서 확립되었다. 베다를 통하여 무엇을 성취하는지 아는 이는 누구인가? 그것을 아는 이는 충족된 자아로 남으리라.

9 छन्दांसि यज्ञाः क्रतवो व्रतानि भूतं भव्यं यच्च वेदा वदन्ति।
अस्मान् मायी सृजते विश्वमेतत्तस्मिंश्चान्यो मायया सन्निरुद्धः ॥९॥

찬담시 야그야흐 크리타보 브라타니 부탐 바브얌 야차 베다

바단티|
아스만 마이 스리자테 비스바메타르따스밈스찬요 마야야 산니루따흐 ‖ 9 ‖

찬담시=경전, 베다; 야그야흐=희생; 크리타바흐=예배; 브라타니=고행; 부탐=과거; 바브얌=미래; 야트=이것, 브라흐만; 차=그리고; 베다흐=베다, 경전; 바단티=선포하다; 아스만=우리스스로; 마이=마야의 제어자, 현상 세계의 지배자; 스리자테=창조하다; 비스바메타트=이 세상; 타스민 차=그리고 이것; 안야흐=다른 것들; 마야야=마야에 의해; 산니루따흐=묶인, 빠진.

베다 경전, 희생, 예배, 고행, 과거, 미래, 그리고 베다로부터 선포된 모든 것들은 브라흐만으로부터 나온 것이다. 마야의 지배자인 브라흐만은 이 현상 세계를 계획하며, 마야의 힘으로 인하여 이 세계로 묶이게 되나니.

찬담시란 베다인 리그, 야주스, 사마와 아타르반기라사이며 희생의 식인 야그야를 말한다. 브라흐만은 마이이다. 그것은 마야의 주인이며 지배자이다. 마야는 무엇인가? 실체가 없는 것을 있는 것처럼 보이게 하는 마법을 거는 것이다.

10 मायां तु प्रकृतिं विद्यान्मायिनं च महेश्वरम्।
तस्यावयवभूतैस्तु व्याप्तं सर्वमिदं जगत्॥१०॥

마얌 투 프라크리팀 비드얀마이남 차 마헤스바람|
타스야바야바부타이스투 브야프탐 사르바미담 자가트 ‖ 10 ‖

마얌=마야; 투=그런 다음; 프라크리팀=프라크리티, 자연; 비드야트=알려진; 마이남=마야의 주인; 차=그리고; 마헤스바람=위대한 신; 타스야=그의; 아바야바부타이흐=그의 사지; 투=실로; 브야프탐=에워싸인; 사르밤=모든; 이담=이것; 자가트=세상.

프라크리티는 마야라는 것을 알라. 그리고 위대한 신은 실로 마야의 지배자이니. 이 우주 전체는 그의 사지로 둘러싸여 있도다.

11 यो योनिं योनिमधितिष्ठत्येको यस्मिन्निदं सं च वि चैति सर्वम्।
तमीशानं वरदं देवमीड्यं निचाय्येमां शान्तिमत्यन्तमेति॥११॥

요 요님 요니마디티쉬타트예코 야스민니담 삼 차 비 차이티 사르밤|
타미사남 바라담 데바미드얌 니차이예맘 산티마트얀타메티
‖ 11 ‖

야흐=누구; 요님 요님=본성의 다른 전체, 프라크리티; 아디티쉬타티=제어하다; 에카흐=그 스스로에 의한 모든 것, 하나의; 야스민=누구에; 이담=이것; 삼 에티=부정하다; 차=그리고; 비 에티=튀어오르다; 사르밤=모든; 탐=그에게; 이사남=지고의 스승; 바라담=자애로운; 데밤=신; 이드얌=예배의 가치; 니차이얌=실현하는; 이맘=이것; 산팀=고요함, 평화; 아트얀탐=극도의; 에티=도달하다.

둘이 아닌 하나임을 실현함으로 브라흐만은 모든 프라크리티의 지배자로 존재하나니, 우주는 브라흐만으로 들어가며 브라흐만으로부터 모든 것이 나온다. 그는 실로 지고의 스승이며, 자애로우며, 실현하는 존재이며, 베다로 찬미받는 이이며, 절대적인 평화에 도달한 이이도다.

12 यो देवानां प्रभवश्चोद्भवश्च विश्वाधिपो रुद्रो महर्षिः। हिरण्यगर्भं पश्यत जायमानं स नो बुद्ध्या शुभया संयुनक्तु ॥१२॥

요 데바남 프라바바스초드바바스차 비스바디포 루드로 마하르쉬흐|
히란야가르밤 파샤타 자야마남 사 노 부뜨야 수바야 삼유나크투 ‖ 12 ‖

야흐=누구; 데바남=모든 신들의; 프라바바흐=기원; 차=그리고; 우드바바흐=근원; 차=그리고; 비스바디피흐=우주의 주인; 루드라흐=루드라; 마하르쉬흐=위대한 보는 자; 히란야가르밤=우주의 정신, 히란야가르바; 파스야타=목격한; 자야 마남=태어나는 존재; 사흐=그는; 나흐=우리에게; 부뜨야=생각; 수바야=미덕; 삼유나크투=베풀다.

루드라는 모든 신들의 신성한 힘의 근원이며, 모든 것의 기원이며, 우주의 주인이며, 위대한 보는 자 이도다. 그는 태어난 존재로서 히란야가르바를 보았나니, 실로 덕 있는 생각을 우리에게 주도다.

13 यो देवानामधिपो यस्मिन्ल्लोका अधिश्रिताः।
य ईशे अस्य द्विपदश्चतुष्पदः कस्मै देवाय हविषा विधेम ॥१३॥

요 데바나마디포 야스민로카 아디스리타흐│
야 이소 아스야 드비파다스차투쉬파다흐 카스마이 데바야 하비샤 비데마 ‖ 13 ‖

야흐=누구; 데바남=신들; 아디파흐=스승; 야스민=누구의 로카흐=세상들; 아디스리타흐=확립된; 야흐=누구; 이세=제어하다; 아스야=이것; 드비파다스차투쉬파다흐=두 발 짐승과 네 발 짐승; 카스마이=은총; 데바야=신성의; 하비샤=예배, 봉헌; 비데마=바치다.

그는 모든 신들의 주인이며, 그의 존재로 모든 세상은 휴식을 취하도다. 그는 두 발 짐승과 네 발 짐승을 지배하나니, 은총을 베푸는 신성의 존재에게 우리는 봉헌물을 바친다.

14 सूक्ष्मातिसूक्ष्मं कलिलस्य मध्ये विश्वस्य स्रष्टारमनेकरूपम् । विश्वस्यैकं परिवेष्टितारं ज्ञात्वा शिवं शान्तिमत्यन्तमेति ॥१४॥

숙쉬마티숙쉬맘 칼릴라스야 마드예 비스바스야 스라쉬타마네카루팜|
비스바스야이캄 파리베쉬티타람 그야트바 시밤 산티마트얀타메티 ‖ 14 ‖

숙쉬마티숙쉬맘=섬세한 것보다 더 섬세한; 칼릴라스야=심오함과 무지; 마드예=한가운데에; 비스바스야=우주의; 스라쉬타람=창조자; 아네카루팜=많은 형상에 봉헌한; 비스바스야=우주의; 에캄=하나의; 파리베쉬티타람=포함하다; 그야트바=알고 있는, 실현하는; 시밤=시바; 산팀=평화; 아트얀탐=지고의; 에티=도달하다.

그는 섬세한 것보다 더한 섬세함으로, 심오함과 무지의 한가운데에 존재함으로써, 또한 우주의 창조자로, 수많은 형상으로, 우주 전체를 감싸는 일원성으로 시바를 실현하여 절대적인 평화에 도달한다.

브라흐만은 우주 전체에 존재하지만 너무나 섬세하기 때문에 우리의 눈으로 그것을 볼 수가 없다. 브라흐만은 우주 속에서 수많은 모습과 수많은 형태로 발현되지만 우리는 우주의 변화에 대해서 알 수가 없는 것이다. 다만 우리가 수많은 우주의 다양성과 합일되었을 때, 브라흐만을 실현하게 되는 것이며, 절대적인 평화에 이르는 것이다.

15 स एव काले भुवनस्य गोप्ता विश्वाधिपः सर्वभूतेषु गूढः।
यस्मिन् युक्ता ब्रह्मर्षयो देवताश्च तमेवं ज्ञात्वा मृत्युपाशांश्छिनत्ति ॥१५॥

사 에바 칼레 부바나스야 고프타 비스바디파흐 사르바부테슈 구다흐|
야스민 육타 브라흐마르샤요 데바타스차 타메밤 그야트바 므리트유파삼시찬띠 ‖ 15 ‖

사흐=그는; 에바=홀로; 칼레=그 시간에 부바나스야=세상의; 고프타=보호자; 비스바디파흐=우주의 주인; 사르바부테슈=모든 존재 속에; 구다흐=비밀의, 숨겨진; 야스민=누구의; 육타흐=통합된; 브라흐마 리쉬=실현한 자들; 데바타흐=신들; 차=그리고; 탐=그에게; 에바=홀로; 그야트바=알고 있는; 므리트유파사남=죽음의 구속; 찬띠=끊어지다.

과거의 시간 속에, 그는 실로 우주의 보호자이니. 그는 우주의 주인이며, 그는 모든 존재 속에 거한다. 브라흐마 리쉬와 신들이 그와 하나라는 것을 아는 자는 죽음의 사슬이 끊어지도다.

16 घृतात् परं मण्डमिवातिसूक्ष्मं ज्ञात्वा शिवं सर्वभूतेषु गूढम्।
विश्वस्यैकं परिवेष्टितारं ज्ञात्वा देवं मुच्यते सर्वपाशैः ॥१६॥

그리타트 파람 만다미바티숙쉬맘 그야트바 시밤 사르바부테

슈 구담 |
비스바스야이캄 파리베쉬티타람 그야트바 데밤 무챠테 사르바파사이흐 || 16 ||

그리타트=버터기름보다; 파람=지고의; 만담=원리, 법칙; 이바=~처럼; 아티숙쉬맘=극도로 섬세한; 그야트바=알고 있는; 시밤=은총의; 사르바부테슈=모든 존재 속에; 구담=숨겨진; 비스바스야=세상의; 에캄=하나의; 파리베쉬타람=스며 있는 것; 그야트바=알고 있는; 데밤=신; 무챠테=해방된; 사르바파사이흐=모든 집착으로부터.

끓는 버터기름 표면에 일어나는 아주 얇은 막처럼 모든 존재에 숨겨진 시바를 앎으로써, 또한 우주 전체를 포함하는 일원성의 신을 앎으로써 모든 구속으로부터 자유롭게 되나니.

17 एष देवो विश्वकर्मा महात्मा सदा जनानां हृदये सन्निविष्टः। हृदा मनीषा मनसाऽभिक्लृप्तो य एतद् विदुरमृतास्ते भवन्ति ॥१७॥

에샤 데보 비스바카르마 마하트마 사다 자나남 흐리다예 산니비쉬타흐 |
흐리다 마니샤 마나사아비클프토 야 에타드 비두람리타스테 바반티 || 17 ||

에샤=이것; 데바흐=신; 비스바카르마=우주의 창조자; 마하트마=거대한, 우주적인 존재; 사다=언제나; 자나남=존재의;

흐리다예=가슴속에; 산니디쉬타흐=존재하다, 살다; 마니샤= 이지에 의해; 마나사=마음에 의해; 아비클프타흐=드러내다, 결정된; 야=누구; 에타트=이것; 비두흐=알다; 암리타흐=불멸하는; 테=그들은; 바반티=~이 되다.

위대한 참 나는 우주의 창조자이다. 그는 모든 것에 퍼져 있지만 언제나 인간의 가슴 안에 살며, 마음과 이지를 통하여 보다 확고해진다. 이러한 참 나를 아는 이는 불멸함을 얻는다.

브라흐만을 우주의 창조자인 '비스바카르마'라고 부르는 것은 브라흐만의 투사에 의해 전개되기 때문이다. 그것을 거대한 '마하트마'라고 한것은 모든 것에 퍼져 있다고 하여 그런 묘사를 한 것이다. 그는 언제나 가슴속 깊은 곳에 언제나 산다고 하였다. 태양은 모든 곳에 비추이지만 반사체에 의해 다르게 나타나 보이는 것이다. '흐리다'는 가슴을 말하는데 거부한다는 뜻이 있다. 무엇을 거부하는 것인가? 그것은 진실이 아닌 것을 거부하는 것이다. '마나사'는 이지와 분별과 마음을 나타낸다. 베단타철학에서는 "네티 네티"라고 하여 "아니다, 아니다"라고 부정하는 것이 있다. 첫번째는 거부하고 그 다음에는 수용하는 것이다. 무엇을 수용하는가? 브라흐만을 수용하는 것이다. '아비클프타흐'는 드러내는 것인데 언제 드러내는 것일까? 그것은 브라흐만에 집중되고 분별이 될 때 드러내어지는 것이다. 브라흐만을 안다는 것은 브라흐만이 되는 것이다. 그러할 때 "그대는 그것이다"라는 "타트 트밤 아시"가 되는 것이며 "나는 브라흐만이다"라고 선언할 때 환상은 사라지고 불멸이 되는 것이다.

18 यदाऽतमस्तन्न दिवा न रात्रिः न सन्नचासच्छिव एव केवलः।
तदक्षरं तत् सवितुर्वरेण्यं प्रज्ञा च तस्मात् प्रसृता पुराणी ॥१८॥

야다아타마스탄나 디바 나 라트리흐 나 산나차사치바 에바 케발라흐|
타다크샤람 타트 사비투르바렌얌 프라그야 차 타스마트 프라스리타 푸라니 ‖ 18 ‖

야다=~때; 아타마흐=어둠이 사라짐; 타트=그것; 나=아닌; 디바=낮; 라트리흐=밤; 나 사트=실재가 아닌; 나차 아사트=실재가 아닌 것도 아닌; 시바 에바=오직 시바만이; 케발라흐=홀로; 타트=그것; 악샤람=변하지 않는; 타트=그것; 사비투흐=빛에 의해; 바렌얌=숭배할 만한; 프라그야=지혜; 차=그리고; 타스마트=그에게로부터; 프라스리타=~에 향하다; 푸라니=태고의.

어둠도 없고, 밤도 낮도 존재하지 않으며, 실재하는 것도 실재하지 않는 것도 없나니. 오직 절대의 시바만이 존재한다. 그것은 불변하는 것이며, 태양의 신 사비타에 의해 숭배를 받나니, 태고의 지혜는 실로 그것으로부터 퍼졌다.

어떤 것도 존재하지 않을 때, 절대이며 스스로 독존하는 시바만이 존재한다. 그 불변이며 경이로운 시바는 찬란히 비치는 태양의 신인 사비타에 의해 경배받고, 그 지혜는 계속해서 이어져 내려온다.

19 नैनमूर्ध्वं न तिर्यञ्चं न मध्ये परिजग्रभत् ।
न तस्य प्रतिमा अस्ति यस्य नाम महद्यशः ॥१९॥

나이나무르드밤 나 티르얀참 나 마드예 파리자그라바트|
나 타스야 프라티마 아스티 야스야 나마 마하드 야사흐
‖ 19 ‖

나=아니다; 에남=그에게; 우르드밤=~위에; 티르얀참=가로 질러; 마드예=중간에; 파리자그라바트=이해할 수 있는; 타스야=그의; 프라티마=~처럼; 아스티=존재하다; 야스야=누구의; 나마=이름; 마하트=위대한; 야사=영광.

위에서든지 가로질러서든지 중간에서든지 그를 잡을 수 있는 이는 없다. 무엇도 그와 닮은 것이 없나니, 그는 위대한 영광으로 불린다.

20 न संदृशे तिष्ठति रूपमस्य न चक्षुषा पश्यति कश्चनैनम् ।
हृदा हृदिस्थं मनसा य एनमेवं विदुरमृतास्ते भवन्ति ॥२०॥

나 삼드리소 티쉬타티 루파마스야 나 착슈샤 파샤티 카스차나이남|
흐리다 흐리다스탐 마나사 야 에나메밤 비두람리타스테 바반티 ‖ 20 ‖

나=아니다; 삼드리소=시야의 한계 속에; 티쉬타티=유효한; 루팜=형상; 아스야=그의; 나=아니다; 착슈샤=눈으로; 파샤티=잡힌; 카스차나=어떤 사람; 에남=그에게; 흐리다=가슴으로; 흐리다스탐=가슴속에 있는; 마나사=마음으로; 야흐=누구; 에남=그에게; 에밤=그러므로; 비두흐=실현하다; 암리타흐=불멸의; 테=그들은 비반티=~이 되다.

그의 형상은 시야의 한계 속에 존재하지 않으니, 누구도 눈으로는 그를 볼 수 없다. 그러므로 가슴속에 존재함으로써 그를 알고, 순수한 마음으로 그를 아는 이는 불멸함을 얻으리라.

이 구절은 케나 우파니샤드 제1장 7절에서 "눈으로 볼 수는 없으나 브라흐만은 그에 의해 볼 수가 있다. 세상 사람들이 숭배하는 것, 그것은 브라흐만이 아니다"라고 하는 것과 같다.

21 अजात इत्येवं कश्चिद्भीरुः प्रपद्यते। रुद्र यत् ते दक्षिणं मुखं तेन मां पाहि नित्यम्॥२१॥

아자타 이트예밤 카스치드비루흐 프라파드야테 |
루드라 야트 테 닥쉬남 무캄 테나 맘 파히 니트얌 ‖ 21 ‖

아자타흐=태어남이 없는; 이팀=그러므로; 에밤=이러한 수단으로; 카스치트=확실한; 비루흐=소심한; 프라파드야테=은신하다; 루드라흐=루드라; 야트=그것; 테=그들의; 닥쉬남=자애로운; 무캄=얼굴; 테나=그것에 의해; 맘=나에게; 파히=보호하다; 니트얌=항상.

당신이 탄생하지 않은 이유로, 두려움에 놀란 사람들은 당신에게 은신하였나니. 오 루드라여, 당신의 그 온화한 모습으로 영원히 나를 보호하소서.

만약 신에 대해 명상을 한다면 기쁨을 얻을 것이다. 더욱 신을 생각한다면 행복이 더할 것이며, 나중에는 그 행복으로 가득 차게 될 것이다.

22 मा नस्तोके तनये मा न आयुषि मा नो गोषु मा न अश्वेषु रीरिषः। वीरान् मा नो रुद्र भामितो वधीर्हविष्मन्तः सदमित् त्वा हवामहे ॥२२॥

마 나스토케 타나예 마 나 아유쉬 마 노 고슈 마 나 아스베슈 리리샤흐|
비란 마 노 루드라 바미토 바디르하비쉬만타흐 사다미트 트바 하바마헤 ‖ 22 ‖

마=하지 않는; 나흐=우리의; 토케=아들; 타나예=손자; 아유쉬=수명; 고슈=소; 마=하지 않는다; 나흐=우리의; 아스베슈=말; 리리샤흐=상처 입히다; 비란=영웅; 루드라=오 루드야여!; 바미타흐=당신의 분노로; 바디흐=죽이다; 하비쉬만타흐=봉헌물로; 사담=항상; 이트=그러므로; 트밤=당신; 하바마헤=간원하다.

오 루드라여, 부디 우리의 아들과 손자를 멸하지 말며, 우리의 삶을 멸하지 말며, 우리의 소를 멸하지 말며, 우리의 말을 멸하지 마소서. 당신의 분노로 우리의 용맹스러운 하인을 죽이지 마소서. 우리는 언제나 당신에게 봉헌물을 바치며 간원하나이다.

제5장
판차모아드야야흐
पञ्चमोऽध्यायः

1 द्वे अक्षरे ब्रह्मपरे त्वनन्ते विद्याविद्ये निहिते यत्र गूढे।
क्षरं त्वविद्या ह्यमृतं तु विद्या विद्याविद्ये ईशते यस्तु सोऽन्यः ॥१॥

드베 악샤레 브라흐마파레 트바난테 비드야비드예 니히테 야트라 구데।
크샤람 트바바드야 흐얌리탐 투 비드야 비드야비드예 이사테 야스투 소안야흐 ॥ 1 ॥

드베=2개의; 악샤레=변하지 않는 것 속에서; 브라흐마파레=브라흐마 속에서; 투=그러나; 아난테=무한함 속에서; 비드야비드예=지혜와 무지; 니히테=놓여진; 야트라=누구에; 구데=숨겨진; 크샤람=필멸의; 투=그러나; 아비드야=무지; 히=실로; 암리탐=불멸함; 투=그러나; 비드야=지혜; 이사테=제어하다; 야흐=누구; 투=전체적으로; 사흐=그는; 안야흐=또 다른 것.

그는 불변하며, 무한하며, 브라흐마보다 더 높도다. 그는 지혜와 무지 그 두 가지를 숨겨두고, 지혜와 무지를 모두 관장하나니. 무지는 사라지는 것이지만 지혜는 실로 불멸하도다.

2 यो योनिं योनिमधितिष्ठत्येको विश्वानि रूपाणि योनीश्च सर्वाः।
ऋषिं प्रसूतं कपिलं यस्तमग्रे ज्ञानैर्बिभर्ति जायमानं च पश्येत्॥२॥

요 요님 요니미디티쉬타트예코 비스바니 루파니 요니스차 사르바흐|
리쉼 프라수탐 카필람 야스타마그네 크샤나이르비바르티 자야마남 차 파셰트 ‖ 2 ‖

야흐=누구; 요님 요님=자연의 모든 측면; 아디티쉬타티=지배하다; 에카흐=홀로; 비스바니=모든; 루파니=형상들; 요니흐=근원; 차=그리고; 사르바=모든; 리쉼=모든 것을 알고 있는 자들, 보는 자; 프라수탐=스스로 창조된; 카필람=황금색, 모든 것을 아는, 히란야가르바; 야흐=누구; 탐=그에게; 아그네=최초에; 크샤나이흐=지혜로; 비바르티=낳다; 자야마남=태어난; 차=그리고; 파셰트=보다.

그는 모든 공간을 지배하며, 모든 형상과, 모든 근원을 지배한다. 그가 태어났을 때, 그는 모든 지혜로 꽉 찬 황금빛으로 가득 찼으며, 그는 자신이 탄생되는 것을 보았다.

'카필람'이란 황금빛이라는 '히란야가르바'의 의미와 같다. 그 뜻은 '알다'라는 뜻의 '리쉬'와도 같다. 지혜는 브라흐만에 의해 히란야가르바에게 주었으며, 히란야가르바에 의해 지혜가 나온다. 비쉬누

푸라나 제2장 제14편 9절-제3장 제2편 55절에서 말하기를 "비쉬누의 화신인 성자 카필라가 모든 것을 유지하고 보존하는 황금시대에 전 세계의 최고의 지혜를 가르쳤다. 베다의 수호자인 성자 바쉬시타, 브야사처럼 카필라는 삼크야 철학을 부여하였다"라고 하였다.

3 एकैकं जालं बहुधा विकुर्वन्नस्मिन् क्षेत्रे संहरत्येष देवः। भूयः सृष्ट्वा पतयस्तथेशः सर्वाधिपत्यं कुरुते महात्मा ॥३॥

에카이캄 잘람 바후다 비쿠르반나스민 크셰트레 삼하라트예샤 데바흐|
부야흐 스리쉬트바 파타야스타테사흐 사르바디파트얌 쿠루테 마하트 ‖ 3 ‖

에카이캄=서로; 잘람=신, 인간, 동물 등으로 얽힌, 그물; 바후다=많은 방법들; 비쿠르반=만드는; 아스민=이것에; 크셰트레=들판, 땅; 삼하라티=버리다, 파괴하다; 에샤흐=이것; 데바흐=신; 부야흐=다시; 스리쉬트바=창조하는; 파타야흐=신성들; 타타=이전처럼; 이사흐=신; 사르바디파트얌=지고의 지배력; 쿠루테=훈련하다; 마하트마=위대한 자아, 아트만.

이 땅 위에 각각의 성질들로 다양하게 얽혀진 그물을 만든 신은 그것을 없애 버렸다. 그리고 위대한 참 나인 아트만은 이전처럼 다시 지배자를 창조한 후, 그 모든 것을 통치하였다.

자람은 그물인데 그것은 다섯 원소인 지, 수, 화, 풍, 공간의 순열과 조합에 의한 것이다. 베단타 철학은 그러한 창조와 소멸의 과정을 사라지게 하였다.

4 सर्वा दिशः ऊर्ध्वमधश्च तिर्यक् प्रकाशयन् भ्राजते यद्वनड्वान् । एवं स देवो भगवान् वरेण्यो योनिस्वभावानधितिष्ठत्येकः ॥४॥

사르바 디사 우르드바마다스차 티르야크 프라카사얀 브라자테 야드바나드반|
에밤 사 데보 바가반 바렌요 요니스바바바나디티쉬타트예카흐 ‖ 4 ‖

사르바=모든; 디사흐=방향들; 우르드밤=~위에; 아다흐=~아래에; 차=그리고; 티르야크=가로질러; 프라카사얀=빛; 브라자테=빛나다; 야트 우=마치 ~처럼; 아나드반=태양; 에밤=바로 곧; 사흐=그것; 데바흐=신; 바가반=빛나는 존재; 바렌얌=숭배할 만한; 요니스바바반=자연의 원인이 되는; 아디티쉬티티=통제하다; 에카흐=오직 하나.

태양이 위와 아래, 모든 방향, 모든 면에 빛을 비추듯이 그는 광휘에 빛나는 존재이다. 만물의 근원인 그는 모든 것을 통치하며, 모든 것에게 숭배받는다.

신인 데바는 빛나는 존재이며 브라흐만은 비추어서 빛나는 것이 아닌 스스로 빛나는 존재이다.

5

यच्च स्वभावं पचति विश्वयोनिः पाच्यांश्च सर्वान् परिणामयेद् यः।
सर्वमेतद् विश्वमधितिष्ठत्येको गुणांश्च सर्वान् विनियोजयेद् यः ॥५॥

야차 스바바밤 파차티 비스바요니흐 파츠얌스차 사르반 파리나마예드 야흐|
사르바메타드 비스바마디티쉬타트예코 구남스차 사르반 비니요자예드 야흐 ‖ 5 ‖

야흐=누구; 차=그리고; 스바바밤=그것의 소유한 본성; 파차티=변하다, 일으키다; 비스바요니흐=세상의 근원; 파츠얀=일으키는; 차=그리고; 사르반=모든; 파리나마예드=변하는; 야흐=누구; 사르밤=모든; 에타트=이것; 비스밤=우주; 아디티쉬타티=통제하다; 에카흐=하나의; 구나흐=요소들; 차=그리고; 사르반=모든; 비니요자예드=지배하다; 야흐=누구.

우주의 근원인 그는 세상의 근원을 일으키며, 모든 것을 변하게 하며, 세상의 모든 요소들을 통제하나니, 그는 이 우주 전체의 주인이도다.

6

तद् वेदगुह्योपनिषत्सु गूढं तद् ब्रह्मा वेदते ब्रह्मयोनिम्।
ये पूर्वं देवा ऋषयश्च तद् विदुस्ते तन्मया अमृता वै बभूवुः ॥६॥

타드 베다구흐요파니샤트수 구담 타드 브라흐마 베다테 브라

흐마요님|
예 푸르밤 데바 리샤야스차 타드 비두스테 탄마야 암리타 바
이 바부부흐 || 6 ||

타트=그것; 베다구흐요파니샤트수=베다의 우파니샤드적인 근원에서; 구담=숨겨진; 타트=그것; 브라흐마=창조자; 베다테=알다; 브라흐마요님=베다의 근원으로; 예=누구; 푸르밤=~이전에; 데바=신들; 리샤야흐=보다; 차=그리고; 타트=그것; 비두흐=실현된; 테=그들은; 탄마야흐=그것 스스로; 암리타=불멸의; 바이=실로; 바부부흐=변형된.

우파니샤드에 숨겨져 있는 브라흐만은 베다의 신비로움이다. 창조주인 브라흐마는 자체가 확고한 지식의 근원이 베다라는 것을 안다. 태고의 신들과 보는 자들은 그것을 알았나니, 그들은 그것의 생각으로 가득하여 실로 불멸의 존재가 되었다.

우파니샤드는 베다의 핵심으로 '구흐야' 라고 하는데, 그것은 섬세한 것을 말하는 것이며, '라하스야마이' 라고 하여 비밀이라고도 한다. 브라흐만은 절대이며, 창조주 브라흐마는 황금빛 지혜인 히란야가르바, 즉 베다를 창조하였다.

7 गुणान्वयो यः फलकर्मकर्ता कृतस्य तस्यैव स चोपभोक्ता।
स विश्वरूपस्त्रिगुणस्त्रिवर्त्मा प्राणाधिपः सञ्चरति स्वकर्मभिः ॥७॥

구난바요 야흐 팔라카르마카르타 크리타스야 타스야이바 사

초파복타 |
사 비스바루파스트리구나스트리바르트마 프라나디파흐 산차라티 스바카르마비흐 ‖ 7 ‖

구난바야흐=구나와 연결된, 행동과 지식으로부터 얻어진 결과들의 속성을 가진; 야흐=누구; 팔라카르마카르타=보상을 위한 행위; 크리타스야=행위의; 타스야이바=그의 소유; 사흐=그는; 차=그리고; 우파복타=열매를 얻다; 사흐=그는; 비스바루파흐=모든 형상을 추측한; 트리구나흐=세 가지의 요소들에 묶인; 트리바르트마=세 가지의 통로를 통하여; 프라나디파흐=생명력이 넘치는 자; 산차라티=헤매다; 스바카르마비흐=그 행위를 통하여.

그는 속성들과 연결되어 있으며, 그는 결과로 이끄는 행위를 행하는 자이며, 그는 행해진 행위의 결과를 즐기는 자이며, 그는 세 가지의 요소들을 가진 많은 형상을 가졌으며, 세 가지의 통로를 가졌으며, 생명력이 넘치는 자이며, 스스로의 행위를 통하여 움직이는 자이다.

이 절은 세 가지 속성인 트리구나, 즉 "라자스, 타마스, 사트바스"와 참 나인 아트만과의 관계를 말하고 있다. 바가바드기타 제14장 9절에서는 "선인 사트바스는 행복한 존재를 속박하고, 행동력인 라자스는 행위를 속박한다, 오 바라타여, 무지인 '타마스'는 지혜에 장막을 가리우며 부주의함으로 존재를 속박한다"라고 하였다. 세 가지의 통로 또는 길이라는 것은 첫번째 올바른 길인 다르마, 두번째 올바르지 않는 아다르마, 세번째 지혜인 그야나를 말하는 것이다. 다른 세 가지의 길은 신의 길인 데바야나, 조상의 길인 피트르야나, 낮은 영혼을 말하는 티르얀마르가를 말한다.

8 अङ्गुष्ठमात्रो रवितुल्यरूपः सङ्कल्पाहङ्कारसमन्वितो यः ।
बुद्धेर्गुणेनात्मगुणेन चैव आराग्रमात्रोऽप्यपरोऽपि दृष्टः ॥८॥

앙구쉬타마트로 라비툴야루파흐 상칼파항카라사만비토 야흐 |
부떼르구네나트마구네나 차이바 아라그라마트로아프야파로
아피 드리쉬타흐 ‖ 8 ‖

앙구쉬타마트라흐=엄지손가락 크기의; 라비툴야루파흐=태양처럼 빛나는; 상칼파=의지; 아함카라=나, 자신, 에고; 사만비타흐=홀로; 야흐=누구든지; 부떼르구네나=이지의 성질; 아트마구네나=우월함의 성질; 차 에바=그리고 오직; 아라그나마트라=오직 목표의 정점과 같이; 아피=심지어; 아파라흐=또 다른; 아피=또한; 드리쉬타흐=보여진.

그것은 엄지손가락만한 크기이며, 태양 같은 빛을 지녔으며, 결단력과 자신에 충실하며, 이지와 몸의 특성을 가졌으며, 막대기의 끝과 같으며, 브라흐만과 다르게 보인다.

삼카라가 말하기를 "잘라 수르야바티"라고 하여, "태양은 물 위를 비치지만 물의 영향을 받지 않는다"고 하였다. 마찬가지로 브라흐만인 우주적인 나는 개인적인 나와 분리되고 영향을 받지 않는 것이다.

9 बालाग्रशतभागस्य शतधा कल्पितस्य च।
भागो जीवः स विज्ञेयः स चानन्त्यायकल्पते ॥९॥

발라그라사타바가스야 사타다 칼피타스야 차|
바고 지바흐 사 비그예야흐 사 차난트야야칼파테 ‖ 9 ‖

발라그라사타바가스야=머리카락 끝의 백번째 부분; 사타다=백 번의; 칼피타스야=더 나누어진; 차=그리고; 바가흐=부분; 지바흐=개인적인 영혼; 사흐=그는; 비그예야흐=실현된; 사흐=그는; 차=그리고; 아난트야야=다시; 칼파테=무한한.

개인적인 자아는 머리카락 한 올을 백 번 나눈 뒤 그 하나를 다시 백으로 나눈 크기라고 알려져 있으며, 무한하다.

10 नैव स्त्री न पुमानेष न चैवायं नपुंसकः।
यद्यच्छरीरमादत्ते तेन तेन स रक्ष्यते ॥१०॥

나이바 스트리 나 푸마네샤 나 차이바얌 나품사카흐|
야드야차리라마다떼 테나 테나 사 라크쉬야테 ‖ 10 ‖

나 에바=실로 이 또한; 스트리=여성; 나 푸만=남성이 아닌; 에샤흐=하나의; 나=아니다; 차 에바 아얌=그리고 이것 또한; 나품사카흐=중성의; 야드야차리람=몸; 아다떼=추측하다; 테나 테나=그것 각각의; 사흐=그는; 라크쉬야테=보호된.

이 하나의 개인적인 자아는 여성도 아니며, 남성도 아니며, 중성도 아니다. 그것은 육체로 보호된다고 알려졌다.

11 सङ्कल्पनस्पर्शनदृष्टिमोहैर्ग्रासाम्बुवृष्ट्यात्मविवृद्धिजन्म ।
कर्मानुगान्यनुक्रमेण देही स्थानेषु रूपाण्यभिसम्प्रपद्यते ॥११॥

상칼파나스파르사나드리쉬티모하이르그라삼부브리쉬트야트마비브리띠잔마 |
카르마누간야누크라메나 데히 스타네슈 루판야비삼프라파드야테 ॥ 11 ॥

상칼파나=욕망; 스파르사나=접촉; 드리쉬티=보이는 것; 모하이흐=환영; 그라삼부브리쉬트야=음식과 음료가 넘쳐남으로; 아트마비브리띠잔마=몸의 성장; 카르마누가니=행위에 따라; 아누크라메나=또 다른 것 이후의; 데히=지바; 스타네슈=다양한 공간; 루파니=외형; 아비삼프라파드야테=도달한다.

먹을 것과 마실 것이 풍부해지면 육체가 성장을 하게 되는 것처럼, 발현된 존재는 생각, 접촉하는 것, 보이는 것, 미망 등의 업과 행위에 따라 다른 공간 속에 다른 형상으로 계속된다.

왜 우리의 육체와 형상은 계속해서 변하는가? 우파니샤드에서 말하기를 그것은 우리의 욕망인 '상칼파' 때문이라고 한다. 그 욕망들은 물질적인 대상과 접촉하고 그것을 즐기면서 집착에 빠지게 된다. 그러면서 그것은 다른 형태로 태어나게 되며, 계속적으로 진행되는 것이다.

12 स्थूलानि सूक्ष्माणि बहूनि चैव रूपाणि देही स्वगुणैर्वृणोति। क्रियागुणैरात्मगुणैश्च तेषां संयोगहेतुरपरोऽपि दृष्टः ॥१२॥

스툴라니 숙스마니 바후니 차이바 루파니 데히 스바구나이르 브리노티│
크리야구나이라트마구나이스차 테샴 삼요가헤투라파로아피 드리쉬타흐 ‖ 12 ‖

스툴라니=거친; 숙스마니=미세한, 섬세한; 바후니=많은; 차이바=그리고; 루파니=형상들; 데히=지바; 스바구나이흐=자신의 본성에 의해; 브리노티=선택한; 크리야구나이흐=행동의 본성에 의해; 아트마구나이스차=그리고 마음의 성질; 테샴=그들의; 삼요가헤투흐=통합의 원인; 아파로아피=또 다른 것; 드리쉬타흐=보여진.

발현된 존재는 스스로 소유한 흐름에 따라 여러 다른 거칠고 섬세한 몸에 귀속된다. 그것은 브라흐만과 다르게 보이며, 그것이 접촉한 원인에 따라, 또한 행동의 본성과 마음의 성질에 따라, 그 결과가 나타나는 것처럼 보여진다.

코코넛은 딱딱한 껍질과 부드러운 속살, 달콤한 즙을 동시에 모두 가지고 있다. 마찬가지로 우리의 몸과 마음 또한 부드러운 층과 거친 층을 모두 가지고 있다. 그러한 몸체의 거친 부위를 '스툴라니,' 부드러운 정신이나 영혼의 몸의 부분은 '숙스마니,' 그보다 더 섬세한 원인적인 몸을 '카라나' 라고 한다.

13 अनाद्यनन्तं कलिलस्य मध्ये विश्वस्य स्रष्टारमनेकरूपम्।
विश्वस्यैकं परिवेष्टितारं ज्ञात्वा देवं मुच्यते सर्वपाशैः ॥१३॥

아나드야난탐 칼릴라스야 마드예 비스바스야 스라쉬타라마네카루팜|
비스바스야이캄 파리베쉬티타람 그야트바 데밤 무챠테 사르바파사이흐 ‖ 13 ‖

아나드야난탐=시작도 끝도 없는; 칼릴라스야=신비한, 혼돈된; 마드예=한복판에; 비스바스야=우주의; 스라쉬타람=창조자; 아네카루팜=많은 형상의; 비스바스야=우주의; 에캄 파리베쉬티타라=오직 감싸는; 그야트바=알고 있는; 데밤=스승; 무츠야테=해방된; 사르바파사이흐=모든 속박으로부터.

광휘로 실현되어 모든 구속으로부터 벗어난 지고의 존재는 시작도 없으며, 끝도 없나니. 그는 측량할 수 없는 세상의 한가운데 존재하며, 우주를 보호한다. 수많은 형상을 지닌 그는 우주 전체를 감싸는 존재이다.

14 भावग्राह्यमनीडाख्यं भावाभावकरं शिवम्।
कलासर्गकरं देवं ये विदुस्ते जहुस्तनुम् ॥१४॥

바바그라흐야마니다크얌 바바바바카람 시밤|
칼라사르가카람 데밤 예 비두스테 자후스타눔 ‖ 14 ‖

바바그라흐얌=가슴속의 순수함으로 실현된; 아니다크얌=형상도 이름도 없는; 바바바바카람=창조하고 파괴하는 이; 시밤=순수함; 칼라사르가카람=모든 기관들의; 데밤=신; 예=누구; 비두흐=알다; 테=그들은; 자후흐=포기한; 타눔=육체.

순수함과 광휘의 존재를 아는 육체를 포기한 그들은 순수한 가슴으로 실현하나니, 그는 몸이 없다고 불린다. 실로 그들은 창조자이며, 파괴자이며, 모든 지식의 근원이다.

어떻게 브라흐만에 도달하는가? 브라흐만은 마음이 순수해야 드러날 수가 있다. 그러나 마음이 순수해지기 위해서는 먼저 몸이 순수해져야만 한다. 몸이 순수하다는 것은 건강하고 깨끗한 몸의 상태를 말하는 것이다. 그런 다음 마음이 순수해야 하는데, 순수한 마음이란 대상, 몸, 감각, 나라는 생각으로부터 자유롭고 순수의식이 자리잡는 것을 의미한다.

브라흐만을 "아니다 아사리라"라고 하는데 그 뜻은 "몸이 없는 상태," 즉 몸으로부터 집착되지 않는 상태를 말한다. 그것은 한계가 없으며, 특정한 요소가 없으며, 어떠한 조건도 없는 상태이다.

제6장
샤쉬토아드야야흐
षष्ठोऽध्यायः

1 स्वभावमेके कवयो वदन्ति कालं तथान्ये परिमुह्यमानाः।
देवस्यैष महिमा तु लोके येनेदं भ्राम्यते ब्रह्मचक्रम् ॥१॥

스바바바메케 카바요 바단티 칼람 타탄예 파리무드야마나흐|
데바스야이샤 마히마 투 로케 예네담 브람야테 브라흐마차크
람 ‖ 1 ‖

스바바밤=자연; 에케=어떤; 카바야흐=지혜로운 이; 바단티
=~라고 말하다; 칼람=시간; 타타=그 수단으로; 안예=다른
것; 파리무드야마나흐=환영 아래에; 데바스야=신의; 에샤=
이것; 마히마=용기; 투=그러나; 로케=세상 속에; 예남=그것
에 의해; 이담=이 우주; 브람야테=회전하게하다; 브라흐마
차크람=브라흐만의 바퀴.

어떤 지혜로운 존재가 본래의 자연을 말할 때, 그와 같은 시
간의 다른 사람들도 환영의 그늘 아래서 그것과 비슷한 것을
말한다. 세상의 영광은 실로 광휘의 존재에 속하여 있나니, 브
라흐만의 바퀴는 회전하는 것이기 때문이다.

우파니샤드 초기에 이와 같은 질문이 있었다. 이 우주는 누가 창조하였는가? 어떤 사람은 자연이라고 하였고, 어떤 사람은 시간이라고 하였으며, 또 어떤 사람은 우발적으로 일어난 것이라고 하였다. 그러나 깊이 명상하고 사색한 결과 브라흐만에 도달함으로써 그의 힘에 의해 그의 환영인 마야에 의해 이 우주는 드러났다고 하였다. 그것은 끊임없는 시간을 움직이는 변화무쌍한 만화경(萬華鏡)과 같으며 브라흐만의 드러남이다.

2 येनावृतं नित्यमिदं हि सर्वं ज्ञः कालकारो गुणी सर्वविद् यः । तेनेशितं कर्म विवर्ततेह पृथिव्यप्तेजोनिलखानि चिन्त्यम् ॥२॥

예나브리탐 니트야미담 히 사르밤 그야흐 칼라카로 구니 사르바비드 야흐|
테네시탐 카르마 비바르타테하 프리티브야프테조닐라카니 친트얌 ∥ 2 ∥

예남=누구에 의해; 아브리탐=둘러싸인; 니트얌=항상; 이담=우주; 히=실로; 사르밤=모든; 그야흐=아는 자; 칼라카라흐=시간을 만드는 자; 구니=죄없는, 순결한; 사르바비드=모든 것의 모든 섬세함을 아는; 야흐=누구; 테나=그에 의해; 이시탐=통제된; 카르마=행위; 비바르타테=변형되다; 이하=여기에, 이 우주에; 프리티브야크테조닐라카니=지, 수, 화, 풍, 공간과 같은; 친트얌=반사된.

그것에 대한 사색이 있었다. 그는 언제나 이 세상을 감싸고

있으며, 홀로 아는 자이며, 모든 것을 아는 이이다. 그는 시간을 창조하며, 그는 순수하다. 그의 행위로 인해 땅, 물, 불, 공기, 공간이 나타났다.

3 तत्कर्म कृत्वा विनिवर्त्य भूय स्तत्वस्य तत्त्वेन समेत्य योगम्। एकेन द्वाभ्यां त्रिभिरष्टभिर्वा कालेन चैवात्मगुणैश्च सूक्ष्मैः ॥३॥

타트카르마 크리트마 비니바르트야 부야 스타트바스야 타뜨베나 사메트야 요감|
에케나 드바브얌 트리비라쉬타비르바 칼레나 차이바트마구나이스차 숙스마이흐 ॥ 3 ॥

타트=그는; 카르마=행위; 크리트바=행위하다; 비니바르트야=그것으로부터 벗어나; 부야흐=다시; 타트바스야=자신에 대한; 타트베나=요소로서; 사메트야=~를 초래하다; 요감=합일된; 에케나=하나로; 드바브얌=2개로; 트리비흐=3개로; 아쉬타비흐=8개로; 바 에바=그리고 홀로; 칼레나=시간; 아트마구나이흐 차=그리고 그들의 본성의 흐름; 숙스마이흐=미세한.

모든 일을 끝내고서 그것을 보니, 다시 자연의 요소와 아트만의 합일이 일어났다. 하나로, 둘로, 셋으로, 또는 여덟로. 또한 시간이 생겨났으며, 내부기관의 미세한 성질들이 생겨났다.

4 आरभ्य कर्माणि गुणान्वितानि भावांश्च सर्वान् विनियोजयेद् यः। तेषामभावे कृतकर्मनाशः कर्मक्षये याति स तत्त्वतोऽन्यः ॥4॥

아람야 카르마니 구난비타니 바밤스차 사르반 비니요자에드 야흐 |
테샤마바베 크리타카르마나사흐 카르마크샤예 야티 사 타뜨바토안야흐 ॥ 4 ॥

아람야=행한; 카르마니=행위; 구난비타니=3개의 구나(요소)가 결합된; 바반 차=그리고 존재; 사르반=모든; 비니요자예드=그것들에게 내맡기다; 야흐=누구; 테샴=그들의; 아바베=없는; 크리타카르마나사흐=창조된 대상을 파괴하는 자; 카르마크샤예=대상이 파괴되는 때; 야티=남다; 사흐=그는; 타트바타흐=실현 속에; 안야흐=다른 것.

3개의 요소들이 결합되는 행위를 한 후, 그는 모든 것을 참 나에게 내맡겼다. 그의 부재는 모든 것들을 사라지게 하나니. 행위의 결과가 사라졌을 때, 자연과 요소들로부터 구별된 존재가 되리라.

다양한 순열과 조합에 의한 세 요소인 트리구나를 참 나에게 내맡김으로써 업보인 카르마는 사라진다. 바가바드기타 제9장 27-28절에 "그대가 무엇을 하던지, 그대가 무엇을 먹던지, 그대가 무엇을 제물로 바치던지, 그대가 무엇을 주던지, 그대가 무슨 고행을 실천하던지, 오 카운테야여, 나를 위해 행하라. 그리하여 그대는 행동이 선과 악의 결과를 가져오는 행위의 속박으로부터 자유롭게 될 것이다"라고 하였다.

5 आदिः स संयोगनिमित्तहेतुः परस्त्रिकालादकलोऽपि दृष्टः। तं विश्वरूपं भवभूतमीड्यं देवं स्वचित्तस्थमुपास्य पूर्वम्॥५॥

아디흐 사 삼요가니미따헤투흐 파라스트리칼라다칼로아피 드리쉬타흐|
탐 비스바루팜 바바부타미드얌 데밤 스바치따스타무파스야 푸르밤 ‖ 5 ‖

아디흐=기원; 사흐=그는; 삼요가니미따헤투흐=합일의 원인; 파라스트리칼라드=과거, 현재, 미래를 넘어, 3개의 시간을 넘어; 아칼로아피=부분 없이; 드리쉬타흐=보여진; 탐=그에게; 비스바루팜=우주의 형상; 바바부탐=모든 존재의 근원; 이드얌=존귀한; 데밤=신; 스바치따스탐=우리의 가슴속에; 우파스야=명상하다; 푸르밤=가장 이전에.

그는 근원이며, 합일의 원인이다. 그는 과거, 현재, 미래의 3개의 시간을 넘어서야 보여지며, 부분으로 보이지 않고 전체로 보여진다. 가장 먼저 모든 형상을 가졌으며, 자연의 기원이며, 진리이며, 존귀함이며, 존재의 가슴속에 거하는 광휘의 존재에 명상을 한 자는 자연과 요소들로부터 구별된 존재가 되리라.

6 स वृक्षकालाकृतिभिः परोऽन्यो यस्मात् प्रपञ्चः परिवर्ततेऽयम् । धर्मावहं पापनुदं भगेशं ज्ञात्वात्मस्थममृतं विश्वधाम ॥६॥

사 브리크샤칼라크리티비흐 파로안요 야스마트 프라판차흐 파리바르타테아얌 |
다르마바함 파파누담 바게삼 그야트바트마스타맘리탐 비스바다마 ∥ 6 ∥

사흐=그는; 브리크샤칼라크리티비흐=시간과 세상의 나무의 형상을 취하는 모든 것으로부터; 파라흐=~이전에; 안야흐=다른; 야스마트=~로부터; 프라판차흐=우주; 파리바르타테=회전하다; 아얌=이것; 다르마바함=진리의 근원; 파파누담=죄를 멸하는 자; 바게삼=모든 힘의 주인; 그야트바=아는 것에 의해; 아트마스탐=지혜로 존재하는; 암리탐=불멸의; 비스바다마=우주의 거처.

이러한 현상의 세계가 돌아가기에 그는 시간과 세상의 나무와 다른 형상을 취하여 구별된다. 그는 진리의 근원을 아는 자이며, 죄를 멸하는 자이며, 신성한 힘의 주인이며, 우주를 부양하는 불멸함이다.

세상의 나무를 카타 우파니샤드 제2장 제6편 1절에서 말하기를 "이것은 오래 전 뿌리는 위를 향하고 가지는 아래로 향하는 반얀나무이다. 그것은 실로 순수함이며, 또한 브라흐만이다. 우리는 그것을 불멸함이라고 한다. 모든 세상이 그것 속에서 휴식을 갖고, 그 무엇도 그것을 초월할 수 없다. 이것이 실로 그것이다"라고 하였다. 또한 바가바드기타 제15장 1절에 나오는 "불멸의 아스바땀나무는 뿌리가 위에 가지가 아래에 있다고 말한다. 그것의 나뭇잎은 베다의 노래이며 그것을 아는 자는 베다를 아는 자이다"라고 하였다.

7 तमीश्वराणां परमं महेश्वरं तं देवतानां परमं च दैवतम्। पतिं पतीनां परमं परस्ताद् विदाम देवं भुवनेशमीड्यम्॥७॥

타미스바라남 파라맘 마헤스바람 탐 데바타남 파라맘 차 다이바탐|
파팀 파티남 파라맘 파라스타드 비다마 데밤 부바네사미드얌 ‖7‖

탐=그에게; 이스바라남=신들의; 파람=위대한; 마헤스바람=지고의 신; 탐=그에게; 데바타남=신위들; 파람=지고의; 차=그리고; 다이바탐=신위; 파팀=스승; 파티남=스승; 파라맘=지고의; 파라스타트=초월한, 프라크리티(자연)를 넘어선; 데밤=신; 부바네삼=우주의 주인; 이드얌=존귀한.

우리는 위대한 왕들의 왕이며, 신들 중에 가장 높은 신이며, 통치자들의 통치자이며, 높은 것 중에 높은 것이며, 모든 세상의 주인이며, 광휘로 빛나는 존귀한 지고의 존재를 안다.

8 न तस्य कार्यं करणं च विद्यते न तत्समश्चाभ्यधिकश्च दृश्यते।
परास्य शक्तिर्विविधैव श्रूयते स्वाभाविकी ज्ञानबलक्रिया च ॥८॥

나 타스야 카르얌 카라남 차 비드야테 나 타트사마스차브야
디카스차 드리스야테 |
파라스야 사크티르비비다이바 스루야테 스바바비키 그야나
발라크리야 차 ‖ 8 ‖

나=아니다; 타스야=그를 위해; 카르얌=행위; 카라남=행위의 도구; 차=그리고; 비드야테=존재하다; 타트=그것; 사마흐=보다; 아브야디카흐=~보다 더; 차=그리고; 드리스야테=보여진; 파라=위대한; 아스야=그의; 사크티흐=위용; 비비다=다양한; 에바=홀로; 스루야테=베다에 의해 선포된; 스바바비키=자연의, 본성의; 그야나발라크리야=지혜와 힘과 행동; 차=그리고.

그는 몸을 가지지 않으며, 어떤 감각기관도 없다. 누구도 그와 같거나, 그보다 높은 것을 보지 못하였나니, 그의 지고의 힘은 가지각색으로 선포되었다. 그것은 실로, 지혜과 힘의 본질적인 행위이다.

어떻게 브라흐만의 본성을 알겠는가? 그것은 절대적인 경전인 수르티의 가르침에 나오듯이 지고의 진리는 지혜로운 스승에 의해 가르쳐지는 것이다.

9 न तस्य कश्चित् पतिरस्ति लोके न चेशिता नैव च तस्य लिङ्गम्।
स कारणं करणाधिपाधिपो न चास्य कश्चिज्जनिता न चाधिपः ॥९॥

나 타스야 카스치트 파티라스티 로케 나 체시타 나이바 차 타스야 링감|
사 카라남 카라나디파디포 나 차스야 카스치자니타 나 차디파흐 ‖ 9 ‖

나=아닌; 타스야=그에 의해; 카스치트=어떤 사람; 파티흐=스승; 아스티=~이 있다; 로케=세상 속에서; 나=아니다; 체시타=어떤 통제자; 나 에바=어떤 것도 아니다; 차=또한; 타스야=그의; 링감=동일성, 암시; 사흐=그는; 카라남=원인; 카라나디파디파흐=지식의 도구를 가진 자들의 스승, 지고의 스승, 왕 중 왕; 차 아스야=그리고 그들의; 카스치트=어떤; 자니타=조상, 창조자; 나=아니다; 차 아디파흐=그리고 군주.

이 세상에는 그를 지배하거나 통치할 어떤 것도 존재하지 않는다. 또한 그에 대해 어떤 추측도 할 수 없나니. 그는 세상의 원인이며, 왕 중 왕이며, 지고의 신이다. 누구도 그의 원인이 될 수 없으며, 누구도 그를 지배할 수 없다.

10

यस्तन्तुनाभ इव तन्तुभिः प्रधानजैः स्वभावतः ।
देव एकः स्वमावृणोत् स नो दधात् ब्रह्माप्ययम् ॥१०॥

야스탄투나바 이바 탄투비흐 프라다나자이흐 스바바바타흐|
데바 에카흐 스바마브리노트 사 노 다다트 브리흐마프야얌
‖ 10 ‖

야흐=누구; 탄투나바흐=거미; 이바=~처럼; 탄투비흐=실로; 프라다나자이흐=업보와 이름과 형상에 영향을 주는 프라다나의 영향으로, 이름과 형상과 보이지 않는 행위로; 스바바바타흐=그가 소유한 힘으로; 데바흐=신; 에카흐=하나의; 스바마브리노티=스스로를 감싸다; 사흐=그는; 다다트=베풀다; 브라흐마프야얌=브라흐만에 녹아든.

마치 거미가 자신이 짜놓은 거미줄 속에 있는 것처럼, 프라다나의 영향으로 자연스럽게 스스로를 감싸고 있는 신은 우리를 브라흐만과 합일되도록 은총을 베푼다.

11

एको देवः सर्वभूतेषु गूढः सर्वव्यापी सर्वभूतान्तरात्मा ।
कर्माध्यक्षः सर्वभूताधिवासः साक्षी चेता केवलो निर्गुणश्च ॥११॥

에코 데바흐 사르바부테슈 구다흐 사르바브야피 사르바부탄타라트마|

카르마드야크샤흐 사르바부타디바사흐 삭쉬 체타 케발로 니르 구나스차 ‖ 11 ‖

에카흐=하나의; 데바흐=신; 사르바부테슈=모든 창조물 속에; 구다흐=내재하는; 사르바브야피=모든 것에 스며 있는; 사르바부탄타라트마=모든 존재의 자아; 카르마드야크샤흐=모든 행위를 보는 자; 사르바부타디바사흐=모든 창조물 속에 영속하는; 삭쉬=목격자; 체타=순수한 의식; 케발라흐=순수한; 니르구나흐=요소들로부터 벗어난; 차=그리고.

모든 존재 속에 숨겨져 있는 신은 모든 것에 스며 있으며 모든 존재의 자아에 내재하고 있다. 그는 행위를 보는 자이며, 모든 창조물 속에 거하며, 목격자이며, 지혜를 주는 이이며, 절대의식이며, 요소들로부터 벗어난 이이다.

12 एको वशी निष्क्रियाणां बहूना मेकं बीजं बहुधा यः करोति।
तमात्मस्थं येऽनुपश्यन्ति धीरास्तेषां सुखं शाश्वतं नेतरेषाम्॥१२॥

에코 바시 니쉬크리야남 바후나 메캄 비잠 바후다 야흐 카로티 |
타마트마스탐 예아누파샨티 디라스테샴 수캄 사스바탐 네타레샴 ‖ 12 ‖

에카흐=오직 하나의; 바시=제어자; 니쉬크리야남=움직임이 없는; 바후남=많은 것의; 에캄=하나의; 비잠=씨앗; 바후다=

스베타스바타라 우파니샤드 625

많은; 야흐=누구; 카로티=주다; 탐=그에게; 아트마스탐=~ 안에 거하다; 예=누구; 아누파샨티=실현하다; 디라흐=현명한 자; 테샴=그들의; 수캄=은총; 사스바탐=영속적인; 나=아니다; 이타레샴=다른 것들 때문에.

영원한 행복은 다름 아닌 이들의 것이다. 그들은 현명하고, 그의 지혜에 거하여 실현하며, 움직임이 없는 많은 것들의 씨앗 하나로 다양함을 만들어 내도다.

13 नित्यो नित्यानां चेतनश्चेतनानां एको बहूनां यो विदधाति कामान्। तत्कारणं सांख्ययोगाधिगम्यं ज्ञात्वा देवं मुच्यते सर्वपाशैः ॥१३॥

니트요 니트야남 체타나스체타나나 메코 바후남 요 비다다티 카만|
타트카라남 삼크야요가디감얌 그야트바 데밤 무챠테 사르바파사이흐 ‖ 13 ‖

니트야흐=영원한; 니트야남=영원한 것들 사이에; 체타나흐=의식; 체나남=의식 사이에; 에카흐=하나의; 바후남=많은 것들에게; 야흐=누구; 비다다티=베풀다; 카만=욕망; 타트=그 것; 카라남=원인; 삼크야요가디감얌=지식과 훈련에 의한 성취, 삼크야와 요가를 통하여 실현된; 크샤트바=아는 것; 데밤=신; 무챠테=해방되다; 사르바파사이흐=모든 속박으로부터.

모든 것의 원인이며, 삼크야와 요가를 통하여 알 수 있으며,

영원한 것들의 영원함이며, 인식하는 자들의 인식이며, 많은 것들에게 욕망의 대상을 주는 신의 존재를 아는 이는 모든 속박으로부터 벗어난다.

14 न तत्र सूर्यो भाति न चन्द्रतारकं नेमा विद्युतो भान्ति कुतोऽयमग्निः।
तमेव भान्तमनुभाति सर्वं तस्य भासा सर्वमिदं विभाति ॥१४॥

나 타트라 수르요 바티 나 찬드라타라캄 네마 비드유토 반티 쿠토아야마그니흐 |
타메바 반타마누바티 사르밤 타스야 바사 사르바미담 비바티 ‖ 14 ‖

나=아니다; 타트라=거기에; 수르야흐=태양; 바티=불; 찬드라타라캄=달과 별; 나 이마흐=이러한 것들이 아니; 비드유타흐=번갯불; 반티=빛나다; 쿠타흐=~을 할 수 있다; 아얌=이것; 탐 에바; 홀로 그에게; 반탐=빛나는; 사르밤=모든 것; 타스야=그의; 바사=그의 광휘에 의해; 사르밤=모든; 이담=이것; 비바티=빛나다.

거기에는 태양이 빛나지 않으며, 달도 별도 빛나지 않으며, 번갯불도 빛나지 않는다. 불빛이 무엇을 하겠는가? 그의 모든 욕망이 다양하게 빛남으로 그가 이러한 빛을 내는데.

이 절은 바가바드기타 제15장 6편의 "그곳은 태양도 달도 불도 빛나는 곳이 아니다"라는 말과 같으며, 타이따리야 우파니샤드 제3장 10

절에는 "나는 태양과 같은 광휘이니. 이것을 아는 자는 신성한 지혜를 아는 자이다"라고 하였다.

15 एको हंसः भुवनस्यास्य मध्ये स एवाग्निः सलिले संनिविष्टः। तमेव विदित्वा अतिमृत्युमेति नान्यःपन्था विद्यतेऽयनाय ॥१५॥

에코 함사흐 부바나스야스야 마드예 사 에바그니흐 살릴레 삼니비쉬타흐|
타메바 비디트바 아팀리트유메티 난야흐 판타 비드야테아야 나야 ∥ 15 ∥

에카흐=하나의; 함사흐=무지를 벗어난 자; 부바나스야스야=이 세상의; 마드예=한가운데의; 사흐=그는; 에바=홀로; 아그니흐=불; 살릴레=물속에서; 삼니비쉬타흐=거하다; 탐=그에게; 에바=홀로; 비디트바=알고 있는; 아팀리트윰 아트야티=죽음을 벗어난; 난야흐=다른 것이 아닌; 판타=길; 비드야테=존재하다; 아야나야=~하는 방법.

우주의 한가운데 지고의 존재가 있다. 그는 물속에서도 결코 꺼지지 않는 불이다. 오직 그를 앎으로써 죽음을 넘어서나니, 다른 길은 존재하지 않는다.

16 स विश्वकृद् विश्वविदात्मयोनिर्ज्ञः कालकालो गुणी सर्वविद्यः। प्रधानक्षेत्रज्ञपतिर्गुणेशः संसारमोक्षस्थितिबन्धहेतुः ॥१६॥

사 비스바크리드 비스바비다트마요니르그야흐 칼라칼로 구니 사르바비드야흐│
프라다나크셰트라그야파티르구네샤흐 삼사라목샤스티티반다헤투흐 ‖ 16 ‖

사흐=그는; 비스바크리트=우주를 아는 자, 우주의 창조자; 비스바비트=우주의 모든 것을 세밀하게 하는 자; 아트마요니흐=아트만과 근원; 그야=아는 자; 칼라카랄흐; 시간을 만드는 자; 구니=속성을 소유한; 사르바비드야흐=모든 지식의 제어자; 프라다나크셰트라그야파티흐=개인적인 영혼과 보이지 않는 것들의 보호자; 구네샤흐=구나를 통제하는; 삼사라목샤스티티반다헤투흐=윤회와 자유와 속박의 원인.

그는 우주의 창조자이며, 우주의 모든 것을 아는 자이며, 참 나인 아트만이며, 근원이며, 아는 자이며, 시간을 만드는 자이며, 속성을 소유한 이이며, 모든 지식의 주인이며, 보이지 않는 것들과 개인적인 자아의 보호자이며, 윤회와 자유와 속박의 원인이다.

'모든 것을 아는 자'란 브라흐만을 말하는 것이다. 브라흐만의 특별한 상태를 계속적으로 반복하여 강조하고 있다. 우파니샤드는 자유와 해탈을 원한다면 브라흐만을 통하라고 거듭하여 말하는 것이다. 무지와 환영인 마야로부터 구나가 나온다. 그 구나는 속박의 원인이 된다. 브라흐만은 구나를 통제하며 속박을 제거하기 때문이다.

17 स तन्मयो ह्यमृत ईशसंस्थो ज्ञः सर्वगो भुवनस्यास्य गोप्ता । य ईशोऽस्य जगतो नित्यमेव नान्यो हेतुर्विद्यत ईशानाय ॥१७॥

사 탄마요 흐얌리타 이사삼스토 그야흐 사르바고 부바나스야 스야 고프타 |
야 이소아스야 자가토 니트야메바 난요 헤투르비드야타 이사 나야 ‖ 17 ‖

사흐=그는; 탄마야흐=우주의 정신; 히=실로; 암리타흐=불멸의; 이사삼스토=통치자로서 확립된; 그야흐=모든 것을 알고 있는; 사르바가흐=모든 것에 스며 있는; 아스야=이것; 고프타=보호자; 야=누구; 이사흐=통치자; 아스야=이것의; 자가토=세상; 니트얌=전체적으로; 에바=실로; 난야흐=~이 아닌; 헤투흐 비드야테=대신할 것이; 이사나야=세밀히 보는.

그는 우주의 자아이며, 불멸함이며, 통치자로 확고하며, 아는 자이며, 어디에나 존재하며, 우주의 보호자이며, 이 세상의 영원한 지배자이다. 이것을 대신할 존재는 없도다.

18 यो ब्रह्माणं विदधाति पूर्वं यो वै वेदांश्च प्रहिणोति तस्मै।
तं ह देवं आत्मबुद्धिप्रकाशं मुमुक्षुर्वै शरणमहं प्रपद्ये ॥१८॥

요 브라흐마남 비다다티 푸르밤 요 바이 베담스차 프라히노티 타스마이 |
탐 하 데밤 아트마부띠프라카삼 무묵슈르바이 사라나마함 프라파드예 ‖ 18 ‖

야흐=누구; 브라흐마남=브라흐마; 비다다티=창조했다; 푸르밤=태초에; 야흐=누구; 바이=실로; 베단=베다; 차=그리고; 프라히노티=보내다; 타스마이=그에게; 탐 하 데밤=그 신; 아트마부띠프라카삼=참 나인 아트만의 지혜를 드러내는 자; 무묵슈흐=해탈을 찾는 자, 구도자; 바임=실로; 사라남=은신처; 아함=나; 프라파드예=찾다

그는 태초에 브라흐마를 창조했으며, 실로 그에게 베다를 가져다주었다. 그 신성한 존재는 참 나인 아트만에 대한 지혜로 드러나나니, 나는 실로 해탈을 열망하며, 은신처를 구하는 존재이다.

신성한 존재이며 광휘에 찬 지고의 참 나에 대해 브리하드아란야카 우파니샤드 제4장 제4편 21절에는 "지혜로운 구도자가 브라흐만을 알게 되려면 직관적인 지혜를 가져야 한다. 말의 기관이 특별히 피곤하지 않게 생각과 말을 많이 하지 않는다." 그리고 문다카 우파니샤드 제2장 제2편 5절에서는 "오직 모든 것의 하나이며 참 나인 그를 알라"라

고 하였다.

19 निष्कलं निष्क्रियं शान्तं निरवद्यं निरञ्जनम्।
अमृतस्य परं सेतुं दग्धेन्धनमिवानलम्॥१९॥

니쉬칼람 니쉬크라얌 산탐 니라바드얌 니란자남 |
암리타스야 파람 세툼 다그덴다나미바날람 ‖ 19 ‖

니쉬칼람=부분 없이; 니쉬크라얌=행위 없이 산탐=고요한; 니라바드얌=순수함; 니란자남=더럽혀지지 않은; 암리타스야=불멸의; 파람=지고의; 세툼=다리; 다그다 인다남 이바=타는 장작처럼; 아날람=불.

그것은 부분이 아니며, 움직임이 없으며, 고요하며, 어떤 결함도 없으며, 어떤 오점도 없으며, 불멸함으로 이끄는 지고의 다리이며, 타오르는 장작으로 일으킨 불과 같다.

브라흐만은 어떤 것도 요구하지 않는다. 그래서 그는 어떤 일도 필요하지 않다. 그는 평온하고 고요한 데에 어떤 변화도 필요없기 때문이다. 그는 자체 충족적이다. 그를 비난할 수가 없다. 그는 흠경이나 오점이 없기 때문이다.

20 यदा चर्मवदाकाशं वेष्टयिष्यन्ति मानवाः।
तदा देवमविज्ञाय दुःखस्यान्तो भविष्यति ॥२०॥

야다 차르마바다카삼 베쉬타이쉬얀티 마나바흐|
타다 데바마비그야야 두흐카스얀토 바비쉬야티 || 20 ||

야다=~한때; 차르마바트 아카삼=창공; 베쉬타이쉬얀티=~덮을 수 있을 것이다; 마나바흐=인간들; 타다=그런 다음; 데밤 아비그야야=신의 지혜를 실현하지 않고; 두흐카스야=슬픔의; 안타흐=끝; 바비쉬야티=발생할.

인간이 자신의 살갗으로 하늘을 덮을 수 있다면, 브라흐만의 지혜를 알지 못하여도 슬픔의 끝에 다다를 것이다.

바가바드기타 제5장 15-17절에는 지혜에 대하여 이렇게 표현하였다. "모든 것에 퍼져 있는 지성은 어느 누구의 죄도 받아들이지 않으며 덕도 받아들이지 않는다. 지혜는 무지에 의해 가려진다. 그로 인해 뭇 생명들은 헤매느니라. 그러나 저 무지가 지혜에 의해 깨쳐진 이들은 지혜가 태양처럼 그 초월적인 것을 비추느니라. 이성과 마음이 그것에 집중하고, 그것을 궁극의 목표로 삼아 그것에 온전히 바쳐졌으며, 지혜로 모든 더러움은 씻겨졌으니, 그들은 다시 돌아옴이 없는, 환생이 없는 곳으로 간다."

21 तपःप्रभावाद् देवप्रसादाच्च ब्रह्म ह श्वेताश्वतरोऽथ विद्वान् ।
अत्याश्रमिभ्यः परमं पवित्रं प्रोवाच सम्यगृषिसङ्घजुष्टम् ॥२१॥

타파흐프라바바드 데바프라사다차 브라흐마 하 스베타스바타로아타 비드반|
아트야스라미브야흐 파라맘 파비트람 프로바차 삼야그리쉬 상가주쉬탐 ‖ 21 ‖

타파흐 프라바바트=고행의 힘을 통하여; 데바프라사다트=신의 영광에 의해; 차=또한; 브라흐마=브라흐만; 하=실로; 스베타스바타라흐=성자 스베타스바타라; 아타=그런 다음; 비드반=아는 자; 아트야스라미브야흐=최고의 산냐시에게; 파라맘=지고의; 파비트람=신성함; 프로바차=말하다; 삼야크=온전히; 리쉬상가주쉬탐=최고의 성자들에게 숭배받는.

성자 스베타스바타라는 고행과 신의 영광으로 브라흐만을 실현하고 난 후, 그는 그가 경험한 최고의 지식을 최고의 수행자들에게 전달하였다. 그리고 그 신성함은 최고의 성자들에 의해 실로 온전히 숭배받는다.

성자 스베타스바타라는 그의 노력과 신의 은총을 통하여 지고의 지혜를 획득하였다. 참 나의 지혜는 아버지에게서 아들로, 스승에게서 제자로 전달된다. 그것을 '파람파라'라고 한다.

22 वेदान्ते परमं गुह्यं पुराकल्पे प्रचोदितम्।
नाऽप्रशान्ताय दातव्यं नाऽपुत्रायाशिष्याय वा पुनः ॥२२॥

베단테 파라맘 구흐얌 푸라칼페 프라초디탐।
나아프라산타야 다타브얌 나아푸트라야시쉬야야 바 푸나흐
॥ 22 ॥

베단테=베다에; 파라맘=가장 높은, 지고의; 구흐얌=비밀; 푸라칼페=이전의 시대에; 프라초디탐=이야기하다; 나=아니다; 나아프라산타야=억제되지 않는 열정의 존재; 나=아니다; 아푸트라야=아들이 아닌; 다타브얌=주어지는; 아시쉬야야=제자가 아닌; 바=또한; 푸나흐=다시.

우파니샤드의 가장 높은 비밀의 가르침은 태고의 시대에 생각된 것이다. 그 비밀은 자신을 제어하지 않는 자에게 주어지지 않으며, 아들이나 제자가 아니어도 전달되지 않는다. 그러나 아들이나 제자라 하여도 마음이 통제되지 않으면 그것은 전달되지 않는다.

우파니샤드의 정확한 뜻을 이 절에서 말하고 있다. 고대로부터 이어져 온 이 진정한 가르침은 자신의 마음을 열고 좋은 스승에게 다가갔을 때, 비로소 전승된다는 것이다. 마음과 마음이 열려진 상태에서 비밀의 지혜가 흘러 들어가는 것이다. 프라스나 우파니샤드 제1장 2절에서 말하기를 "1년 동안 금욕의 고행을 실천하면서 믿음을 가지고 여기에 머물라. 그런 다음 그대들이 원하는 것을 나에게 물어보라. 나는 알고자 하는 모든 것을 가르쳐 줄 것이다"라고 하였으며, 찬도갸 우파니샤드 제8장 제11편 3절에서는 "비의 신 인드라는 창조의 신 프라자파티의 집에서 101년을 홀로 공부하면서 살았다"라고 하였다.

23 यस्य देवे परा भक्तिः यथा देवे तथा गुरौ। तस्यैते कथिता ह्यर्थाः प्रकाशन्ते महात्मनः। प्रकाशन्ते महात्मन इति ॥२३॥

야스야 데베 파라 박티흐 야타 데베 타타 구라우 |
타스야이테 카티타 흐야르타흐 프라카산테 마하트마나흐 |
프라카산테 마하트마나 이티 ‖ 23 ‖

야스야=~를 위해; 데베=그의 인격적인 신에게; 파라=지고의; 박티흐=헌신; 야타=~처럼; 데베=신; 타타=그 수단으로; 구라이=그의 스승을 따라; 타스야=그를 위해; 에테=이러한 것들; 카티타흐=설명하다; 히=실로; 아르타흐=진리; 프라카산테=발현하다; 마하트마나흐=위대한 마음을 가진 인간으로; 이티=그러므로.

신에게 최고의 헌신을 하는 자, 그리고 스승을 신처럼 대하는 자, 실로 이런 위대한 마음을 가진 이에게 선포된 진리는 발현하게 되리라.

ॐ सह नाववतु । सह नौ भुनक्तु । सह वीर्यं करवावहै ।
तेजस्वि नावधीतमस्तु । मा विद्विषावहै ॥
ॐ शान्तिः शान्तिः शान्तिः ॥

옴 사하 나바바투| 사하나우 부나크투|
사하 비르얌 카라바바하이|
테자스비나바디타마스투| 마 비드비샤바하이 ∥
옴 산티흐 산티흐 산티흐 ∥

옴=옴; 사하=함께; 나우=우리의 양면에; 아바투=보호하다; 나우=우리의 양면에; 부나크투=자양분을 주다; 비르얌=활기 있는; 카라바바하이=만들다; 테자스비=용맹한; 나우=우리에게; 아디탐=배우는 것; 아스투=~할 것이다; 마=아니다; 비드바샤바하이= 서로 다투다; 산티흐=평화.

그는 우리의 절대와 상대를 보호하도다. 그는 우리의 절대와 상대에 자양분을 주도다. 우리는 위대한 힘으로 행동할 것이며, 우리의 배움은 완전해지고 열매를 맺으리니. 우리가 서로 미워하지 않지 않게 하소서.
옴, 평화 평화 평화.

산스크리트 발음

모음

अ	A
आ	Ā (길게)
इ	I
ई	Ī (길게)
उ	U
ऊ	Ū (길게)
ऋ	Ṛi
ॠ	Ṛī (길게)
ऌ	Ḷi
ए	E
ऐ	AI
ओ	O
औ	AU
अं	AM (주로 ㅁ 또는 ㄴ 받침)
अः	AH

자음

1. 후음   क ka   ख kha   ग ga   घ gha   ङ ña
2. 구개음 च cha छ chha ज ja   झ jha ञ ña   य ya   श śa

3. 반설음 ट ṭa ठ ṭha ड ḍa ढ ḍha र ra ष sha
4. 치음 त ta थ tha द da ध dha न na ल la स sa
5. 순음 प pa फ pha ब ba भ bha म ma व va
6. 기음 ह ha

〈참고〉
이 책에 발음된 산스크리트어에서
'모음'
A와 Ā는 모두 '아'로,
I와 Ī는 모두 '이'로,
U와 Ū는 모두 '우'로,
Ṛi와 Ṛī는 모두 '리'로 표기하였으며,

'자음'
ka와 kha 발음은 모두 '카'로 표기하였으며
ga와 gha 발음은 모두 '가'로,
ja와 jha 발음은 모두 '자'로,
ta와 tha, ṭa와 ṭha 발음은 모두 '타'로,
cha와 chha 발음은 모두 '차'로,
da와 dha, ḍa와 ḍha 발음은 모두 '다'로,
pa와 pha 발음은 모두 '파'로,
ba와 bha와 va 발음은 모두 '바'로,
s와 śa 발음은 모두 '사'로, sha 발음은 '샤'로 표기하였다. 그리고
Na와 ña 발음은 모두 '나'로, ṅa 발음은 주로 'ㅇ' 받침으로 표기하였다.

산스크리트 용어 해설

A

아가마(Agama): 지식 획득.
아그니호타(Agnihota): 불의 의식, 정화의식.
아난다(Ananda): 희열, 지복.
아드바이타(Advaita): 둘이 아닌 하나, 불이일원론(不二一元論).
아베다(Abheda): 다르지 않는.
아브야사(Abhyasa): 영적인 수행.
아비니베사(Abhinivesa): 물질적인 집착.
아비드야(Avidya): 무지, 무명(無明).
아비브야타(Abhivyakta): 발현된.
아사나(Asana): 아쉬탕가 요가의 여덟 가지 중의 세번째.
아삼프라그야(Asampragya): 무상 삼매, 분별이 없는 삼매.
아쉬탕가 요가(Ashtanga Yoga): 여덟 가지의 요가를 말하며, 궁극적으로 라자 요가(Raja Yoga)를 말함.
아스미타(Asmita): 나, 자기 중심적인.
아스테야(Asteya): 야마의 하나이며 훔치지 않는.
아유르베다(Ayur Veda): 인도의 전통의학.
아이타레야(Aitareya): 아이타레야 우파니샤드는 리그 베다에 속해 있으며 외부적인 제례의식으로부터 내면의 상태로 전환하는 것을 설명하고 있다.
아자파(Ajapa): 반복하지 않는.

아자파자파(Ajapajapa): 인위적이지 않는 반복.

아카르타(Akarta): 행위하지 않는 이.

아카샤(Akasha): 천공(天空), 에테르.

아타르바 베다(Atharva Veda): 아타르바 베다는 리그, 사마, 야주르 베다에 대중적인 만트라 찬가를 더 포함하였다.

아트만(Atman): 참 나.

아파나(Apana): 내려가는 기운을 담당.

아파리그라하(Aparigraha): 무소유.

아푼야(Apunya): 사악한.

아함(Aham): 나.

아함카라(Ahamkara): 나라는 생각.

아힘사(Ahimsa): 해치지 않는.

안타카라나(Antakarana): 내면의 기관.

암리타(Amrita): 감로의, 불멸의.

이사 우파니샤드(Isa Upanishad): 세상과 신에 대한 통일성을 말한 우파니샤드.

B

바가바드기타(Bhagavad Gita): 인도의 가장 대중적인 경전. 크리쉬나 신과 제자인 아르주나의 700소절의 대화이며 베다 브야사가 쓴 마하바라타라의 일부이다.

바가반(Bhagavan): 성스러운 스승.

부띠(Buddhi): 이지, 지성, 분별력.

브라흐마(Brahma): 창조의 신.

브라흐마차리(Brahmachari): 금욕, 자제, 삶의 주기에서 학생기.

브라흐만(Brahman): 절대의 신.

브리하드아란야카 우파니샤드(Brihadaranyaka Upanishad): 수클라 야주르 베다인 백 야주르 베다에 속해 있으며 브라흐만과 아트만이 하나임을 알게 하는 중요한 우파니샤드이다.
비자(Bija): 씨앗.

C
차크라(Chakra): 하타 요가에서 척추를 따라 있는 미세한 신경센터. 7개의 중심센터가 있다.
차투르탐(Chaturtam): 네번째 의식 상태.
찬도갸 우파니샤드(Chandogya Upanishad): 사마 베다에 속해 있는 우파니샤드. 희생의식과 예배를 다루며 절대적인 옴의 기원을 말하였다.
치트(Chit): 의식, 우주지성.

D
다라나(Dharana): 집중.
다르마(Dharma): 의무, 법칙, 정의, 자연의 법칙.
다르샤한(Darsahan): 통찰력, 신성한 존재의 경험. 여섯 수행 체계를 말하기도 한다(니야야, 바이셰시카, 삼키야, 요가, 미맘사, 베단타).
다야(Daya): 동정심.
데바(Deva): 천상의 존재나 신.
데하(Deha): 육체적인 몸.
데히(Dehi): 개인적인 영혼.
두흐카(Duhka): 고통.
드리티(Dhriti): 영적인 확고함.
드베사(Dvesa): 증오.
드야나(Dhyana): 집중이 이어짐, 명상.

E

에카(Eka): 하나.

에카다시(Ekadasi): 한 부분.

G

가야트리 만트라(Gayatri Mantra): 인도에서 널리 암송되는 만트라. 지상, 천상, 신들의 세계 전체를 찬미하는 리그 베다 경전에 나온다.

가우다파다(Gaudapada): 삼카라의 스승이며 만두캬 우파니샤드의 주석서인 만두캬 카리카를 썼다.

구나(Guna): 자연의 속성(사트바, 라자스, 타마스를 말한다).

구루(Guru): 영적인 스승, 어둠을 제거하는 이.

그리하스타(Grihasta): 삶의 네 가지 단계에서 가정을 지키는 재가의 과정.

그야나(Gyana): 지혜.

그야나 요가(Gyana Yoga): 지혜를 집중하는 요가.

H

하타 요가(Hata Yoga): 육체적인 요가 수행이며 아사나, 프라나야마, 무드라, 반다, 크리야 등의 방법.

함사(Hamsa): 우주를 건너는 백조이며 "나는 절대"라는 만트라.

흐리다야(Hridaya): 가슴.

히란야가르바(Hiranyagarba): 황금빛 우주의 근원.

I

이사(Isa): 절대의 신.

이사 우파니샤드(Isa Upanishad): 백 야주르 베다인 수클라 우파니샤드에 속해 있으며 세상과 신의 통일성을 가르치는 경전이다.

이스바라(Isvara): 최상의 영혼의 존재.

이스바라 프라니다나(Isvara Pranidhana): 신을 경배하는 것.

인드라(Indra): 신들의 왕이며 비의 신.

인드리야스(Indriyas): 감각기관.

J

자가리타(Jagarita): 깨어 있는 상태.

자가트(Jagat): 세계.

자파(Japa): 만트라의 반복적인 수행.

죠티(Jyoti): 빛.

지바(Jiva): 개인의 영혼.

지반 묵타(Jivan Mukta): 참 나를 깨달은 이.

K

카루나(Karuna): 동정심.

카르마(Karma): 행위와 행위의 반작용, 업(業).

카르마 요가(Karma Yoga): 이기적이지 않은 행위의 요가.

카이발야(Kaivalya): 해탈.

카타 우파니샤드(Kata Upanishad): 흑 야주르 베다인 크리쉬나 야주르 베다에 속해 있으며 죽음을 넘어서는 지혜의 가르침을 주는 우파니샤드.

칼라(Kala): 시간.

케나 우파니샤드(Kena Upanishad): 사마 베다에 속해 있으며 절대인 브라흐만과 인격신인 이스바라의 상대세계인 현상세계에 대한 질문을 통해 가르침을 주는 우파니샤드.

케발라(Kevala): 제한이나 조건이 없는, 독립적인.

케발라 니르비칼파 사마디(Kevala Nirvikalpa Samadhi): 발전된 우주의식, 신의식.

쿤달리니(Kundalini): 감겨진 에너지이며 척추를 따라 흐르는 에너지 흐름.

크리야(Kriya): 하타요가에서의 정화수행.

크리파(Kripa): 은총.

L

로카(Loka): 세계를 말하며 다양한 층의 세계가 존재한다고 한다. 삼계(三界)에는 물질적인 세계와 정신적이고 영적인 세계까지 존재한다고 경전에 나와 있다.

M

마나스(Manas): 마음, 마음의 작용.

마라(Mara): 땅 밑.

마리치(Marichi): 태양빛.

마야(Maya): 환영(幻影).

마하리쉬(Maharishi): 크게 깨달은 이.

마하브라탐(Mahavratam): 위대한 서약 옴(OM)에 대해서 쓰여진 경전.

마하트(Mahat): 위대한 지성.

만두캬 우파니샤드(Mandukya Upanishad): 아타르바 베다에 속해 있는 경전이며 최상의 우파니샤드이다. 잠, 꿈, 깸의 세 가지 의식 상태와 네번째 의식 상태인 초월적인 투리야를 설명하였으며 절대적인 만트라 소리인 옴을 설명하였다.

만트라(Mantra): 성스러운 소리이며 바깥으로 소리를 내어 하거나 내면으로 생각하는 소리.

모크샤(Moksha): 자유의 상태, 해탈.

묵타(Mukta): 자유를 얻은.

문다카 우파니샤드(Mundaka Upanishad): 아타르바 베다에 속해 있으며 "그대는 절대이다"라는 가르침을 준다.

N
나라야나(Narayana): 인간의 화신, 첫번째 스승, 비쉬누신의 화신.
나마(Nama): 이름, 정신.
나마루파(Namarupa): 이름과 형태.
나치케타(Nachiketa): 카타 우파니샤드에 나오는 이이며 죽음의 신 야마에게 죽음을 뛰어넘는 진리를 전수받았다.
니드라(Nidra): 잠.
니로다(Nirodha): 통제.
니르바나(Nirvana): 고통의 불이 소멸된 해탈의 상태.
니르비자(Nirbija): 씨앗이 없는, 인상이 없는.
니르비자 사마디(Nirbija Samadhi): 씨앗이 없는 삼매, 무종 삼매.
니르비차라(Nirvichara): 반영되지 않은.
니르비칼파(Nirvikalpa): 생각이나 상상이 없는.
니르비타르카(Nirvitarka): 의도적이 아닌.
니트야(Nitya): 영원한.

O
옴(OM): 모든 소리의 근원인 만트라이며 브라흐만을 나타낸다.

P
파다(pada): 부분.
파라(Para): 초월적인.
파라마트마(Paramatma): 지고의 참 나.
파라비드야(Paravidya): 초월적인 지혜.

팔람(phalam): 결과.

푸루샤(Purusha): 참 나이며 모든 존재의 실체.

프라그야(Pragya): 지혜.

프라나(Prana): 생명력, 공기의 근원.

프라나바(Pranava): 우주적인 소리이며 옴(OM)을 말한다.

프라나야마(Pranayama): 아쉬탕가 요가의 네번째이며 프라나를 조절하는 호흡법.

프라스나 우파니샤드(Prasna Upanishad): 프라스나 우파니샤드는 아타르바 베다에 속해 있으며 소우주와 대우주에 대해서 말하고 있다.

프라자파티(Prajapati): 창조자.

프라카샤(Prakasha): 빛.

프라크리티(Prakriti): 자연.

프라트야하라(Pratyahara): 감각의 통제.

R

라가(Raga): 좋아하는.

라자스(Rajas): 세 가지 구나 중에서 활동성을 지닌 구나.

라자 요가(Raja Yoga): 최고의 요가라고 하며 명상을 위주로 하는 수행법.

루팜(Rupam): 형태.

리그 베다(Rig Veda): 불과 순수의식을 상징하며 다양한 자연과 인간에 대한 기도문, 또는 그러한 만트라나 찬가를 모은 경전이다.

리쉬(Rishi): 진리를 아는 이.

리탐(Ritam): 진리.

S

사다나(Sadhana): 영적인 수행.

사뜨바(Sattva): 순수한(세 구나 중의 하나).

사르바(Sarva): 전체.

사리라(Sarira): 몸.

사마나(Samana): 공기의 평등화 내지는 퍼지는 것.

사마디(Samadhi): 아쉬탕가 요가의 여덟번째이며 초월적인 상태를 말한다.

사마 베다(Sama Veda): 리그 베다의 만트라 게송을 선별해서 모아 음을 가진 찬가집.

사브다(Sabda): 소리.

사비자(Sabija): 씨앗.

사비차라(Savichara): 미세한 생각이 있는 삼매.

사비칼파(Savikalpa): 생각이나 상사력이 있는 삼매.

사비타르카(Savitarka): 구체적인 대상이 있는 삼매.

사우차(Saucha): 청결함.

사트얌(Satyam): 진실함.

사트 치트 아난다(Sat Chit Ananda): 절대 지복 의식.

사하자(Sahaja): 자연스러운.

삭티(Shakti): 에너지, 힘.

산야시(Sanyasi): 출가 수행자이며 모든 것을 넘어선 이.

산티(Shanti): 평온함.

삼사라(Samsara): 윤회.

삼스카라(Samskara): 정신적으로 남은 잠재 인상.

삼야마(Samyama): 대상에 대한 집중, 명상, 삼매를 동시적으로 하나로 수행함.

삼카라(Samkara): 인도의 위대한 수행자이며 인도의 철학과 수행 체계를 정립한 사람.

삼크야(Samkya): 카필라가 창시한 인도의 여섯 철학 체계 중의 하나.

삼토사(Samtosa): 만족.

삼프라그야(Sampragya): 분별 있는 삼매.

소마(Soma): 리그 베다에 나오는 상징적인 정신을 높여 주는 의식 상태, 액체 또는 약초.

수쉬푸티(Sushiputi): 잠자는 상태.

수캄(Sukham): 행복.

수트라(Sutra): 경구.

순야(Sunya): 텅 빈.

스라따(Sraddha): 믿음.

스므리티(Smriti): 기억.

스바루파(Svarupa): 본질적인.

스바미(Svami): 출가 수행자이며 승단에 소속된 이.

스바프나(Svapna): 꿈꾸는 상태.

스베타스바타라 우파니샤드(Svetasvatara Upanishad): 흑 야주르 베다인 크리쉬나 야주르 베다에 속해 있으며 절대인 브라흐만을 쉽게 이해할 수 있게 한 우파니샤드.

스티티(Sthiti): 우둔함.

시띠(Siddhi): 성취, 초능력.

시바(Siva): 시바신, 위대한 신이며 파괴의 신.

시크사(Siksha): 음성학.

T

타뜨바(Tattva): 실체.

타마스(Tamas): 어둠, 둔함(세 가지 구나 중의 하나).

타이띠리야 우파니샤드(Taittriya Upanishad): 흑 야주르 베다인 크리쉬나 야주르 베다에 속해 있으며 3개의 장으로 나뉘어져 음성학, 지복, 참 나에 대해 표현하는 우파니샤드이다.

타트(Tat): 절대를 상징하는 그것.

타트 트밤 아시(Tat Tvam Asi): 그대는 절대이다.

타파스야(Tapasya): 영적인 수행이나 고행.

탄마트라(Tanmatra): 미세한 요소.

탄트라 요가(Tantra Yoga): 절대와 상대인 남성과 여성인 시바와 삭티를 결합하는 수행이며 형상과 소리인 얀트라와 만트라를 수행하는 방법.

투리야(Turiya): 초의식 상태.

트야가(Tyaga): 인상으로부터 넘어섬.

U

우다나(Udana): 신경의 상승을 부르는 공기.

우다라타(Udarata): 팽창되는.

우파니샤드(Upanishad): 절대적인 경전인 수루티(Suruti)이며 베다의 마지막 부분. 대중적으로 연결될 수 있게 쉽게 쓰여져 있으며 200가지의 우파니샤드가 있다.

우파라마마타(Uparamata): 마음의 고요.

V

바나프라스타(Vanaprashta): 재가자와 사회의 의무를 끝내고 영적인 순례이자 마지막 출가 수행인 산야사를 준비하는 단계.

바루나(Varuna): 물의 신.

바르나(Varna): 신분, 의무 계급.

바사나(Vasana): 무의식적인 인상.

바스투(Vastu): 대상, 땅.

바유(Vayu): 바람의 신.

바이라그얌(vairagyam): 무집착.

바크(Vak): 말.

베다(Veda): 인도의 가장 오래된 경전, 가장 권위를 가진 경전이며 리그, 사마, 야주르, 아타르바 베다가 있다.

베단타(Vedanata): 베다의 최종적인 체험이며 인도 여섯 수행 체계 중의 하나.

브리띠(Vritti): 생각의 움직임, 변형.

브야나(Vyana): 스며드는 공기.

비데하(Videha): 몸이 없는.

비드야(Vidya): 지식, 지혜.

비라트(Virat): 우주적인 몸.

비르얌(Viryam): 생명력.

비부티(Vibhuti): 영적인 힘, 초능력의 힘.

비베카(Viveka): 분별력.

비세사(Vishesa): 특별한.

비칼파(Vikalpa): 상상력.

비파르야야(Viparyaya): 착각.

Y

야갸(Yagya): 희생.

야마(Yama): 죽음의 신.

야마(Yama): 아쉬탕가 요가의 첫번째이며 절제.

야주르 베다(Yajur Veda): 희생의 의식 행하는 지식이 담긴 베다이며 리그 베다의 게송인 만트라를 뽑아 만들었다. 야주르 베다는 수클라 야주르 베다인 백 야주르 베다와 크리쉬나 야주르 베다인 흑 야주르 베다로 나뉜다.

요가(Yoga): 절대와 개인을 결합한다는 것이며 수행 방법도 포함된다. 여섯 철학 체계 중의 하나이다.

참고 문헌

⟨Eight Upanisads Vol. 1-2⟩ Swami Gambhirananda, Advaita Ashrama 2004.

⟨Mandukya Upanishad⟩ Swami Sarvananda, Sri Ramakrishna Math 2000.

⟨Mandukya Upanisad⟩ Swami Gambhirananda, Advaita Ashrama 2000.

⟨Mandukya Upanisad⟩ Swami Lokeswarananda, The Ramakrishna Math 1995.

⟨Mandukya Upanisad⟩ Swami Nikhilananda, Advaita Ashrama 2000.

⟨Enlightenment without God, Mandukya Upanishad⟩ Sri Swami Rama, Himalayan International Institute of Yoga Science and Philosophy 1988.

⟨Isavasya Upanishad⟩ Swami Sarvananda, Sri Ramakrishna Math 2002.

⟨Isa Upanishad⟩ Swami Gambhirananda, Advait Ashrama 2000.

⟨Ishavasya Upanishad⟩ Swami Satyananda Saraswati, Bihar School of Yoga 1992.

⟨Isa Upanisad⟩ Swami Lokeswarananda, The Ramakrishna Mission Institute of Culture 1998.

⟨Book of Wisdom, Ishopanishad⟩ Swami Rama, Sri Swami Rama, Himalayan International Institute of Yoga Science and Philosophy 1998.

⟨Prasan Upanishad⟩ Swami Sarvananda, Sri Ramakrishna Math 1995.

⟨Prasna Upanisad⟩ Swami Gambhirananda, Advaita Ashrama 1998.

⟨Kena Upanishad⟩ Swami Sarvananda, Sri Ramakrishna Math 1995.

⟨Kena Upanishad⟩ Swami Gambhirananda, Sri Ramakrishna Math 2003.

⟨Kena Upanisad⟩ Swami Lokeswarananda, The Ramakrishna Mission

Institute of Culture 1995.

〈Taittiriya Upanisad〉 Swami Lokeswarananda, The Ramakrishna Mission Institute of Culture 1996.

〈Taittiriyopanisad〉 Swami Sarvananda, Sri Ramakrishna Math 2003.

〈Mundaka Upanisad〉 Swami Lokeswarananda, The Ramakrishna Mission Institute of Culture 1996.

〈Mundaka Upanishad〉 Swami Sarvananda, Sri Ramakrishana Math 2001.

〈Mundaka Upanisad〉 Swami Vivekananda, Advait Ashrama 2000.

〈Aitareyopanishad〉 Swami Sarvananda, Sri Ramakrishna Math 2001.

〈Katha Upanisad〉 Swami Lokeswarananda, The Ramakrishna Mission Institute of Culture 2002.

〈Katha Upanishad〉 Swami Sarvananda, Sri Ramakrishna Math 2002.

〈Svetasvatara Upanishad〉 Swami Tyagisananda, Sri Ramakrishna Math 1997.

〈Svtasvatara Upanisad〉 Swami Gambhirananda, Advaita Ashrama 2003.

〈Svetasvatara Upanisad〉 Swami Lokeswarananda, The Ramakrishna Mission Institute of Culture 1994.

〈Chandogya Upanisad〉 Swami Swahananda, Sri Ramakrishna Math 1996.

〈Chandogya Upanisad〉 Swami Gambhirananda, Advaita Ashrama 1997.

〈The Brhadaranyaka Upanisad〉, Sri Ramakrishna Math 2000.

〈The Brihadaranyaka Upanishad〉 Swami Sivananda, The Divine Life Society 1985.

〈The Thirteen Principal Upanishads〉 Robert Ernest Hume, Oxford University Press 1968.

〈112 Upanisads Vol. 1-2〉 Board of scholars, Parimal Publications 2006.

〈108 Upanisat Samgrah〉 J. L. Sastri, Motilal Banarsidass Pub. 1998.

박지명

영남대 국문학과 졸업
1974년부터 인도 명상을 시작하였으며 오랫동안 인도에 머물면서
스승 아래 인도 명상과 다르사한 철학 체계 및 산스크리트 경전을 공부하였다.
아드바이타 라자요가 켄드라의 법맥을 이었으며
삼카라차리야의 수행 체계인 스리비드야 법통을 전수받았다.
현재 산스크리트 문화원과 그 부설인 히말라야 명상센터를 세워
자아회귀명상(스바 삼 비드야 드야나)을 가르치고
산스크리트 경전들을 연구 보급중.
인도 명상과 요가에 관한 다양한 책들을 번역 및 저술.
저서: 《스리마드 바가바드기타》(동문선), 《요가수트라》(동문선),
《양, 한방, 자연요법 내몸건강백과》(웅진윙스),
《나에게로 떠나는 인도명상여행》(하남출판사) 외 다수
역서: 《모든 것은 내안에 있다》(지혜의나무),
《요가, 자연요법백과》 외 다수
히말라야명상센터 Tel. 02-747-3351
홈페이지 www.sanskrit.or.kr

문예신서
370

우파니샤드

초판발행 : 2009년 6월 20일

東文選

제10-64호, 78. 12. 16 등록
110-300 서울 종로구 관훈동 74번지
전화 : 737-2795

ⓒ 2009, 박지명
편집설계 : 李姃旻

ISBN 978-89-8038-655-0 94150

【東文選 現代新書】

1 21세기를 위한 새로운 엘리트	FORESEEN 연구소 / 김경현	7,000원
2 의지, 의무, 자유 — 주제별 논술	L. 밀러 / 이대희	6,000원
3 사유의 패배	A. 핑켈크로트 / 주태환	7,000원
4 문학이론	J. 컬러 / 이은경·임옥희	7,000원
5 불교란 무엇인가	D. 키언 / 고길환	6,000원
6 유대교란 무엇인가	N. 솔로몬 / 최창모	6,000원
7 20세기 프랑스철학	E. 매슈스 / 김종갑	8,000원
8 강의에 대한 강의	P. 부르디외 / 현택수	6,000원
9 텔레비전에 대하여	P. 부르디외 / 현택수	10,000원
10 고고학이란 무엇인가	P. 반 / 박범수	8,000원
11 우리는 무엇을 아는가	T. 나겔 / 오영미	5,000원
12 에쁘롱—니체의 문체들	J. 데리다 / 김다은	7,000원
13 히스테리 사례분석	S. 프로이트 / 태혜숙	7,000원
14 사랑의 지혜	A. 핑켈크로트 / 권유현	6,000원
15 일반미학	R. 카이유와 / 이경자	6,000원
16 본다는 것의 의미	J. 버거 / 박범수	10,000원
17 일본영화사	M. 테시에 / 최은미	7,000원
18 청소년을 위한 철학교실	A. 자카르 / 장혜영	7,000원
19 미술사학 입문	M. 포인턴 / 박범수	8,000원
20 클래식	M. 비어드·J. 헨더슨 / 박범수	6,000원
21 정치란 무엇인가	K. 미노그 / 이정철	6,000원
22 이미지의 폭력	O. 몽젱 / 이은민	8,000원
23 청소년을 위한 경제학교실	J. C. 드루엥 / 조은미	6,000원
24 순진함의 유혹 〔메디시스賞 수상작〕	P. 브뤼크네르 / 김웅권	9,000원
25 청소년을 위한 이야기 경제학	A. 푸르상 / 이은민	8,000원
26 부르디외 사회학 입문	P. 보네위츠 / 문경자	7,000원
27 돈은 하늘에서 떨어지지 않는다	K. 아르트 / 유영미	6,000원
28 상상력의 세계사	R. 보이아 / 김웅권	9,000원
29 지식을 교환하는 새로운 기술	A. 벵토릴라 外 / 김혜경	6,000원
30 니체 읽기	R. 비어즈워스 / 김웅권	6,000원
31 노동, 교환, 기술 — 주제별 논술	B. 데코사 / 신은영	6,000원
32 미국만들기	R. 로티 / 임옥희	10,000원
33 연극의 이해	A. 쿠프리 / 장혜영	8,000원
34 라틴문학의 이해	J. 가야르 / 김교신	8,000원
35 여성적 가치의 선택	FORESEEN연구소 / 문신원	7,000원
36 동양과 서양 사이	L. 이리가라이 / 이은민	7,000원
37 영화와 문학	R. 리처드슨 / 이형식	8,000원
38 분류하기의 유혹 — 생각하기와 조직하기	G. 비뇨 / 임기대	7,000원
39 사실주의 문학의 이해	G. 라루 / 조성애	8,000원
40 윤리학—악에 대한 의식에 관하여	A. 바디우 / 이종영	7,000원
41 흙과 재 〔소설〕	A. 라히미 / 김주경	6,000원

42	진보의 미래	D. 르쿠르 / 김영선	6,000원
43	중세에 살기	J. 르 고프 外 / 최애리	8,000원
44	쾌락의 횡포·상	J. C. 기유보 / 김웅권	10,000원
45	쾌락의 횡포·하	J. C. 기유보 / 김웅권	10,000원
46	운디네와 지식의 불	B. 데스파냐 / 김웅권	8,000원
47	이성의 한가운데에서—이성과 신앙	A. 퀴노 / 최은영	6,000원
48	도덕적 명령	FORESEEN 연구소 / 우강택	6,000원
49	망각의 형태	M. 오제 / 김수경	6,000원
50	느리게 산다는 것의 의미·1	P. 쌍소 / 김주경	7,000원
51	나만의 자유를 찾아서	C. 토마스 / 문신원	6,000원
52	음악의 예지를 찾아서	M. 존스 / 송인영	10,000원
53	나의 철학 유언	J. 기통 / 권유현	8,000원
54	타르튀프/서민귀족〔희곡〕	몰리에르 / 덕성여대극예술비교연구회	8,000원
55	판타지 공장	A. 플라워즈 / 박범수	10,000원
56	홍수·상〔완역판〕	J. M. G. 르 클레지오 / 신미경	8,000원
57	홍수·하〔완역판〕	J. M. G. 르 클레지오 / 신미경	8,000원
58	일신교—성경과 철학자들	E. 오르티그 / 전광호	6,000원
59	프랑스 시의 이해	A. 바이양 / 김다은·이혜지	8,000원
60	종교철학	J. P. 힉 / 김희수	10,000원
61	고요함의 폭력	V. 포레스테 / 박은영	8,000원
62	고대 그리스의 시민	C. 모세 / 김덕희	7,000원
63	미학개론—예술철학입문	A. 셰퍼드 / 유호전	10,000원
64	논증—담화에서 사고까지	G. 비뇨 / 임기대	6,000원
65	역사—성찰된 시간	F. 도스 / 김미겸	7,000원
66	비교문학개요	F. 클로동·K. 아다-보트링 / 김정란	8,000원
67	남성지배	P. 부르디외 / 김용숙 개정판	10,000원
68	호모사피언스에서 인터렉티브인간으로	FORESEEN 연구소 / 공나리	8,000원
69	상투어—언어·담론·사회	R. 아모시·A. H. 피에로 / 조성애	9,000원
70	우주론이란 무엇인가	P. 코올즈 / 송형석	8,000원
71	푸코 읽기	P. 빌루에 / 나길래	8,000원
72	문학논술	J. 파프·D. 로쉬 / 권종분	8,000원
73	한국전통예술개론	沈雨晟	10,000원
74	시학—문학 형식 일반론 입문	D. 퐁텐 / 이용주	8,000원
75	진리의 길	A. 보다르 / 김승철·최정아	9,000원
76	동물성—인간의 위상에 관하여	D. 르스텔 / 김승철	6,000원
77	랑가쥬 이론 서설	L. 옐름슬레우 / 김용숙·김혜련	10,000원
78	잔혹성의 미학	F. 토넬리 / 박형섭	9,000원
79	문학 텍스트의 정신분석	M. J. 벨멩-노엘 / 심재중·최애영	9,000원
80	무관심의 절정	J. 보드리야르 / 이은민	8,000원
81	영원한 황홀	P. 브뤼크네르 / 김웅권	9,000원
82	노동의 종말에 반하여	D. 슈나페르 / 김교신	6,000원
83	프랑스영화사	J. -P. 장콜라 / 김혜련	8,000원

84	조와(弔蛙)	金教臣 / 노치준・민혜숙	8,000원
85	역사적 관점에서 본 시네마	J. -L. 뢰트라 / 곽노경	8,000원
86	욕망에 대하여	M. 슈벨 / 서민원	8,000원
87	산다는 것의 의미・1 — 여분의 행복	P. 쌍소 / 김주경	7,000원
88	철학 연습	M. 아롱델-로오 / 최은영	8,000원
89	삶의 기쁨들	D. 노게 / 이은민	6,000원
90	이탈리아영화사	L. 스키파노 / 이주현	8,000원
91	한국문화론	趙興胤	10,000원
92	현대연극미학	M. -A. 샤르보니에 / 홍지화	8,000원
93	느리게 산다는 것의 의미・2	P. 쌍소 / 김주경	7,000원
94	진정한 모럴은 모럴을 비웃는다	A. 에슈고엔 / 김웅권	8,000원
95	한국종교문화론	趙興胤	10,000원
96	근원적 열정	L. 이리가라이 / 박정오	9,000원
97	라캉, 주체 개념의 형성	B. 오질비 / 김 석	9,000원
98	미국식 사회 모델	J. 바이스 / 김종명	7,000원
99	소쉬르와 언어과학	P. 가데 / 김용숙・임정혜	10,000원
100	철학적 기본 개념	R. 페르버 / 조국현	8,000원
101	맞불	P. 부르디외 / 현택수	10,000원
102	글렌 굴드, 피아노 솔로	M. 슈나이더 / 이창실	7,000원
103	문학비평에서의 실험	C. S. 루이스 / 허 종	8,000원
104	코뿔소 〔희곡〕	E. 이오네스코 / 박형섭	8,000원
105	지각 — 감각에 관하여	R. 바르바라 / 공정아	7,000원
106	철학이란 무엇인가	E. 크레이그 / 최생열	8,000원
107	경제, 거대한 사탄인가?	P. N. 지로 / 김교신	7,000원
108	딸에게 들려 주는 작은 철학	R. 시몬 셰퍼 / 안상원	7,000원
109	도덕에 관한 에세이	C. 로슈・J. -J. 바레르 / 고수현	6,000원
110	프랑스 고전비극	B. 클레망 / 송민숙	8,000원
111	고전수사학	G. 위딩 / 박성철	10,000원
112	유토피아	T. 파코 / 조성애	7,000원
113	쥐비알	A. 자르댕 / 김남주	7,000원
114	증오의 모호한 대상	J. 아순 / 김승철	8,000원
115	개인 — 주체철학에 대한 고찰	A. 르노 / 장정아	7,000원
116	이슬람이란 무엇인가	M. 루스벤 / 최생열	8,000원
117	테러리즘의 정신	J. 보드리야르 / 배영달	8,000원
118	역사란 무엇인가	존 H. 아널드 / 최생열	8,000원
119	느리게 산다는 것의 의미・3	P. 쌍소 / 김주경	7,000원
120	문학과 정치 사상	P. 페티티에 / 이종민	8,000원
121	가장 아름다운 하나님 이야기	A. 보테르 外 / 주태환	8,000원
122	시민 교육	P. 카니베즈 / 박주원	9,000원
123	스페인영화사	J.- C. 스갱 / 정동섭	8,000원
124	인터넷상에서 — 행동하는 지성	H. L. 드레퓌스 / 정혜욱	9,000원
125	내 몸의 신비 — 세상에서 가장 큰 기적	A. 지오르당 / 이규식	7,000원

126	세 가지 생태학	F. 가타리 / 윤수종	8,000원
127	모리스 블랑쇼에 대하여	E. 레비나스 / 박규현	9,000원
128	위뷔 왕 〔희곡〕	A. 자리 / 박형섭	8,000원
129	번영의 비참	P. 브뤼크네르 / 이창실	8,000원
130	무사도란 무엇인가	新渡戶稻造 / 沈雨晟	7,000원
131	꿈과 공포의 미로 〔소설〕	A. 라히미 / 김주경	8,000원
132	문학은 무슨 소용이 있는가?	D. 살나브 / 김교신	7,000원
133	종교에 대하여—행동하는 지성	존 D. 카푸토 / 최생열	9,000원
134	노동사회학	M. 스트루방 / 박주원	8,000원
135	맞불 · 2	P. 부르디외 / 김교신	10,000원
136	믿음에 대하여—행동하는 지성	S. 지제크 / 최생열	9,000원
137	법, 정의, 국가	A. 기그 / 민혜숙	8,000원
138	인식, 상상력, 예술	E. 아카마츄 / 최돈호	근간
139	위기의 대학	ARESER / 김교신	10,000원
140	카오스모제	F. 가타리 / 윤수종	10,000원
141	코란이란 무엇인가	M. 쿡 / 이강훈	9,000원
142	신학이란 무엇인가	D. 포드 / 강혜원 · 노치준	9,000원
143	누보 로망, 누보 시네마	C. 뮈르시아 / 이창실	8,000원
144	지능이란 무엇인가	I. J. 디어리 / 송형석	10,000원
145	죽음—유한성에 관하여	F. 다스튀르 / 나길래	8,000원
146	철학에 입문하기	Y. 카탱 / 박선주	8,000원
147	지옥의 힘	J. 보드리야르 / 배영달	8,000원
148	철학 기초 강의	F. 로피 / 공나리	8,000원
149	시네마토그래프에 대한 단상	R. 브레송 / 오일환 · 김경온	9,000원
150	성서란 무엇인가	J. 리치스 / 최생열	10,000원
151	프랑스 문학사회학	신미경	8,000원
152	잡사와 문학	F. 에브라르 / 최정아	10,000원
153	세계의 폭력	J. 보드리야르 · E. 모랭 / 배영달	9,000원
154	잠수복과 나비	J. -D. 보비 / 양영란	6,000원
155	고전 할리우드 영화	J. 나카시 / 최은영	10,000원
156	마지막 말, 마지막 미소	B. 드 카스텔바자크 / 김승철 · 장정아	근간
157	몸의 시학	J. 피죠 / 김선미	10,000원
158	철학의 기원에 관하여	C. 콜로베르 / 김정란	8,000원
159	지혜에 대한 숙고	J. -M. 베스니에르 / 곽노경	8,000원
160	자연주의 미학과 시학	조성애	10,000원
161	소설 분석—현대적 방법론과 기법	B. 발레트 / 조성애	10,000원
162	사회학이란 무엇인가	S. 브루스 / 김경안	10,000원
163	인도철학입문	S. 헤밀턴 / 고길환	10,000원
164	심리학이란 무엇인가	G. 버틀러 · F. 맥마누스 / 이재현	10,000원
165	발자크 비평	J. 글레즈 / 이정민	10,000원
166	결별을 위하여	G. 마츠네프 / 권은희 · 최은희	10,000원
167	인류학이란 무엇인가	J. 모나한 · P. 저스트 / 김경안	10,000원

168 세계화의 불안	Z. 라이디 / 김종명	8,000원
169 음악이란 무엇인가	N. 쿡 / 장호연	10,000원
170 사랑과 우연의 장난 〔희곡〕	마리보 / 박형섭	10,000원
171 사진의 이해	G. 보레 / 박은영	10,000원
172 현대인의 사랑과 성	현택수	9,000원
173 성해방은 진행중인가?	M. 이아퀴브 / 권은희	10,000원
174 교육은 자기 교육이다	H. -G. 가다머 / 손승남	10,000원
175 밤 끝으로의 여행	L. -F. 쎌린느 / 이형식	19,000원
176 프랑스 지성인들의 '12월'	J. 뒤발 外 / 김영모	10,000원
177 환대에 대하여	J. 데리다 / 남수인	13,000원
178 언어철학	J. P. 레스베베르 / 이경래	10,000원
179 푸코와 광기	F. 그로 / 김웅권	10,000원
180 사물들과 철학하기	R. -P. 드루아 / 박선주	10,000원
181 청소년이 알아야 할 사회경제학자들	J. -C. 드루앵 / 김종명	8,000원
182 서양의 유혹	A. 말로 / 김웅권	10,000원
183 중세의 예술과 사회	G. 뒤비 / 김웅권	10,000원
184 새로운 충견들	S. 알리미 / 김영모	10,000원
185 초현실주의	G. 세바 / 최정아	10,000원
186 프로이트 읽기	P. 랜드맨 / 민혜숙	10,000원
187 예술 작품—작품 존재론 시론	M. 아르 / 공정아	10,000원
188 평화—국가의 이성과 지혜	M. 카스티요 / 장정아	10,000원
189 히로시마 내 사랑	M. 뒤라스 / 이용주	10,000원
190 연극 텍스트의 분석	M. 프뤼네르 / 김덕희	10,000원
101 청소년을 위한 천하길잡이	A. 콩트-스퐁빌 / 공정아	10,000원
192 행복—기쁨에 관한 소고	R. 미스라이 / 김영선	10,000원
193 조사와 방법론—면접법	A. 블랑셰・A. 고트만 / 최정아	10,000원
194 하늘에 관하여—잃어버린 공간, 되찾은 시간	M. 카세 / 박선주	10,000원
195 청소년이 알아야 할 세계화	J. -P. 폴레 / 김종명	9,000원
196 약물이란 무엇인가	L. 아이버슨 / 김정숙	10,000원
197 폭력—'폭력적 인간'에 대하여	R. 다둔 / 최윤주	10,000원
198 암호	J. 보드리야르 / 배영달	10,000원
199 느리게 산다는 것의 의미・4	P. 쌍소 / 김선미・한상철	7,000원
200 아이누 민족의 비석	萱野 茂 / 심우성	10,000원
201 존재한다는 것의 기쁨	J. 도르메송 / 김은경	근간
202 무신론이란 무엇인가	G. 바기니 / 강혜원	10,000원
203 전통문화를 찾아서	심우성	10,000원
204 민족학과 인류학 개론	J. 코팡 / 김영모	10,000원
205 오키나와의 역사와 문화	外間守善 / 심우성	10,000원
206 일본군 '위안부' 문제	石川康宏 / 박해순	9,000원
207 엠마누엘 레비나스와의 대담	M. de 생 쉐롱 / 김웅권	10,000원
208 공존의 이유	조병화	8,000원
209 누벨바그	M. 마리 / 신광순	10,000원

210	자기 분석에 대한 초고	P. 부르디외 / 유민희	10,000원
211	이만하면 성공이다	J. 도르메송 / 김은경	10,000원
212	도미니크	E. 프로망탱 / 김웅권	10,000원
300	아이들에게 설명하는 이혼	P. 루카스·S. 르로이 / 이은민	8,000원
301	아이들에게 들려주는 인도주의	J. 마무 / 이은민	근간
302	아이들에게 설명하는 죽음	E. 위스망 페랭 / 김미정	8,000원
303	아이들에게 들려주는 선사시대 이야기	J. 클로드 / 김교신	8,000원
304	아이들에게 들려주는 이슬람 이야기	T. 벤 젤룬 / 김교신	8,000원
305	아이들에게 설명하는 테러리즘	M. -C. 그로 / 우강택	8,000원
306	아이들에게 들려주는 철학 이야기	R. -P. 드루아 / 이창실	8,000원

【東文選 文藝新書】

1	저주받은 詩人들	A. 뻬이르 / 최수철·김종호	개정근간
2	민속문화론서설	沈雨晟	40,000원
3	인형극의 기술	A. 훼도토프 / 沈雨晟	8,000원
4	전위연극론	J. 로스 에반스 / 沈雨晟	12,000원
5	남사당패연구	沈雨晟	19,000원
6	현대영미희곡선(전4권)	N. 코워드 外 / 李辰洙	절판
7	행위예술	L. 골드버그 / 沈雨晟	절판
8	문예미학	蔡 儀 / 姜慶鎬	절판
9	神의 起源	何 新 / 洪 熹	16,000원
10	중국예술정신	徐復觀 / 權德周 外	24,000원
11	中國古代書史	錢存訓 / 金允子	14,000원
12	이미지 — 시각과 미디어	J. 버거 / 편집부	15,000원
13	연극의 역사	P. 하트놀 / 沈雨晟	절판
14	詩 論	朱光潛 / 鄭相泓	22,000원
15	탄트라	A. 무케르지 / 金龜山	16,000원
16	조선민족무용기본	최승희	15,000원
17	몽고문화사	D. 마이달 / 金龜山	8,000원
18	신화 미술 제사	張光直 / 李 徹	절판
19	아시아 무용의 인류학	宮尾慈良 / 沈雨晟	20,000원
20	아시아 민족음악순례	藤井知昭 / 沈雨晟	5,000원
21	華夏美學	李澤厚 / 權 瑚	20,000원
22	道	張立文 / 權 瑚	18,000원
23	朝鮮의 占卜과 豫言	村山智順 / 金禧慶	28,000원
24	원시미술	L. 아담 / 金仁煥	16,000원
25	朝鮮民俗誌	秋葉隆 / 沈雨晟	12,000원
26	타자로서 자기 자신	P. 리쾨르 / 김웅권	29,000원
27	原始佛敎	中村元 / 鄭泰爀	8,000원
28	朝鮮女俗考	李能和 / 金尙憶	24,000원
29	朝鮮解語花史(조선기생사)	李能和 / 李在崑	25,000원
30	조선창극사	鄭魯湜	17,000원

31	동양회화미학	崔炳植	19,000원
32	性과 결혼의 민족학	和田正平 / 沈雨晟	9,000원
33	農漁俗談辭典	宋在璇	12,000원
34	朝鮮의 鬼神	村山智順 / 金禧慶	28,000원
35	道教와 中國文化	葛兆光 / 沈揆昊	15,000원
36	禪宗과 中國文化	葛兆光 / 鄭相泓・任炳權	8,000원
37	오페라의 역사	L. 오레이 / 류연희	절판
38	인도종교미술	A. 무케르지 / 崔炳植	14,000원
39	힌두교의 그림언어	안넬리제 外 / 全在星	22,000원
40	중국고대사회	許進雄 / 洪 熹	30,000원
41	중국문화개론	李宗桂 / 李宰碩	23,000원
42	龍鳳文化源流	王大有 / 林東錫	25,000원
43	甲骨學通論	王宇信 / 李宰碩	40,000원
44	朝鮮巫俗考	李能和 / 李在崑	20,000원
45	미술과 페미니즘	N. 부루드 外 / 扈承喜	9,000원
46	아프리카미술	P. 윌레트 / 崔炳植	절판
47	美의 歷程	李澤厚 / 尹壽榮	28,000원
48	曼茶羅의 神들	立川武藏 / 金龜山	19,000원
49	朝鮮歲時記	洪錫謨 外/李錫浩	30,000원
50	하 상	蘇曉康 外 / 洪 熹	절판
51	武藝圖譜通志 實技解題	正 祖 / 沈雨晟・金光錫	15,000원
52	古文字學첫걸음	李學勤 / 河永三	14,000원
53	體育美學	胡小明 / 閔永淑	18,000원
54	아시아 美術의 再發見	崔炳植	9,000원
55	曆과 占의 科學	永田久 / 沈雨晟	14,000원
56	中國小學史	胡奇光 / 李宰碩	20,000원
57	中國甲骨學史	吳浩坤 外 / 梁東淑	35,000원
58	꿈의 철학	劉文英 / 河永三	22,000원
59	女神들의 인도	立川武藏 / 金龜山	19,000원
60	性의 역사	J. L. 플랑드렝 / 편집부	18,000원
61	쉬르섹슈얼리티	W. 챠드윅 / 편집부	10,000원
62	여성속담사전	宋在璇	18,000원
63	박재서희곡선	朴栽緖	10,000원
64	東北民族源流	孫進己 / 林東錫	13,000원
65	朝鮮巫俗의 研究(상・하)	赤松智城・秋葉隆 / 沈雨晟	28,000원
66	中國文學 속의 孤獨感	斯波六郎 / 尹壽榮	8,000원
67	한국사회주의 연극운동사	李康列	8,000원
68	스포츠인류학	K. 블랑챠드 外 / 박기동 外	12,000원
69	리조복식도감	리팔찬	20,000원
70	娼 婦	A. 꼬르벵 / 李宗旼	22,000원
71	조선민요연구	高晶玉	30,000원
72	楚文化史	張正明 / 南宗鎭	26,000원

73	시간, 욕망, 그리고 공포	A. 코르뱅 / 변기찬	18,000원
74	本國劍	金光錫	40,000원
75	노트와 반노트	E. 이오네스코 / 박형섭	20,000원
76	朝鮮美術史研究	尹喜淳	7,000원
77	拳法要訣	金光錫	30,000원
78	艸衣選集	艸衣意恂 / 林鍾旭	20,000원
79	漢語音韻學講義	董少文 / 林東錫	10,000원
80	이오네스코 연극미학	C. 위베르 / 박형섭	9,000원
81	중국문자훈고학사전	全廣鎭 편역	23,000원
82	상말속담사전	宋在璇	10,000원
83	書法論叢	沈尹默 / 郭魯鳳	16,000원
84	침실의 문화사	P. 디비 / 편집부	9,000원
85	禮의 精神	柳肅 / 洪熹	20,000원
86	조선공예개관	沈雨晟 편역	30,000원
87	性愛의 社會史	J. 솔레 / 李宗旼	18,000원
88	러시아미술사	A. I. 조토프 / 이건수	22,000원
89	中國書藝論文選	郭魯鳳 選譯	25,000원
90	朝鮮美術史	關野貞 / 沈雨晟	30,000원
91	美術版 탄트라	P. 로슨 / 편집부	8,000원
92	군달리니	A. 무케르지 / 편집부	9,000원
93	카마수트라	바짜야나 / 鄭泰爀	18,000원
94	중국언어학총론	J. 노먼 / 全廣鎭	28,000원
95	運氣學說	任應秋 / 李宰碩	15,000원
96	동물속담사전	宋在璇	20,000원
97	자본주의의 아비투스	P. 부르디외 / 최종철	10,000원
98	宗敎學入門	F. 막스 뮐러 / 金龜山	10,000원
99	변 화	P. 바츨라빅크 外 / 박인철	10,000원
100	우리나라 민속놀이	沈雨晟	15,000원
101	歌訣(중국역대명언경구집)	李宰碩 편역	20,000원
102	아니마와 아니무스	A. 융 / 박해순	8,000원
103	나, 너, 우리	L. 이리가라이 / 박정오	12,000원
104	베케트연극론	M. 푸크레 / 박형섭	8,000원
105	포르노그래피	A. 드워킨 / 유혜련	12,000원
106	셸 링	M. 하이데거 / 최상욱	12,000원
107	프랑수아 비용	宋勉	18,000원
108	중국서예 80제	郭魯鳳 편역	16,000원
109	性과 미디어	W. B. 키 / 박해순	12,000원
110	中國正史朝鮮列國傳(전2권)	金聲九 편역	120,000원
111	질병의 기원	T. 매큐언 / 서 일·박종연	12,000원
112	과학과 젠더	E. F. 켈러 / 민경숙·이현주	10,000원
113	물질문명·경제·자본주의	F. 브로델 / 이문숙 外	절판
114	이탈리아인 태고의 지혜	G. 비코 / 李源斗	8,000원

115	中國武俠史	陳 山 / 姜鳳求	18,000원
116	공포의 권력	J. 크리스테바 / 서민원	23,000원
117	주색잡기속담사전	宋在璇	15,000원
118	죽음 앞에 선 인간(상·하)	P. 아리에스 / 劉仙子	각권 15,000원
119	철학에 대하여	L. 알튀세르 / 서관모·백승욱	12,000원
120	다른 곳	J. 데리다 / 김다은·이혜지	10,000원
121	문학비평방법론	D. 베르제 外 / 민혜숙	12,000원
122	자기의 테크놀로지	M. 푸코 / 이희원	16,000원
123	새로운 학문	G. 비코 / 李源斗	22,000원
124	천재와 광기	P. 브르노 / 김웅권	13,000원
125	중국은사문화	馬 華·陳正宏 / 강경범·천현경	12,000원
126	푸코와 페미니즘	C. 라마자노글루 外 / 최 영 外	16,000원
127	역사주의	P. 해밀턴 / 임옥희	12,000원
128	中國書藝美學	宋 民 / 郭魯鳳	16,000원
129	죽음의 역사	P. 아리에스 / 이종민	18,000원
130	돈속담사전	宋在璇 편	15,000원
131	동양극장과 연극인들	김영무	15,000원
132	生育神과 性巫術	宋兆麟 / 洪 熹	20,000원
133	미학의 핵심	M. M. 이턴 / 유호전	20,000원
134	전사와 농민	J. 뒤비 / 최생열	18,000원
135	여성의 상태	N. 에니크 / 서민원	22,000원
136	중세의 지식인들	J. 르 고프 / 최애리	18,000원
137	구조주의의 역사(전4권)	F. 도스 / 김웅권 外	I·II·IV 15,000원 / III 18,000원
138	글쓰기의 문제해결전략	L. 플라워 / 원진숙·황정현	20,000원
139	음식속담사전	宋在璇 편	16,000원
140	고전수필개론	權 瑚	16,000원
141	예술의 규칙	P. 부르디외 / 하태환	23,000원
142	"사회를 보호해야 한다"	M. 푸코 / 박정자	20,000원
143	페미니즘사전	L. 터틀 / 호승희·유혜련	26,000원
144	여성심벌사전	B. G. 워커 / 정소영	근간
145	모데르니테 모데르니테	H. 메쇼닉 / 김다은	20,000원
146	눈물의 역사	A. 벵상뷔포 / 이자경	18,000원
147	모더니티입문	H. 르페브르 / 이종민	24,000원
148	재생산	P. 부르디외 / 이상호	23,000원
149	종교철학의 핵심	W. J. 웨인라이트 / 김희수	18,000원
150	기호와 몽상	A. 시몽 / 박형섭	22,000원
151	융분석비평사전	A. 새뮤얼 外 / 민혜숙	16,000원
152	운보 김기창 예술론연구	최병식	14,000원
153	시적 언어의 혁명	J. 크리스테바 / 김인환	20,000원
154	예술의 위기	Y. 미쇼 / 하태환	15,000원
155	프랑스사회사	G. 뒤프 / 박 단	16,000원
156	중국문예심리학사	劉偉林 / 沈揆昊	30,000원

157 무지카 프라티카	M. 캐넌 / 김혜중	25,000원
158 불교산책	鄭泰爀	20,000원
159 인간과 죽음	E. 모랭 / 김명숙	23,000원
160 地中海	F. 브로델 / 李宗旼	근간
161 漢語文字學史	黃德實·陳秉新 / 河永三	24,000원
162 글쓰기와 차이	J. 데리다 / 남수인	28,000원
163 朝鮮神事誌	李能和 / 李在崑	28,000원
164 영국제국주의	S. C. 스미스 / 이태숙·김종원	16,000원
165 영화서술학	A. 고드로·F. 조스트 / 송지연	17,000원
166 美學辭典	사사키 겡이치 / 민주식	22,000원
167 하나이지 않은 성	L. 이리가라이 / 이은민	18,000원
168 中國歷代書論	郭魯鳳 譯註	25,000원
169 요가수트라	鄭泰爀	15,000원
170 비정상인들	M. 푸코 / 박정자	25,000원
171 미친 진실	J. 크리스테바 外 / 서민원	25,000원
172 玉樞經 硏究	具重會	19,000원
173 세계의 비참(전3권)	P. 부르디외 外 / 김주경	각권 26,000원
174 수묵의 사상과 역사	崔炳植	24,000원
175 파스칼적 명상	P. 부르디외 / 김웅권	22,000원
176 지방의 계몽주의	D. 로슈 / 주명철	30,000원
177 이혼의 역사	R. 필립스 / 박범수	25,000원
178 사랑의 단상	R. 바르트 / 김희영	20,000원
179 中國書藝理論體系	熊秉明 / 郭魯鳳	23,000원
180 미술시장과 경영	崔炳植	16,000원
181 카프카—소수적인 문학을 위하여	G. 들뢰즈·F. 가타리 / 이진경	18,000원
182 이미지의 힘—영상과 섹슈얼리티	A. 쿤 / 이형식	13,000원
183 공간의 시학	G. 바슐라르 / 곽광수	23,000원
184 랑데부—이미지와의 만남	J. 버거 / 임옥희·이은경	18,000원
185 푸코와 문학—글쓰기의 계보학을 향하여	S. 듀링 / 오경심·홍유미	26,000원
186 각색, 연극에서 영화로	A. 엘보 / 이선형	16,000원
187 폭력과 여성들	C. 도펭 外 / 이은민	18,000원
188 하드 바디—할리우드 영화에 나타난 남성성	S. 제퍼드 / 이형식	18,000원
189 영화의 환상성	J.-L. 뢰트라 / 김경온·오일환	18,000원
190 번역과 제국	D. 로빈슨 / 정혜욱	16,000원
191 그라마톨로지에 대하여	J. 데리다 / 김웅권	35,000원
192 보건 유토피아	R. 브로만 外 / 서민원	20,000원
193 현대의 신화	R. 바르트 / 이화여대기호학연구소	20,000원
194 회화백문백답	湯兆基 / 郭魯鳳	20,000원
195 고서화감정개론	徐邦達 / 郭魯鳳	30,000원
196 상상의 박물관	A. 말로 / 김웅권	26,000원
197 부빈의 일요일	J. 뒤비 / 최생열	22,000원
198 아인슈타인의 최대 실수	D. 골드스미스 / 박범수	16,000원

199	유인원, 사이보그, 그리고 여자	D. 해러웨이 / 민경숙	25,000원
200	공동 생활 속의 개인주의	F. 드 생글리 / 최은영	20,000원
201	기식자	M. 세르 / 김웅권	24,000원
202	연극미학—플라톤에서 브레히트까지의 텍스트들	J. 셰레 外 / 홍지화	24,000원
203	철학자들의 신	W. 바이셰델 / 최상욱	34,000원
204	고대 세계의 정치	모제스 I. 핀레이 / 최생열	16,000원
205	프란츠 카프카의 고독	M. 로베르 / 이창실	18,000원
206	문화 학습—실천적 입문서	J. 자일스·T. 미들턴 / 장성희	24,000원
207	호모 아카데미쿠스	P. 부르디외 / 임기대	29,000원
208	朝鮮槍棒教程	金光錫	40,000원
209	자유의 순간	P. M. 코헨 / 최하영	16,000원
210	밀교의 세계	鄭泰爀	16,000원
211	토탈 스크린	J. 보드리야르 / 배영달	19,000원
212	영화와 문학의 서술학	F. 바누아 / 송지연	22,000원
213	텍스트의 즐거움	R. 바르트 / 김희영	15,000원
214	영화의 직업들	B. 라트롱슈 / 김경온·오일환	16,000원
215	소설과 신화	이용주	15,000원
216	문화와 계급—부르디외와 한국 사회	홍성민 外	18,000원
217	작은 사건들	R. 바르트 / 김주경	14,000원
218	연극분석입문	J.-P. 링가르 / 박형섭	18,000원
219	푸코	G. 들뢰즈 / 허 경	17,000원
220	우리나라 도자기와 가마터	宋在璇	30,000원
221	보이는 것과 보이지 않는 것	M. 퐁티 / 남수인·최의영	30,000원
222	메두사의 웃음/출구	H. 식수 / 박혜영	19,000원
223	담화 속의 논증	R. 아모시 / 장인봉	20,000원
224	포켓의 형태	J. 버거 / 이영주	16,000원
225	이미지심벌사전	A. 드 브리스 / 이원두	근간
226	이데올로기	D. 호크스 / 고길환	16,000원
227	영화의 이론	B. 발라즈 / 이형식	20,000원
228	건축과 철학	J. 보드리야르·J. 누벨 / 배영달	16,000원
229	폴 리쾨르—삶의 의미들	F. 도스 / 이봉지 外	38,000원
230	서양철학사	A. 케니 / 이영주	29,000원
231	근대성과 육체의 정치학	D. 르 브르통 / 홍성민	20,000원
232	허난설헌	金成南	16,000원
233	인터넷 철학	G. 그레이엄 / 이영주	15,000원
234	사회학의 문제들	P. 부르디외 / 신미경	23,000원
235	의학적 추론	A. 시쿠렐 / 서민원	20,000원
236	튜링—인공지능 창시자	J. 라세구 / 임기대	16,000원
237	이성의 역사	F. 샤틀레 / 심세광	16,000원
238	朝鮮演劇史	金在喆	22,000원
239	미학이란 무엇인가	M. 지므네즈 / 김웅권	23,000원
240	古文字類編	高 明	40,000원

241	부르디외 사회학 이론	L. 핀토 / 김용숙·김은희	20,000원
242	문학은 무슨 생각을 하는가?	P. 마슈레 / 서민원	23,000원
243	행복해지기 위해 무엇을 배워야 하는가?	A. 우지오 外 / 김교신	18,000원
244	영화와 회화: 탈배치	P. 보니체 / 홍지화	18,000원
245	영화 학습 — 실천적 지표들	F. 바누아 外 / 문신원	16,000원
246	회화 학습 — 실천적 지표들	F. 기불레·M. 멩겔 바리오 / 고수현	14,000원
247	영화미학	J. 오몽 外 / 이용주	24,000원
248	시 — 형식과 기능	J. L. 주베르 / 김경온	근간
249	우리나라 옹기	宋在璇	40,000원
250	검은 태양	J. 크리스테바 / 김인환	27,000원
251	어떻게 더불어 살 것인가	R. 바르트 / 김웅권	28,000원
252	일반 교양 강좌	E. 코바 / 송대영	23,000원
253	나무의 철학	R. 뒤마 / 송형석	29,000원
254	영화에 대하여 — 에이리언과 영화철학	S. 멀할 / 이영주	18,000원
255	문학에 대하여 — 행동하는 지성	H. 밀러 / 최은주	16,000원
256	미학 연습 — 플라톤에서 에코까지	임우영 外 편역	18,000원
257	조희룡 평전	김영회 外	18,000원
258	역사철학	F. 도스 / 최생열	23,000원
259	철학자들의 동물원	A. L. 브라 쇼파르 / 문신원	22,000원
260	시각의 의미	J. 버거 / 이용은	24,000원
261	들뢰즈	A. 괄란디 / 임기대	13,000원
262	문학과 문화 읽기	김종갑	16,000원
263	과학에 대하여 — 행동하는 지성	B. 리들리 / 이영주	18,000원
264	장 지오노와 서술 이론	송지연	18,000원
265	영화의 목소리	M. 시옹 / 박선주	20,000원
266	사회보장의 발명	J. 동즐로 / 주형일	17,000원
267	이미지와 기호	M. 졸리 / 이선형	22,000원
268	위기의 식물	J. M. 펠트 / 이충건	18,000원
269	중국 소수민족의 원시종교	洪 熹	18,000원
270	영화감독들의 영화 이론	J. 오몽 / 곽동준	22,000원
271	중첩	J. 들뢰즈·C. 베네 / 허희정	18,000원
272	대담 — 디디에 에리봉과의 자전적 인터뷰	J. 뒤메질 / 송대영	18,000원
273	중립	R. 바르트 / 김웅권	30,000원
274	알퐁스 도데의 문학과 프로방스 문화	이종민	16,000원
275	우리말 釋迦如來行蹟頌	高麗 無寄 / 金月雲	18,000원
276	金剛經講話	金月雲 講述	18,000원
277	자유와 결정론	O. 브르니피에 外 / 최은영	16,000원
278	도리스 레싱: 20세기 여성의 초상	민경숙	24,000원
279	기독교윤리학의 이론과 방법론	김희수	24,000원
280	과학에서 생각하는 주제 100가지	I. 스탕저 外 / 김웅권	21,000원
281	말로와 소설의 상징시학	김웅권	22,000원
282	키에르케고르	C. 블랑 / 이창실	14,000원

번호	제목	저자/역자	가격
283	시나리오 쓰기의 이론과 실제	A. 로슈 外 / 이용주	25,000원
284	조선사회경제사	白南雲 / 沈雨晟	30,000원
285	이성과 감각	O. 브르니피에 外 / 이은민	16,000원
286	행복의 단상	C. 앙드레 / 김교신	20,000원
287	삶의 의미 — 행동하는 지성	J. 코팅햄 / 강혜원	16,000원
288	안티고네의 주장	J. 버틀러 / 조현순	14,000원
289	예술 영화 읽기	이선형	19,000원
290	달리는 꿈, 자동차의 역사	P. 치글러 / 조국현	17,000원
291	매스커뮤니케이션과 사회	현택수	17,000원
292	교육론	J. 피아제 / 이병애	22,000원
293	연극 입문	히라타 오리자 / 고정은	13,000원
294	역사는 계속된다	G. 뒤비 / 백인호 · 최생열	16,000원
295	에로티시즘을 즐기기 위한 100가지 기본 용어	J. -C. 마르탱 / 김웅권	19,000원
296	대화의 기술	A. 밀롱 / 공정아	17,000원
297	실천 이성	P. 부르디외 / 김웅권	19,000원
298	세미오티케	J. 크리스테바 / 서민원	28,000원
299	앙드레 말로의 문학 세계	김웅권	22,000원
300	20세기 독일철학	W. 슈나이더스 / 박중목	18,000원
301	횔덜린의 송가〈이스터〉	M. 하이데거 / 최상욱	20,000원
302	아이러니와 모더니티 담론	E. 벨러 / 이강훈 · 신주철	16,000원
303	부알로의 시학	곽동준 편역 및 주석	20,000원
304	음악 녹음의 역사	M. 채넌 / 박기호	23,000원
305	시학 입문	G. 데송 / 조재룡	26,000원
306	정신에 대해서	J. 데리다 / 박찬국	20,000원
307	디알로그	G. 들뢰즈 · C. 파르네 / 허희정 · 전승화	20,000원
308	철학적 분과 학문	A. 피퍼 / 조국현	25,000원
309	영화와 시장	L. 크레통 / 홍지화	22,000원
310	진정성에 대하여	C. 귀논 / 강혜원	18,000원
311	언어학 이해를 위한 주제 100선	G. 시우피 · D. 반람돈크 / 이선경 · 황원미	18,000원
312	영화를 생각하다	S. 리앙드라 기그 · J. -L. 뢰트라 / 김영모	20,000원
313	길모퉁이에서의 모험	P. 브뤼크네르 · A. 팽키엘크로 / 이창실	12,000원
314	목소리의 結晶	R. 바르트 / 김웅권	24,000원
315	중세의 기사들	E. 부라생 / 임호경	20,000원
316	武德 — 武의 문화, 武의 정신	辛成大	13,000원
317	욕망의 땅	W. 리치 / 이은경 · 임옥희	23,000원
318	들뢰즈와 음악, 회화, 그리고 일반 예술	R. 보그 / 사공일	20,000원
319	S/Z	R. 바르트 / 김웅권	24,000원
320	시나리오 모델, 모델 시나리오	F. 바누아 / 유민희	24,000원
321	도미니크 이야기 — 아동 정신분석 치료의 실제	F. 돌토 / 김승철	18,000원
322	빠딴잘리의 요가쑤뜨라	S. S. 싸치다난다 / 김순금	18,000원
323	이마주 — 영화 · 사진 · 회화	J. 오몽 / 오정민	25,000원
324	들뢰즈와 문학	R. 보그 / 김승숙	20,000원

325	요가학개론	鄭泰爀	15,000원
326	밝은 방—사진에 관한 노트	R. 바르트 / 김웅권	15,000원
327	中國房內秘籍	朴淸正	35,000원
328	武藝圖譜通志註解	朴淸正	30,000원
329	들뢰즈와 시네마	R. 보그 / 정형철	20,000원
330	현대 프랑스 연극의 이론과 실제	이선형	20,000원
331	스리마드 바가바드 기타	S. 브야사 / 박지명	24,000원
332	宋詩槪說	요시카와 고지로 / 호승희	18,000원
333	주체의 해석학	M. 푸코 / 심세광	29,000원
334	문학의 위상	J. 베시에르 / 주현진	20,000원
335	광고의 이해와 실제	현택수·홍장선	20,000원
336	외쿠메네—인간 환경에 대한 연구서설	A. 베르크 / 김웅권	24,000원
337	서양 연극의 무대 장식 기술	A. 쉬르제 / 송민숙	18,000원
338	百濟伎樂	백제기악보존회 편	18,000원
339	金剛經六祖解	無居 옮김	14,000원
340	몽상의 시학	G. 바슐라르 / 김웅권	19,000원
341	원전 주해 요가수트라	M. 파탄잘리 / 박지명 주해	28,000원
342	글쓰기의 영도	R. 바르트 / 김웅권	17,000원
343	전교조의 정체	정재학 지음	12,000원
344	영화배우	J. 나카시 / 박혜숙	20,000원
345	취고당검소	陸紹珩 / 강경범·천현경	25,000원
346	재생산에 대하여	L. 알튀세르 / 김웅권	23,000원
347	중국 탈의 역사	顧朴光 / 洪 熹	30,000원
348	조이스와 바흐친	이강훈	16,000원
349	신의 존재와 과학의 도전	C. 알레그르 / 송대영	13,000원
350	행동의 구조	M. 메를로 퐁티 / 김웅권	28,000원
351	미술시장과 아트딜러	최병식	30,000원
352	미술시장 트렌드와 투자	최병식	30,000원
353	문화전략과 순수예술	최병식	14,000원
354	들뢰즈와 창조성의 정치학	사공일	18,000원
355	꿈꿀 권리	G. 바슐라르 / 김웅권	22,000원
356	텔레비전 드라마	G. 손햄·T. 퍼비스 / 김소은·황정녀	22,000원
357	옷본	심우성	20,000원
358	촛불의 미학	G. 바슐라르 / 김웅권	18,000원
359	마조히즘	N. 맨스필드 / 이강훈	16,000원
360	민속문화 길잡이	심우성	19,000원
361	이론에 대한 저항	P. 드 만 / 황성필	22,000원
362	우리 시대의 위대한 피아니스트들이 말하는 나의 삶, 나의 음악	E. 마호 / 박기호·김남희	15,000원
363	영화 장르	R. 무안 / 유민희	20,000원
364	몽타주의 미학	V. 아미엘 / 곽동준·한지선	20,000원
365	사랑의 길	L. 이리가레 / 정소영	18,000원
366	이미지와 해석	M. 졸리 / 김웅권	24,000원

번호	제목	저자/역자	가격
367	마르셀 모스, 총체적인 사회적 사실	B. 카르센티 / 김웅권	13,000원
368	TV 드라마 시리즈물 어떻게 쓸 것인가	P. 더글러스 / 김소은	25,000원
369	영상예술미학	P. 소르랭 / 이선형	25,000원
370	우파니샤드	박지명 주해	49,000원
1001	베토벤: 전원교향곡	D. W. 존스 / 김지순	15,000원
1002	모차르트: 하이든 현악4중주곡	J. 어빙 / 김지순	14,000원
1003	베토벤: 에로이카 교향곡	T. 시프 / 김지순	18,000원
1004	모차르트: 주피터 교향곡	E. 시스먼 / 김지순	18,000원
1005	바흐: 브란덴부르크 협주곡	M. 보이드 / 김지순	18,000원
1006	바흐: B단조 미사	J. 버트 / 김지순	18,000원
1007	하이든: 현악4중주곡 Op.50	W. 딘 주트클리페 / 김지순	18,000원
1008	헨델: 메시아	D. 버로우 / 김지순	18,000원
1009	비발디: 〈사계〉와 Op.8	P. 에버렛 / 김지순	18,000원
2001	우리 아이들에게 어떤 지표를 주어야 할까?	J. L. 오베르 / 이창실	16,000원
2002	상처받은 아이들	N. 파브르 / 김주경	16,000원
2003	엄마 아빠, 꿈꿀 시간을 주세요!	E. 부젱 / 박주원	16,000원
2004	부모가 알아야 할 유치원의 모든 것들	N. 뒤 소수아 / 전재민	18,000원
2005	부모들이여, '안 돼'라고 말하라!	P. 들라로슈 / 김주경	19,000원
2006	엄마 아빠, 전 못하겠어요!	E. 리공 / 이창실	18,000원
2007	사랑, 아이, 일 사이에서	A. 가트셀·C. 르누치 / 김교신	19,000원
2008	요람에서 학교까지	J.-L. 오베르 / 전재민	19,000원
2009	머리는 좋은데, 노력을 안 해요	J.-L. 오베르 / 박선주	17,000원
2010	알아서 하라고요? 좋죠, 하지만 혼자는 싫어요!	E. 부젱 / 김교신	17,000원
2011	영재아이 키우기	S. 코트 / 김경하	17,000원
2012	부모가 헤어진대요	M. 베르제·I. 그라비용 / 공나리	17,000원
2013	아이들의 고민, 부모들의 근심	D. 마르셀리·G. 드 라 보리 / 김교신	19,000원
2014	헤어지기 싫어요!	N. 파브르 / 공나리	15,000원
3001	《새》	C. 파글리아 / 이형식	13,000원
3002	《시민 케인》	L. 멀비 / 이형식	13,000원
3101	《제7의 봉인》 비평 연구	E. 그랑조르주 / 이은민	17,000원
3102	《쥘과 짐》 비평 연구	C. 르 베르 / 이은민	18,000원
3103	《시민 케인》 비평 연구	J. 루아 / 이용주	15,000원
3104	《센소》 비평 연구	M. 라니 / 이수원	18,000원
3105	〈경멸〉 비평 연구	M. 마리 / 이용주	18,000원

【기 타】

제목	저자/역자	가격
▨ 모드의 체계	R. 바르트 / 이화여대기호학연구소	18,000원
▨ 라신에 관하여	R. 바르트 / 남수인	10,000원
▨ 說 苑 (上·下)	林東錫 譯註	각권 30,000원
▨ 晏子春秋	林東錫 譯註	30,000원
▨ 西京雜記	林東錫 譯註	20,000원
▨ 搜神記 (上·下)	林東錫 譯註	각권 30,000원

- 경제적 공포〔메디치賞 수상작〕　　V. 포레스테 / 김주경　　　　　7,000원
- 古陶文字徵　　　　　　　　　　高 明・葛英會　　　　　　　　20,000원
- 그리하여 어느날 사랑이여　　　　이외수 편　　　　　　　　　　 4,000원
- 너무한 당신, 노무현　　　　　　 현택수 칼럼집　　　　　　　　 9,000원
- 노력을 대신하는 것은 없다　　　 R. 쉬이 / 유혜련　　　　　　　 5,000원
- 노블레스 오블리주　　　　　　　 현택수 사회비평집　　　　　　 7,500원
- 딸에게 들려 주는 작은 지혜　　　 N. 레흐레이트너 / 양영란　　　 6,500원
- 떠나고 싶은 나라—사회문화비평집　　현택수　　　　　　　　　　 9,000원
- 미래를 원한다　　　　　　　　　 J. D. 로스네 / 문 선・김덕회　 8,500원
- 바람의 자식들—정치시사칼럼집　　현택수　　　　　　　　　　　 8,000원
- 사랑의 존재　　　　　　　　　　 한용운　　　　　　　　　　　　 3,000원
- 산이 높으면 마땅히 우러러볼 일이다　　유 향 / 임동석　　　　　 5,000원
- 서기 1000년과 서기 2000년 그 두려움의 흔적들　　J. 뒤비 / 양영란　　8,000원
- 서비스는 유행을 타지 않는다　　 B. 바게트 / 정소영　　　　　　 5,000원
- 선종이야기　　　　　　　　　　　홍 희 편저　　　　　　　　　　 8,000원
- 섬으로 흐르는 역사　　　　　　　김영회　　　　　　　　　　　　10,000원
- 세계사상　　　　　　　　　　　　　　창간호~3호:각권 10,000원 / 4호: 14,000원
- 손가락 하나의 사랑 1, 2, 3　　　 D. 글로슈 / 서민원　　　　　각권 7,500원
- 십이속상도안집　　　　　　　　　편집부　　　　　　　　　　　　 8,000원
- 얀 이야기 ① 얀과 카와카마스　　 마치다 준 / 김은진・한인숙　　 8,000원
- 얀 이야기 ② 카와카마스와 바이올린　　마치다 준 / 김은진・한인숙　 9,500원
- 어린이 수묵화의 첫걸음(전6권)　　趙 陽 / 편집부　　　　　　　각권 5,000원
- 오늘 다 못다한 말은　　　　　　 이외수 편　　　　　　　　　　 7,000원
- 오블라디 오블라다, 인생은 브래지어 위를 흐른다　무라카미 하루키 / 김난주 7,000원
- 이젠 다시 유혹하지 않으련다　　 P. 쌍소 / 서민원　　　　　　　 9,000원
- 인생은 앞유리를 통해서 보라　　 B. 바게트 / 박해순　　　　　　 5,000원
- 자기를 다스리는 지혜　　　　　　한인숙 편저　　　　　　　　　　10,000원
- 천연기념물이 된 바보　　　　　　최병식　　　　　　　　　　　　 7,800원
- 原本 武藝圖譜通志　　　　　　　 正祖 命撰　　　　　　　　　　60,000원
- 테오의 여행 (전5권)　　　　　　 C. 클레망 / 양영란　　　　　　각권 6,000원
- 한글 설원 (상・중・하)　　　　　 임동석 옮김　　　　　　　　　각권 7,000원
- 한글 안자춘추　　　　　　　　　 임동석 옮김　　　　　　　　　　 8,000원
- 한글 수신기 (상・하)　　　　　　 임동석 옮김　　　　　　　　　각권 8,000원